KB066014

세계화와 사회변동

세계화와
사회변동

Globalization
and Social Change

비판사회학회 엮음

백승욱 · 구본우 · 박찬종 · 윤종희 · 김명수 지음

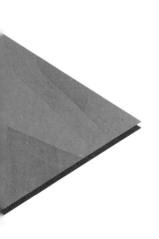

한울
아카데미

비판사회학 강의 시리즈를 발간하며

비판사회학회는 1984년 설립 이후 지난 40여 년간 현대사회의 비판적 이해를 위한 학문적·실천적 노력에 많은 힘을 기울여 왔습니다. 현대사회에 대한 비판적 관점을 발전시키고 공유하기 위한 연구자들의 모임을 지속해 왔으며 새로운 사회적 쟁점을 분석하고 해결하기 위한 이론적 관점을 찾기 위한 노력도 지속해 왔습니다.

비판사회학회는 학회 구성원들이 연구하고 토론한 성과를 관심 있는 분들과 공유하기 위한 교육과 강연 활동 또한 중요하게 여기고 있습니다. 이런 취지에서 2021년부터 매년 하계에 비판사회학교를 열어 중요한 주제들에 대한 연속 강연회를 개최하고 있습니다.

비판사회학회에서는 이 비판사회학교 강의 성과를 '비판사회학 강의' 시리즈로 계속 발간할 계획입니다. 2021년 첫해 비판사회학교에서 강의한 성과가 이번에 『비판사회이론: 경제학 비판』과 『세계화와 사회변동』 두 권의 교재로 발간되며, 이후에도 비판사회학교의 성과를 후속 발간할 계획입니다.

이 강의 교재가 사회학 전공자뿐 아니라 현대사회에 대해 비판적 관점에서 성찰해 보고자 하는 많은 분들께도 도움이 되기를 기대합니다.

2022년 6월
비판사회학회 운영위원회

전 지구적 관점의 사회변동 이해를 위해

우리는 "우리가 알던 세계"와는 매우 다른 세계의 입구에 들어서고 있는 것 같습니다. 전 지구적인 신자유주의적 전환이 불러온 충격파는 지금까지도 세계를 계속 흔들고 있습니다. 2008년 미국발 세계금융위기부터 2022년 러시아의 우크라이나 침공까지 격동하는 세계를 보고 있으면 사회변동을 국가별로 이해하기 힘들고 전 지구적 시각이 필요하다는 것은 이제 어느 누구도 부정하기 어려운 현실이라 할 수 있겠죠.

이번 비판사회학교의 "세계화와 사회변동" 강좌는 전 지구적 시각에서 그리고 좀 긴 역사적 시점을 유지하면서 사회변동의 주제를 다루어 볼 것입니다. 아마도 이 강좌를 들으시는 여러분들이 살아갈 21세기는 지난 20세기와는 다르면서도 그에 못지않은 격동의 시대가 될 수도 있을 것이고, 그렇기 때문에 다가올 21세기 전체를 분석하고 내다보기 위해서는 앞선 20세기에 대한 좀 더 정밀한 이해가 필요하다고 생각합니다. 지나간 역사와 변동에 대한 이해에 기반할 때 새로운 변화에 대해서도 잘 이해할 수 있을 것입니다. 코로나-19(Covid-19)나 환경재앙, 대규모 전쟁의 재발과 난민 같은 문제는 20세기와 비슷하면서도 다른 방식으로 앞으로도 계속 진행될지 모릅니다.

'사회변동'이라는 주제는 사회학에서 핵심적으로 중요함에도 불구하고 한국 사회학계와 사회학과에서 이 주제를 잘 다루고 있는 것 같지 않고, 특히 사회변동을 전 지구적 관점에서 심층적으로 다루고 있는 경우는 드물다고 생각합니다. 이번 "세계화와 사회변동" 강좌는 집중적으로 지난 한 세기의 전 지구적 사회변동을 다루어 볼 것이고, 필요할 때는 좀 더 논의의 시기를 확대해 보기도 할 것입니다.

사회학에서 전 지구적 관점에서 사회변동을 다루는 것이 왜 필요한지 한 번 같이 생각해 보기로 합시다. 많은 일들이 세계적으로 벌어지죠. 그런데 사회과학의 세 영역을 비교해 보면 경제학이나 정치학에 비해 사회학의 경우가 좀 다름을 알 수 있습니다. 사회학은 세계에서 벌어지는 문제를 다루는 데 조금 납득이 안 되는 어떤 한계를 가지고 있습니다. 예를 들어 경제학은 국내 경제에 대한 분석과 별도로 국제무역이나 환율 이런 문제를 다루기 위해서 국제경제학이라고 하는 별도 분야를 가지고 있습니다. 정치학의 경우도 국내 정치와 별도로 국가 간 벌어지는 정치 문제를 다루기 위해서 국제정치학이라는 분야를 특화시키고 있습니다. 국제정치경제(international relations: IR) 또는 'International Political Economy'라고 해서 아주 특화된 새로운 영역으로 만들기도 하고 어떤 경우에는 학과를 분리하기도 합니다. 이처럼 경제학에는 국제경제학이 있고 정치학에는 국제정치학이 있다는 상식과 비교해 볼 때 사회학에는 '국제사회학' 같은 분야는 없습니다. 여러분이 사회학과 과목을 들을 때 '국제사회학'이라는 것을 접해 본 적은 없을 겁니다. 왜 그런지를 생각해 보면 사회학에서 다루는 '사회'가 복수의 사회들이 아니라 단수의 사회, 하나의 표준적인 어떤 사회를 다루는 경향이 있기 때문이라고 생각할 수 있습니다. 서구의 어떤 표준적 사회를 이상화해 모든 사회를 다 비슷한 방식으로 다루는 경향이 있다고도 할 수 있습니다. 그러다 보니 사회학은 국제적 변동에 아무래도 관심이 소홀해지기 쉽고, 한 사회의 변동을 그 사회 내의 요인들 이른바 좁은 범위의 '내적 요인'에 한정해 설명하려는 경향이 강했다고 할 수 있습니다.

이 강좌의 주제가 사회변동이니 '사회'와 '변동'이라는 두 단어의 이해에서 시작해 보기로 합시다. 사회변동은 '사회가 변동한다'라는 너무나 당연해 보이는 표현을 담고 있는데, 사실은 여기서 두 단어 '사회'와 '변동'은 그렇게 자명하지 않습니다. 이 표현은 첫째로 '사회'가 변동하는 기본 단위라는 것을 은연중에 상정하고 있는데, 그럼 사회는 대체 어떻게 규정될 수 있을까요? 그리고 두 번째로 그 사회가 '변동'한다면 어떤 시간대를 기준으로 어떤 정도의 변화를 중요한 학문적 '변동'으로 이해해야 하는 것일까요? 모든 사람이 합의할 수 있는 공통의 기준이 있는 것일까요.

사회변동을 설명하려면 '사회'의 공간경계가 어디를 담는지 그 '사회'는 독립적인 변동의 요인을 담고 있는지 그 내포적 특징은 무엇인지 등이 문제가 됩니다. 사회가 경제, 정치, 문화 등과 대비되는 개념이라면 경제변동, 정치변동, 문화변동 등과 무관한 사회변동이 있는 것일까요. 비판사회학교의 "비판사회이론" 강좌를 보면 알 수 있겠지만, 사회학에서 사회를 어떻게 정의하는가가 사상가마다 상이하다는 점을 이해하는 것도 중요합니다. 세 명의 고전사회학자들을 예로 들자면, 에밀 뒤르켐(Emile Durkheim)에게 사회는 경제 외부에 있는 자율적인 공간이고, 막스 베버(Max Weber)에게 사회는 경제라는 제도의 기초를 이루는 행위 유형이었다고 한다면, 카를 마르크스(Karl Marx)에게 사회는 경제와 분리되지 않는 같은 것이지만 경제학자들의 '경제'라는 관점에서는 제대로 파악해 낼 수 없고 경제학자들이 경제로 좁게 규정하는 대상에 한정되지도 않는다고 할 수 있습니다.

이처럼 '사회'를 규정할 때 그 공간적 외연과 구성적 내포에서부터 이미 논쟁은 시작되었고 적지 않은 선이해가 개입되어 있다고 할 수 있습니다. 이번 "세계화와 사회변동" 강좌에서 사용하는 사회개념은 세 명의 고전사회학자 중에서 마르크스의 사회개념에 가깝다고 할 수 있고, 경제학 비판을 통해 구성되는 사회개념이라고 할 수 있습니다. 물론 그 공간적 외연을 민족국가에 한정하지 않고 전 지구로 확장하는 것이 필수적이라는 것을 꼭 덧붙여야 하겠죠.

왜 사회개념이 이처럼 문제인지를 한두 개 사례를 들어 조금 더 살펴보기로 하겠습니다. 사회가 변동한다는 것이 자명한 것 같지만, 예를 들어 한국 사회변동이라는 주제를 다룬다고 한다면 변동하는 실체로서 '한국'이 늘 존재하고 고정되어 있어야 하지 않을까요? 그런데 그 '한국'이란 실체는 한반도 전체를 말하나요, 아니면 남한만을 말하나요. 식민지 시대에는 일본까지를 담을까요. 공간적 경계가 변화한다는 사실 때문에 우리는 지난 100년의 한국 사회변동을 다룰 때 벌써 분석 단위를 어떻게 정해야 하는가 하는 근본적 문제에 부딪힙니다. 사회가 특정 공간을 지칭하게 되는데 그 공간 자체가 실체적으로 고정되지 않고 역사적으로 계속 유동적으로 변화하는 것이 일반적이거든요.

러시아와 독일의 예를 들어 보면 문제가 좀 더 분명해집니다. 러시아의 사회변동, 이 주제를 다룰 때 가장 큰 문제는 20세기 초 러시아 혁명 이후부터 시작해 1991년까지의 시기는 러시아가 아니라 소련이라는 다른 대상이 존재했던 것을 어떻게 변동의 공간적 일관성 속에 담을 것인가 하는 점입니다. 소련 전에도 러시아가 있었고 소련 이후에도 러시아가 있지만, 변동을 다루는 시간축을 길게 가져갔을 때 과연 지난 몇 세기의 사회변동을 '러시아의 사회변동'으로 설명할 수 있을지가 문제가 되겠죠. 소련이라는 구도에서는 사실상 러시아의 일부로 속했던 나라들이 소련이 없는 시기에는 독립적 변동의 실체로 간주되어야 할 텐데, 그럼 이 설명을 정합적으로 하는 것은 불가능해지겠죠. 2022년 불거진 우크라이나 문제는 바로 러시아와 소련의 국경 변동의 역사와 뗄 수 없는 쟁점이기도 합니다.

독일의 경우도 마찬가지입니다. 독일의 사회변동을 프랑스 혁명 이후 200년 또는 더 길게 마틴 루터(Martin Luther)의 종교개혁 이후 500년의 역사를 단위로 연구해 보겠다고 해 봅시다. 매우 곤혹스러운 문제가 발생합니다. 독일의 역사 지도를 한 번 시대별로 일람해 보면 바로 알 수 있는 문제겠죠. 바바리아(Bavaria)나 작센(Saxony)도 문제겠지만, 가장 문제는 독일 통일과 팽창의 중심에 있는 프로이센(Preussen)(프러시아)의 역사입니다. 동프로이센의 영토를 지도에 놓고 한 번 확인해 보세요. 프로이센이 중심이 되어 비스 마르크(Bismarck)가 통일한 국가를 우리는 현대 독일로 부르고 그것이 독일 제국이 되었던 것이죠. 그런데 이 독일 연방 국가는 1차 세계대전 시기까지만 하더라도 그 독일의 영토를 동쪽 끝으로 매우 길게 늘여서 보유하고 있었는데, 이 지역은 거의 대부분 지금의 폴란드입니다. 체코나 슬로바키아의 영토도 상당히 장악하고 있죠. 동프로이센의 수도는 이 오른쪽 끝에 있는 쾨니히스버그(Königstiger)입니다. 칸트(Kant)가 태어나 벗어난 적이 없다던 지역이고 20세기에는 저명한 예술가인 쾨테 콜비츠(Kaethe Kollwitz)를 배출한 곳이죠. 여기는 지금 더 이상 독일 영토가 아니고, 폴란드나 에스토니아도 아닌 러시아령 칼리닌그라드(Kaliningrad)라는 곳입니다. 현대 독일이 프로이센의 계승이라 하더라도 그 의미는 전혀 영토적 계승일 수 없다는 말입니다. 그럼 어떤 지속성이 가능할까요. 헤겔(Hegel)처럼 정신(Geist), 아니면 언어, 아니면 한국인들이 주장하듯 혈통일까요? 우리가 역사 서술에서 조금만 삐끗 벗어나면 나치식 주장으로 경도될 수 있는 위험한 경계에 서 있음을 알 수 있습니다. 따라서 우리가 사회변동을 연구할 때 가장 중요한 금기는 고정된 영토를 실체 삼아 연구를 진행하면 안 되는 것을 못 박아 둘 필요가 있습니다. 특히 한국은 그 편견이 심한 곳이죠.

이제 우리가 사회변동을 좀 더 넓은 시공간의 틀에서 이해하려면 이처럼 어떤 늘 고정된 경계를 유지한 민족국가를 중심 구도로 보는 시야를 좀 벗어날 필요가 있고, "다수의 사회들이 있고 이 다수의 사회들이 서로 연결되어 있는 더 넓은 세계를 어떻게 이해할 수 있을까"라는 질문으로 나아가 볼 필요가 있습니다. 이렇게 지금까지 사회학을 바라봤던 시각과 조금 다르게 "전 지구적 사회변동이 곧 사회변동의 주제다"라는 관점에서 "세계화와 사회변동" 강좌를 들어 주시면 좋겠습니다. 이 강좌의 모든 강사들이 사회변동을 연구하려면 이 변동하는 '사회'를 일국적 수준이 아니라 전 지구적 시야에서 봐야 한다는 점을 강조할 것입니다. 그리고 '변동'이라 할 때도 그 변동의 시간축을 우리에게 익숙한 것보다 훨씬 더 길게 가져가야 한다는 점을 지적할 것입니다. 우리가 알고 있는 대부분의 사회학 또는 사회과학은 사회변동을 민족국가 단위로 설명하고 그 변화를 비교적 짧은 기간에 한정하는 데 너무 익숙한데, 이 한계를 벗어나는 것이 사회변동 이해의 첫 과제가 될 것입니다. 그러고 나면 우리는 전 지구적으로 긴 시간축을 따라 진행되는 사회변동의 이해에 한결음 더 나아갈 수 있을 것입니다. 그다음으로 이번에는 여기서 세계화나 지구화라는 용어에 붙어 있는 편견이나 신화를 떼어 버려야 하는 두 번째 과제에 마주하게 됩니다. 세계화를 대체로 1980~1990년대 이후 처음 등장한, 국경 없는 흐름의 경제, 초국적화 등을 지칭하는 협소한 개념으로 사용하는 관행이 있습니다. 이런 관점은 사회변동에 대한 낡은 편견이 연장된 결과라 하겠죠. 사실 '세계화'는 더 긴 역사적 기원을 가지고 있고 눈에 띄게 두드러진 변화로 나타났다 줄어들었다를 반복한 역사가 있습니다. '시공간 압축'이라는 데이비드 하비(David Harvey)의 개념 규정으로 이해해 보더라도 1990년대 이후의 변동에 비해 19세기 말의 세계화가 훨씬 더 충격적이었고 세계를 더 많이 뒤흔들었었죠. 그런데 왜 최근 몇십 년간의 세계화가 더 두드러져 보이게 되었는지를 이해하려면 우리는 좀 더 긴 역사적 맥락을 이해해 볼 필요가 있습니다. 자본주의 세계경제라는 구도에서 말이죠. 우리는 사회변동의 시공간을 확장해 자본주의 세계경제라는 틀을 통해 '세계화와 사회변동'을 이해해 볼 것입니다. 이 방식으로 사유를 좀 더 지속하다 보면 여러분 나름대로 세계를 이해하는 데 상당히 도움이 될 것이라고 생각됩니다.

이 강좌의 다섯 번의 강의는 역사적 자본주의라는 전 지구적인 관점에서 사회변동을 다룰 텐데, 여기는 새로운 관점들이 많이 등장할 것입니다. 개괄해 보자면, ① 지난 몇 세기 동안의 변화는 어떻게 자본주의라는 관점에서 이해할 수 있는지를 첫 강의에서 개괄적으로 이야기하고, ② 19세기의 자본주의가 20세기로 넘어오면서 고전적 자유주의 시대가 시장 개입적 자유주의라고 할 수 있는 케인스주의(Keynesianism)적 자유주의 또는 뉴딜(New Deal)

적 자유주의로 변환하는 방식과 의미는 무엇인가를 두 번째로 다룰 것입니다. ③ 세 번째는 케인스주의적 전환 이후 시장 개입주의적 자유주의가 20세기 후반에 왜 신자유주의로 전환되는지 신자유주의라는 것은 무엇이었는지를 다룹니다. ④ 다음으로 이런 신자유주의로 전환에 있어서 금융화(financialization), 금융 세계화를 이해하는 것이 매우 중요하기 때문에 금융이라는 주제를 좀 더 전문적으로 다루어 볼 것입니다. ⑤ 마지막으로는 이런 전 지구적이고 거시적인 변동에 대한 관심을 한국 사회로 가져와서 한국의 사회 변동을 전 지구적 맥락과 어떻게 연결시킬 수 있을지를 살펴볼 것입니다.

이 강의록은 지난 2021년 8월 16~20일까지 온라인으로 개최한 비판사회학교 강좌의 기록입니다. 다섯 번의 강의 녹취록을 정리하고 각 강의 말미에는 강좌에서 제기된 질문에 대한 답변과 읽을거리를 추가했습니다. 각 강의를 담당한 강사들께서 녹취록을 보완하고 이해하기 쉽도록 여러 번의 작업을 해 주었습니다. 당시 다섯 번의 강의의 진행과 녹취록의 정리 과정에는 강좌 조교로 참여했던 중앙대학교 사회학과 박사과정 박동열 씨의 도움이 많았습니다.

비판적 사유를 함께 나누어 가고자 하는 비판사회학회의 노력이 많은 호응을 얻기를 바랍니다.

2022년 6월
저자를 대표해서 백승욱 씀

차례

사회변동 이론의 조망: 세계체계 분석과 역사적 자본주의

백승욱
(중앙대학교 사회학과 교수)

1.   '사회'가 '변동'한다는 의미는?

제가 다루고자 하는 오늘 주제는 세계체계 분석과 역사적 자본주의입니다. 사회변동을 이론적으로 어떻게 조망해 볼까 하는 관심에서 좀 긴 역사적 관점과 전 지구라는 공간적 관점을 부각시켜 보고자 합니다. 오늘 강의는 전반부에서는 자본주의라는 질문을 세계체계 분석의 관점에서 다뤄 볼 것이고, 후반부에서는 세계 헤게모니의 순환의 역사를 검토해 볼 것입니다. 우선 '사회'와 '변동'이라는 두 단어의 함의에 대해서는 이 책 서문에서 조금 자세히 설명했으니 그 부분을 꼭 기억해 주시고, 이 강의에서 왜 사회변동을 전 지구적 관점에서 시간과 공간을 확장해 설명해야 하는지에 대해서도 계속 기억하면서 강의를 들으면 좋겠습니다.

1) 근대화론의 오류

고정된 영토를 변동의 실체로 삼는 생각이 어떤 문제를 낳는지 우리는 20세기 사회변동에 대한 보수적-주류적 해법인 근대화론의 오류에서 먼저 확인해 볼 수 있습니다. 고정된 어떤 민족국가를 중심으로 사회가 변동한다는 명제가 너무나 당연하게 수용된 것은 특히 20세기 사회과학의 영향이라 할 수 있습니다. 이런 이해방식은 변동에 어떤 선형적 방향성을 제시하고 모든 사회가 보편적으로 이 궤적을 따라 발전한다는 주장을 함축하고 있습니다. 그 모델은 당연히 유럽 '선진' 국가들의 어떤 특징들을 귀납적으로 종합해 만든 것이겠죠.

　모든 '사회들'은 과거로부터 현재와 미래로 나아가면서 이 직선적 변화를 따라가고, 더 앞서가거나 뒤쳐진 정도가 근대 사회인지 전통사회인지를 구분하는 기준이 됩니다. 그러면 이 근대화로 나아가기 위해 무엇을 해야 되느냐는 처방에서, 부르주아혁명(시민혁명)을 거쳐 하는 근대적인 제도를 수립해야 하고 다른 한편에서 공업화라는 산업혁명이 있어야 된다는 답이 제시되었던 것이죠. 그러니까 모든 국가들이 개별적으로 산업혁명과 부르주아 혁명이라는 두 문턱을 넘어설 때만 그때부터 '근대'라는 인정을 받게 되고, 그 문턱을 넘어서기 전까지는 '전통사회'(또는 봉건사회)인 것이고, 이 문턱을 넘어서려면 먼저 문턱을 넘어선 '선진사회'를 잘 모방해야 한다는 답이 나왔던 것이죠. 그 답이 되는 모델이 처음에는 미국이었지만, 그 모델이 일본으로 바뀌든, 독일로 바뀌든, 스웨덴으로 바뀌든 근대화론의 기본 구도가 많이 달라지는 것은 아닙니다. 모두가 민족국가를 변동의 실체이자 변동의 단위로 삼고 '발전의 환상'을 지속시켜 온 것이죠.

이런 근대화론의 전형적 사고를 보여 준 가장 유명한 인물이 월트 로스토 (Walter Rostow)입니다. 로스토는 학자일 뿐 아니라 2차 세계대전 전후 질서 수립에서 케네디 행정부 자문 참여까지 활동한 전략행정가라고 할 수 있겠고 냉전시대 비서구 신생독립국에서 반공 발전주의 체제를 수립하기 위해 전방위로 활동했던 인물이기도합니다. 이 로스토가 제기한 5단계 이론이 가장 잘 알려진 근대화이론이죠. 그중 'Take off'라고 하는 이륙 단계는 지금도 자주 사람들의 입에 오르내리는 주장이 되었습니다. 이 기준에 따라 사람들은 영국에서는 이륙이 18세기 말 발생했고, 그 후 유럽 나라별로 다소 조금씩 앞서거나 뒤처지면서 이륙이 발생했으며, 그럼 이제 신생독립국에서는 몇 년도에 이 이륙이 발생해 근대에 들어섰느냐를 질문하는 기준점이 생긴 것이죠. 후발 제3세계 국가들에게 이 '이륙'의 질문은 중요한 강박이 되기 시작했습니다. 자본주의든 사회주의든 구분 없이 그랬습니다.

이 근대화론에 빠져 있게 되면 실제로 벌어지고 있는 세계적인 변동을 이해하기가 굉장히 어렵게 되고 유럽 중심주의의 과도한 가치판단을 비유럽 국가에 들이미는 결과를 낳게 됩니다. 근대화론이 단지 냉전 초기 잠시 반짝 효과를 냈는지 아니면 지금까지도 강력한 영향력을 발휘하는지 계속 문제로 남습니다.

근대화론에 빠져 있으면 한국 사회변동에 대해서도 이해하기 어렵습니다. 다섯 번째 강의에서 좀 더 자세히 다루겠지만 1950년대 원조경제, 1960년대 경제개발계획, 1970년대 유신과 중화학공업화, 1980년대 이후의 신자유주의적 전환 등에 대해서 잘 이해하기 어렵습니다. 한국 사회변동을 이해할 때도 마찬가지로 전 지구적인 맥락이 중요하다는 이야기를 다시 한 번 강조해 두고 다음 주제로 넘어가도록 하겠습니다. 로스토가 1966년 한국을 방문해 수출 지향 경제개발계획 수립을 자문하고 함께 동반해 온 미국 투자단이 적극적으로 한국 수출품에 대해 미국 시장을 개방하도록 추진하는 등 근대화론의 추진을 위한 광범한 개입을 했었다는 점도 기억해 주는 것이 중요하겠죠.[1]

2) 세계체계 분석이라는 질문

근대화론의 한계는 1960년대 후반 이후 세계적으로 중요한 문제가 되었고 특히 종속이론의 비판이 두드러졌습니다. 1970년대 이매뉴얼 월러스틴 (Immanuel Wallerstein)이 세계체계 분석을 제창하면서 근대화론 비판의 새로운 국면이 열렸다고 할 수 있습니다. 개별 국가별로 산업혁명과 근대국가 형성을 순차적·단계적으로 진행하고 이로부터 한 국가 국가마다 근대가 시작된다는 사고가 더 이상 유지되기 어려워졌던 것이죠.

월러스틴은 주저인 『근대세계체제(The Modern World-System)』 3권에서는 근대라는 사유의 뿌리에 있는 두 가지 신화인 산업혁명의 신화와 프랑스 혁명의 신화를 매우 심층적으로 비판합니다. 꼭 한 번 읽어 보시기 바랍니다.[2] 비판의 논점은 산업혁명이나 프랑스 혁명을 개별 국가의 발전 단계로 이해

---

1   박태균, 『원형과 변용: 한국 경제개발계획의 기원』(서울대학교출판부, 2013).

2   이매뉴얼 월러스틴, 『근대세계체제 III』, 김인중 외(까치, 2013).

하지 않고 전 지구적 변동의 구체적 정세 속에서, 특히 자본주의 세계 헤게모니의 교체라는 맥락에서 이해할 필요가 있다는 것입니다. 이런 비판을 바탕으로 세계체계 분석은 민족국가를 사회변동의 '분석 단위'로 삼는 것을 거부하고 변동의 분석 단위로 '역사적 체계'를 선택하게 됩니다. '근대'의 변동 단위로서 역사적 체계는 바로 근대 세계체계였던 것이죠. 변동의 질문은 항상 세계체계를 단위로 제기되어야 하고, 그 세계체계적 변화의 맥락을 이해한 후에야 개별 국가마다 전개되는 독특한 정세에 대해서도 제대로 된 분석이 가능해진다는 것입니다.

이처럼 근대라는 질문을 개별 국가 단위가 아니라 전 지구를 분석 단위로 삼아서 살펴본다면 어떤 점이 달라질까요. 나라별로 비교해 볼 때 어디는 더 근대적으로 보이고 어디는 덜 근대적으로 보이는 현상을 전 지구적 관심에서 보게 되면 사실 하나의 통일된 근대 속에서 더 유리한 지역과 덜 유리하거나 매우 불리한 조건에 처해 있는 나라나 지역 사이에서 벌어진 이질성, 양극화의 효과로 보게 될 것입니다. 여러분들은 사회과학에서 한 사회 내의 계급구조에 대해서 다룰 때, 이를 더 노력한 사람과 덜 노력한 사람의 개인적 차이로 설명하기보다는 양극화를 낳는 사회구조적 문제로 설명하는 것에 이제는 많이 익숙해졌을 것입니다. 동일한 인식이 전 지구적 불평등 구조에 대해서 적용되는 데는 계급 문제에 대한 접근이 학계의 상식이 되는 것보다 훨씬 더 오랜 시간이 걸렸고 아직도 인식의 저항이 많다고 하겠습니다.

사회변동의 시공간 규정을 비판적으로 접근하고 변동의 분석 단위도 재규정한 다음, 우리가 알고 있던 '근대' 규정을 다시 한 번 살펴보면 어떻게 될까요. 일단 이 근대를 전 지구로 전개되는 자본주의의 장기지속이라고 정의할까 합니다. 지난 500년 정도 유럽에서 시작되어 전 지구로 확장되었고, 동아시아에 한정해 보더라도 지난 150년 정도 집중적으로 이 체계로 편입이 진행되었던, 세계경제의 동역학을 다루는 것이 과제라고 해 두죠. 그런데 근대를 한 국가를 중심으로 볼 수 있는 게 아니라 다수의 국가들로 물려 있는 국가간체계라고 하는 특징을 가지고 변해 온 것으로 봐야 하며 이런 구조 때문에 자본주의 세계경제는 이 국가들 사이에서 때로는 격한 충돌을 불러일으키기도 하지만 때로는 국가들 사이에서 위계적 질서에 기반한 상대적 평온기를 만들어내기도 한다는 점을 강조해 두어야 할 것입니다. 단순한 국가들의 병존이 아니라 중심과 주변으로 나뉘어 위계적으로 묶여 있는 질서의 구조이죠. 그리고 이 국가들의 체계를 묶어 내는 방식, 세계경제의 질서를 부여하는 방식이 처음부터 온전하게 주어진 것이 아니라 그 자체가 변천되어 왔는데 여기서 이 질서가 역사적으로 변천해 가는 방식을 탐구하는 과제로서 세계 헤게모니 교체라는 주제가 등장할 것입니다. 그리고 이 분열과 모순으로 가득 찬 세계를 헤게모니 중심의 질서로 묶어 내 일정 기간 통치를 유지한다는 것은 이 세계를 묶어 내는 지배적인 이데올로기에 대한 분석을 또 요청합니다. 프랑스 혁명 이후 세계적으로 자리 잡은 전 지구적 지배 이데올로기는 우리가 자유주의라고 부르는 것인데, 월러스틴은 여기에 지구문화(geoculture)라는 명칭을 부여합니다. 이 자유주의는 단지 정치이념이 아니라 제도적 질서까지 포함하는 것이죠. 이렇게 제도적으로 자리 잡은 자유주의 질서의 힘은 앞선 지역과 뒤처진 지역 사이의 불평등한 현재의 문제를 미래로 이연시켜 해결 가능하다는 희망을 부여하는 데 있습니다. 그리고 이 때문에 이 세계체계는 차별화한 노동통제 양식을 작동시킬 수 있는데, 이 세계체계 내부의 비대칭적 불균등성을 이해하면 왜 자본주의 세계에 임금 노동의 비중보다 다른 종류의 강제노동이나 불불노동의 비율이 더 클 수 있는지, 인종주의와 성차별주의가 이 체계에 어떻게 내재화된 틀일 수 있는지에 대해 우리가 좀 더 관심을 기울일 수 있게 됩니다.

이렇게 여러 가지 특성들이 물려서 형성된 근대라는 독특한 시대를 전 지구적 체계로 이해하고, 그 등장과 변천의 역사를 살펴보면서 그런 전환하에서 특정 지역의 국가나 사회가 처한 독특성의 발현에 대해서도 관심을 기울이고자 하는 것, 이것이 세계화와 사회변동의 주제일 것입니다. 이렇게 관심사가 확장되면 과제는 복잡하고 어려워지겠지만, 우리는 여러 가지 편견에서 벗어나 새로운 시각에서 역사적 변동을 이해할 수 있게 될 것입니다.

3) 세계체계로서 자본주의 세계경제

사회변동의 중요한 핵심 주제인 자본주의라는 질문에서 시작해 어떤 사고의 전환이 필요한지 짚어 보기로 합시다. 자본주의라고 해도, 대체 누가 주도한 자본주의인지, 어디서 언제 어떻게 전개된 자본주의인지에 따라 그림은 매우 달라지겠죠. 예를 들어 '미국 자본주의의 위기'와 '소말리아 자본주의의 위기'라는 주제를 한 그림에 담을 수 있을까요. 한 분석 틀에 두 지역을 함께 담아 분석할 수 있을까를 생각해 보면 간단치 않음을 알 수 있을 것입니다.

　어떤 점에서 우리는 자본주의를 표준화된 대량생산체제로 한정짓는 경향이 있습니다. 노동자들이 대공장에 대량 고용되어 대량생산을 하고 판매도 대량판매로 진행되며, 자본과 노동 사이의 집단적 대결이 벌어지는 무대 같은 것이죠. 여기서 국가는 자본에 더 유리한 방식으로 개입하는 중재자로 나타날 수 있겠죠. 물론 이 그림이 아주 틀린 얘기는 아닐 것입니다. 문제는 이런 그림이 언제 어디서 지배적 형태로 등장했는가 하는 것이죠. 이 정도면 사실 19세기 초 영국도 아니라 20세기 미국 시대 디트로이트(Detroit)는 되어야 적절하게 맞을 수 있는 그림일 것입니다. 20세기 들어서 일관 흐름 생산체제에 기반한 대량생산이 가능해진 시대 말이죠. 그렇지만 우리가 사회변동의 주제로 근대 자본주의를 다룬다면, 이런 그림이 꼭 지배적이었고 지배적이어야 한다고 여겨서는 안 될 것입니다.

　그보다 앞선 시기로 나아가 대영제국이 힘을 떨치던 세계를 생각해 보면 어떨까요. 대영제국 시대의 자본주의를 '공장'을 중심으로 그려 낼 수도 있겠지만 그 공장의 모습은 20세기 미국이 보여 준 현실에 비교하면 보잘 것 없는 것이기에, 오히려 대영제국 시대 영국 주도 자본주의의 가장 강력한 인

그림 1-1

대영제국의 세계 지배

상은 세계 6대륙 모두에 지배의 깃발을 꽂은 영국의 영토적 팽창력일 것입니다. 해가 지지 않는 식민제국 이미지죠. 영국이 세계를 지배하던 시기의 세계 다른 지역에서 자본주의의 의미는 공장보다는 그 소수 영국의 공장을 위해 동원된 원료와 인간들, 수탈과 약탈, 농촌공동체의 해체, 토착 산업의 붕괴 등의 그림이었을 것입니다. 대서양 삼각무역으로 연결되어 미국 목화 농장에 공급된 저렴한 아프리카 노예를 포함해서 말이죠. 이 미국 노예제는 전근대적이고 전자본주의이기 때문에 우리가 자본주의를 분석할 때는 대상에서 빼야 하는 것일까요 그렇지 않으면 그 시대 자본주의의 핵심적 요소를 차라리 '자본주의적 노예제'라고 부르며 분석에 담아내야 하는 것일까요. 오늘 강의에서는 좁게 공장만이 아니라 이런 다양한 측면을 근대 자본주의라는 그림에 담아내는 것이 중요하다는 점을 강조할 것입니다.

그렇게 되면 이 대영제국의 부상에 앞서 세계를 지배하고 세계로 확장된 또 하나의 자본주의를 또 우리의 관심 속에 불러들일 필요가 있습니다. 바로 네덜란드 시대이고, 그 중심에는 동인도회사(VOC)가 있습니다. 동인도회사가 전면에 등장하는 이 자본주의는 중상주의 시대, 상업 자본주의의 시대라고 할 수 있고, 이 시대는 공장이 중심에 있는 자본주의가 아니라 원거리 무역을 독점하는 대항해 시대였죠. 공인합자회사인 동인도회사가 전 지구를 무대로 어마어마한 부를 축적한 거대자본의 시대였죠. 이 시대를 이해하지 못한다면 어떤 경로로 영국이 부상하는지, 왜 영국 자본주의의 출발이 엘리자베스 1세의 영국 동인도회사, 그리고 드레이퍼(Draper)와 그레셤(Gresham)의 이야기로 시작하는지, 그리고 영국 동인도회사의 무역 독점을 반대한 애덤 스미스(Adam Smith)의 『국부론(The Wealth of Nations)』이 왜 경제학의 고전이 되는지, 영국은 어떻게 자유무역체제로 넘어가게 되는지 이런 구체적 자본주의의 역사를 우리가 이해할 수 없겠죠.

그래서 논자에 따라서 자본주의의 전형을 오히려 동인도회사로 보는 사람이 나타날 수도 있습니다. 제가 『자본주의 역사강의』(2006)에서도 이야기했지만 프랑스 역사학자 페르낭 브로델(Fernad Braudel)이 "자본주의는 반(反)시장"이라는 테제를 통해 이런 주장을 전개했습니다. 마르크스나 칼 폴라니(Karl Polanyi)가 설명하는 자본주의는 상업 자본주의 시대로부터 산업생산이 중심에 놓이는 시대로 넘어간 이후 어떤 변화가 나타나는지에 좀 더 초점을 맞추고 있다고 할 수 있습니다.

그럼 여기서 끝나느냐 하면, 그렇지 않고 또 다른 자본주의의 모습이 있을 수가 있습니다. 원자폭탄이 투여된 히로시마의 잿더미 사진을 한 번 상상해 봅시다. 원자폭탄이 낳은 잿더미 현실은 어떻게 그 시기 자본주의와 연관될까요. 영국 헤게모니로부터 미국 헤게모니로 넘어가는 시기에 이 상황이 보여 주는 함의는 무엇이었을까요. 2차 세계대전에서 일본과 독일은 왜 기존의 질서에 도전하려 했고, 기존 질서에 대한 독일과 일본의 도전 모두 결국 왜 새로운 두 강대국인 소련과 미국에 대해 벌인 전쟁으로 치닫고 패배로 종결되었을까요. 이 질문은 20세기 자본주의의 변화를 다룰 때 핵심적인 질문이 될 텐데, 여기서 우리의 질문은 자본주의를 다루기는 하지만 그 방식은 조금 달라지는데, 이번에는 질문이 국가간체계의 질서라는 문제를 포함하기 때문입니다.

여기에서 그치지 않고 계속해서 좀 더 나아가 봅시다. 우리가 잘 알다시피 20세기 후반부터 미국 자본주의의 중심은 제조업에서 금융으로 완전히 바뀌죠. 2008년 세계경제위기를 상징한 투자은행 골드만삭스(Goldman Sachs)는 월스트리트 금융자본의 중심인데, 이 자본주의는 공장에서 무언가 상품을 생산하는 자본주의는 아니죠. 그럼 이런 비실물적 금융자본주의는 왜 부상할까, 그리고 어떤 순환의 패턴 속에서 금융자본주의의 시대가 전개되는가를 이해해야만 지금 세계의 핵심적인 특징을 이해할 수 있겠죠. 우리는 여전히 2008년 세계경제위기의 후과 속에 있는데, 이 후과 속의 세계에서 미국은 위기를 벗어난 것처럼 보이지만 사실은 벗어난 것도 아니라고 할 수 있죠. 트럼프 현상부터 시작해 코로나-19 대응과 미국 사회의 양극화까지 이어진 상황이 잘 보여 주듯 말이죠.[3] 미국이 위기를 벗어난다는 것은 위기가 미국 이외의 다른 지역으로 옮겨 간다는 것일 수 있습니다. 미국은 '신자유주의 금융 세계화'의 결과 위기를 맞았지만 그 위기에 대한 돌파로 금융화(financialization)를 더 가속화했고 그 파장은 전 세계에 미치고 있다고 할 수 있습니다. 이런 관점은 잊힌 세계 외곽으로 이동해 마지막으로 자본주의를 아름답게 포장할 때 잊히기 쉬운 구도로서 난민 문제를 생각해 봅시다. 21세기에 접어들면서 세계의 중요한 변화는 난민 현상이고 그것은 비유럽 지역에서 기원해 유럽을 흔드는 방식으로 진행됩니다. 교황도 방문한 적이 있는 이탈리아 남쪽 끝 람페두사 섬(Lampedusa I.)에 아프리카에서 좁은 보트에

---

3 이런 미국의 상황을 일컬어 2021년 9월 ≪뉴욕타임스≫는 "중동을 미국화하려던 미국의 시도는 실패하고 역으로 미국이 중동화하는 것으로 끝맺음했다"라고 평가하면서 현 미국의 정치 상황을 "정치적 부족주의"의 창궐로 비판하기도 했습니다.

그림 1-2

이탈리아 람페두사를 향한 아프리카 난민

빽빽이 쌓이다시피 들어차 쏟아져 들어오는 난민이 땅을 밟아보기도 바다에 빠져 죽곤 합니다. 시리아 난민들은 육로를 통해 독일을 거쳐 영국까지 흘러들고 있고, 아프카니스탄 난민들이 그 뒤를 이을 것입니다. 이 난민 문제는 20세기 미국 헤게모니 시대에 발전주의 모델을 이상화한 자본주의의 시대가 한계를 드러내고 있는 단적인 모습이라고 할 수 있습니다. 이 문제야말로 민족국가를 변동의 중심으로 삼을 수 없고 전 지구적 시각이 필요하다는 논거일 것입니다.

이렇게 자본주의에 대한 관심의 시공간을 확장해 세계체계라는 차원으로 나아가게 되면, 사회변동을 설명하는 시간과 공간의 틀도 바뀌어야 하며, '자본주의'에 대한 이해 또한 제조업 상품 생산 같은 좁은 영역에 한정해 서술될 수 없다는 점을 강조할 수 있을 것입니다. 전 지구적으로 시야를 확장하고 다양한 층위의 현실을 복합적으로 결합해 분석하는 노력이 필요할 것입니다.

4) 유럽중심주의에서 벗어나기

왜 전 지구적인 관점이 중요한지를 비판적으로 성찰해 보려면, 우선 지금까지 우리가 알고 있는 사회과학이 누구의 시선을 따라가는지 묻는 일이 필요합니다. 우리가 알고 있는 사회과학은 거의 항상 유럽의 관점에서 세상을 바라봅니다. 그런데 유럽을 중심으로 형성된 지식을 바탕으로 세계를 이해하려다 보면 많은 난점이 드러납니다. 통계적 비중부터 살펴봅시다. 이른바 선진세계를 규정하는 기준은 경제협력개발기구(OECD), 서반구 등 여러 가지가 있을 수 있지만, 어떤 기준을 적용해 봐도 여기 포함되는 인구는 전 지구 인구의 20%를 넘지 않습니다. 전 세계 인구의 20%가 경험한 사실, 또는 거기에 기반해 형성된 이론으로 전 지구적 변화 모두를 설명한다는 것은 넌센스를 넘어 폭력일 수 있습니다.

항상 이 고려에서 배제되는 대표적 지역인 아프리카를 생각해 봅시다. 아프리카 대륙은 지구 어느 대륙보다 큼에도 불구하고 우리는 아프리카 역사를 모르고서도 세계화와 사회변동을 이야기하는 데 어려움을 느끼지 않습니다. 저도 부끄러운 이야기지만, 아프리카에 있는 많은 나라의 이름들을 다 외우지 못합니다. 어디는 영국의 식민지였고, 어디는 프랑스 식민지 또는 벨기에나 포르투갈 식민지였고 잠시 이탈리아나 독일 식민지였던 곳들도 있고, 이런 식민시대의 복잡성이 그 이후 아프리카뿐 아니라 세계적 변화에 어떤 영향을 주었는지 부분적으로만 알고 있고, 아프리카를 우리가 살고 있는 동시대에 일부로서 지속적으로 포함해 사고해 노력하지 못한다는 점에서 학자로서는 부족함과 부끄러움이 있는 것이죠.

아프리카뿐만 아니라 라틴아메리카, 남아시아 그다음에 소아시아, 서아시아 그다음에 동아시아, 동남아시아 여기를 다 포함하는 전 지구적 접근법이 우리에게 시급함에도 우리가 그런 관심으로 나아가지 못하는 중요한 이유는 우리가 거의 항상 서구의 관점을 빌어 세계를 봐 왔기 때문이라고 할 수 있습니다. 한국 사회는 분명 서구에 가까운 특징도 많고 서구세계의 동학에 밀접히 연결되어 있기는 하지만, 우리 자신을 서구의 시각에 가둠으로써 우리가 놓여 있는 역사적 자리조차 제대로 판단하기 어려워지는 많은 문제를 가지고 있기도 합니다. 유럽중심주의에서 벗어나기 위해서는 추상적 선언보다는 비유럽 지역에서 20세기에 벌어진 많은 일에 관심을 가지고 그것을 20세기 자본주의의 특징 및 모순과 연결 지어 해석해 보려 노력해야 할 것입니다.

유럽 중심적 사유가 우리를 얼마나 지배해 왔는지를 알기 위해 시각적 경험의 한 예를 들어 볼 수 있습니다. 세계를 그림으로 보여 주는 여러 가지 시도나 영화나 다큐로 보여 주는 여러 매체들도 늘 유럽 중심적인 관점을 우리에게 요구해 왔을 것입니다. 그중에서도 우리의 무의식까지 지배한 중요한 문제를 지도 그리기에서 찾아낼 수 있습니다. 여러분들이 어렸을 때부터 봤던 세계 지도가 있는데요. 이 대표적인 세계 지도를 그리는 도법이 메르카도르(Mercator) 도법이죠. 이 메르카도르 도법이 대표적으로 유럽 중심적으로 세계를 왜곡하는 작도법인데요. 아프리카 대륙의 1/3 정도에 불과한 유럽이 얼마나 크게 그려지는지를 확인해 볼 수 있습니다. 북아메리카와 오세아니

그림 1-3
메르카도르 도법에 의해 왜곡된 세계상

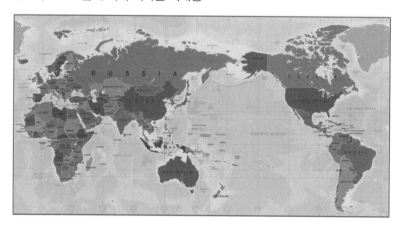

아는 유럽과 비슷하게 과대 표현되는 반면 아시아와 남아메리카, 아프리카는 모두 과소 표현된다고 할 수 있습니다. 유럽에 비해 라틴아메리카는 2.5배는 크게 보여야 하는데 전혀 그렇지 않죠. 메르카도르 도법은 서반구 세계를 도드라지게 보이게 만드는 유럽 중심주의적 사고의 대표적인 시각적 표현이라고 할 수 있습니다.

이 같은 유럽 중심주의적 시선은 그대로 근대 사회과학에도 드러납니다. 비유럽 세계를 완전히 배제하지는 않더라도, 유럽의 과거가 비유럽의 현재이고 비유럽의 미래가 유럽의 현재라는 시선으로 모든 문제를 다루기 시작하면서 비유럽 세계는 현재 지금의 사회과학의 분석 범위에서 사실상 사라지게 되는 것이죠. 이렇게 되면 우리가 살고 있는 세계를 전 지구적 시각에서 파악하는 것은 어려워집니다. 그런데 이처럼 유럽중심주의를 비판하고 전 지구적 시야를 확보한다는 것이 생각처럼 간단한 일은 아닙니다. 근대 세계체계가 유럽을 중심으로 전 지구적으로 팽창해 오면서 유럽 중심의 근대성을 전 지구적으로 각인시킨 지배적 역사가 아직도 관철되기 때문입니다. 이 때문에 우리의 과제는 이중적인 것이 되지 않을 수 없습니다. 한편에서는 근대 세계체계의 역사, 즉 자본주의적 근대의 출현사를 유럽으로부터 팽창의 역사로 보는 동시에, 거기서 유럽만 떼어내 근대로 규정하는 것이 아니라 이 효과하에 전 지구적 동학이 어떻게 전개되었는지를 보는 과제를 함께 수행해야 하는 것이죠. 세계를 유럽이 전 세계를 지배하는 과정으로 보는 것이 출발점이지만 그 지배 받는 비유럽 지역이 이 전체 세계의 변화에 어떻게 중요한가를 같이 봐야 된다는 것, 이게 제가 강조하려는 관점입니다.

여기서 또한 우리가 잊지 말아야 할 것은 변동의 설명 방식으로 요소론적 관점을 버리고 관계론적 관점으로 이동하는 것입니다. 요소론이란 개별 국가 내에 어떤 특징이 있는가를 통해서 사회변동의 원인을 설명하는 것으로 민족국가 중심적인 사고라고 본다면, 관계론은 그 개별 국가가 세계 전체와 맺고 있는 관계성과 특정 시기의 특성을 고려하고 지정학적 특성도 함께 담

아내면서 특정한 지역적 변동을 더 큰 틀과의 연관관계 속에서 해석하고자
하는 노력이라고 할 수 있습니다. 이런 관계론으로 나아가려면 시간과 공간
에 대한 관점의 전환이 필요하다는 것은 앞서도 강조한 바 있습니다. 그 이
야기를 조금 더 해 보도록 하겠습니다.

5) 복합적 시간대와 역사비교방법

시간대(temporality)는 역사를 어떻게 분석하고 서술할 것인지를 고민할 때
핵심적 질문일 것입니다. 변동이 어떻게 변동인가를 규정하려면 비교하는
시간의 시작과 끝이 있어야 하겠죠. 이 시간대라는 질문은 사회학 자체에서
상당히 중요합니다. 브로델이 장기지속과 콩종크튀르(conjoncture)가 결합하
는 복합적 시간대를 제시한 방식 그리고 세계체계 분석이 이를 어떻게 수용
했는지는 『자본주의 역사강의』에서 자세히 설명한 적이 있으니 이를 참고
하시기 바랍니다. 미국 역사사회학 분야에서 윌리엄 스웰(William H. Sewell
Jr.)은 역사사회학자들이 다루는 시간대가 어떻게 상이하게 구분될 수 있는
지를 목적론적 시간대, 실험적 시간대, 사건사적 시간대로 구분하면서, 윌러
스틴, 테다 스카치폴(Theda Skocpol), 찰스 틸리(Charles Tilly)를 서로 다른 시
간대를 보여 주는 논자로 분류한 적도 있습니다.[4] 윌러스틴이 다루는 시간
대의 복합성의 특징은 역사사회학 비교방법에서 '포괄적 비교(encompassing
comparison)'라고 이야기됩니다. 세계체계의 기본 구도가 어떻게 시간대의
중첩 속에서 순환적으로 반복되는지를 기본 틀로 제시하고 이 반복의 유사
성 속에서 세계체계 구성 요소들을 설명해 보여 주고자 하는 접근이 윌러스

---

4   William H. Jr. Sewell, "Three Temporalities: Toward an Eventful Sociology," in Terrence J.
    McDonald(ed.), The Historic Turn in the Human Sciences(Ann Arbor: University of Michi-
    gan Press, 1996), pp.245~280.

틴의 강점이라고 할 수 있겠죠.

세계체계의 역사적 변동을 참고할 때 반복되는 것만큼이나 새롭게 등장하는 변화들도 중요하다는 것은 분명합니다. 19세기의 세계는 지금과 매우 다르고 현재 세계는 20세기 두 차례 세계대전의 시기와 비교해도 매우 다르죠. 그럼 같으면서도 다르다는 것을 잘 설명해야 하는데 여기서 장기지속과 중기지속이 어떻게 결합되는가 하는 중요한 쟁점이 등장합니다. 근대 자본주의는 최소 500년 이상에 걸친 장기지속인데, 이 속에서 세계 헤게모니의 교체라고 부르는 중기지속의 시간대 속에서 등장하는 변천과 특이성을 어떻게 어떤 이론의 틀을 통해 파악할 것인가 이것이 역사사회학, 비교사회학에서도 중요한 쟁점이고, 세계체계 분석 내부의 논쟁점이기도 하지요.

이런 내부 논쟁을 거치며 월러스틴의 비교 방법인 포괄적 비교와 구분되는 통합적 비교[또는 동합된 비교(incorporating/incorporated comparison)] 방법이 제기되었는데, 이는 조반니 아리기(Giovanni Arrighi)와 필립 맥마이클(Philip McMichael)이 제기하고 발전시킨 것이죠. 통합적/통합된 비교방법은 세계체계 전체가 하나의 분석 단위로 통합되어 있기 때문에 비교는 다른 대상과의 비교가 아니라 이 세계체계 내적 비교가 될 수밖에 없다는 점에서는 포괄적 비교 방법과 전제를 공유하지만, 시간의 중첩 속에서 종단적 비교전략을 수행하게 되면 세계체계 내 특히 헤게모니 교체에 따라 반복되는 것과 교체되는 것, 새롭게 출현하는 것을 구분해서 유형화하고 비교의 쟁점으로 제기해야 한다는 점을 강조합니다. 맥마이클은 통합된 비교를 "부분이든 전체든 분석 대상의 규정 바로 그 속으로 비교가 통합되는 것"으로 "비교 분석이 역사적 시간을 질문 자체 속으로 통합하는 것"이라고 설명했고, 아리기는 "비교는 바로 연구 문제에 대한 정의 속에 통합되며, 비교는 질문 틀이 아니라 질문 실체를 구성한다"라고 말했습니다.[5]

2.   역사적 자본주의와 자유주의의 세 시대

사회변동을 역사적으로 분석하려 할 때 긴 시간대와 중기적 시간대, 그리고 짧은 시간대가 겹쳐진 것으로 보는 것이 중요하다는 점을 기억해 두실 필요가 있겠습니다. 특히 여기서 세계체계의 중기적 시간대에 두드러지게 나타난 특징들을 더 긴 시간대인 자본주의 장기지속의 구도 속에서 이해해 보려는 접근이 역사적 자본주의라는 관점이라 할 수 있습니다. 역사적 자본주의라는 관점에서 강조하는 것은 단지 장기지속이 있고 중요하다는 것이 아니라 이 장기지속이 중기적 변동을 통해 관철됨을 보여 주려는 것인데, 세계적인 차원에서 앞선 자본주의 축적체제와 세계질서에 근본적인 구조적인 위기가 출현하고 이 위기를 돌파하기 위해서 어떤 제도적인 변화가 출현하는지를 세계 헤게모니의 교체의 역사로 설명하려는 것이죠. 이렇게 되면 앞선 역사적 체계가 어떻게 재구성되어 다시 순환을 이어 가는지, 앞선 위기의 부분적 해소가 어떤 새로운 모순을 다시 증폭시키는지를 역사적으로 분석할 수 있게 됩니다.

역사적으로 세계 헤게모니 교체에 따라 제도적 배치가 변화하는 과정을 마르크스의 재생산 개념을 통해서 분석해 볼 수도 있을 것입니다. 그리고 이 재생산 개념이 세계체계적 차원과 그것을 수용한 개별 국가 차원에서 자본주의를 자본주의로 작동시킬 수 있도록 만들어내는 제도들의 배치가 형성되고 지속되는 것의 분석을 목표로 한다고 이해해 봅시다. 거기에는 노동력을 노동력으로 만드는 것, 화폐를 자본주의적 화폐로 만들어내는 것, 생산관계를 지속적으로 유지해내는 것 등이 포함될 것입니다. 자본주의가 자본주의

---

5   Philip McMichael, "World-Systems Analysis, Globalization, and Incorporated Comparison," *Journal of World-Systems Research* vi, 3(fall/winter, 2000), p.672; 조반니 아리기, 『장기 20세기』(개정판), 백승욱 옮김(그린비, 2014), 66쪽.

로서 유지되려면 이윤이 계속 축적되어야 하는데, 그것은 저절로 되는 것은 아니고 어떤 제도적 틀이 작동하고 안정적으로 유지되어야 가능합니다. 저렴한 노동력이 지속 공급되고 노동과정 속에서 통제되어야 하고, 금융질서가 안정되어야 하고, 상품들이 시장에서 예측 가능한 흐름 속에서 순환되어야 할 것이고, 그 외에도 적지 않은 요건들이 필요한데 국가가 이 관리에 개입해야 할 뿐 아니라 국가들 사이에서도 초국가적 질서의 틀이 형성되어야 하겠죠. 이 제도 질서가 자명한 것이 아니라면 역사적으로 형성되어야 할 것이고, 그 제도 질서는 각 헤게모니 시기에 처한 구조적 한계를 통해 제도적 한계로 확인될 것입니다.

19세기 영국이 전 세계적으로 자본주의를 팽창시키고 식민지체제를 동원해 이를 가능하게 만들었다면, 어떤 제도들이 이를 지탱했는지가 중요한 분석의 쟁점이 됩니다. 그 식민지체제의 틀이 해체된 20세기 2차 세계대전 이후 식민지들이 신생 독립국으로 전환되어 새로운 세계질서하에서 민족 경제별로 작동하려면 발전주의를 작동시킬 수 있는 제도 변화가 필수적이었겠죠. 이런 제도의 역사적 변천을 우리는 **자유주의 제도의 실천적 배치의 변화**라는 측면에서 살펴볼 수도 있을 것입니다. 이는 마르크스의 재생산이라는 질문을 푸코의 통치성 질문과 결합하는 방식일 수 있겠고, 달리 보면 이것이 세계체계 분석에서 역사적 자본주의라는 문제 설정을 통해 보여 주고자 하는 바라고도 할 수 있을 것입니다. 이를 통치성으로 보는 입장과 역사적 자본주의라고 보는 입장 사이에 이론적인 차이점이 있겠지만 그 두 가지 이론을 접근시켜 통합적으로 사유해 볼 수 있는 장점이 있다고 이야기해 두기로 하죠.

같이 한 번 생각해 봅시다. 자본주의를 분석할 때 여러분들은 자본주의에 대해서 어떤 이야기를 주로 듣습니까? 보이지 않는 손, 시장의 자율성이 경제를 움직이는 것, 그것이 자본주의라는 이야기를 많이 듣지 않나요. 그 주장이 신화임이 분명하고 어떻게 보면 자본주의를 지탱하는 지배적인 이데올로기일 수 있는데요. 그런데 자본주의의 현실의 역사에서 우리가 중요하게 볼 수 있는 것은 이런 신화를 현실로 만들기 위한 제도들이 실제로 작동해 왔다는 것입니다. 다시 말해, 자본주의 헤게모니의 작동이 정점에 있을 때 지배적인 질서 속에 어찌 보면 실물적 팽창이 전 지구적으로 진행되면서 많은 지역에서 동반 성장의 시대를 겪을 때 이 자본주의는 마치 스스로 움직이는 기계처럼, 자연화한 질서처럼 보일 수 있습니다. 자유주의 제도 실천은 이처럼 자본주의의 작동을 '자연화'하도록 만드는 제도의 배치라고 할 수 있고, 그런 의미에서 자본주의의 헤게모니 시기는 자기 나름의 자유주의적 질서와 공존하고, 각 자유주의 질서는 각 시대의 자본주의가 기반한 역사적·제도적 조건을 잘 보여 준다고 할 수 있겠죠. 자기조정적 시장질서가 신화이고 불가능함에도 그것을 자연화한 질서처럼 만들어내고 보이게 하는 것 이게 자유주의의 중요한 특징이자 기여라고 본다면, 그것이 한편에서 성공을 거둔 시기와 그 제도적 특성을 볼 수 있는 동시에 그런 자유주의의 위기가 어떻게 각 시기의 자본주의의 위기와 동시적으로 나타났는지도 분석해 볼 수 있을 것입니다.

19세기 영국 헤게모니 시기 세계 자본주의는 고전적 자유주의의 제도 위에 서 있었고, 그야말로 '자기조정적 시장'에 대한 신화가 지배한 시대였고 그에 걸맞게 파운드스털링이 세계화폐로서 자본주의 세계경제 전체를 단일 규율로 지배했고, 노동력의 재생산비용은 자본축적의 고려에서 거의 전적으로 '외부화'했던 시대라고 볼 수 있습니다. 이 구도는 극소수 식민 모국이 세계 절대 대부분의 지역을 저렴한 비용 외부화의 식민지로 편입함으로써 가능했지만, 그 외부는 우리가 앞서 살펴봤던 대로 사회이론의 시야에는 완전히 '부존재'일 뿐이었습니다. 시장은 보이지 않는 손에 의해 최적화한 결과를 낳는다는 이런 고전적 자유주의의 믿음은 19세기 말 위기를 거치면서 무너집니다.

이 위기를 넘어선 다음 개편된 20세기 자본주의는 고전적 자유주의와 다른 자유주의 질서를 수립했는데, 19세기로 회귀하는 것이 아니라는 점에서 두 개의 개입주의적 자유주의가 출현했다고 보는 것이 적절하지 않을까 싶습니다. 잘 알려져 있다시피 존 메이너드 케인스(John Maynard Keynes)의 등장과 더불어 등장한 자유주의의 변형은 '시장 개입주의적' 특징을 보이며, 여기서는 국가가 유효수요를 위해서 개입합니다. 개입은 전면적인 듯 보이지만, 경기부양을 목표로 시장의 활력을 재생하는 방식으로만 개입하죠. 고용과 성장 지표를 연동시켜 수요를 증대시키기 위해서 개입하는 질서입니다. 20세기적 자유주의의 질서에서 이처럼 정부가 개입하지만 시장에 부분적으로 개입을 하게 된 이유는 유효수요를 진작시키기 위해서 경기를 부양시키기 위한 한도 내에서 개입해서 다시 자연화한 질서를 복원시키려는 제도 배치를 중시했기 때문이라고 할 수 있습니다. 이런 자유주의적 질서는 이른바 브레튼우즈(Bretton Woods) 체제라는 방식으로 전 지구적 경제 구조를 재편했고 민족국가를 성장과 경제 관리의 단위로 허용하고 이를 통해 노동력의 재생산 관리 또한 진행된 질서라고 할 수 있습니다. 신생독립국들이 민족국가를 경제성장의 무대로 삼아 발전주의 이데올로기를 내재화할 수 있었던 것도 이처럼 시장 개입적 자유주의가 제공한 제도적 배치가 냉전이라는 시대적 특성에 맞게 작동했기 때문이라고 할 수 있습니다. 그렇지만 1960년대 말부터 이 자본의 축적위기가 전 지구화하면서 이 자유주의 질서 또한 위기에 봉착하지요.

그 이후 신자유주의가 등장했고 신자유주의는 어찌 보면 고전적 자유주의로 돌아가는 것 같지만 고전적 자유주의와 매우 다릅니다. 신자유주의는 그냥 국가가 개입하지 않으면 시장의 자연적 질서로 돌아갈 수 있다는 생각이 아니에요. 물론 이데올로기적 언설로는 그럴 수 있겠죠. 그렇지만 신자유주의는 자기들이 믿는 어찌 보면 유토피아적인 시장질서를 수립하기 위해서 사회 모든 곳에 개입하는 자유주의라고 볼 수 있으며 이를 통해 이상화한 시장질서를 복원해내려고 하는 유토피아적 개입이라고 볼 수 있습니다. 이를 위해 모든 경제주체를 '기업가'적 주체로 만들어내는 것이 중요한데, 신자유주의가 이 점에서 고전적 자유주의와는 매우 다른 자유주의라는 것은 신자유주의 경제질서가 본격적으로 세계를 지배하기도 전에 푸코가 통치성 분석을 통해 흥미롭게 제기했던 쟁점이기도 합니다.[6]

이렇게 이 세 가지 자유주의는 속성과 특징이 매우 대조적인데, 이 세 가지 자유주의 제도 질서를 왜 역사적 자유주의를 설명하면서 한 데 연관 짓는가 하면 이 대비가 각 헤게모니 시대의 변천의 특징을 잘 보여 주는 제도들의 결합을 보여 주기 때문입니다. 자본주의가 자본주의로 작동하기 위해서는 몇 가지 핵심적인 제도가 필요합니다. 첫째는 세계화폐를 제도화하는 것이 필요한데요. 각국 사이에서 상품의 가치가 평가되고, 무역이 진행되고 결제가 이뤄지고, 신용이 형성될 수 있는 금융질서가 없다면 자유주의 작동은 불가능하겠죠. 파운드스털링제의 금본위제(Gold Standard)와 20세기 달러-금본위제의 작동 방식이 같은 것은 아닙니다. 이 초국적 금융질서에 기반해 국내 유통과 신용 질서도 수립 가능하겠죠. 두 번째는 노동력 상품화를 관리하는 정책, 상품으로 만들어지지 않은 노동력을 상품으로 재생산할 수 있는 제도 질서가 형성되어야 합니다. 잉여가치 생산이 노동력 상품의 자본주의적 활용과 뗄 수 없는 관계이지만 노동력 폐절이 진행될 수 있고, 그에 대한 저항으로부터 노동의 반역이 등장해 체계의 위기로 치달을 수도 있는데, 이를 체계 내에서 관리하고, 이를 자본주의 경제질서 내에, 특히 자본의 비용과 성과로 계상할 수 있는 방식으로 내부화하는 것이 필요할 것입니다. 셋째는 세계경제로서의 자본주의가 다수의 국가들로 구성되어 있다고 할 때, 이 다수의 경제단위들을 하나의 유기적 통일성하에 구성해내야 합니다. 중심부와 주변부를 묶어 내는 틀이 필요하다고 할 수 있겠죠. 그리고 여기에 하나

---

6   미셸 푸코, 『생명관리정치의 탄생』, 오트르망 옮김(난장, 2012).

를 더 추가하자면, 경제활동이 경제활동의 주체라는 측면에서 어떤 형태를 띠는가 하는 것을 살펴볼 필요가 있는데, 개인 인격 상위에 경제활동 주체로서 법인격이 등장하는 과정, 그리고 푸코가 지적했듯이 신자유주의의 보편적 주체로서 기업주체의 등장에 대해서도 주목할 수 있습니다.

이 세 가지 또는 네 가지 제도의 틀이 자본주의가 자본주의로 작동하고 재생산될 수 있는 핵심적 틀이고, 이는 헤게모니 교체에 따라 달라지는 자유주의적 제도 배치의 조건이 되었습니다. 우리는 영국 헤게모니에서 미국 헤게모니로 이행하는 시기를 고전자유주의 시기로부터 시장 개입주의적 자유주의와 사회개입주의적 자유주의적 분기가 진행되는 시기로 살펴볼 수 있을 것입니다.

고전적 자유주의 시기에는 노동력의 재생산을 자본축적 순환에서 외부화의 대상으로 간주하고 부차적 문제로 다루었습니다. 굶어 죽든 실업자가 되든 그것은 상관없어요. 실업자가 늘어나는 것이 자본축적에 꼭 해가 되는 것은 아니니까 하는 관점이 부각되는 것을 고전적 자유주의 시대라고 볼 수 있습니다. 그런데 이것이 위기에 처하게 되죠. 노동의 저항이 발생한 것인데, 이 문제는 이미 마르크스가 『자본(Das Kapital)』의 「노동일」 장에서 자세히 지적한 바 있습니다. 고전자유주의에서 이처럼 노동력의 재생산이 부차적 문제가 된 것은 세계화폐로서 파운드스털링의 건전성을 무조건적으로 유지하는 것이 전제였기 때문이고, 이 파운드스털링의 건전성 유지는 영국 헤게모니 시기에 민족국가라는 경계를 파운드스털링의 힘이 쉽게 넘나들 수 있었던 근거가 되었습니다. 파운드스털링의 시대는 전 지구적으로 모든 상품 하나하나의 가치가 궁극적으로 파운드스털링에 의해 인정받는 시대였다고 할 수 있습니다.

고전적 자유주의의 위기는 1873~1896년 대불황시기에 두드러졌고, 이에 대해서는 폴라니의 『거대한 전환(The Great Transformation)』에서 소상히 다루고 있습니다. 20세기 넘어가서 1차 세계대전과 2차 세계대전에 이 격동기를 거치면서 2차 세계대전 이후 미국을 중심으로 해서 건설되는 이른바 케인스주의(Keynesianism) 시대는 초국적·다자적 금융관리 체제가 각국 수준에서는 민족경제 형성과 결합되어 진행된 시장 개입적 자유주의 시기라고 할 수 있습니다. 전 지구적 수준에서 화폐와 노동력의 재생산 관리를 하지 않는다면 세계경제로서 자본주의 질서 자체가 무너질 수 있는 상황이었죠. 브레튼우즈체제의 목적은 초국적으로 활동하는 고도금융에 대한 통제였고, 이를 출발점으로 삼아 자유무역질서에 세계를 순차적으로 편입시키고 이를 위한 개별 자국 화폐와 노동력의 관리를 민족국가별로 책임질 수 있도록 한 것이죠. 영국 헤게모니하에 식민지로 존재하던 주변부가 이 시기 신생독립국으로 전환되어 '발전주의'의 실험장이 된 것도 자유주의의 전환구도와 맞물린 것이었죠. 달러-금본위제라는 초국적 틀을 배경으로 해서 개별 국가들이 화폐와 노동력의 관리 주체로 등장하는 시기. 이 구도 속에서 자본축적의 선순환을 마련하려던 자유주의가 시장 개입주의적 케인스주의 시대였다고 할 수 있습니다.

  신자유주의는 여기서 벗어나지만, 앞서 이야기 했듯이 그들의 언사에도 불구하고 단순히 고전자유주의 시기로 복귀하는 것은 아닙니다. 고전자유주의는 '시장에 국가가 개입할 필요가 없고 시장을 그대로 두면 균형을 찾아간다'라고 하면서 시장질서를 자연질서에 유비해 인간의 개입만 없으면 '자연화'가 저절로 복원된다는 관점이 지배했던 때죠. 그렇지만 19세기 위기 이후를 학습한 신자유주의는 이런 낭만적 유토피아로 돌아갈 만큼 단순하지는 않습니다. 노동력과 화폐의 재생산을 위한 관리의 중요성을 부정할 수는 없지만, 케인스주의적 방식이 아닌 다른 방식의 관리 모델을 만들어내는 것이 과제가 됩니다. 그리고 이 과정에서 매우 중요해지는 것은 자연화하는 '경제'와 그렇지 않은 인위적 '외부'를 구분하는 경계를 허물고 경제 외부의 '사회'라고 추상적으로 지칭되는 영역을 경제와 동조화해야 한다는 근본적 발상의 전환으로 나아갑니다. 경제뿐 아니라 사회의 모든 주체가 기업가적 주체로 변환한다는 푸코의 지적이 제기되는 것은 이 때문입니다. 신자유주의는 경제만 이상화하고 사회를 버려둔다기보다는 사회에 적극 개입해 그 사회 모든 구성원의 '책무성'을 늘려가 주동적으로 책임지는 기업가 주체들이 경영하는 세계로 만들고자 하는 것이죠. 그런 점에서 신자유주의는 근원적 유토피아주의를 보여 주는데, '자연화'의 질서는 인간의 의도적 개입만 제어하면 자연 속에서 저절로 부상하는 것이 아니라고 봅니다. 오히려 현실 그대로 두면 시장질서의 조화는 형성 불가능하고 섬세한 실험 조건을 통해서 시장질서가 '자연화'할 수 있는 사회적 조건을 지속적으로 관리해 주어야 한다는 역설을 강조하는 것입니다. 이 때문에 신자유주의를 비개입주의가 아니라 오히려 개입 영역을 더욱 확대한 '사회개입주의'라고 부르는 것이 더 적절하지 않을까 하는 생각입니다. 그래서 신자유주의하에서 개인은 예전의 복지의 수혜자가 아니라 이제는 재테크의 주체로 바뀝니다. 노후 생활도 스스로 미리부터 설계해야겠죠.

〈표 1-1〉에서 이 세 시기의 자유주의, 즉 고전적 자유주의, 시장 개입적 자유주의, 사회개입적 자유주의의 특성을 정리해 봤습니다. 두 번째, 세 번째 자유주의의 명칭은 잠정적으로 붙여 본 것이고, 더 적절한 명칭으로 바뀔

표 1-1
자유주의 제도의 역사적 변천

		고전적 자유주의	시장 개입적 자유주의	사회개입적 자유주의 (신자유주의)
I	금융화폐제도	파운드스털링 금본위제(경제정책 자율성 제약)	브레튼우즈하의 민족경제 자율성	신자유주의하 자본의 자유 이동
II	노동력 관리	노동비용의 외부화	성장-고용 연계 (위계화한 노동력 관리)	기업가적 주체로서 노동력
III	세계시장 제도화	식민지체제	발전주의	글로벌 로지스틱스
IV	주체 형식	인격 사이의 계약	법인 사이의 계약의 조정	기업가 주체의 보편화

수도 있습니다. 이 세 시기별로 금융화폐 제도, 노동력 관리 제도, 세계 시장의 제도화, 주체 형식이 어떻게 달라지는지 비교해 살펴보면 역사적 자본주의의 변천에 대해서 좀 더 체계적으로 이해하는 데 도움이 될 것입니다.

3.   자본주의의 동역학

1) 자본의 위기와 자본주의가 초래한 위기의 구분

이렇게 우리는 사회변동에 대해서 개념적으로 정리해 본 다음 시간대의 복합성을 살펴보고 자유주의의 시기구분을 통해 역사적 자본주의의 제도변천을 살펴봤습니다. 역사적 자본주의로 본격 넘어가려면 자본주의 작동방식에 대해서도 좀 정리를 하고 넘어갈 필요가 있을 것입니다. 자본주의라는 용어가 워낙 다양한 방식으로 쓰이고 있고, 마르크스만 하더라도 자본주의라는 표현은 거의 쓰지 않고 대신 자본운동, 자본축적, 자본주의적 소유 등의 구체적 지칭을 했다는 것을 보면 자본주의라는 질문 자체가 매우 까다로운 것이기도 하고 용어법에 혼동이 많다는 것을 알 수 있을 것입니다.

앞서 우리의 이야기를 다시 정리해 보면 자본주의라는 체계가 작동하려면 이 체계가 특정한 제도 배치 위에서 작동할 수밖에 없고 자본축적의 구조적 모순이 이 제도들을 통해 해결되지 못하면 구조적 위기가 진행된다고 했습니다. 자본축적의 위기는 그것이 발 딛고 있는 제도들의 위기를 계속해 초래할 수밖에 없고, 제도의 위기와 자본주의 위기가 맞물려 나타난다고 한 것이죠. 그럼 이 제도와 자본주의를 구분하는 이유는 무엇이고 어떻게 구분되는지 물어볼 수 있겠습니다.

그래서 두 가지 관심을 연결시켜야 한다는 점을 다시 강조해 두고 싶은데요. 자본주의에 대한 마르크스의 분석은 두 측면을 함께 보여 준다고 생각합니다. 한편에서 마르크스는 자본축적이 어떻게 진행되는지 보여 줍니다. 자본의 원리는 확대재생산, 다시 말해 끝없는 자본축적입니다. 자본은 축적 때문에 불가피한 위기를 스스로 낳지만 그 위기를 돌파하면서 계속적으로 더 많은 자본을 축적하고 확장해 가는 경향을 보여 줍니다. 그런데 이 자본의 축적이 반복적으로 낳은 위기를 좀 더 명료하게 살펴보면 이 위기는 '자본축적의 위기'이지만, 그것이 꼭 자본주의 위기는 아닐 수 있습니다. 이윤율이 하락하면서 예전 같은 규모로 자본축적이 진행되지 않고 높은 이윤을 얻을 투자처가 줄며, 이렇게 되면 자본 간 경쟁이 더 이상 평화 속의 경쟁 같은 모습을 띨 수 없습니다. 그렇지만 이런 자본축적의 위기가 자본주의의 지속에 문제를 던지는 구조적 위기로 이어질지를 생각해 볼 때 우리는 위기의 유형화에 조금 더 관심을 가져볼 필요가 있습니다. 여기서는 '자본의 위기'와 구분되는 또 다른 위기를 제시해 볼 수 있는데, 그것은 '자본주의가 초래한 위기'입니다. 우리가 삶의 위기로 겪는 위기는, 좀 더 자세히 살펴보면 자본 자체의 위기(자본축적의 위기)와 구분되는, 자본축적 때문에 초래된 위기입니다.

이 때문에 마르크스의 분석은 우리의 관심을 재생산이 진행되는 더 넓은 공간으로 확장할 것을 요구하는 것이죠. 바로 자본축적을 가능하게 만드는 역사·제도적 조건들과 그 조건들의 위기라는 주제로 말이죠. 우리가 살고 있는 근대 자본주의 세계에는 예전에 없던 독특한 제도들이 꼭 필요합니다. 노동자들을 노동력으로 만들어내야 하고, 거래가 상품 형태의 연쇄로 이루어져야 하고, 그러기 위한 자본주의적 화폐제도가 수립되어야 하고, 이 자본주의적 화폐 제도에 의해 끊임없이 연결된 상품거래 네트워크가 이번에는 다수의 국가 간 관계를 매개로 해서 중심과 주변이라고 하는 구도를 형성하겠죠. 그리고 이 여러 차원마다 우리는 서로 만나 거래하는 주체들 사이의 관계를 공법(公法)과 구분되는 사법(私法)이라는 틀로 묶어 낼 것이고요.

그래서 한편에서는 자본의 운동, 자본축적의 동역학을 이해해야 하는 과제가 있다면, 다른 한편에서는 이 자본축적 운동이 가능해지기 위한 역사적인 제도적 틀이 어떻게 변천해 가는지를 살펴보는 과제가 동시에 제기된다는 것이죠. 이런 역사·제도적 조건의 위기가 어떻게 자본 운동의 위기로부터 촉발되는가 또는 그 자본운동의 위기를 극복하는 데 기여하거나 또는 그 위기를 더 심화시키는가를 살펴볼 필요가 있겠죠. 지금 우리는 뒤섞인 여러 위기를 겪고 있습니다. 자본축적의 위기를 극복하는 것이 자본주의가 초래한 위기의 극복을 의미하지 않는다는 것을 신자유주는 매우 명료하게 우리에게 가르쳐 줍니다. 자본이 살아남기 힘들어졌으니 미안하지만 그 부담을 여러분들이 지고 자본주의가 초래한 위기가 더 심화할 수 있다는 것을 받아들이라고 말이죠. 경제가 살아야 떡고물이라도 챙길 수 있다고 말입니다. 과거 우리가 알던 시대에, 자본주의가 초래한 위기에 대한 대응 과정에서 전쟁뿐 아니라 여러 사회운동과 노동자 조직이 형성되고 혁명도 일어나면서 자본축적의 위기는 더 심화했던 적이 있지만, 한 세기 교훈을 얻은 자본은 지금 더 이상 자본주의가 초래한 위기가 자본의 위기로 이어지도록 방치하지는 않습니다. 그래서 저는 '위기의 극복'이라는 담론에도 주의를 기울여야 한다고 생각합니다. 자본의 위기를 극복하기 위해 민중의 삶을 희생시키는 것이 답은 아니니까요. 누구의 어떤 위기인가를 먼저 규명하고 위기를 어떤 방식으로 누구의 희생으로 어떻게 돌파할 것인지 매우 구체적으로 세밀하게 살펴보고 판단해야 합니다. 그렇지 않으면 우리는 모두 자본의 위기를 극복하기 위한 밑밥으로 자본의 맷돌에 갈려 나갈 수 있으니까요.

2) 자본운동의 특징

일단 이렇게 자본축적 체계의 분석과 그 축적이 서 있는 역사·제도적 조건의 분석을 두 영역을 구분한 다음 자본축적 운동에 대해서 살펴보기로 합시다. 두 번째 역사·제도적 조건에 대해서는 역사적 자본주의와 세계 헤게모니 교체에서 좀 더 구체적으로 살펴볼 것이니까요. 여기서는 자본축적 체계로서 자본주의의 특징 두 가지를 짚어 보려 합니다.

첫째는 잉여가치라는 특징입니다. 자본의 목적은 잉여가치 축적인데, 이 잉여가치의 형성이라는 주제로부터 우리는 가변자본과 불변자본의 구분이 왜 중요한지, 가치의 형성과 증식과정이 왜 동시적인지, 절대적 잉여가치와 상대적 잉여가치는 어떻게 구분되는지, 자본의 유기적 구성의 고도화는 왜 문제인지, 자본의 재생산은 왜 자본의 확대재생산과 노동의 비참화라는 양극적 결과를 동시에 생산하는지, 그리고 이런 자본주의의 인구법칙은 왜 상대적 과잉인구가 되는지를 살펴보게 될 것입니다. 여기까지가 주로 『자본』 1권에서 다루는 질문입니다. 『자본』 3권에서 다루는 '이윤율의 경향적 저하'는 다수의 자본이 등장한 경쟁 상황이라는 구체적 층위에서 논점이 전개되는데, 이윤율의 경향적 저하는 잉여가치를 논의하는 곳에서 확인되는 자본의 유기적 구성의 고도화와 연결되어 있는 것이죠.

이런 각각의 논점들은 마르크스에 대한 해설 책자에서 자세히 다루고 있으니 관심을 가지고 찾아보시면 도움을 얻을 수 있을 것입니다. 잉여가치로부터 출발한 이런 설명들은 단순히 여러 '모델'들을 설명하는 것이 아니라, 현실의 자본축적에서 서로 맞물려 현실의 위기로 나아가게 되는 특정한 동학을 보여 주고, 이 논점은 역사적 자본주의의 위기와 재편을 살펴볼 때 중요한 자본축적 운동의 중심 논점입니다.

예를 들어, 자본의 노동 포섭이 기술적 동학과 맞물려 어떻게 진행되는가를 마르크스적 관점에서 검토해 보면, 우리는 자본의 투자가 경향적으로 가변자본에 대한 불변자본의 비율을 더 크게 하는 방향으로 진행됨을 알게 되고, 이것이 특별 잉여가치를 추구하는 개별 자본의 추구로부터 시작되어 결과적으로 자본의 유기적 구성을 높이는 경향을 초래한다는 것을 알게 됩니다. 절대적 잉여가치와 상대적 잉여가치가 보여줄 수 있는 것은 개별 자본 차원과 다수 자본 차원에서 불불노동을 증가시키려는 시도가 앞서 말한 동역학에 어떤 영향을 주는지에 대한 설명입니다. 그리고 우리는 불변자본 편향적 투자의 경향이 유기적 구성의 고도화를 매개로 어떻게 상대적 과잉인구로 이어지게 되는지를 알 수 있게 됩니다.

잘 보시면 이 설명이 구체적·역사적 배경들과 장소들을 대부분 추상한 매우 일반적 수준에서의 설명임을 알 수 있습니다. 자본주의가 자본주의로 지속되는 한 계속될 내적 속성을 보여 준다고 할 수 있는데, 이는 두 번째 특징으로 검토할 이윤율의 저하의 경향에서도 마찬가지로 확인됩니다.

가치가 구체의 층위로 오면 가격으로 전환하듯 잉여가치가 구체의 층위에 와서 전환된 형태가 이윤입니다. 투하자본에 대한 비율이 이윤율이 되는데, 마르크스는 이윤은 잉여가치의 기반 위에서만 논의될 수 있음을 보여 주었습니다. 이윤율 이전에 잉여가치율이 더 근본적으로 중요하지만, 자본은 항상 이윤율이라는 구체적 지표를 보고 활동을 하겠죠. 마르크스의 서술은 이 이윤율 또한 추상적 층위에서 검토하는데, 자세히 살펴보면 이 이윤율이라는 범주는 자본주의적 소유를 전제로 한 선대자본, 고정자본의 감가상각, 신용 등의 특정한 역사적 조건하에서만 성립되는 매우 역사특수적 범주임을 알 수 있습니다.

이윤율은 현실 경제와 경제위기의 역사를 분석할 때 중요합니다. 20세기 초반 세계경제위기나 1970년대 이후 세계경제위기를 우리는 이윤율의 경향적 저하라는 관점에서 다뤄볼 수 있습니다. 이번 주 강의에서는 역사적으로 세계경제에서 이윤율의 경향적 저하를 어느 정도 전제하고 강의를 진행한다고 할 수 있습니다. 이윤율의 경향적 저하는 장기적 추세를 말하는 것이고, 장기적으로 자본축적이 이윤율을 하락시키는 경향이 있다는 주장입니다. 특히 중심부 헤게모니 국가의 이윤율 추세에 초점을 맞춘 분석이지만 전 지구적으로 살펴봤을 때도 마찬가지로 적용된다고 할 수 있겠죠. 이윤율의 경향적 저하는 그냥 선형적으로 물리법칙처럼 이윤율이 하락한다는 단순한 주장은 아니고 이윤율 하락을 상쇄하는 요인이라는 복잡한 쟁점을 동반합니다. 자유주의 역사나 신자유주의 모두 역사적 변천 속에서 이런 복잡한 측면

이 쟁점이 되는 것이라 할 수 있습니다.

이윤율은 현실적으로 보자면 고정자본에 대한 이윤량의 비율입니다. 고정자본 투자에 대비해 얼마만큼 이윤이 발생하는가를 보는 것이죠. 고정자본에 대비되는 개념은 유동자본인데 유동자본은 짧은 회전기간이 끝나면 환수되는 자본이기 때문에 이윤율 측정에서 더 중요한 것은 고정자본입니다. 환수됨으로써 재생산되는 자본보다는 장기적 비전하에 자본가들이 투자할 때 기준이 되는 투하된 고정자본에 대해서 얼마만큼의 매년 이윤이 발생하는가라는 것이 이윤율에 대한 측정치라고 볼 수 있습니다. 장기적으로 신규 투자가 어디서 얼마나 진행될지 가늠할 때 이 장기적 이윤율의 동향이 중요하기 때문입니다. 일단 이윤율을 현실 경제에서 자본가들의 관점에서 고정자본 대비 이윤의 비율이라고 본다면, 이것을 제라르 뒤메닐(Gérard Duménil)과 도미니크 레비(Dominique Lévy)의 논법에 따라 다음과 같이 분해해 볼 수 있습니다.[7]

$$이윤율 = \frac{이윤}{고정자본} \equiv \frac{이윤}{총소득} \times \frac{총소득}{고정자본} \equiv \frac{(총소득-총임금)}{총소득} \times 자본생산성$$
$$\equiv (1 - \frac{임금}{총소득}) \times 자본생산성 \equiv (1 - \frac{임금/총노동시간}{총소득/총노동시간}) \times 자본생산성 \equiv (1 - \frac{임금률}{노동생산성}) \times 자본생산성$$

$$r = \frac{\Pi}{K} \equiv \frac{\Pi}{Y} \cdot \frac{Y}{K} \equiv (\frac{Y-W}{Y})P_K \equiv (1 - \frac{W}{Y})P_K \equiv (1 - \frac{W/L}{Y/L})P_k$$
$$\equiv (1 - \frac{w}{P_N})P_K$$

r: 이윤율, K: 고정자본, Π: 이윤, Y: 국민소득, W: (총)임금, L: 총노동시간, P_K: 자본생산성, P_N: 노동생산성, ω: 임금률

이 이윤율 수식을 분해해 보면 핵심 변수가 3개라는 것을 알 수 있겠죠. 다시 말하자면 자본생산성, 노동생산성, 임금률 세 가지가 이윤율의 중요한

---

7   제라르 뒤메닐·도미니크 레비, 『자본의 반격: 신자유주의 혁명의 기원』, 이강국·장시복 옮김 (필맥, 2006); 백승욱, 『생각하는 마르크스』(북콤마, 2017), 214~217쪽.

변수가 된다는 것입니다. 이윤율이 경향적으로 저하한다는 것은 이 세 변수의 변화가 어떻게 조합되는가를 보는 것이라 할 수 있습니다.

자본생산성(P_k)이 올라가면 이윤율이 올라가고 자본생산성이 떨어지면 이윤율이 떨어지겠죠. 자본생산성 자체가 급격하게 떨어지지는 않을 것입니다. 기존의 자본, 그러니까 기계 설비들의 생산성 증가율이 둔화되기 시작하고 낡은 자본이라는 것이 오히려 마이너스 효과를 나타나게 되는 어떤 시점이 등장할 수 있습니다. 역사적 국면을 보면 20세기 초반 미국처럼 자본생산성이 상승하는 예외적 국면을 발견할 수도 있지만, 신자유주의 시기처럼 자본생산성이 정체되는 국면도 나타날 수 있습니다. 두 번째는 노동생산성인데, 노동생산성이 올라가면 이윤율은 올라가게 되겠죠. 세 번째로 w는 1인당 임금 액수로 계산되는 임금률로, 1인당 평균 임금 수준을 말합니다. 여기서는 소득을 임금과 이윤으로 배분하는 배분비가 중요한데, 임금률이 상승한다는 것은 이윤으로 배분되는 몫이 줄어들고 이윤율이 하락한다는 의미입니다. 자본생산성이 상승하고 노동생산성이 상승하는 국면에서는 임금률이 올라가더라도 노동생산성 증가 속도에 미치지 못하는 범위의 임금증가라면 이윤율을 하락시키지 않는다는 것을 알 수 있습니다.

간단한 대수식으로 보이지만 역사적 분석을 할 때 기본적 추세를 확인할 수 있는 도식이기도 합니다. 역사적으로 우리가 살펴봤을 때 이 세 변수가 같이 상승하거나 자본생산성과 노동생산성이 상승하는 시기가 있을 수 있습니다. 그렇지 않고 자본생산성은 정체되어 있는데 노동생산성이 상승하고 반대로 임금률은 하락하는 시기가 있을 수도 있습니다. 여러 조합의 가능성이 있습니다. 두 가지 대조적 국면을 살펴보기로 합시다. 첫째로 세 변수 모두 상승하는 국면이 있을 수 있는데, 자본생산성도 오르고 노동생산성도 오르는데 임금률도 오르긴 하지만, 여기서 흥미로운 것을 한 번 보시면 앞서 지적했듯이 노동생산성이 오르고 분모는 노동생산성이니까 임금률이 오르지만 그 증가속도가 노동생산성의 증가속도보다 못하면 이윤율은 계속 상승할 수 있습니다. 이 국면에는 자본축적을 위협하지 않는 범위 내에서 노동생산성만큼 임금이 증가할 수 있다는 것을 보여 주는데, 20세기 미국에서 제도화한 생산성 임금제가 이를 배경으로 합니다. 보통 포드주의(Fordism)라고 하는 틀이죠.

신자유주의는 이와는 반대입니다. 자본생산성이 정체하거나 하락하지만, 노동시간을 늘려 노동생산성을 강제로 올리고 임금률은 오히려 하락합니다. 이윤으로 분배되는 몫을 늘리기 위해 비정규직 등 임시노동자를 늘리고 임금 수준이 하락하고 노동 간 경쟁은 치열해지면서 이윤율 하락을 반전시키는 시기인 것이죠. 이렇게 대비해 보면 이윤율 상승이 보이더라도 신자유주의 시기와 포드주의 시기에 그 원인은 상이하다는 것을 알 수 있습니다. 이윤율의 변화는 그 배경에 있는 역사·제도적 조건의 문제를 본격 부각시키고 이를 통해 우리는 역사적 자본주의의 변천을 구체적으로 검토하게 됩니다.

이윤율의 경향적 저하의 논의에서도 확인되듯이 자본주의 위기에 대한 마르크스의 주장은 어느 시대나 물리학법칙처럼 적용되는 위기이론을 제시하는 것이 아닙니다. 구조적 위기로 나아가는 경향이 실제적·역사적 정세 속에서 문제가 될 때는 매우 구체적인 정세들에 의해 과잉결정되며 그 조건들 때문에 위기의 심도와 범위도 달라집니다. 어떤 위기 원인은 비교적 단기간의 위기를 촉발해 해결되기도 하지만 어떤 위기 원인들의 조합은 훨씬 심대하고 구조적인 위기로 이어질 수 있습니다. 이런 위기로 나아가는 자본주의 역사의 구체적 모습을 살펴보기 위해서 우리는 역사적 자본주의 논의로 좀 더 나아가 볼 필요가 있습니다.

4. 근대 세계체계의 특성

그럼 이제부터는 역사 속에서 자본주의의 변천을 세계체계적 관점에서 조망해 보도록 하겠습니다. 먼저 세계체계의 구조적 특징을 간략히 살펴본 다음 네덜란드, 영국, 미국으로 이어진 자본주의 세계 헤게모니 교체의 역사를 살펴보도록 하겠습니다.

자본주의를 개별 국가별로가 아니라 전 지구적으로 다루게 되면 무엇보다 시간대가 매우 길게 확장될 것입니다. 근대 자본주의는 '장기 16세기'인 1460~1640년경 유럽을 중심으로 세계체계로 형성되어 그 이후 전 지구적으로 팽창해 온 것으로 이야기됩니다. 이 시기에 자본주의의 중심지가 지중해에서 대서양으로 확장되게 되고, 그 전까지는 한정된 지역에 좁은 하위체계로만 생존하던 자본주의가 이 시기를 거치며 본격적으로 세계체계의 원리가 되기 시작한 것입니다.

지리적 확대를 통해 세계경제를 형성한 자본주의는 그 내부에 매우 이질적인 생산제도들과 상이한 노동의 방식들을 담아내며 출발했습니다. 임금 노동부터 농노제, 계약농노제, 자영 소농, 노예제까지 모두 이 자본주의 세계에 담겼던 것입니다. 절대주의 국가라는 새로운 근대국가로의 전환이 유럽에 등장했던 것도 바로 이 자본주의 형성기입니다. 이 시기 어떤 국제정세적 조건 때문에 자본주의가 전 유럽으로 확장되어 지배적 원리로 자리 잡게 되었는지는 중요한 역사 논쟁의 주제이지만 여기서는 다루지 않고 넘어가기로 하고, 이렇게 형성된 근대 세계체계의 몇 가지 중요한 특징을 짚어 보기로 하겠습니다.

첫 번째 특징은 이 근대 세계가 기축적 분업에 의해 상호연결된 세계경제를 구성한다는 것입니다. 기축적 분업이란 세계경제 공간이 분리축을 중심으로 중심과 주변으로 분할되면서 서로 강력한 연계성을 형성한다는 것입니다. 그 중간에는 반주변부도 등장하겠고요.

중심부는 특허나 독점에 기반한 고부가 가치 생산 및 상업을 주도하고 주변부는 경쟁에 노출되어 단순 노동과 저임금에 의존하는 생산이나 1차상품 수출에 한정되어 중심부를 위한 수탈 대상으로 작동합니다. 중심과 주변이

상품사슬의 연계로 네트워크를 형성한 구조가 자본주의 세계경제이죠. 이 세계경제는 처음에 유럽 내에서 중심과 주변의 구획이 형성되면서 출발한 이후, 아프리카와 아메리카 대륙을 주변부 삼아 확장되고, 이어 태평양 지역에서 동아시아 전체까지 19세기에서 20세기 전환기에 세계경제로 포섭하게 됩니다.

두 번째는 국가간체계라는 특징을 들 수 있습니다. 자본주의 세계경제라는 하나의 통일된 분업의 세계가 다수의 국가들로 이루어진 국가간체계로 구성되어 있으며 여기서는 과거 세계제국 같은 단일한 정치중심체가 형성되기 어렵다는 세계정치적 특징입니다. 19세기 식민시대에 국가간체계는 소수의 유럽국가와 몇 개의 비유럽 제국들 그리고 많은 식민지역으로 구성된 특징을 지녔다면, 20세기 오게 되면 탈식민화가 진행되면서 정말로 수많은 민족국가들로 이뤄진 국가간체계가 등장하고 여기서 개별 국가가 발전의 중심으로 강조되는 환상이 강화되었습니다. 이 국가간체계에서 중심부에는 소수의 국가들이 있고 이들 사이에 늘 더 유리하고 강력한 지위를 확보하려는 투쟁이 진행되지만, 여기서 어떤 나라도 제국으로 변환하려는 시도에 성공하지는 못했다는 역사적 특징을 보입니다. 나폴레옹의 제국 시도나 히틀러의 제3제국은 말할 것도 없고, 사회주의 제국의 시도는 애초부터 시도되지 않던 거나 다름없었다고 이야기할 수 있습니다. 로마제국 같은 군사적 통합 제국이든 중국 같은 조공책봉 체제이든 이런 과거 세계제국 형태가 다시 등장하지 못하는 이유는 경쟁하는 대자본들로서는 다수 국가들이 경합을 벌이는 것이 자본축적에 더 유리한 조건이기 때문에, 한 경합자가 다른 경합자들을 압도적으로 제어할 가능성을 줄곧 제어해 왔다고 할 수 있습니다. 자본은 이윤율이 하락하는 국면에서 다른 경합 국가를 활용해 자본축적의 위기를 돌파할 수 있으며, 자본에 대한 통제가 강화되는 경우에도 이를 회피해 피난처를 찾기 위해서도 경쟁하는 다수의 국가라는 조건을 결코 없애는 데 힘을 쏟지는 않습니다.

근대 세계체계의 국가간체계에 독특하게 등장한 원리가 주권입니다. 주권의 원리는 대내적인 것과 대외적인 것 이중적으로 나타나는데, 대내적으로는 국가만이 무력을 완전 독점하고 다른 모든 집단은 국가에 복속되어야 한다는 원리이고 대외적으로는 어떤 국가도 다른 국가의 내정에 간섭할 수 없다는 원리죠. 그렇지만 둘 다 원리적으로 그렇게 선언되었을 뿐 현실은 원리와 거리가 있다는 것을 우리는 잘 알고 있습니다. 그럼에도 이 원리가 국가간체계의 근본원리로 국가들을 상호 견제하면서 작동해 온 이유는 이것이 자본축적의 역사적 방향과 잘 맞아떨어졌기 때문이라고 할 수 있습니다. 물론 이는 주로 중심부에 초점을 맞추었을 때 이야기이고, 20세기 후반 신자유주의에 오게 되면 이른바 제3세계가 사실상 유의미한 세력으로 존재하지 않게 되면서 많은 지역에서 국가 주권을 논의하는 것이 의미가 없어질 정도로 큰 변화가 발생하고 있고, 이것이 현재의 국가간체계의 위기의 모습이기도 합니다.

이 국가간체계는 세계 헤게모니를 중심으로 위계적 질서로 구성된다고 말할 수 있는데요, 세계경제의 기축적 분업과 국가 체제 질서가 결합되어 상대적 안정기로 유지되는 것이 세계 헤게모니 국가의 세력이 확장되는 시기라고 볼 수 있습니다. 경합하던 중심부 국가 중 하나가 세계 헤게모니로 부상해 특정 방식의 축적 체제를 주도해 나가면서 국가들 사이에 새로운 세계질서를 형성하는 것이 이 세계 헤게모니인데, 영국의 시대는 해가 지지 않는 대영제국을 식민지체제에 기반한 자유무역 제국주의라고 하는 질서가 지탱해준 역사라면 20세기 미국은 국제기구들이 뒷받침하는 다자주의적인 틀에 기반한 민족경제들의 발전주의라는 질서 위에 서 있을 수 있던 것이죠. 세계 헤게모니는 한편에서는 자본축적의 황금기를 보여 주는 안정적 질서의 시기이지만 늘 그 이면에 헤게모니를 향한 새로운 경쟁이 재개되어 때로는 세계적 전쟁으로 치닫는 위험을 품고 있는 구도이기도 합니다. 영국의 시대가 세계 헤게모니의 정점으로 기억되는 이유는 영토적으로 전 지구적으로 편제된 지배의 구도 때문이고, 원료 자원, 노동력의 공급, 상업 네트워크, 파운드스털링의 금융력 등 모든 것에 뒷받침 받는 중심이 두드러졌기 때문이라고 할 수 있습니다.

다음으로 이 근대 세계체계의 중요한 특징은 우리가 앞서도 잠시 언급했듯이 차별적인 노동통제 양식의 결합입니다. 우리는 자본주의를 임금 노동자의 절대적 증가로서 프롤레타리아화와 등치시키는 경향이 있습니다. 그렇지만 월러스틴 같은 경우는 이 임금 노동자화를 신화로 반박하고, 현실에서 보자면 근대 세계체계는 프롤레타리아화의 증가를 제어하고 오히려 반(半)프롤레타리아화를 일반적 특성으로 만들어 왔다고 지적합니다. 임금 노동의 증가는 중심부에만 초점을 맞추었을 때 생기는 오해이며, 시야를 조금 더 바깥으로 반주변부에서 주변부로 넓혀 가면, 오히려 임금 노동 비율은 매우 낮고, 비임금 노동형태가 많고, 한 가계 구성원 중 한 사람 정도의 노동자와 다수의 생계형 일들이 결합하는 반프롤레타리아 가계 형성이 더 일반적이라고 지적합니다.

주변부의 노동을 예를 들면 남북 전쟁 시기 전까지 미국은 영국의 주변부로서 자본주의적 노예제라는 특이한 노동통제 양식을 유지했습니다. 이 노예제는 영국 산업을 위한 저렴한 원료 공급을 위해 재편된 단일경작 체제를 유지하기 위한 현실적 선택지였지요. 따라서 영국 본토의 임노동이 미국 남부의 노예제와 결합되어 존재하는 것은 매우 '근대'적 현상이었던 것이죠. 이뿐 아니라 동프로이센의 엘베강(Elbe R.) 동쪽 현재의 폴란드 지역에는 융커제와 결합한 재판 농노제가 일반적인 현상이 되었고 라틴아메리카는 노동력 부족을 해결하기 위해 계약 농노제(indentured servant)가 출현하기도 합니다. 자본주의를 개별 국가별로 진행되는 단계적 현상이 아니라 그 내에 기축적 분업이 작동하는 전 지구적 세계경제로 보면 이 내에서 임금 노동에서부터 노예제까지 다양한 노동형태가 위계적으로 층위를 구성하고 있는 것이 필수적인 이유를 이해할 수 있습니다. 주변부의 강제 노동이 바로 중심부 노동력 가치를 저렴하게 유지할 수 있고 원료 가치를 저하할 수 있는, 그래서 고축적을 가능하게 한 핵심적 요인이 되었던 것이며, 이런 핵심적 조건을 빼고 근대 자본주의를 생각할 수 없는 것입니다. 시대가 달라진다고 이런 특징이 사라지지 않는다는 것은 신자유주의 이후 세계를 한 번 훑어보기만 해도 잘 알 수 있을 것입니다.

이렇게 되면 우리는 계급 또한 순수하게 존재하는 것이 아니라 이런 노동 통제 양식의 위계와 결합해 작동한다는 것을 알 수 있을 것입니다. 여기서 신분, 또는 동일성이라는 질문이 제기됩니다. 자본주의가 이렇게 국내에서도 세계적으로도 노동력을 다양한 형태로 분할해 종속시킨다면, 그 차별화를 정당화하면서 유지시키는 분할의 이데올로기가 이 체계에 내재하게 되겠죠. 근대 자본주의 역사에서 항상적으로 성차별주의와 인종주의가 자본주의의 노동력 관리 양식으로 내재화되어 있다는 점, 그리고 자본주의에서 계급 재생산은 개인 단위가 아니라 가계 단위로 진행된다는 것을 잘 봐야 하고 그럴 때만 계급에 대한 신화도 극복할 수 있을 것입니다.

끝으로 이런 5세기에 걸친 자본주의 역사는 늘 아래로부터의 도전에 직면했고 그 도전은 체계 자체를 뒤흔들기도 했다는 점을 고려하면, 이 불안정한 체계를 지속가능한 것으로 만들어낸 이데올로기의 질문이 제기될 것이고, 거기서 지구문화(geoculture)가 중요한 논점이 됩니다. 특히 프랑스 혁명 이후 세계경제로서의 자본주의가 내적 모순 때문에 반란과 도전에 계속 직면하고 거대한 경제위기는 거대한 반체계 운동을 초래하기도 했는데, 이런 상황을 관리하면서 구조적 위기를 돌파해 가는 새로운 이데올로기가 형성되고 분화해 갑니다. 자유주의가 바로 그런 지구문화의 위치를 차지해 왔는데, 자유주의는 자유주의-보수주의-사회주의라는 세 이데올로기 쌍의 중추를 형성하게 되었고 단지 이념으로 존속한 것이 아니라 현실의 여러 불만과 요구를 제도적으로 수용하는 제도 실천 장치로서 중요성을 가지고 있었고 다른 이데올로기를 그 위계에 종속시키는 데 성공했습니다. 그렇지만 그 자유주의가 20세기 후반 들어 근본적 위기에 처해 있는 상황이 지속되고 있는데, 이것이 현재 세계적 위기, 특히 '포스트-사회주의적' 상황을 이해할 때 중요하다고 할 수 있습니다.

5. 세계 헤게모니 순환 분석의 기본 개념

1) 체계적 축적 순환

역사적으로 장기지속의 자본주의가 반복해 구조적 위기에 처하고 그 구조적인 위기가 체계의 질서를 무너뜨릴 만큼 심대한 위기로 확장되는 경우도 있었는데, 그럼에도 그런 위기가 어떻게 돌파되고 극복되어 새로운 축적과 팽창의 역사가 시작되었는지 검토하는 과제가 바로 역사적 자본주의 연구의 핵심과제이고, 이를 분석할 때 핵심 개념이 되는 것이 세계 헤게모니 순환입니다. 이렇게 세계 헤게모니의 교체의 역사를 분석하는 것이 역사적 자본주의의 핵심적 특징을 보여 주는 일이라고 하겠죠. 이 세계 헤게모니 분석의 동역학을 어떻게 다룰 것인지를 두고 월러스틴과 아리기 사이에는 논쟁이 있었고, 이에 대해서 『자본주의 역사강의』에서 좀 설명을 한 적이 있습니다. 지금 강의는 체계적 축적 순환이라는 개념을 세계 헤게모니 형성의 중심적 특징으로 설명하는 아리기의 논점을 따라서 역사적 변천을 살펴볼까 합니다.

체계적 축적 순환은 새로운 세계 헤게모니가 등장하면서 전 지구적 차원에서 자본축적이 어떻게 새롭게 팽창기를 열어 가는지 그리고 그로부터 다시 어떻게 위기로 전환하는지를 분석하는 것입니다. 이런 국면의 전환과 위기의 발생에서도 이윤율 저하는 중요한 내적 동학으로 작동합니다. 새로운 체계적 축적 순환은 앞선 축적 순환이 구조적 위기에 처한 시기와 맞물려 새롭게 시작하는데, 그러려면 앞선 축적 순환이 직면한 구조적 위기를 벗어날 새로운 전환의 요소가 형성되어 상승기를 추동해야 하겠죠. 그런 다음 이 새로운 축적 순환의 상승기는 그 자체 모순으로 인한 한계에 부딪혀 하강기로 전환할 것인데, 이런 반복되는 축적 순환이 어떤 점에서 유사하고 어떤 점에서 새로움을 보이는가를 비교해서 보는 것이 중요할 것입니다. 앞서 우리는 이런 비교방법을 '통합적/통합된 비교'라고 불렀었죠.

세계적 차원에서 이윤율이 전반적으로 하락하면 자본 간 경쟁은 더욱 치열해질 것입니다. 이윤율을 높일 수 없는 자본들은 이윤량을 확대하고 집적과 집중을 통해 독점력을 키움으로써 이 지옥 같은 경쟁에서 살아남고자 할 것인데, 새로운 축적 순환이 재개되는 것도 바로 이런 조건하에서 일 것입니다. 그럼 이런 상황에서 어떻게 새로운 잠재적 축적 중심지에서 이윤율 하락이 반전되어 호황기로 바뀔 수 있는지가 중요한데, 축적이 전개되는 전반적인 제도적 조건에 혁신적 변화가 발생해야 하는 것이죠. 아리기는 이런 전환을 조직 혁명이라고 불렀습니다.

그래서 세 번의 헤게모니 시기에 따른 세 가지 상이한 조직혁명을 검토해 봄으로써 우리는 세 가지 축적 순환의 특성이 어떻게 달랐는지를 살펴볼 수 있을 것입니다. 네덜란드 헤게모니의 역사, 영국 헤게모니의 역사, 미국 헤게모니의 역사는 그 헤게모니 나라에만 한정된 것이 아니라 그 헤게모니와 맞물린 전 지구적인 동반적 팽창의 시기를 보여 주고 또 그에 이은 전 지구적인 위기의 확산을 보여 주기도 할 것입니다. 네덜란드의 조직혁명은 보호비용의 내부화였고, 이를 통해 위기를 돌파하고 새로운 축적 순환을 시작할 수 있었습니다. 그리고 영국의 상승은 생산비용이 내부화에 힘입었고, 미국의 상승은 거래비용이 내부화에 힘입었다고 할 수 있습니다. 앞서 우리가 이윤율의 구성요인을 분해해 살펴보았듯이 새로운 조직혁명이 자본생산성과 노동생산성에 어떻게 영향을 주는지, 다시 말해 불변자본의 가치와 가변자본의 가치를 하락시킴으로써 이윤율 상승을 어떻게 추동하는지를 살펴보는 것이 중요합니다.

대표적으로 산업자본주의의 상징으로 알려진 영국의 생산비용 내부화의 논리를 먼저 살펴보기로 하죠. 생산비용을 내부화한다는 것은 생산에 투입되는 비용을 내적으로 절감할 수 있는 변수로 만들어 그 비용을 절감함으로써 이윤을 증대시킨다는 것입니다. 이렇게 생산비용을 통제하면 노동생산성을 올릴 수 있는데, 노동생산성을 올리기 위해서는 노동자들이 집합적 노동을 하도록 하고 이를 자본이 감독·통제할 수 있어야 합니다. 그래서 영국 시기의 핵심은 노동과정을 통제하는 공장이 모델이 된 것이죠. 마르크스가 잉여가치의 생산의 분석에서 이를 절대적 잉여가치와 상대적 잉여가치로 나누어 설명한 것이 이런 생산비용의 내부화를 잘 보여 줍니다. 더불어서 고정자본의 비용 절감이 어떻게 이윤율을 높이는지 설명한 것도 덧붙일 필요가 있겠죠. 여기서 중요한 것은 한편에서 노동력을 어떻게 효율적으로 극대화시켜서 사용할 수 있는가입니다. 이는 가변 자본에 대한 효율적 통제인데요. 가변 자본을 효율적으로 통제한다는 것은 내가 직접 생산을 하면서 임금보다 잉여가치를 더 많이 늘리는 방향으로 임금과 잉여가치의 비율을 통제한다는 것입니다. 다른 한편에서 불변자본에 해당하는 저렴한 원료의 사용과 고정자본의 효율적 사용과 이를 위한 신용의 역할 등이 맞물려 이윤 증대의 중요한 쟁점으로 등장합니다. 이제 축적은 생산을 내부로부터 통제해 잉여가치를 최대화하는 것이 과제가 되는 것이죠. 이런 생산비용의 내부화는 주어진 생산의 규모를 확대할 수 없는 상업 자본주의의 제약을 벗어나 생산의 외연을 전 지구적으로 지속적으로 확대할 수 있다는 점에서 자본주의적 팽창이 본격화하는 시대이고, 그 때문에 우리가 영국 자본주의를 중심으로 자본주의 역사를 보게 되는 것이죠.

그에 앞선 네덜란드 헤게모니 시기에는 노동력 통제가 축적의 핵심 변수는 아니었다고 할 수 있겠죠. 네덜란드는 아까 중상주의 시대였다고 말했듯이 상업이 중요했습니다. 네덜란드 시대의 생산자들은 상인에게 종속된 지위였고, 많은 이윤을 축적할 수 없었습니다. 상인들은 이윤을 많이 낳는 상품 유통에 투자하고 그 유통을 독점했던 것이죠. 생산과정은 상인 통제로부터 비교적 자율성을 유지했습니다. 이 상업은 두 영역에서 대이윤을 축적했는데 하나는 유럽자본주의 외부 세계와의 무역인 원거리무역을 독점하는 것이었습니다. 인도에서 수마트라까지 인도양 항로를 독점해 차, 비단, 향신료 등의 사치품 공급을 독점했던 것이죠. 다른 하나는 유럽 내부의 필수품 무역을 독점한 것인데 이는 주로 동유럽 지역의 저렴한 곡물을 강의 하운을 통해 발트해(Baltic Sea)를 거쳐 암스테르담에 집중시키는 집산지 무역 방식의 독점으로 이루어졌습니다. 플랑드르 지역이나 이탈리아 북부의 직물 생산의 유통망을 장악한 것도 중요하겠고요.

이렇게 유럽 내의 필수재의 유통 독점과 유럽 외부의 사치재의 유통 독점을 통해 상업적 부는 네덜란드에 거대하게 쌓이게 됩니다. 이 독점이 가능하려면 가장 중요한 것은 보호 비용의 내부화입니다. 상인들이 군사적·준군사적 약탈로부터 보호받을 수 있도록 군사력을 운용하되 그 비용이 자본축적에 부담이 되지 않도록 경제적으로 통제될 수 있어야 하는 것이었죠. 네덜란드는 절대적으로 압도적인 군사적 우위를 경제적 우위로 전환해 상업을 통제했고 이로부터 이윤을 축적한 시대였습니다.

영국의 시대를 지나 미국의 시대에 오게 되면 생산비용의 내부화는 지속되는데, 여기에 추가해 새로운 기업혁명을 통해 비용 절감의 혁신이 추가되는데, 이것이 거래비용의 내부화입니다. 미국 자본주의 등장은 법인 자본주의라는 형태로 진척되는데, 이는 우리가 알고 있는 대형 주식회사입니다. 이 법인화한 주식회사는 분절된 소규모 기업들의 네트워크로 구성된 영국식 자본주의가 지닌 리스크와 비용의 문제, 규모의 경제의 불가능함 등의 문제를 해결할 수 있는 계기를 열어 줍니다. 이렇게 되면 미국 헤게모니하에서 기업들은 리스크를 최소화하고 자본의 규모를 최대화하면서 시장에 적응하는 것이 아니라 시장을 만들어 가면서 팽창하는 것이 가능해집니다.

그래서 미국에서는 본격적으로 대규모 자본축적이 가능해지고 이 대규모 자본축적된 것을 새로운 근대적 형태의 대규모 고정자본에 투자할 수 있게 됩니다. 고정자본에 투자할 때 리스크를 어떻게 최소화할 수 있는지에 대한 관리는 더욱 중요해지겠죠. 그래서 과학적 관리가 이 법인기업의 모토가 되고, 경영학이 등장해 리스크를 최소화하면서 거래비용을 최소화하는 새로운 기업형태의 출현이 미국적 방식이라고 할 수 있습니다. 이런 미국적 생산방식은 자본생산성과 노동생산성을 빠르게 증대시켰고, 새로운 자본축적의 상승기를 만들어냈습니다. 이처럼 새로운 형태의 조직 혁명에 따라서 자본축적은 세계적 규모에서 새롭게 시작될 수 있는데, 이 전환의 역사를 체계적 축적 순환의 교체라고 부르는 것이죠.

2) 영토주의와 자본주의

이 축적 순환이 세계적 차원으로 확장되려면 국가간체계의 새로운 질서가 형성되어야 한다는 점 또한 중요합니다. 국가간체계 질서의 와해상태를 아리기는 체계의 카오스라고 부르는데, 국가간체계의 주요 중심부 국가들이 보유한 군사-정치력의 크기가 커지고 이를 기반으로 기존 체계적 축적 순환 내에서 우세한 지위를 확보하려는 경쟁이 격화하면 체계의 카오스가 발생하게 됩니다. 이 카오스를 극복한 새로운 국가간체계의 질서가 무너진 세계경제의 통합력을 되살리면서 강대한 힘을 가지는 경쟁자들을 복속시키는 질서를 형성해낼 수 있는지가 새로운 헤게모니의 과제가 되겠죠. 이 지점에서 우리는 근대 자본주의 국가들, 특히 헤게모니 국가들이 자본주의 원리와 영토주의 원리를 독특하게 결합해 등장한다는 점에 주목할 필요가 있습니다.

역사적 자본주의를 살펴보면 영토주의 없는 자본주의는 없다고 할 수 있고, 영토주의의 중요성은 점점 더 커져 왔다고 할 수 있습니다. 그런데 여기서 원리상 둘을 구분해 보면 자본주의는 영토주의와 지향점이 다르고, 이 두 원리가 모순적으로 결합되는 것이 세계 헤게모니 형성의 특징이라고 할 수 있습니다.

마르크스의 용어법에서 차용해 'MTM'과 'TMT'라는 두 정식을 구분해서 설명해 보도록 하지요. M은 화폐고, T는 영토인데요, 자본주의 원리는 화폐를 투자해 더 큰 영토를 구할 수 있지만 그 영토 획득은 오직 자본 증식에 종속된다는 원리입니다. 자본주의는 영토를 축적의 수단으로만 생각하지 목적으로 생각하지 않는다는 것이죠. 영토주의 원리는 그 반대로, 영토를 투자해 일정한 수익을 얻고 그 수익을 통해 더 많은 영토를 획득하거나 통치 영토에 대한 통치력을 더 침투시켜 통치의 공고화를 추구하는 원리입니다. 이경우 영토 확장이나 통치의 공고화 그 자체가 목적이 되고 자본축적은 이를 위한 수단이 될 뿐입니다.

순수한 모델로서 두 원리는 대항해시대에 이은 '신대륙 발견'의 시대에 중요한 차이점을 보여 주었습니다. 1406년부터 한 20여 년 가까이 중국의 명나라 때 환관 관료였던 정허(鄭和)가 추진한 대원정과 그보다 90여 년 후 추진된 콜럼버스의 서인도 제도 항해를 비교해 보면 그 차이를 알 수 있습니다. 콜럼버스보다 거의 한 세기 앞선 정허의 대항해 규모는 콜럼버스 선단보다 최소 10배는 되었을 것이고, 동남아 말라카 해협(Strait of Malacca)을 지나 인도와 호르무즈(Hormuz), 아라비아 반도를 지나 소말리아 인근해역까지 이르는 엄청난 대항해 기록을 남기지만, 명제국에 의해 갑자기 중단되고 명제국은 쇄국으로 돌아서죠. 그에 비해 신대륙 발견은 본격적인 자본주의 팽창의 시대를 열게 됩니다. 명제국의 경우는 'TMT'의 논리를 보여 주는데, 이원정이 제국 통치를 공고화하는 데 도움이 되지 않고, 오히려 이 원정의 이득을 취한 도전세력의 힘만 키워줄 수 있다는 우려가 컸던 것이죠.

근대 자본주의하에서 국가간체계의 질서가 전개되어 가면서 이처럼 상이한 두 원리가 세계시장에서 '독점을 향한 경쟁'(브로델의 말이죠)을 추구하는 과정에서 점점 더 강하게 융합되게 됩니다. 더 큰 규모로 확장된 영토국가가 바탕에 놓이지 않으면 이제 상업 네트워크 지배나 식민제국 형성이나 노동력의 지속적 확보나 금융력의 성장에서나 모두 한계에 부딪히게 되고, 영국의 시대를 지나 미국의 시대에 오게 되면 이제 영토주의 원리는 헤게모니 형성의 굳건한 토대이긴 하지만 헤게모니가 위기에 처하는 국면에는 이 영토주의 원리는 자본주의 원리와 모순을 일으킬 수도 있게 됩니다. 자본축적의 선순환을 동반하지 않는 제국적 질서의 유지 부담은 점점 더 커지는 것이죠.

3) 실물적 팽창과 금융적 팽창

체계적 축적 순환과 국가간체계의 작동을 결합해서 헤게모니의 궤적이 어떻게 진행되는지 좀 더 구체적으로 살펴보고자 하면 우리는 실물적 팽창과 금융적 팽창을 구분해 볼 필요가 있습니다. 앞서 우리는 새로운 세계 헤게모니가 앞선 헤게모니의 구조적인 위기를 벗어나 새로운 축적의 상승기를 추동해 가고 국가간체계의 질서를 새롭게 구성해 가면서 전 지구적 팽창을 추동한다고 했습니다. 이렇게 새롭게 자본축적의 '황금기'가 시작되어 일정기간 세계경제 전체의 성장이 추동되는 시기를 실물적 팽창이라고 부를 수 있습니다.

실물적이라는 것은 가시적인 팽창을 지칭하고 실물경제 지표를 말한다고 봐도 되겠죠. 생산, 고용, 상업, 무역이 증가하고 자본주의의 지리적 팽창도 가시적으로 늘어나는 시기를 말합니다. 새로운 세계 헤게모니 국가에 한정된 것이 아니라 세계경제 전체적으로 새로운 헤게모니 국가가 주도해 진행되는 팽창 과정이라고 할 수 있습니다. 20세기에 1940년대부터 시작해 2차 세계대전 이후 1960년 말까지 지속된 시기였지요.

이윤율 상승 전망이 지속되면서 신규 자본의 실물적 투자가 이어지고, 장밋빛 미래는 과잉생산을 추동할 만큼 호황이 지속되고 위기는 잠시 등장했다가 경쟁력이 떨어지는 부문을 희생시키는 정도로 비교적 순탄하게 극복되는 듯 보이는 시기가 이어질 것입니다.

그렇지만 이 과정은 생각보다 오래 지속되지는 않습니다. 이윤율의 경향적 저하가 체감될 정도로 두드러진 상황이 되면 자본의 투자는 더 늘어나지 않습니다. 주류 경제학의 표현을 쓰자면 자본의 한계수익이 체감하겠죠. 고정자본의 과잉투자가 지속되면서 유기적 구성의 고도화가 이윤율의 경향적 하락을 낳고, 이를 상쇄하는 여러 요인들이 하락의 속도를 늦추기는 하지만 하락 추세 자체를 막지는 못한다는 것을 앞서 마르크스를 통해 우리는 확인해 두었습니다. 고정자본의 투자 증가는 자본생산성을 늘리면서 이윤율을 높여 갈 수는 있어요. 그런데 계속해서 이게 반복이 되면 더 많은 기계를 투자한다고 해서 이윤율이 올라가는 것은 아니고 오히려 경쟁자에 대한 독점적 우위를 확보하는 수단 이상이 되기 어려워지는 상황이 올 수 있습니다. 하락하는 이윤율을 이윤량 증가로 상쇄하고자 하는 것이죠. 추가 경쟁자가 동일 부문 내에 늘어나면 이윤 경쟁은 추가적으로 더 심해지겠죠.

이윤율이 하락하면 처음에 여러 조정 과정이 나타나고 기업별로 성과도 매우 다양하게 차이가 날 것입니다. 그런데 이런 추세가 계속 지속되면 기업들이 장기적 투자를 꺼리게 됩니다. 한국 대기업에서도 드러나는, 투자되지 않는 사내 유보이윤의 규모가 커지게 됩니다. 그런데 예를 들어 이렇게 10조 원 규모로 보유하고 있는 사내 유보이윤은 손실을 막기 위해 수익을 낼 수 있는 금융적 자산 형태로 보유될 것이고, 새로운 금융상품이 개발되면 그런 투자는 현실이 되겠죠.

이처럼 이윤율 하락이 시작되어 경제 전체적으로 봐서 이윤율이 금융 수익률에 못 미치게 되면 많은 주도 기업에서 변신이 시작되지 않을 수 없습니다. 현금 보유량이 늘어난 일부 대기업은 생산이나 상업에 투자하는 대신 주업종을 금융으로 전환할 수도 있습니다. 미국에서 1990년대 이후 두드러지게 나타나듯이 국민경제의 주 수익원이 제조업에서 금융업으로 대대적으로 전환이 발생하기도 합니다.

이렇게 실물적 팽창이 중단되고 금융으로 변신하는 국면을 금융적 팽창국면이라 부를 수 있습니다. 자본주의의 세계 헤게모니 국가의 역사를 보면 늘 되풀이해서 실물적 팽창에서 시작해 예외 없이 금융적 팽창으로 전환이 발생합니다.

그런데 한 가지 짚어 두자면, 폐쇄된 경제 모델을 생각해 보면 이윤율이 금융수익률보다 낮아진다는 것은 말이 안 됩니다. 금융은 실물 부문의 이윤의 일부를 자기 몫으로 배분받는 것일 뿐이니까요. 그렇지만 이 구도를 초국가적으로 이해하면 문제는 없습니다. 19세기 말 영국도 금융적 팽창이 시작되자 주요 투자 무대가 미국 금융시장으로 바뀌었고, 또 그 외 후발 국가 국채에도 투자를 해서 높은 수익을 거두었죠. 금융의 형태로 다른 나라에 돈을 빌려주는 것이 국내 생산에 투자하는 것보다 더 큰 수익을 거둘 수 있으면 헤게모니 국가 국내 주력 산업들이 금융으로 변신하게 됩니다.

금융적 팽창이 처음 개시되는 국면에는 불황의 조짐이 나타나고 금융적 혼란이 반복되는 과잉축적 위기가 출현합니다. 그렇지만 경쟁이 치열하던 경제 내에서 일부가 금융으로 변신하고 나면 경쟁 압력도 줄어들고 금융적 투자에서 수익도 높아져서 다시 이윤율이 상승하는 착시현상이 지속되는 시기가 등장하죠. 이것을 벨에포크(La Belle Époque)라고 부르는데, 금융적 부가 소수의 수중에 전례 없는 규모로 축적되면서 동시에 사회적 양극화와 분할은 더욱 가속화하는 시기라고 할 수 있습니다. 영국 헤게모니의 경우 빅토리아(Victorian) 후기에서 에드워드(Edward) 시기인 1896년부터 1차 세계대전 직전의 시기를 말하고, 미국 헤게모니하의 클린턴 이후의 시기들에 나타나는 특징을 말하는데, 금융이 주도하면서 엄청난 부가 그 사회로 몰려들게 되고 런던의 시티(City of London)나 월스트리트가 부의 상징이 되던 시기죠.

그렇지만 금융적 축적은 경제의 불안정성을 높이고 금융위기는 전 지구적으로 확산되고 이제는 경쟁력이 떨어지는 부문뿐 아니라 선도적 부문까지도 뒤흔들게 되는 경향을 보입니다. 이제 금융위기는 기존의 경제질서 특히 금융질서의 안정성을 심하게 흔드는데, 1929년 대불황이 잘 보여 주었던 일이죠. 그 불안정성은 한 국가 내에 한정되지 않고 전 지구적 동요를 촉발할 수 있는데, 금융적 위기와 동반한 보호주의 열풍은 국가 간 경쟁을 가속화해 두 번의 세계대전까지 이어졌던 것이 20세기 초의 세계였습니다. 1차 세계대전과 2차 세계대전은 벨에포크의 어두운 그림자라고 할 수 있겠고, 벨에포크의 화려한 기억은 체계적 축적 순환의 붕괴와 국제질서의 붕괴로 이어지며 체계의 카오스라는 심대한 위기를 낳을 수 있습니다.

이 금융적 팽창이 시작되는 지점에 구조적 위기의 출발을 알리는 '신호적 위기'가 등장하며, 체계의 카오스로 치닫는 출발점이 이 위기가 회복 불가능함을 알리는 '최종적 위기'로 종결되겠지요. 신호적 위기 이후 축적의 중심은 금융으로 이동하고 선행 헤게모니는 금융적 투자를 더 많이 할 것이고 그럼 그 금융적 투자가 어디로 집중되느냐 하면 그다음 헤게모니의 실물적 팽창 국면하고 겹쳐지겠죠. 네덜란드의 자본은 영국에 투자되었고 영국이 금융화하면 투자는 미국으로 들어갔죠. 경합하는 새로운 헤게모니 국가의 새로운 체계적 축적 순환의 개시가 바로 이 금융적 위기를 더 가속하는 요인으로 작용하게 되고, 도전하는 헤게모니의 힘, 앞선 헤게모니가 지닌 모순, 금융적 불안정성이 결합하면서 결국 체계의 작동에 심대한 문제가 발생하는 최종적 위기가 발생했던 것입니다.

역사적 자본주의의 위기분석은 이처럼 신호적 위기에서 최종적 위기까지의 과정을 살펴보고 이와 맞물려 새로운 체계적 축적 순환의 요소를 준별해 보는 것입니다.

6. 세계 헤게모니 교체와 역사적 자본주의

앞서서 우리는 세계 헤게모니 형성과 위기로 가는 일반적 특징들을 검토했고, 이 일반적 특징과 관련해 제한적인 범위에서 각 세계 헤게모니 시기의 특징도 살펴봤습니다. 이제 오늘 강의 마지막으로 세 번의 헤게모니 시기를 조금 구체적으로 설명하면서, 앞선 시기 근대 자본주의 세계는 어떤 구조적 위기를 겪었는지, 그 위기는 어떤 방식으로 지양되었는지를 살펴볼 것입니다. 이런 역사적 자본주의의 궤적을 살펴봄으로써 우리는 지금 우리가 어디쯤 와 있는지, 현재 우리가 처한 상태의 특이성이 무엇인지도 이해해 볼 수 있을 것입니다.

1) 네덜란드 헤게모니와 공인합자회사

우리가 살펴볼 세계 헤게모니는 네덜란드 헤게모니, 영국 헤게모니, 미국 헤게모니 세 번 있었습니다. 장기 17세기를 무대로 하는 네덜란드 헤게모니는 상업을 중시한 중상주의적 자본주의 세계경제였습니다. 동인도회사에 기반한 네덜란드 자본가의 사업 운영, 네덜란드 연합주라는 국가의 독특한 특징, 최초의 근대식 군대인 네덜란드 군대, 자유주의의 전사이자 출발점으로 네덜란드의 고유한 문화 등 모두가 자본주의 세계경제 형성기의 특징을 각인시켰죠.

네덜란드 헤게모니를 이끈 동인도회사라는 독특한 기업형태부터 살펴보도록 합시다. 동인도회사는 물류회사를 이끄는 거대 상업기업이면서 조선소이기도 했고 군대이기도 했습니다. 어떻게 보면 이 회사가 네덜란드 국가 자체였다고도 할 수 있겠죠. 동인도회사는 국가의 특허장을 받은 거대 독점회사인데, 네덜란드 시대는 사실 양대 회사가 지배했다고 할 수 있습니다. 대외무역을 완전히 두 회사가 독점한 것이죠. 네덜란드 동쪽은 동인도회사의 완전 독점, 서쪽은 서인도회사의 완전 독점으로 분할했고, 그중 동인도회사가 특히 이제 탁월하게 독점력을 발휘했고, 이 네덜란드의 동인도회사를 그렇게 강력하게 만들었던 것은 이 연합주라고 하는 네덜란드 국가의 특성이었습니다.

네덜란드의 정식명칭은 네덜란드 연방 주(United Provinces of Netherlandsfh)
인데, 홀란트(Holland), 젤란트, 유트레히트(Utrecht) 등 7개 주가 연합해 스페
인에서 독립한 공화제 국가로 건립되었죠. 사실상은 7개의 자본가 가문이
연합해 국가를 수립한 순수한 부르주아국가 모델이라고 할 수 있습니다. 국
가 자체가 부르주아들에 의해서 만들어지고 국가의 유일한 목적은 상업이고
그러기 위해서 이 이 부르주아들이 7개 주를 중심으로 통합된 하나의 합자
회사를 만들어내고, 완전 독점체로서 이 세계의 모든 상업을 독점하는 것,
이것이 세계경제 형성기 자본주의를 주도한 네덜란드 헤게모니 국가의 특징
이었죠. 우리는 자본주의를 자유경쟁과 등치하는 것을 당연시하기도 하는
데, 바로 이 시기 네덜란드를 이해하려면 자본주의가 곧 자유경쟁이라는 고
정된 사고에서 벗어나야 할 필요가 있겠죠. 자본주의 출현기 네덜란드는 국
가의 극단적 개입, 그리고 경쟁이 거의 제거되는 무대를 만들었다는 것을 보
여 줍니다.

네덜란드의 우위는, 보호 비용의 내부화고 보호비용의 내부화에는 해군력
이 결정적으로 중요한데, 이 해군력은 7개주 연합에서 홀란드에 위임되어
자본주의적 방식으로 관리되었던 것이죠. 근대적 국가와 근대적 징병제, 근
대적 군사훈련 규율의 수립이 이어졌던 것입니다.

그런데 네덜란드의 전성기는 오래 가지 않았죠. 30년 전쟁을 종식시키고
근대적 국가간체계 수립으로 지칭되는 베스트팔렌 조약(Peace of Westfalen)
이 체결된 1648년 직후부터 네덜란드의 위기는 시작되었고 18세기 들어서
네덜란드는 유럽 정치무대에서 밀려나 금융으로 변신하는 길을 걷습니다.
네덜란드의 영토가 작고 인구가 적었다는 점이 장점이자 단점이 되었는데,
이 때문에 생산비용의 내부화로 나아갈 수도 없고, 영토국가 수립 경쟁에 본
격 뛰어들 수도 없었죠. 한정적 노동력은 해군, 선원, 동인도회사 피고용인
에 투입되고 나면 생산 부문 노동력에 동원되기에 매우 부족했습니다. 네딜

란드에 대한 추격자 국가들의 군사적 위협에 대해서도 네덜란드는 세력 균형을 통해서만 이를 벗어날 수 있었지 더 전방향적 변신을 도모하지는 않았습니다. 그 결과가 한편에서 금융적 팽창을 통해 유럽의 금융업자로 다시 태어난 것, 다른 한편에서 정치적 보수화가 진행되어 공화제로부터 군주제로 퇴행했던 것입니다. 공화제 형태의 연합주를 이끈 홀란트의 오라녜 가문 (Huis van Oranje-Nassau)(오렌지 색 상징의)이 아예 세습 군주가 된 것이죠.

2) 영국 헤게모니와 해가 지지 않는 영토제국

그 네덜란드의 빈자리에 영국이 등장합니다. 영국은 처음 네덜란드를 모방하며 등장했습니다. 대항해 시대의 모델처럼 대서양부터 인도양까지 점령하려고 했고 그러기 위해서 해군력을 키우고자 했고 원거리 무역을 독점해 이윤을 축적하려 했습니다. 그래서 엘리스베스 1세 시기에 창립된 기업이 영국 동인도회사죠. 영국 동인도회사가 네덜란드 동인도회사에 비해 아직 경합을 벌일 만하지 못한 시기에 영국은 네덜란드가 다루지 않던 물자의 교역에 참여할 수밖에 없었고 이것이 이후 생산비용 내부화로 나아가는 중요한 차이점을 만들었죠. 네덜란드 따라잡기로 시작했던 영국적 길의 특징은 이후 생산비용 내부화로 나아가면서 본격적으로 영국에 유리한 조건으로 전환되었습니다. 영국의 전성기를 중심에 두고 영국 헤게모니가 어떻게 네덜란드 헤게모니와 달라지는지 살펴보기로 합시다. 영국 헤게모니의 특징을 보통 산업혁명으로 규정하는 경우가 많지만 사실은 그렇게 단순하지 않죠. 아리기 같은 경우에는 영국 헤게모니 시기의 특징은 산업혁명보다 오히려 상업제국주의라고까지 말합니다. 전 지구적 상업 네트워크를 장악하면 상품판매뿐 아니라 원료조달까지 장악할 수 있게 됩니다. 세계의 공장으로서 영국은 전 지구적 상업 네트워크의 장악, 그리고 이를 가능하게 한 도전 불가능한 해군력, 또 이를 활용한 식민제국의 건설과 뗄 수 없는 관계에 있습니다. 거기에 금본위제와 런던의 시티로 상징되는 세계화폐의 통제력을 장악하고 있었다는 점을 뺄 수 없고, 국내적으로 보면 토지와 노동력이 생산요소로 상품화했다는 점도 중요합니다. 이 중 맨체스터 지역의 공장만 떼어내 산업혁명을 대표적 특징으로 부르는 것은 적절하지 않다는 것입니다.

앞서 월러스틴의 논점을 소개하며 산업혁명의 신비화의 비판을 소개했듯이, 이 시기 산업혁명이라고 부른 조건들의 조합은 세계 헤게모니로서 영국만이 지닐 수 있는 것이었습니다. 19세기에 영국만 이 모든 조건을 갖출 수 있었습니다. 다른 나라들도 영국 모델을 모방하고자 했지만, 공업화를 하려면 식민지에서 저렴한 원료를 독점해야 하는데 식민지가 충분하지 않았죠. 식민지를 확장하려면 강력한 해군력을 키워야 하는데 해군을 키워 대서양으로 진출하려면 영국과 충돌하겠죠. 이 문제를 해결해 어느 정도 식민지를 확대했다 하더라도 국제 금융질서에서 영국 파운드스털링 체제에 종속되어야 합니다. 상품생산을 증대하면 국내 시장은 이 대량 증가하는 공급을 충분히 소비할 수 없고 해외 시장을 염두에 두고 생산을 팽창시켜야 하지만 전 지구적 상업 네트워크를 영국이 장악하고 있기 때문에 지분을 키워가는 일이 쉽지 않습니다.

이는 후발 주자인 프랑스나 좀 더 늦게 독일이 처한 난점이었는데, 영국처럼 되기 위해 영국을 모방했지만, 세계경제에서 영국이 여럿 병존할 수는 없었던 것이죠. 영국이 장악하고 있는 것을 빼앗지 않는다면 말이죠. 이렇게 영국 우위를 침식하고자 하는 나라가 여럿으로 늘어나면 충돌이 격화하지 않을 수 없습니다. 독일에 이어 일본, 미국 등 후발 국가들은 모두 영국의 길을 모방합니다. '생활공간'이라는 명분하에 영토를 늘리고, 상품화한 노동력에 기반해 공업화를 추진하고, 해외 시장과 해외 식민지 개척에 나서고자 합니다. 그렇다고 영국이 이 도전에서 벗어나 있던 것은 아니며 영국은 결국 이 도전 속에 금융적 위기를 겪습니다.

그 위기로 넘어가기 전에 우리가 꼭 짚어 두고 넘어갈 것은 영국 헤게모니의 우위는 영국이 브리튼(Britain) 섬 안에서 잘해낸 결과에 의존했던 것은 아니라는 점입니다. 영국이 식민지 시대를 대표한 만큼 외부 세계로의 팽창이 매우 중요한데, 영국 이후 독일이나 일본뿐 아니라 미국도 영국처럼 될 수 없었던 중요한 요인으로, 인도라는 식민지 변수를 살펴볼 필요가 있습니다.

인도가 없었다면 영국은 세계 헤게모니 국가가 되어 그 헤게모니를 오래 지속할 수 없었을 지도 모릅니다. 영국의 근대란 인도의 저발전과 한 몸이었던 것이죠. 이것이 역사적 자본주의의 변동을 연구할 때 우리가 꼭 기억해두어야 할 부정적 교훈입니다. 영국이 빅토리아 시대에 벨에포크를 즐긴 것도 19세기 내내 자유무역질서를 유지했던 것도 인도라는 희생지가 있었기 때문입니다. 영국은 1757년 플라시 전투(Battle of Plassey)에서 승리하면서 무굴제국을 약탈합니다. 타지마할로 대표되는 이 이슬람제국이 무너지면서 영국은 프랑스와의 오랜 전쟁 때문에 누적된 부채를 청산할 수 있었습니다. 반면 프랑스는 부채를 갚기 위해 삼부회를 소집했고 프랑스 혁명이 일어나는 길로 나아가게 되었죠. 인도는 한 세기 동안 금본위제가 유지되고 파운드스털링화가 안정적으로 유지된 비밀이기도 했습니다. 무역수지를 유지시켜준 고리였기 때문이죠. 미국 헤게모니로 오게 되면 무역적자가 지속되자 금본위제를 30년도 유지하지 못하고 브레튼우즈체제를 흔들고 변동환율제로 이동합니다. 반면 영국의 금본위제는 거의 한 세기 유지되었는데요, 이것이 가능했던 것은 영국의 대외 수지가 안정적으로 관리되었기 때문입니다. 19세기 후반이 되면 영국의 세계 무역은 지속적으로 무역적자가 될 수밖에 없는 상황이었고, 이런 상황이 지속되면 파운드화에 대한 신뢰성이 약화하고 금에 대한 선호가 높아져서 금본위제가 무너질 수도 있었겠죠.

이 위험을 영국-인도-청(중국)을 연결하는 삼각무역이 해결해 주었는데, 청에 대해 영국은 상시적 무역적자이지만 청에 대해 인도는 상시적 무역흑자를 보일 수 있습니다. 아편이라는 새로운 '발명품'이 등장했으니까요. 이렇게 되면 영국에서 수입 상품에 지출되어 청에 흘러든 은이 다시 아편 대금을 지불하기 위해 인도로 환류하고 이는 인도 금융을 통제하는 영국 은행을 통해 영국의 통화 안정성을 유지하는 고리로 활용됩니다. 영국과 인도의 무역에서도 이제 영국은 본래 면직물 수출국이었던 인도에 영국산 저가 면직물을 판매하죠. 인도는 원래 면직물 생산지로부터 탈산업화하는 역행길을 거쳐 목화 생산지로 전락합니다. 그 외 인도의 여러 인적 자원은 영국의 대외 팽창에 동원된 용병과 각종 서비스 인력으로 쓰입니다. 이처럼 인도라는 거대한 완충지가 있었던 영국 식민 시대의 특성은 근대 세계체계에서도 매우 두드러진 자본주의 시대를 그려냅니다. 20세기 후반 들어 제3세계의 붕괴 이후와 대조적이라고 할 수 있습니다.

그럼 이렇게 세계적으로 세력을 뻗친 영국 헤게모니는 왜 위기에 처하게 되었는지 살펴보기로 하죠. 핵심적으로 네 가지가 문제가 되었고, 20세기 미국 헤게모니는 이 문제를 해결할 수 있는지가 관건이 될 수밖에 없습니다. ① 첫째는 앞서도 말했듯이 후발 국가들, 특히 유럽 열강들의 모방과 추격입니다. 공업화와 식민지 확장을 모방한 후발 국가들이 늘어납니다. 체계적 축적 순환의 새로운 모델로도 독일의 수평적 통합의 길과 미국의 수직적 통합의 길이 대조를 이루며 규모의 경제 시대를 열어갑니다. 여기서 법인 자본주의에 기반한 미국이 어떻게 우위에 서게 되는지는 두 번째 강의에서 다루겠죠. ② 두 번째로는 전 지구적 금융체계의 동요이고 이는 금본위제의 붕괴와 자유무역체제의 해체로 나타났습니다. 파운드스털링의 우위에 기반하고 영국의 일방적 자유주의질서에 따라 전 지구적 축적이 진행되던 자본주의 세계경제는 자유무역질서가 무너지고 파운드스털링의 금본위제가 해체되면서 더 이상 지속되기 어려운 구조적 위기를 겪습니다. 후발 국가들은 더욱 보호주의를 강화하고 이 보호주의 내에서 생존하기 위해 영토적 확장의 시도를 가속화하게 됩니다. ③ 다음으로 노동의 힘의 성장이 문제가 됩니다. 노동력 상품화는 생산비용 내부화의 필수요소인데, 더 이상 저임금 노동력은 비용 지불 없이 무상으로 얻어질 수 없게 되고 노동의 저항이 커지고 사회주의 운동이 등장하면서 비용과 리스크가 커집니다. ④ 마지막으로 영국의 우위의 상징이나 다름없던 식민체제가 내부로부터의 반발과 이를 통제하는 비용 증가로 지속이 어려워집니다.

3) 미국 헤게모니와 다자주의

시간이 많지 않으니 미국 헤게모니 형성의 과정은 다음 강의를 참고하시고, 여기서는 마지막으로 미국 헤게모니가 영국 헤게모니의 이 네 가지 위기를 어떻게 극복했는지 살펴보도록 하겠습니다.

① 첫째로 미국 우위의 새로운 질서의 등장을 검토해 보면 앞선 시기 후발 국가들의 추격으로부터 벗어날 수 있는가가 중요한데, 그것은 경제적 추격일 뿐만 아니라 군사적 추격이기도 했고, 그래서 결국 후발 국가들이 추격해서 세계대전이 두 번이나 일어났다는 점이 중요합니다. 법인 자본주의에 발딛은 뉴딜(New Deal)을 세계적으로 확장한 미국의 초국적 팽창은 새로운 체계적 축적 순환을 개시했을 뿐 아니라 이와 동반해 핵우위와 UN안보리 체제라는 방식으로 군사적 격차를 대폭 벌여 놓음으로써 과거와 같은 도전의 위협, 즉 유럽 열강 사이에서 미국에 대한 도전 가능성을 발본적으로 제거했습니다. 냉전체제의 독특한 기여도 무시할 수 없겠죠. ② 두 번째로 미국은 영국처럼 일방적 자유무역을 추진한 것이 아니라 다자주의에 기반한 자유무역체제를 수립했고 브레튼우즈체제에 기반한 새로운 금융적 질서로 이를 안정화시키려 했습니다. 초국적 기업 네트워크에 기반한 다자주의적 자유주의는 브레튼우즈체제의 해체에도 불구하고 아직까지도 기본적으로 유지되고 있는 것이죠. ③ 다음으로 상품화된 노동력으로서 노동자들의 저항을 자본주의 체제 내에 포섭할 수 있는가에 대해, 생산성임금제와 단체 협상 제도, 그리고 가족임금이라는 가부장제적 재생산 구도를 활용해 노동의 위협을 체제 내적으로 관리하고 재생산할 수 있게 되었습니다. ④ 네 번째로 제

국주의하 식민지체제를 해체해 탈식민지의 발전주의 시대를 열고, 미국을 모방해 민족국가-민족경제가 발전의 단위가 될 수 있다는 환상과 희망을 세계 전체로 확산시키는 데 성공했습니다. 적어도 1970년대 말까지는 말이죠.

미국 헤게모니는 영국 헤게모니의 시기에 비교하자면 짧은 황금기 이후 빠르게 위기의 시기에 돌입합니다. 1960년대 말부터 위기의 조짐이 나타나죠. 2차 세계대전 후 거의 세계의 모든 생산을 독점했던 미국이 1970년대에 들어서 무역적자와 재정적자의 쌍둥이 적자에 힘겨워 합니다. 그 계기는 베트남 전쟁이었는데, 이 무렵 세계적으로 경제위기가 확산되었고 미국의 이데올로기적 정당성도 약화되었죠. 후발주자들의 추격은 미국의 무역적자 문제를 빠르게 키웠고 유럽의 유로달러 시장은 브레튼우즈체제가 지속되기 어렵도록 신자유주의적 전환에 자극을 주었습니다. 금융 억압이라고 할 정도로 금융에 대한 통제를 중시했던 질서 위에 헤게모니를 세웠던 미국은 국내의 투자수익성 하락과 유로달러 시장에서 시작된 자본의 자유로운 이동의 움직임에 오래 버텨 내지 못합니다. 이로부터 신자유주의적 전환이 어떻게 추동되는지는 세 번째와 네 번째 강의를 참고하시기 바랍니다. 1979~1980년의 미국의 방향 전환은 거대한 세계적 변화를 일으키게 됩니다.

이 이후 세계는 '신자유주의 금융 세계화'라 부를 대대적 변화를 겪게 됩니다. 부가 점점 더 금융을 통해 집중되는데, 20세기 말의 이런 변화를 19세기 말의 '세계화'와 비교해 중요한 한 가지 차이점만 지적해 보면, 금융화의 주도세력이 변했다는 점을 들 수 있습니다. 19세기 말 금융의 상징은 몇몇 금융 가문이었죠. 유럽의 로스차일드(Rothschild family) 가문과 미국의 JP 모건을 들 수 있고, 이런 초국가적 고도금융 투자자들은 산업자본과도 대립을 했었습니다. 이에 비해 20세기 말 금융화는 금융업자나 금융가문이 아니라 이전의 산업집단이 금융적으로 변신해 기관 투자가로 등장한다는 데 중요한 차이점이 있습니다. 미국을 대표하는 제너럴모터스(GM), 제너럴일렉트릭(GE) 같은 두 개의 산업그룹이 산업과 금융이 복합적으로 통일된 투자자로 변신합니다. 이들은 뮤추얼펀드나 사모펀드 같은 거대 기관투자자들과 함께 초국적 금융시장을 폭발적으로 확대시키고 있죠.

그리고 20세기 말 금융화를 살펴볼 때 우리는 1990년대 미국 금융시장이 주식시장 중심이었다가 2000년대 들어서는 금융의 증권화를 거치며 펀드시장으로 중심이 이동했다는 것에도 주목할 필요가 있습니다. 이 금융의 증권화가 자산담보부증권(ABS)이나 주택담보부증권(MBS) 같은 모기지 증권 형태로 증가하고 그것이 2차 가공된 부채담보부증권(CDO)이 등장하고 이로부터 파생상품 신용부도스왑(CDS) 시장이 커지면서, 이 CDO와 CDS가 2008년 세계금융위기의 폭발력을 키웠던 것이죠. 리먼 브러더스(Lehman Brothers Holdings)는 이 상품을 설계하고 판매한 투자은행이었는데, 이 투자은행 붕괴가 왜 2008년 위기의 중심에 있었는지가 중요하며, 2008년 위기 이후 미국은 반복된 양적 완화를 통해 파산한 펀드 시장을 재생시키기 위해 얼마나 많은 달러를 쏟아부었는지 이해하는 것도 중요합니다. 경제위기는 극복된 듯하지만 왜 트럼프가 등장하고 브렉시트(Brexit)가 발생하게 되었는지를 이해하기 위해서 말이죠. 이 금융화의 전개에 대해 좀 더 자세한 논의는 네 번째 강의를 참고하기 바랍니다.

앞서 20세기 초 미국은 영국의 한계를 넘어서면서 초국적 기업을 기반으로 한 미국 군사-정치적 우위의 질서, 다자주의적인 세계 무역, 브레튼우즈 체제, 그다음에 생산성임금제나 복지국가 체제를 통한 노동력 관리, 탈식민주의하에서 발전주의의 부상 등을 바탕으로 미국이 세계 헤게모니가 될 수 있었다고 했습니다. 그렇지만 문제는 이 네 가지 강점이 모두 지금 신자유주의 시기에 위기에 처해 있다는 것입니다. 후발 국가들의 도전은 유럽 열강들로부터가 아니라 관리되지 않는 세계 주변으로부터 확산하고 있습니다. 자유무역질서는 다자주의적 틀 때문에 유지는 되지만 정작 미국 자체에 의해 끊임없이 도전받습니다. 세계무역기구(WTO)에서 자유무역협정(FTA)으로 이동해 간 궤적이 이를 잘 보여 줍니다. 신자유주의와 더불어 전 지구적으로 노동의 힘은 대대적으로 약해져서, 이제는 조직된 노동자들을 가족임금의 틀로 포섭함으로써 안정적으로 노동력을 관리한다는 구도는 더 이상 지속되기 어려워졌습니다. 물론 이는 저렴한 노동력 공급을 늘렸지만 통치의 불안정성은 점점 커지고 있다고 하겠고 이는 정치의 불안전성으로도 이어집니다. 마지막으로 이제 발전주의가 그야말로 환상의 찌꺼기 정도로만 남은 신생 독립국들의 반발은 전 지구적으로 '착취로부터조차 외면'당한 땅을 확대시켰고 몰락한 과거 제3세계로부터 대량 이주하는 경제난민의 증가는 이 문제를 더 이상 비유럽의 세계의 것으로 남겨 둘 수 없게 만들었습니다.

2008년 이후의 세계는 자본주의에 의해 자본주의적 방식으로 관리되는 지역이 협소하게 줄어들면서 그 영역 내에서는 자본의 파워가 더욱 강해지는 모습을 보이고 있습니다. 그 외부의 세계에 살고 있는 인구 비중이 절대적으로 높지만 마치 그들은 존재하지 않는 것처럼 세계 여론의 주목을 훨씬 못 받고 있는 상황이죠. 제가 앞서 '자본주의 위기'의 함의를 구분해 볼 것을 환기한 이유도 위기의 형태와 위기 극복의 방향, 위기 극복의 수혜자가 누구인지가 위기를 어떻게 인식하는가에 따라 달라지기 때문입니다. 지난 500여년에 걸친 자본주의의 역사를 검토하는 이유는 우리가 놓여 있는 상황을 좀 더 넓고 깊은 관점에서 바라봄으로써 우리가 이 위기를 어떻게 헤쳐 나갈 것인지 지혜를 모아가기 위해서일 것입니다. 세계적 사회변동을 바라보는 우리의 시야는 지난 한 세기 이상에 걸쳐 동아시아 지역에서 전개된 변화의 함의를 결합해 바라봄으로써 더욱 심도 있는 것이 될 것입니다. 시간이 부족해 이 문제를 다루지 못했지만, 다섯 번째 강의도 참고하시고, 2차 세계대전 이후 동아시아 냉전 구도 형성의 독특한 맥락을 다시 검토해 보면서 지금 우리가 놓인 자리의 복합성을 이해하고 해결해야 할 과제들을 잘 찾아낼 수 있기를 바랍니다.

질의응답

1. 이윤율이나 자본축적 등은 기본적으로 산업 자본주의를 전제하는 걸로 보이는데, 네덜란드 헤게모니 시기를 자본주의로 볼 수 있는 근거를 다시 한 번 설명해 주시면 좋겠습니다. 자본주의적인 관계가 출현하는 이행기로 보는 것이 더 정확하지 않을까요?

그렇다고 할 수 있는 부분도 있죠. 전 지구적으로 중심부와 주변부로 세계의 분할이 완성되는 것은 19~20세기가 맞고 네덜란드 시대의 자본주의는 대체로 유럽 지역에 한정된 것이었죠. 이 출현기를 다루는 서로 다른 방식이 있습니다. 자본주의를 하나의 축적 양식으로 강조하는 아리기는 브로델을 따라서 네덜란드의 상업 자본주의적 측면과 중상주의 시대에 유럽의 신생국가 사이의 군사력 충돌과 그에 수반된 전쟁의 상업화·산업화를 근대 세계체계의 형성으로 중시합니다. 반면 월러스틴 같은 경우는 네덜란드 시기 유럽 전체를 중심과 주변으로 편제한 농업자본주의 측면을 강조하면서 생산양식으로서 자본주의를 더 강조하는 견해를 가지고 있습니다. 근대 자본주의로의 이행과 전 '산업혁명'적 자본주의 시대를 어떻게 규정할지는 계속적

논쟁이 될 것입니다. 그렇지만 세계경제로서의 자본주의가 유럽의 지배적 원리로 자리 잡은 것은 바로 이 시기라는 점을 강조할 필요가 있겠고, 이 상업에서의 우위라는 특징이 본원적 축적뿐 아니라 생산에서의 자본주의적 방식이 침투해 가는 기본 구도를 각인시켰다는 것도 중요한 점입니다. 그리고 네덜란드 자본주의 자체도 보면 이윤율의 경향적 저하에 영향을 받는다고 할 수 있는데, 문제가 된 것은 보호 비용의 수확체감의 문제였죠. 그러니까 네덜란드 동인도회사의 우위는 사실 조선소, 물류, 그다음에 그 해군의 운영 비용 이런 데 있었는데 여기서 경쟁에 따른 비용 증가가 나타나기 시작합니다. 유기적 구성의 고도화 때문이 아니라 경쟁자의 증가라는 점에서 이는 마르크스적이기보다 애덤 스미스(Adam Smith)적 논리에 가까운 것이라고 할 수도 있겠습니다. 이 시기 영국이 추격해 오는데 영국은 영토 국가이기 때문에 훨씬 더 저렴한 비용으로 네덜란드가 했던 일들을 할 수 있게 되고, 그러면서 네덜란드는 경쟁에서 밀려나게 되죠. 이전에 장악했던 항구들을 운영하고 원거리 무역을 운영할 때 비용은 증가하고 수익은 하락하는 특징들이 나타나면서 금융적 팽창

으로 전환하게 되었다는 점에서 유비를 찾을 수는 있습니다.

2. 자본주의 체계 주변부에서의 자본주의적 노예제가 존재했는데, 그러면 이때 노예는 '자본주의적 노예'이기는 해도 (잉여가치를 생산하는) 생산적 노동을 하는 것은 아니라고 이해하면 될까요? 노예이니까 그저 불변자본인지, (노동자가 아님에도) "자본주의적" 노예이니까 가변자본으로도 볼 수 있는지, 아니면 세계체계(중심-주변 연관)적 잉여가치 생산 방식의 분석틀이 있는지 궁금합니다.

흥미로운 질문인데요. 예전에 종속이론에서 불균등교환이라는 쟁점이 제기된 적이 있었습니다. 제3세계하고 1세계가 교환을 할 때 영국은 임금 노동에 기반해서 생산을 하잖아요. 그런데 제3세계는 다양한 형태의 노동에 기반하고 있습니다. 그러니까 소농일 경우도 있고 계약제 농노도 있고 노예제인 경우도 있어요. 주변부의 1차 상품과 중심부의 공산품이 교환되었을 때 주변부의 잉여가 중심부로 이전된다는 논지로 전개된 논쟁이었습니다. 여러 가지 계산 논법이 있지만 한 가지 방식으로 중농주의적 논법에 기대서 생각해 볼 수 있습니다. 노예는 임금 노동이 아니기 때문에 재생산에 대한 책임이 노동자에게 위탁되지 않지요. 지불하는 부분과 지불하지 않는 부분 사이의 차이를 잉여가치 형태로

착취하는 것이 임금 노동 형태인데, 노예는 노동력의 소유자로서 지불 노동에 대해 임금을 받는 것이 아니라 노예주의 소유물이기 때문에 성격이 다릅니다. 노예는 최초 구매 비용만 발생하는 생산 수단과 같은 지위라고 볼 수도 있고, 또는 노예가 만들어낸 모든 것을 일종의 자연의 기여물 비슷하게 볼 수도 있습니다. 기계와 대비했을 때 노동량과 생산성의 가변적 속성이 있기 때문이죠. 이런 점에서 중농주의에 기대어 생각해 볼 부분이 있다고 말한 것이죠. 중농주의 견해에서는 농업에서 발생하는 잉여는 노동을 통해서만 만들어지는 것이 아니라 자연의 기여에 의해서도 만들어지거든요. 여기서 자본주의적 지대라는 논점도 출현합니다. 이런 것들이 모두 미국의 특이성을 반영하는 것이기도 합니다. 이와 다른 방식으로 이윤율 균등화에 따른 일반 이윤율 형성의 논지로 설명해 볼 수도 있을 것입니다. 자본주의 사회에서 상품의 가치는 평균적 노동, 즉 '사회적 필요노동'에 의해 규정됩니다. 같은 부문 내에서도 생산성이 높은 노동과 낮은 노동 사이에 차이가 발생하고, 여기서 사회적 평균이 가치의 기준이 된다는 점이 중요하죠. 경제 전체적으로 보면 이윤율이 높은 부분과 이윤율이 낮은 부분 사이에 자본이동에 의해 이윤율이 평균으로 바뀌게 되는데, 이 균등화는 생산성이 높은 부분은 자기가 생산한 가치보다 더 많은 가치를 가격이라는 형태로 취득하게 되고 생산성

이 떨어지는 부분은 자기가 생산한 가치 중에 일부만 가격이라는 형태로 취득하는 것이기도 합니다. 한 국가 내에서도 생산성의 격차에 따라 가치의 이전이 발생하게 된다고 볼 수 있는데 이게 중심부 세계와 주변부 세계 사이에서도 발생할 수 있다고 할 수 있죠.

여기서 좀 더 나가서 살펴보면 주변부에서 생산되는 가치의 형성 메커니즘은 자본주의적인 부분과 자본주의적이지 않은 부분이 결합되어 있는데, 그것이 중심부로 이전해 양쪽에서 교환이 발생하는 과정 중에서 가치 이전이 발생할 수 있다고 설명하는 것도 중요합니다. 강의에서 다루지는 않았지만 좀 더 보충하자면 월러스틴과 아리기 등 1세대 세계체계 분석가들이 사망한 이후 누가 그 이론적 후계자가 될 것인지도 중요했는데, 최근 월러스틴과 아리기 등이 있던 빙햄튼대학(SUNY Binghamton University)에 자리를 잡은 제이슨 무어(Jason Moore)가 이론의 계보를 이어갈 가능성이 높다고 생각됩니다. 자본주의 세계경제 형성 문제에 대한 아리기와 월러스틴의 상이한 대답을 새로운 종합으로 발전시키고 있다는 점이 눈에 띄고요. 또 하나 중요한 논점은 자본주의적 착취는 항상 자본에 대한 무상적 전유와 결합된 이중구조를 통해서만 가능하다는 '오이케이오스

(Oikeios)'라는 논점을 제기했다는 점이죠. 생태 마르크스주의 논쟁에서 자연 대 사회의 이분법이 사실상 소외론적 이분법 구도를 반복한다는 비판으로 제기된 이 논점은 헤게모니 교체에서 새로운 축적 순환이 어떻게 가능했는지를 잘 설명해 준다는 장점이 있습니다. 새로운 체계적 축적 순환 개시는 자연에 대한 무상적 전유의 프런티어를 확장하는 방식으로 작동해 왔다는 것이니까요.[8]

3. 세계체계 분석에서는 장기 20세기에 등장한 사회주의·공산주의 체제를 자본주의 세계체계에서 어떤 요소 혹은 관계로 이해하는지요?

세계체계 분석이 학계의 관심을 많이 받은 데는 이 질문에 대한 분명한 입장이 있었기 때문일 수도 있습니다. 세계체계 분석에서는 일관되게 사회주의 체제를 반주변부 전략의 한 변종으로 분석해 왔습니다. 자본주의하에서 민족국가 중심의 발전을 신속하게 추진해 세계경제에 편입되는 과정에서 동아시아 네 마리 용이나 라틴아메리카의 멕시코, 브라질 등의 전략이 나타났는데, 이와 대조적이지만 일시적으로 세계경제를 이탈(de-linking)해서 공업화의 속도를 올리는 전략도 나오는데 이 두 번

---

8   제이슨 무어, 『생명의 그물 속 자본주의』, 김효진 옮김(갈무리, 2020).

째 전략이 이른바 사회주의 체제였다는 것이었죠.

이 논점은 1970년대부터 제기되었던 것인데, 시간이 흐른 지금은 여기에 몇 가지 논점을 더 추가해 생각해 볼 수 있을 것입니다. 세계체계 분석이 제기했던 중요한 논점은 이 이른바 사회주의가 사회주의가 되기 어려웠던 이유를 자본주의 세계를 벗어나기 어려웠다는 데서 찾았습니다. 이와 관련해 우리가 생각해 볼 첫 질문은 러시아 혁명이 어떻게 발생했는지 되돌아보고 1차 세계대전에서 2차 세계대전 시기까지 사회주의 출현의 원인을 살펴볼 때 사회주의 혁명이 19세기의 자본주의가 기반하고 있던 고전적 자유주의의 질서의 지양으로 출현했다는 점입니다. 제가 아까도 말씀드렸듯이 고전적 자유주의는 재생산의 문제를 체제 내에 담지 못했고 그러니까 노동자들의 이반 그다음에 식민지의 저항, 이런 것을 자본주의 질서 내에 자유주의적 질서로 포섭해내는 데 실패했거든요. 그다음부터 이제 체계의 위기가 발생한 것이고 그런데 그 체계의 위기가 어떻게 진전될지는 사실은 열려 있었던 것이죠.

거기서 어떻게 보면 사회주의적 길과 사회적주의적 길을 약간 참조하기도 했던 뉴딜적 길이 이 경합을 벌였다고 볼 수 있는데, 사회주의적 길이라고 하는 것은 국가가 주도하는 급속적 공업화의 길이었고 뉴딜적 길이라고 하는 것은 자유주의를 완전히 지양한 게 아니라 그 자유주의의 어떤 기본적인 모멘텀을 유지하면서 그것을 개입을 최소화하는 자연적 질서로 만들어 가는 시도로 등장했는데, 그런 경합이 2차 대전까지 병행했던 것 같고 결국 뉴딜적 질서가 우위에 선 것이라고 볼 수 있겠죠.

사회주의는 결국 국가자본주의적 질서를 벗어나지 못했는데, 이와 관련해 중요한 것은 1945년의 국제간체계의 새로운 자유주의 질서 수립의 계기일 것입니다. 얄타체제라고 부르는 이 새로운 질서는 2차 세계대전 이후 세계를 어떻게 안정적인 국가들의 질서로 묶어 낼 수 있을까 하는 질문에서 시작해 유엔 중심의 재편이 전개되는 중요한 새로운 자유주의 질서의 형성이라고 할 수 있습니다. 이를 위해 브레튼우즈 기반 경제질서가 중요한 것이죠. 이렇게 본다면 이 얄타적 자유주의 국제질서에 대비되는 사회주의의 국제주의 질서는 있었는가, 구상이라도 있었는가를 질문해 볼 수 있겠죠. 사회주의가 경제질서 측면에서는 자본주의의 대안으로 등장했던 측면이 있는데, 국가간체계의 질서에서는 프랭클린 D. 루스벨트(Franklin D. Roosevelt)에 대한 대안으로서 특별한 구상을 제출해내지 못했고 거기서 멈췄다고 할 수 있겠죠.[9]

9 백승욱, 「우크라이나 위기를 통해본 동요하는 얄타체제: 단일세계주의라는 잊힌 출발점을 돌아

그렇게 되었기 때문에 역사적으로 등장한 사회주의 체제들은 거의 모두 반제국주의적 대응 과정에서 출현한 19세기 고전적 자유주의에 대한 대안의 실천은 아니었는지 생각해 볼 수 있을 것입니다. 지금 시점에서 사회주의 사상의 혁신이 필요한 것도 이런 역사적 배경 때문이겠죠.

4. '통합적/통합된 비교' 관점에서 동아시아(또는 동남아시아) 자본주의를 어떻게 분석할 수 있을까요? 혹은 아시아 국가들을 일국적 관점에서 자본주의 국가라고 할 수 있을까요? 말씀해 주신 두 가지 축인 자본운동의 체계와 자본축적의 역사·제도적 조건의 구분이라는 점에서 이 지역 역사의 특성을 어떻게 규명해 볼 수 있을까요.

좋은 질문이고 어려운 질문입니다. 이와 관련해서는 연구가 많지는 않지요. 동아시아(동남아시아) 지역에 대한 통합된 비교를 수행할 때 어려운 점은 우선은 지역(region)이 비교분석의 단위로서 유의미한가를 판단해야겠죠. 아리기는 하마시타 다케시(Hamashita Takeshi) 같은 학자와 공동으로 연구하면서 '동아시아 장기지속' 같은 시간대를 실험적으로 제기해 보기도 했습니다. 동아시아에서만 지속되는 어떤 특징이나 패턴을 찾고자 한 것이죠.

동아시아 지역은 1차 아편전쟁도 아니고 19세기 후반이 되어서야 세계경제에 본격 편입되는데, 그러다 보니 그에 앞선 시기에 이 지역 내에서 형성된 통합성과 이 시점 이후 이 지역을 다른 세계경제와 연결시키는 새로운 통합성의 이중적 과정 속에서 분석해야 할 필요성이 커집니다. 다른 지역의 구제국과 달리 동아시아의 '국가'들은 전 민족국가들이 이후 민족국가라는 외연으로 그대로 유지되기 때문에 이 통합성의 지속이 더 문제가 된다고 할 수 있고, 또 유럽의 직접적 식민지배를 받은 지역과 그렇지 않은 지역에 따른 차이점도 중요하다고 할 수 있습니다. 따라서 어느 한쪽에 과도한 강조점을 두면 복합성을 제대로 보기가 어려워지게 되겠죠.

이런 상이한 통합성의 문제가 제기된다고 할 때, 이 지역에서는 적어도 세 가지 혹은 네 가지 상이한 통합성의 쟁점이 병행하고 있는 것 같습니다. 질문하신 분이 지중해적 통합성 같은 지역적 통합성도 염두에 둔 것 같은데, 이는 이 지역에서 중국에 의한 조공책봉 체제의 제국적 통합성으로 오래 지속되었었죠. 그런데 19세기 말 여기에 일본이 주도한 새로운 지역적 통합성의 도전이 시작되는데, 영국을 모방하면서 영국의 세계질서에 대한 도전으로 나타나는, 보통 '대동아공영권'이라고 말하는 도전이

보기」, ≪문명과 경계≫, 제5호(포스텍 융합문명원, 2022).

죠. 그런데 그 팽창의 함의가 무엇인지는 분명히 결정되지는 않았는데, 1930년대 후반 이후 일본의 중국 대륙으로의 확장이 무엇을 목표로 삼는지가 모호했기 때문인 것 같습니다. 중일전쟁의 목적이 중국 전체를 일본의 경제적뿐 아니라 정치적 지배의 영향권에 포함하는 통합권을 지향하는 것인지 아니면 남경정부로 대표되는 부상하는 영토적 통일성의 시도를 중단시키도록 개입하고 중국을 분할 국가로 남겨둔 채 중국 영토 일부를 일본의 세력권으로 포함하기 위한 것인지 모호한 상태로 전쟁이 지속되었던 것이죠. 이 과정에서 앞선 시기 중국의 역사적 통합성은 해체된 것인데, 이 자리에 2차 세계대전 이후 미국적 통합성이 새롭게 작동합니다. 그러나 이 통합성은 중국 대륙을 배제한 것이었고요. 이것이 동아시아 구도라면 이와 이질적이면서도 연계된 것이 동남아시아 지역인데, 동남아시아 지역은 이 전환 시기에 오히려 유럽의 식민체제에 통합되어 있었다는 특징이 있습니다. 그러다가 2차 세계대전을 겪고 그 이후는 유럽과의 연결고리는 약해지고 일본 및 중국과 연결고리는 커졌던 것이죠. 얄타 체제의 첫 구상은 동남아 지역에서 프랑스로 대표되는 유럽 식민대륙의 영향력을 제거하고, 이 지역을 장제스

(蔣介石) 통치하의 중국적 통합성 내에 포함시켜 일본을 견제하려 했던 것이라는 점도 지적할 수 있을 것입니다. 그래서 이 지역을 냉전이 끝난 이후 되돌아보면 지역 형성 자체가 미완결 진행형이라고 할 수 있겠고, 그중에서도 제일 쟁점은 중국 부상의 함의가 무엇인가 하는 질문이 될 것입니다.

지난 한 세기 또는 반세기 동안 중국은 다양한 변화를 거쳐 오면서 자신의 역사 서사도 여러 가지로 바꿔 왔는데, 시진핑(習近平) 시대의 서사는 아시아적 통합성보다는 중화적 통합성을 더 부각시키는 방향으로 가고 있죠. 저는 이런 방향이 역사적으로 헤게모니 경쟁기에 나타난 '추격자 국가' 모델과 매우 유사하다는 생각을 갖고 있습니다. 그중에서 19세기 말 독일이 보여 주었던 모습이 제일 유사하겠죠. 스스로를 새로운 보편적 모델로 제시하지만 외부에서는 그런 입장에 대한 수용이 잘 안 되는 특수성의 사례로 한정되는 경우 말이죠. 거기에 중국이 새로운 통합성 모델이나 지향점이 되지 못하는 한계가 점점 두드러지는 것 아닌가 싶습니다.[10]

코로나-19를 겪는 상황에는 변수가 더 많아질 수밖에 없겠습니다. 이 지역에는 지난 몇 세기에 걸쳐 상이한 통합성 모델이

---

10 백승욱, 「중국공산당 역사결의를 통해 본 시진핑 체제의 성격」, 《마르크스주의 연구》, 19권 2호(2022), 10~33쪽.

경합을 벌였던 것이 사실이고, 지금은 이 통합성의 갈래를 규정하는 데 미국의 영향력이 지배적이긴 하죠. 그렇지만 미국의 영향력이 라틴 아메리카에 발휘되는 방식과 동아시아에 발휘되는 방식이 유사하다고 보기는 어렵습니다. 동아시아는 하나로 묶기에는 경쟁적인 잠재적 파트너이자 전략적 경쟁자의 후보가 많은 지역이죠. 그 때문에 하나의 통합성 모델이 지배적 힘을 발휘하는 것이 쉽지는 않을 것이고요. 지난 한 세기에 걸친 이 지역에서 지정학적 동학을 먼저 잘 탐구해 보는 것이 이후 변화의 방향을 가늠하는 데도 확실히 도움이 될 것입니다. 중요한 전환점이었던 1940년대의 변화를 냉전적 관점에서 벗어나 재탐구하는 것이 그 출발점이 될 수 있을 것입니다.

교재를 완성한 뒤 러시아의 우크라이나 침공이 발발했습니다. 향후 세계적 변동에 이 사태가 갖는 함의가 클 것으로 예상되지만, 강연 내용에 반영하기는 어려워 이에 대한 참고자료를 적어둡니다.

- 백승욱 인터뷰, "우크라이나와 대만위기는 연결된다…'노'라고 할 수 있는 한국이 중요," ≪한겨레신문≫, 2022년 3월 9일 자.
- 백승욱, "동아시아 지정학의 동요: 우크라이나 위기와 대만위기의 연결," 새얼아침대화 강연(2022.4.13), https://www.youtube.com/watch?v=Gg6GgEugRFQ&t=3636s

읽을거리

그로스만, 헨릭(Henryk Grossman). 2021. 『자본주의 체계의 축적과 붕괴 법칙, 동시에 위기이론』. 임필수 옮김. 도서출판 실크로드.

뒤메닐, 제라르(Gérard Duménil)・도미니크 레비(Dominique Lévy). 2014. 『신자유주의의 위기』. 김덕민 옮김. 후마니타스.

마이스너, 모리스(Maurice Meisner). 2004. 『마오의 중국과 그 이후 1, 2』. 김수영 옮김. 이산.

무어, 제이슨(Jason Moore). 2020. 『생명의 그물 속 자본주의』. 김효진 옮김. 갈무리.

백승욱. 2006. 『자본주의 역사강의』. 그린비.

_____. 2017. 『생각하는 마르크스』. 북콤마.

_____. 2020. 「미국 헤게모니 형성기 동아시아 국가간체계 질서의 변동: 월러스틴의 이론 자원으로 검토한 냉전 형성 과정과 중국 변수」. ≪아시아리뷰≫, 제10권 제2호(통권 20호), 35~81쪽. 서울대 아시아연구소.

백승욱・이희옥 편. 2021. 『중국공산당 100년의 변천: 혁명에서 '신시대'로』. 책과함께.

베스타, 오드 아르네(Odd Arne Westad). 2020. 『냉전의 지구사』. 옥창준 외 옮김. 에코리브르.

아리기, 조반니(Giovanni Arrighi). 2014. 『장기 20세기』(개정판). 백승욱 옮김. 그린비.

월러스틴, 이매뉴얼(Immanuel Wallerstein). 2013/2017. 『근대세계체제』, I~IV. 까치.

_____. 2001. 『우리가 아는 세계의 종언』. 백승욱 옮김. 창비.

_____. 1994. 『사회과학으로부터의 탈피』. 성백용 옮김. 창비.

윤소영. 2008. 『일반화된 마르크스주의 개론(개정판)』. 공감.

_____. 2009. 『마르크스의 『자본』』. 공감.

윤종희. 2015. 『현대의 경계에서』. 생각의힘.

푸코, 미셸(Michel Foucault). 2012. 『생명관리정치의 탄생』. 오트르망 옮김. 난장.

폴라니, 칼(Karl Polanyi). 2009. 『거대한 전환: 우리시대의 정치, 경제적 기원』. 홍기빈 옮김. 도서출판 길.

홉스봄, 에릭(Eric Hobsbawm). 1997. 『극단의 시대: 20세기의 역사』(상, 하). 이용우 옮김. 까치.

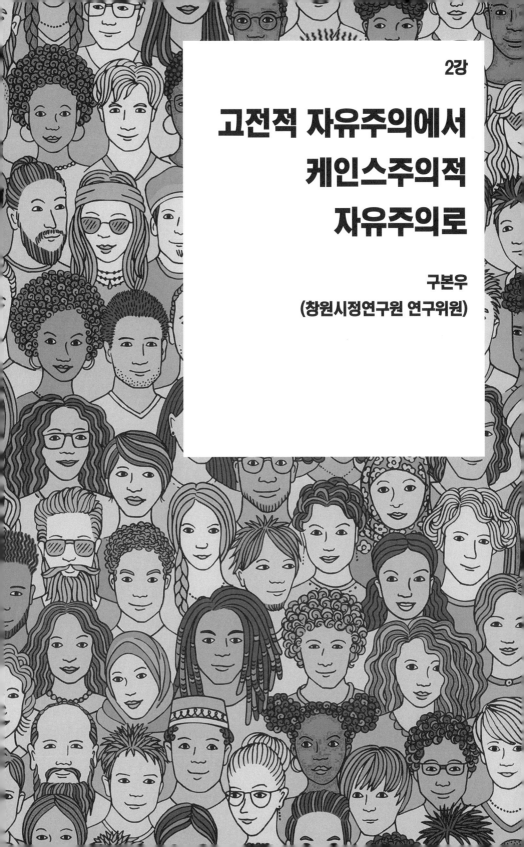

고전적 자유주의에서 케인스주의적 자유주의로

구본우
(창원시정연구원 연구위원)

1.   들어가며

19세기 고전적 자유주의의 시대와 20세기 케인스주의(Keynesianism)적 자유주의의 시대는 많은 교과서에서 흔히 볼 수 있는 시대 구분입니다. 이 두 시대의 정치경제 체제에 큰 차이가 있었다는 데에는 광범위한 동의가 형성되어 있죠. 하지만 그 차이가 구체적으로 무엇이냐고 질문을 던지면 답변이 간단하지 않습니다. 가장 잘 알려져 있는 답변은 고전적 자유주의의 시대에는 시장이, 20세기 케인스주의 자유주의의 시대에는 국가가 중요한 역할을 했다는 설명일 것입니다. 이렇게 단순화된 답변이 반드시 잘못된 것이라 할 수는 없지만, 시장-국가의 이분법 도식에 근거한 설명은 각 시대의 밑바탕에 깔려 있는 체제의 복잡성을 가려버리는 경향이 있습니다. 심지어는 그 복잡성에 대해 말하는 것을 차단하는 효과를 갖기도 하죠. 순수한 형태의 시장의 작동과 순수한 국가 통제라는 양극을 상정한 다음, 이 양극적 특성을 중심으로 각 시대의 특징을 설명합니다. 시대를 압축적으로 표현하기 쉬울지는 모르겠지만 아무래도 그 시대의 사람들이 특수한 세계질서를 안정적으로 조직하기 위해 했던 무수한 질문과 고민의 흔적을 확인하기 어렵게 하죠.

이 강의에서 말씀드리고 싶은 것도 두 시대의 복잡성에 대한 것입니다. 제한적인 형태로나마 두 개의 자유주의 시대 각각에 어떤 과제가 제기되었고, 이 과제들을 집단적으로 해결하기 위해 어떤 제도적 해법이 추구되었는지, 그리고 어떤 세계상이 제도들을 일관되게 연결시키는 기초로 작동했는지를 다차원적으로 드러내 보고자 합니다. 나아가 집단적 노력을 통해 창출되었던 각각의 질서가 다시 어떤 모순과 긴장을 내포하고 있었는지도 살펴보려 합니다. 두 시대는 현재에도 많은 제도적 고안과 이념적 지향의 흔적들을 남기고 있습니다. 그만큼 현재에서 사회적 난제에 직면했을 때 그 문제의 의미를 해석하고 해법을 발견하기 위해 되돌아보게 되는 참조 기준이기도 합니다. 이 강의가 각 시대의 문제의식과 역사적 변동 과정들을 좀 더 풍부하게 드러낼 수 있다면, 두 시대가 현시대에 어떤 함의를 던져주는지 조금은 더 분명하게 인식하는 데 도움이 되지 않을까 생각합니다. 더불어 하나의 사회 질서가 재생산된다는 것이 어떤 과정과 요소들을 조건으로 삼는지에 대해 생각해 볼 수 있는 계기가 되길 기대해 봅니다.

2.　　　19세기 고전적 자유주의 시대의 제도와 이념

1) 자기조정 시장과 허구적 상품화

자기조정적 시장

먼저 고전적 자유주의 시대가 어떤 형태로 조직되어 있었는지 말씀드려야 할 텐데요. 칼 폴라니(Karl Polanyi)의 설명을 기초로 해 볼까 합니다. 폴라니 는 생애 전체에 걸쳐 19세기 자본주의가 어떤 역동성 속에 있었는지를 드러 내고자 했던 사상가이고요, 그만큼이나 풍부한 이론적·역사적 논점들을 제 공한다고 생각합니다.

　폴라니에 의존하려는 만큼, 그의 핵심 개념인 '자기조정적 시장' 이야기를 안 할 수가 없겠죠. 자기조정적 시장 경제를 간략하게 규정하자면 가격이 생 산, 판매, 소득 등 경제활동 전체를 규제하는 경제체계라고 할 수 있을 것입 니다. 그러니까 사회구성원은 가격수준의 높고 낮음에 따라 생산과 소비활 동 여부를 결정합니다. 또 소득 수준이나 이윤의 수준도 노동력의 가격이나 상품가격의 정도에 의존하게 되고 이에 따라 가격이 노동과 기업활동에 관 한 의사결정에 핵심변수가 됩니다.

　그런데 가격이 주요 경제활동을 규제한다는 것이 간단한 일은 아닙니다. 일단 이를 위한 첫 번째 조건은 중요한 모든 자원들이 시장에서 화폐를 통해 조달될 수 있어 화폐가 일반적 등가물 역할을 해야 한다는 것입니다. 가격이 규제력을 가지려면 사람들이 화폐를 중요하게 생각하고 화폐를 획득하는 것에 대해 충분히 큰 욕구를 가지고 있어야겠죠. 화폐 사용이나 획득의 욕구가 줄어든다면 아무래도 재화나 서비스에 가격이 붙더라도 그 가격의 정도가 큰 관심사가 되지 않을 것이고 가격이 인간 행동을 규제하는 힘도 효력이 반감될 것입니다.

두 번째 조건은 구매, 판매, 가격협상 같은 시장활동이 종교, 문화, 사회, 관습 등 경제외적 요소에 영향을 받지 않아야 한다는 것입니다. 다양한 요소들이 시장활동에 영향을 미친다는 것은 그만큼 화폐이익이나 가격에 대해서는 관심을 덜 갖게 된다는 것을 의미할 것입니다. 중세시대 고리대금지법의 중요한 근거는 종교에서 나왔었습니다. 대부를 하고 이자를 받는다는 것은 결국 시간을 사고파는 일이나 마찬가지인데, 시간은 판매자의 것이 아니라 신의 것이므로 이자를 받는 대부를 행할 수 없다고 규정한 것입니다. 이런 사회에서는 대부하고 이자를 취득하는 일이 종교나 관습과 불가분 엮여 있어 가격에만 관심을 집중한다는 것이 효과적 선택도 아니고 가능하지도 않았을 것입니다.

자기조정적 시장의 등장이란 한 사회의 시장 관계가 시장 외적 요소의 영향에서 벗어난다는 것을 의미합니다. 폴라니의 표현을 빌자면 시장이 사회의 상호작용 전체로부터 탈배태되는 것이죠. 만약 시장가격과 시장 행위가 복잡한 사회관계망에서 독립된 것처럼 작동하기 시작한다면, 사회가 거꾸로 시장의 작동에 종속되어 갈 것입니다. 전체 사회로서는 시장에서 거래되는 요소들과 그 거래의 효과들을 무시하고 제 갈 길을 갈 수는 없을 테니까요. 시장 경제 지향이 인간 삶의 특권적인 지위를 획득하고 나아가 다른 다양한 삶의 양식들을 지배하는 사회가 되는 것이죠.

허구적 상품화

폴라니에 따르면 허구적 상품화의 과정이 자기조정적 시장을 창출하는 데 필수적이었습니다. 허구적 상품화란 본래 상품이 아닌 것, 즉 판매를 목적으로 생산된 재화나 서비스가 아닌 것을 제도적 고안을 통해 상품으로 만드는 것을 말합니다. 특히 노동, 토지, 화폐를 허구적 상품으로 전환하는 것이 중요했습니다. 이 과정을 통해 현대사회는 앞서 자기조정적 시장을 가능하게 하는 두 가지 조건이라 말씀드렸던 것, 즉 주요 자원과 요소가 화폐거래의 대상이 되고, 시장 외적 요소에 영향받지 않는 시장의 작동을 구현할 수 있게 되는 것이죠.

현재에서 보자면 노동, 토지, 화폐는 당연하게 상품으로 취급되고 있습니다. 노동력을 노동시장에서 판매하고 그 가격만큼 임금을 받는 것, 토지 생산물이나 토지 자체를 시장거래하는 것은 자연스러운 일로 받아들여집니다. 또 화폐의 양과 가치가 화폐시장에서의 수요와 공급에 따라 조정된다고 믿습니다. 그러나 노동이란 본래 전체로서의 인간과 분리할 수 없는 인간활동 자체입니다. 토지는 자연 및 그 자연 속에서 형성된 공동체 문화와 독립시켜 취급할 수 없는 것이고 화폐 역시 분업화된 생산을 사회적으로 조직하는 공동체의 노력에서 떼어 낼 수 없습니다. 노동, 토지, 화폐는 모두 전체로서의 인간, 전체로서의 사회에 유기적으로 통합된 부분입니다. 시장 판매를 목적으로 생산된 적도 없고 다른 요소들과 분리시켜 양도하고 매매할 수 있는 대상으로 만들어진 적도 없습니다. 상품이 아닌 것이죠. 단지 역사적으로 특수한 사회제도가 이들을 상품으로 간주하고 상품처럼 취급하도록 하고 있을 뿐입니다.

다음 절에서는 노동, 토지, 화폐가 19세기 영국의 맥락에서 어떻게 상품으로 제도화되었는지, 그리고 그 기본적인 효과가 어떤 것이었는지 살펴보겠습니다.

신구빈법과 노동의 허구적 상품화

노동의 허구적 상품화를 말하기 위해서는 간단하게라도 19세기 전환기의 영국 상황을 확인할 필요가 있습니다. 18세기 후반의 2차 인클로저 운동(enclosure movement)과 흉작, 반복된 전쟁이 겹치면서 부랑자와 극빈자가 늘어났습니다. 도시로의 인구이동 문제도 심각한 문제였습니다. 법적으로 인구이동이 제한되어 있었음에도 산업지대로 노동력이 유입되고 반대로 다른 지역에선 교구의 안정성을 위협할 만큼 인구유출이 가속화되는 현상들이 나타났죠.

1795년의 '스핀햄랜드법(Speenhamland Act of 1795)'은 이러한 혼란을 막기 위한 시도였습니다. 지방교구에 속한 모든 사람들에게 일을 하든 하지 않든 일정한 수준의 소득을 보장해 주는 것을 골자로 하는 구빈법이었죠. 하지만 이러한 온정적인 구빈의 체제는 또 다른 문제를 야기했습니다. 한편으로는 노동자의 결사도 최저임금제도 보장받지 못하는 상황이었으니, 공장주들이 실질임금을 계속 낮추도록 하는 결과를 야기했습니다. 다른 한편으로는 항상 일정한 소득을 보장받게 된 노동자들의 나태, 도덕적 타락이 확산되었습니다. 양자는 서로를 강화시켰죠.

노동규율의 문제, 즉 사람들이 자발적으로 나태함 없이 일하도록 동기를 부여하는 문제는 19세기 영국 사회의 시대적 과제가 되었습니다. 수많은 사상가와 이론가들이 주목했던 문제였죠. 특히 그중에서도 고전 정치경제학이 노동규율 문제에 대한 중요한 해법을 내놓았습니다. 어떤 의미에서 이 해법을 제시함으로써 고전 정치경제학은 당대의 핵심 사상으로 정립되었다고 할 수도 있겠습니다.

폴라니를 인용하자면 고전 정치경제학이 제시한 해법의 기본 원리는 다음과 같습니다. "19세기의 사상가들은 인간은 경제적 행위를 하면서 이윤을 추구하며 인간에게 각인된 물질적 성향으로 인해 가능하면 적은 노력을 하면서 노동에 대한 보상을 기대할 것이라 가정했다. … 이제 시장은 인간을 가만히 놔둔다면 자발적으로 형성될 자연적 제도라는 가정이 뒤따라 나왔다. 시장을 구성하고 있는 경제체계가 오직 시장가격에만 통제를 받으며 작동할 때 비로소 가장 정상적인 상태가 실현된다는 것이다."[1] 어떤 보상을 획득하고 싶다면 그에 상응하는 무언가를 시장에서 팔아야 하고 여기에는 노동이 포함된다는 것, 이렇게 작동하는 시장의 법칙이 곧 자연 법칙이며 인간은 이 자연의 법칙에 순응해야 한다는 것이 사회 원리로 제시되었습니다.

노동을 시장에서 거래하는 상품으로 만드는 방법은 생각보다 단순했습니다. 원칙상 모든 이들에게 굶어 죽을 자유를 부여하는 것이었죠. 1834년 '신구빈법(Poor Law Amendment Act)'은 이 원칙을 제도로 실현시켰습니다. '스핀햄랜드법'에서의 보편적 구제는 일순간 폐지되었습니다. 만약 노동능력이 있는데도 구호를 받고 싶다면 노역소에 들어가야 했습니다. 그리고 노역소는 구호를 받고자 하는 동기를 제거할 만큼 입소자에게 치욕과 공포를 안겼습니다. 자신의 노동력을 시장에서 팔아 삶을 꾸려 가야 한다는 시장법칙을 어긴 사람은 굶어 죽거나 사회에서 배제되는 운명에 놓이게 된 것입니다. 이렇게 19세기 영국 사회는 노동력을 노동시장에서 거래되는 허구적 상품인 것으로 수용해 갔습니다.

강조하자면 고전 정치경제학에서, 그리고 이 이론의 영향하에 있던 사회에서 시장은 자연과 인간의 직접적 관계로부터 정당화됩니다. 시장의 작동은 인간 욕구에 비해 항상 자원이 부족한 자연적인 희소성 상황과 개인의 최대 이익을 최소 희생으로 추구하려는 인간의 자연적 성향이 현실화된 결과입니다. 이 자연의 법칙은 누구도 마음대로 바꿀 수 없는 것이며 여기에 순응하지 않으면 불이익을 받게 될 것입니다. 역설적으로 자연의 강제에 종속된 개인은 자유로워집니다. 어떤 권력자나 공동체도 인위적으로 이 자연법칙에 개입하거나 법칙을 변경시키려 해서는 안 되기 때문입니다. 타인의 어떤 간섭도 없이 개인이 오직 자연의 제약만을 받으며 자유로운 선택을 하는

---

1 칼 폴라니, 『거대한 전환』, 홍기빈 옮김(길, 2009), 587쪽.

상태가 이상적 사회상태로 인식된 것이죠.

물론 실재의 인간 혹은 전체로서의 인간은 훨씬 더 다양하고 복잡한 존재입니다. 적은 노력으로 더 많은 노동 보상을 받으려는 인간은 다양한 인간 군상 중 아주 한정적인 한 부분만을 표현할 뿐입니다. 인간은 이웃이나 공동체를 위해 개인이 이익을 최대화하는 수준보다 훨씬 더 많은 노력을 할 수도 있는 존재이고 명예나 관습을 따라 노력하고도 보상을 기대하지 않을 수도 있는 존재입니다. 노동의 허구적 상품화는 시장에서 기대되는 인간의 면모가 특권적인 것으로 취급되고 그 외의 다양한 인간 속성은 비정상적인 것으로 간주되는 과정이었습니다. 이런 면에서 자기조정적 시장의 일차적 효과는 비인간적인 자연법칙이 노동을 규율하는 기초로 자리 잡은 반면, 온정, 도덕, 공동체를 지향하는 인간 성향은 사회에서 배제되는 것이었다고 할 수 있겠습니다.

자연의 허구적 상품화

우리가 토지라고 부르는 것은 그 위에 살고 있는 인간 집단, 경관, 그리고 그 자연에 맞게 조직된 다양한 인간제도와 분리될 수 없는 것입니다. 이 상호작용하는 요소들 중 토지만을 따로 떼어내서 그 성격과 취급방식을 변화시킨다면 그 위에 존재했던 모든 인간과 자연 요소도 함께 그 존재양식을 변화시킬 수밖에 없겠죠. 그래서 폴라니는 이 복잡한 전체로부터 토지의 경제적·상업적 성격만을 분리시켜 시장 메커니즘에 따라 거래되도록 하는 것은 유토피아적이라고 말합니다. 경제적 기능 외에 오랫동안 토지가 해 왔던 기능, 즉 그 위에 삶을 살아가고 있는 인간에게 안정성을 부여했던 기능, 거주 장소를 제공하고, 인간에게 계절마다의 배경을 제공했던 기능 등을 부차화시키는 일은 상상 속에서 가능할지 모르나 현실에서는 수많은 문제를 야기한다는 것이죠.

그러나 19세기에 토지의 허구적 상품화는 특히 빠른 속도 진행됩니다. 우선 토지 자체가 상품화되죠. 시작은 14세기까지 거슬러 올라갑니다만, 19세기에 농노적 토지 보유가 빠르게 사라지면서 토지는 대부분 개인 소유자에게 배분되어 상업적 목적에 따라 매매될 수 있는 상품으로서 정립됩니다. '토지취득 시효법(Prescription Acts of, 1832)', '부동산법(Real Property Act of 1845)', '등본보유관련법(Copyhold Act of, 1841~1926)' 등이 토지를 허구적 상품으로 만들어내는 제도들이었습니다. 이제 토지가 소유자의 상업적 목적에 따라 처분될 수 있게 되었으니 뒤이어 상업적 추구가 가장 중요한 토지 이용 방법으로 나타나게 되는 것은 이상하지 않았습니다. 토지 생산물은 자기조정적 시장의 확대와 함께 전국적 곡물 시장 및 농산물 시장에서 자유롭게 거래될 수 있는 상품이 되어 갔습니다. 언제든 멀리 떨어진 곳에서 생산된 농작물을 구매할 수 있게 된 것이죠. 특히 1846년 '곡물법(Corn Law)'의 폐지는 곡물시장의 공간을 전 세계 차원으로 확대시켰습니다. 1815년 입법된 '곡물법'은 지주와 국내 농산물을 보호하기 위해 수입 곡물에 관세를 매기는 법이었는데요. 이 법이 농산물 가격의 상승을 낳고 나아가 임금의 상승압력을 만들어낸다는 인식이 성장했습니다. 결국 농업 관세를 철폐해 세계 곡물시장에서 값싼 농산물을 수입할 수 있게 한 것이죠. '곡물법'의 폐지는 토지와 토지생산물을 세계 곡물시장의 작동에 종속시키는 허구적 상품으로 전환시켰으며 동시에 자유무역의 확대를 촉진시켰습니다.

토지의 허구적 상품화는 문제없이 작동하지는 않았습니다. 식료품 공급이 풍부해지고, 값싸게 모든 이들이 농업생산물에 접근할 수 있게 되고, 인구의 건강 상태가 좋아질 것이라는 등의 낙관적 전망이 있었습니다. 하지만 그만큼 사회의 파괴를 동반했죠. 영국 국내에서의 임금하락, 농업 공동체를 보호하는 관행과 관습의 해체, 삼림과 환경의 파괴를 야기했습니다. 뿐만 아니라 대륙 유럽이나 식민지 지역이 세계 곡물, 원료시장에 연결되면서 다양한 농민보호 장치가 해체되고 공동체 파괴가 발생했습니다. 노동의 상품화가 사회에서 공동체적 규범과 도덕의 자리를 제거한 것과 유사하게 토지의 상품화는 공동체적 문화와 삶의 기초를 파괴하는 결과를 낳았다고 할 수 있겠습니다.

허구적 상품으로서의 화폐와 금본위제

'화폐는 상품이다'라는 말은 현대의 경제 교과서에서는 흔히 찾아볼 수 있는 말입니다. 이 인식에 기초해 화폐의 탄생과 본성을 설명해 보면 다음과 같습니다. A는 쌀을 생산하고 B는 옷을 생산한다고 해 보겠습니다. A는 쌀을 내주고 옷을 얻는 교환을 하고 싶습니다. 하지만 쉽지 않습니다. 이른바 '욕구의 이중적 일치 문제'가 발생하기 때문이죠. A는 옷을 가진 사람을 발견해야 하고 동시에 그렇게 발견한 옷을 가지고 있는 B가 교환 시점에 A의 쌀을 원해야 합니다. 이런 조건이 갖춰지는 것은 말 그대로 우연에 가까울 겁니다. 상품화폐론의 설명에 따르면 사람들은 이 곤란함을 합리적으로 해결하기 위해 공동체의 사람들이 거의 항상 원하는 상품을 하나 정해서 교환의 중간 매체로 사용합니다. 금과 같은 상품이 그러한 것이었죠. 이제 상황이 변할 것입니다. 금과 같은 상품은 공동체의 성원들이 대체로 얼마간은 가지고 있을 테니 쌀을 원하는 사람에게 금을 받은 다음, 다시 다른 옷 보유자와 금과 옷을 교환하면 됩니다. 욕구의 이중적 일치 문제를 해결할 수 있게 된 셈입니다. 예상하시듯 이 금이라는 상품이 현재의 화폐가 된 것이라는 설명입니다.

여기서 중요한 것은 상품화폐론은 화폐가 화폐로서 기능할 수 있는 이유가 근본적으로 화폐의 상품적 속성 때문이라고 본다는 것입니다. 화폐로서의 금이 있다면, 금의 화폐다움은 반짝인다든지, 잘 변하지 않는다든지 하는 자연적이고 물질적인 속성에 있다는 것이죠. 사람들은 이 속성으로 인해 그 상품화폐를 보유, 획득하려는 욕구를 갖게 될 것인바, 이렇게 욕구의 대상으로서의 물적 속성이 화폐의 핵심에 놓여 있다는 것입니다.

비록 분명하게 제시한 것은 아니라 할지라도 폴라니의 경우 주류의 인식과는 다른 생각을 갖고 있었습니다. 폴라니는 화폐가 상품일 수 없다고 하면서 "현실의 화폐는 구매력의 징표일 뿐이며 구매력이란 은행업이나 국가 금융의 메커니즘에서 생겨나는 것이지 … 판매를 위해 생산되는 것이 아니다"라고 말합니다.[2] 화폐에서 중요한 것은 상품으로서의 물질적 속성이 아니라 구매할 수 있는 힘에 대한 상징적 표시를 공동체가 공유하는 것이며, 화폐의 탄생은 개인 사이의 교환 과정에서 비롯되는 것이 아니라 공동체가 조직한 메커니즘에 기초하는 것이라는 생각이었죠.

이렇게 생각해 볼 수 있을 것입니다. 어떤 공동체가 분업을 하고 있고 그 구성원 A는 쌀을, B는 옷을 생산하고 있습니다. 이제 서로 다른 것을 생산하는 이들을 하나의 공동체로 적절히 조직하는 것이 중요하고 정부와 같은 공동체의 권위기관이 큰 역할을 합니다. 쌀을 가진 A는 다양한 형태로 공동체에 기여할 수 있는데요, 쌀을 현물조세로 낼 수도 있고, 공동노동이나 군역에 참여할 수도 있을 것입니다. 권위기관은 이렇게 공동체에 기여한 이에게 그 기여한 가치만큼이 표시되어 있는 상징 증표를 제공합니다. 이 증표는 단순한 상징이 아니라 공동체가 이 권위기관에 갖고 있는 신뢰를 기초로 하는 것이겠죠. 이렇게 증표를 획득한 A는 이것으로 자신이 원하는 것, 그러니까 B가 가지고 있는 옷을 구매할 수 있습니다. 이 증표는 물질적 속성 때문이 아니라 공동체의 권위와 보증, 나아가 그 보증에 대한 공동체의 신뢰가 응축되어 있기에 '구매력'을 갖는 것입니다. 이제 B가 자신이 가진 옷을 내주고 구매력을 획득했다면 다시 B는 공동체의 보증이 작동하는 영역 내에서 조세를 내거나, 벌금을 내거나 또 다른 재화를 구매하는 데 이 구매력을 사용할 수 있겠죠.

그러니까 화폐가 '구매력의 증표'라고 말하는 것은 화폐를 생산이나 분업을 조직하기 위한 공동체의 제도적 고안물로 바라보는 것과 같다고 할 수 있

---

2   폴라니, 같은 책, 244쪽.

습니다. 현실적으로 경험하는 화폐의 용례가 유사하더라도 그 화폐다움의 기초가 어떤 물질적 속성에 있는 것은 아닌 것이죠. 물론 화폐가 시장에서 판매를 목적으로 생산된 것도 아닙니다. 결국 화폐는 상품과 다릅니다. 이렇게 볼 때 화폐의 가치나 수량도 시장에서의 수요와 공급에 따라 결정되는 것이 아니라 공동체 전체의 생산과 분업을 안정적으로 조직하기 위해 적절히 조절되고 관리되어야 하는 대상이 될 것입니다.

어떤 사회가 화폐를 상품이라고 인식하고 있다면, 그것은 화폐가 원래부터 갖고 있는 상품적 속성으로 인한 것이 아니라 그 사회가 다양한 사회적 관계를 상품으로서의 화폐의 논리에 종속되도록 조직된 사회이기 때문일 것입니다. 19세기의 허구적 상품화는 이렇게 독특한 사회가 본격적으로 형성되기 시작했음을 설명해 주는 것으로 이해해 볼 수도 있을 것입니다.

영국에서 화폐가 상품화되는 과정은 제도적으로 보자면 1844년 '필 은행법(Peel's Bank Charter Act)'을 계기로 금본위제(Gold Standard)의 전형이 정립되는 과정에 다름 아니었습니다. '필 은행법'은 크게 두 가지 정책을 제시합니다. 첫째는 잉글랜드 은행에게 은행권을 발행할 독점 권한을 부여하는 것입니다. 현재는 은행권이라 하면 한국 은행권처럼 중앙은행이 발행하는 은행권 하나뿐이지만, 이 시기까지만 해도 영국의 다양한 은행들은 자기 나름의 은행권을 발행했습니다. 잉글랜드 은행이 공적 자금 조달에 특권적 위치를 점하고 있었고 은행들의 은행으로서 절대적 영향력을 가지고 있었지만, 은행권 발행을 독점하고 있지는 않았던 것이죠. 다양한 은행들이 독자 은행권으로 대부하거나 상환받고, 이 은행권으로 예금을 받고 인출을 해 주기도 했었습니다. '필 은행법'은 다른 은행이 은행권을 발행하는 것을 금지하고 잉글랜드 은행에게 독점 발권력을 부여했습니다. 둘째는 잉글랜드 은행이 은행권을 발행할 때 그 규모를 은행의 보유금으로 보증할 수 있는 수준으로 제한하는 것이었습니다. 진정한 화폐는 상품으로서의 가치를 갖는 금속 정화뿐이므로 은행권이나 어음과 같은 유사화폐의 발행은 진정한 화폐의 양에 종속되어야 한다는 인식이었죠. 기존에도 금융기관은 자신이 발생한 은행권이나 어음을 금속 정화로 태환해 주어야 할 의무를 갖고 있긴 했지만, 이 의무 부과만으로는 불충분하고 실제로 금속 정화와 통화량을 일치시키는 노력이 필요하다는 것이었습니다.

이렇게 해서 화폐는 곧 금 상품이며, 화폐공동체에서 공급되는 화폐량은 공동체가 보유한 금-화폐의 양에 따라 제한되어야 한다는 금본위제의 화폐준칙이 분명한 형태로 정립되었습니다. 차익을 기대하면서 화폐를 대부하는 은행이나 빌린 돈으로 자금을 투자하려는 생산자의 자의적 판단에 화폐의 양이 좌우되도록 해서는 안 되었습니다. 화폐는 오직 금의 양과 생산비용에 따라 공급되도록 해야 했고, 이 화폐 공급량이 산업생산과 무역 과정에서 발생하는 화폐수요에 객관적 제약을 가할 수 있어야 했습니다. 시장거래 전체가 특정 인격의 의사결정으로부터 벗어나 자연적 질서와 규율하에 작동하도록 한 것이었죠. 시장의 자동 균형 메커니즘이 방해 없이 원활히 작동하기만 한다면 시장과 자유무역에 참여하는 모든 행위자들이 번영을 구가할 것이라는 19세기 자유주의의 전형적인 믿음이 화폐를 허구적 상품으로 만들어내는 제도화의 과정을 지탱했습니다.

영국의 금본위제는 19세기 중반을 지나면서 다른 국가로 확산되어 갑니다. 그 이전에 다른 국가들은 대부분 복본위제, 즉 금과 은을 모두 정화로 사용하는 화폐체제를 채택하고 있었죠. 은의 규모는 금보다 훨씬 많아 화폐 공급을 증가시킬 수 있었을 뿐 아니라 상황에 따라 은과 금 사이의 가치 비율을 조정함으로써 정부가 화폐체제와 시장가격 변화에 개입할 수 있는 여지를 주고 있었습니다. 그러나 다수 국가들이 국제금융센터(IFC)이자 무역 중심지로서의 영국의 영향력하에 놓이게 되고 각 정부에게 행위준칙을 부여하는 일관된 국제 거래질서가 모두의 번영을 가져다줄 것이라는 인식이 성장하면서 포르투갈, 독일, 프랑스, 이탈리아 등지에서 금본위제를 채택해 갑니다. 세계시장에서의 상품흐름과 화폐흐름이 금본위제의 규제 속에 통합되어 간 것입니다.

19세기 영국의 금융시장과 금본위제의 불안정성

노동과 토지가 허구적 상품으로 전환되는 과정이 그랬던 것처럼 화폐의 허구적 상품화 역시 사회적 불안정성을 야기했습니다. 금본위제는 19세기 후반부터 대규모 경제침체와 생산조직의 파괴를 반복적으로 야기하는 중요한 원인이었습니다. 이제 금본위제가 어떤 내적 불안정성을 가지고 있었는지 말씀드릴 텐데요. 그 설명을 19세기 영국 금융시장의 변화와 결합시켜 보려 합니다. 19세기 자본주의 전반의 불안정성을 좀 더 구체적으로 이해하는 데 도움이 될 수 있다고 생각하기 때문입니다.

금본위제가 갖는 기본적인 취약성은 생산과 거래가 확대될 때 그 거래를 지탱할 만큼 충분히 화폐를 공급하기 어렵다는 점입니다. 금의 양은 한정되어 있고, 금본위제 규칙에 따라 화폐량은 금에 구속되어 있으니 통화량이 화폐의 수요를 따라가지 못하는 경우가 종종 발생하는 것이죠(〈그림 2-1〉). 이렇게 화폐 수요에 비해 화폐 공급이 부족한 경우 디플레이션 현상, 즉 화폐 가치의 상승과 재화 가격 하락이 일반화되는 현상이 확대됩니다(〈그림 2-2〉).

아무래도 19세기 영국 금융시장의 성장 과정을 잠시 살펴봐야 할 듯합니다. 금본위제가 부과하는 통화제약 환경이 다양한 금융수단과 금융관계를 창출하는 동인이었던 만큼 당대 금융시장은 금본위제의 정립과 밀접히 관련되어 있기 때문이죠. 또한 금본위제의 파괴적 효과를 이해하는 데에도 금융시장의 동학을 확인해 두는 것이 필요합니다.

먼저 어음 거래에 대한 이야기부터 시작해 보겠습니다. 환어음(bill of exchange)은 16세기 말부터 이미 중요한 거래의 매체로 사용되었습니다만, 19세기에는 금-화폐를 획득하는 것이 쉽지 않은 환경에서 당장 현금이 없더라도 거래를 진행시킬 수 있게 해 주는 신용수단으로 주목받았습니다. 환어음은 발행자(drawer)가 지급인(drawee) 앞으로 해당 어음의 소지자에게 만기에

그림 2-1

영국 금스톡 및 국민총생산 추이

주: 국민총생산은 실질기준, 금 준비금은 메트릭 톤 기준, 1845년=100 지수화.

자료: D. Phyllis, "New estimates of gross national product for the united kingdom 1830-1914," *Review of Income and Wealth*, 14(2)(1968); T. Green, *Central Bank Gold Reserves: An Historical Perspective Since 1845* (World Gold Council, 1999).

그림 2-2

파운드 가치 추이

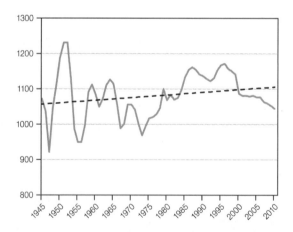

주: 1974년 1월=100 지수.

자료: Grahame Allen, *Inflation: the Value of the Pound 1750-2002* (House of Commons Library, 2003).

정해진 액수를 지급하라고 명령하는 서면 명령서입니다. 환어음 소지자는 약속된 액수를 지급받을 권리를 가지므로, 소지자는 이 권리를 만기 이전에 제3자에게 판매할 수 있습니다. 다만 권리가 실현될지는 불투명하므로 할인된 가격에 현금을 얻고 환어음을 양도하겠죠. 이렇게 해서 현금 없이 어음을 통해 거래가 이루어지고, 지급인은 현금 지불을 만기까지 유예받을 수 있는 신용구조가 만들어집니다.

환어음의 이용이 확대되면서 환어음의 순환을 보장하면서 동시에 금융이익을 취하는 금융기관들이 이 어음의 회로 내에 진입합니다. 할인기관(discounter)과 어음 인수기관(acceptor)이 대표적인 경우입니다. 할인기관은 앞서 언급한 것처럼 어음 소지자가 어음을 유동화시켜 현금을 획득하고자 할 때 그 거래 상대방으로 참여합니다. 할인기관은 환어음 액면보다 낮은 가격의 현금을 지불하고 환어음을 구매했으므로, 만기에 지급인에게 약속대로 지불받는다면 그 차액만큼 이익을 얻을 수 있을 것입니다. 어음지급인의 채무 이행 리스크를 떠안는 대신 어음 할인액만큼의 금융이익을 추구하는 어음투자자라고 생각해서도 무리는 없을 듯합니다. 주로 은행이나 어음 브로커 등이 이러한 영업 부문에 참여했습니다. 잉글랜드 은행 역시 할인기관의 할인기관으로서(재할인) 중요하게 이 금융시장에 참여했습니다. 어음을 소지하던 할인기관이 만기 이전에 현금이 필요하다면 이 기관은 잉글랜드 은행 할인 창구를 찾아가 재할인 가격으로 어음을 판매할 수 있었습니다.

또 다른 주요 행위자는 어음 인수기관입니다. 이 기관은 수수료를 받고 환어음의 채무 상환을 보증하는 업무를 수행합니다. 지금의 관점에서 보자면 이행보증 보험이나 신용 파산 스왑 상품거래 등의 금융 보험상품 판매와 유사한 것이라고 할 수 있겠습니다. 높은 평판을 보유하고 있는 종합금융사인 머천트 뱅크(merchant bank)가 주요 참여자였습니다.

이렇게 환어음 회로의 주변에 다양한 신용수단, 금융상품, 금융기관이 얽혀 들어가면서 영국 금융시장이 성장하기 시작했습니다. 금융시장의 성장은 금본위제하 통화공급이 제약되어 있을 때 신용관계에 입각해 집합적으로 현금 부족을 우회하는 통로를 제공했습니다. 뿐만 아니라 잉여 현금을 가지고 투자할 곳을 찾는 집단과 현금이 필요로 하는 집단을 매칭시켜 효과적으로 현금이 사용될 수 있게 했죠.

하지만 어음 할인 시장만으로는 늘어나는 거래규모만큼 신용을 확대시키는 데 한계가 있었습니다. 기본적으로 환어음은 만기가 매우 짧았습니다. 보통 만기는 며칠이었고 이후 장기 어음이 도입되었을 때에도 만기는 3~6개월에 불과했습니다. 거래망이 전 세계로 확대되고 예기치 못한 거래 교란 요소도 함께 증가하고 있는 상황에서 단기간의 만기 후에 결국 현금 지불을 해야 한다는 기본 조건은 그 위에 쌓여 있는 신용관계가 일정 수준 이상 확대될 수 없게 막는 장벽이었습니다.

환어음 시장 외에 금본위제의 통화제약 내에서 거래가 계속해서 확대될 수 있게 하는 또 다른 지지구조가 있었으니, 그것은 19세기의 새로운 은행 시스템이었습니다. 예금 이체와 당좌대월(overdraft)의 증가가 새로운 은행 시스템의 중심적 성격이었습니다(〈그림 2-3〉). 통화공급 문제에 초점을 맞춰 이야기해 보자면 금이나 잉글랜드 은행권을 사용하지 않고도 예금 계정의 증감을 통해 결제, 대부, 상환이 가능하게 된 것이죠.

과거에는 잉글랜드 은행을 제외하곤 잉글랜드, 웨일즈, 아일랜드 지역 은행들은 그 출자인원을 개인 6명 이하로 제한받았었습니다. 이러한 출자 규모의 한계로 인해 은행은 브랜치(branch)를 둘 수 없었죠. 그런데 1825년 은행위기 이후 은행 파산이 은행 영세성 때문이라는 진단이 힘을 얻으면서 1826년 '은행업 공동 파트너십 법(Banking Co-partnership Act)'을 통해 6인 출자 제한이 폐지되었습니다. 처음에는 잉글랜드 은행의 독점적 위치를 유지하기 위해 런던 65마일 바깥에서만 합자은행(joint stock bank) 설립을 인정했지만, 이 지역 제한도 1833년 '은행인가법(Bank Charter Act)'에서 폐지되었습니다. 이 법적 전환을 통해 은행의 전국적 브랜치들은 크게 증가하기 시작했

그림 2-3

영국 은행예금 및 국민총생산 추이

자료: W. Jansson, "The Finance-Growth Nexus in Britain, 1850-1913"(Dissertation for University of Cambridge, 2018).

그림 2-4

영국 합자은행/사적은행 오피스 수

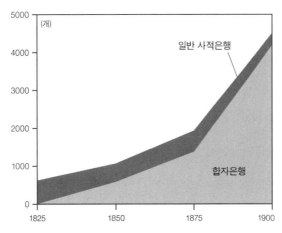

자료: L. Newton, *Change and Continuity: The Development of Joint Stock Banking in The Early Nineteenth Century* (University of Reading, Department of Economics, 2007).

습니다. 특히 합자은행들이 이 성장을 주도했죠(〈그림 2-4〉).

은행 규모가 커지고 여러 지역에 브랜치 네트워크가 만들어진 것은 은행에 큰 이점을 제공했습니다. 고객이 은행권의 금 태환을 요구할 때 은행에 보유 준비금이 없더라도 예금 잉여를 가지고 있는 다른 브랜치에서 자금을 끌어와 대응하는 것이 가능해졌습니다. 이렇게 은행의 태환 능력에 대한 신뢰가 높아지면서 예금의 규모가 증가하기 시작했습니다. 과거의 은행은 예금 수취보다는 자신의 자금과 평판에 기반해 은행권 발행과 상업어음 할인을 주요 업무로 하는 기관이었습니다. 대형 합자은행의 설립을 계기로 은행은 본격적으로 예금 수취기관으로 전환되어 갔죠. 지역 곳곳에서 흡수한 예금 자금을 대규모로 런던 본점이나 특정 브랜치에 집중시켜 대부와 투자를 증가시킬 수도 있었습니다. 또한 예금계정이 늘어나고 은행의 네트워크가 확대되면서 현금 사용 없이 예금 이체나 수표로 결제가 가능해졌죠. 대부를 할 때에도 현금을 제공하는 것이 아니라 예금액 이상으로 자금을 사용할 수 있도록 해 주는 당좌대월 형태가 확대되었습니다. 여기에 더해 19세기 동안 민간 은행에 예금의 일정 비율을 준비금으로 적립하도록 요구하는 준비금 규제는 없었습니다. 이런 조건들의 결합을 통해 예금은 현금등가물로서 기능하면서 금본위제 통화제약 상황에서도 성장하는 금융기관과 상인집단의 자금 수요를 충족시킬 수 있었습니다.

금융시장의 성장은 점차 전통적인 진성거래와 투기거래 사이의 구분을 모호하게 만들어 갔습니다. 실물을 담보로 삼는 진성어음 거래와 금융 목적의 융통어음이 복잡한 어음 거래 속에 서로 얽혀들어 갔습니다. 철도 투자를 중심으로 한 증권 거래는 한편으로는 철도의 물질적 자원에 근거를 둔 실질 투자였지만 다른 한편으로는 투기적 성격이 강한 투자이기도 했습니다. 계획 중인 철도 부설이 실제로 이루어질 것인지 불분명할 때에도 투자가 이뤄졌고 어떤 이들은 일단 철도 주식에 투자한 후 철도 프로젝트가 폐지되기 전에 주식을 매도하려 하기도 했던 것이죠. 외환거래 역시 교역 재화에 기반한 거래이기도 했지만, 동시에 골드포인트(gold point: 금의 선적, 운송, 보험, 거래 리스크 등을 고려한 가격) 변동에 따른 차익 추구를 지향하기도 했습니다. 금융시장은 한편으로 원활한 실물거래를 지탱하는 기반이기도 했지만 차익 추구의 기회를 크게 열어 놓은 장이기도 했던 것입니다.

금본위제의 통화제약에서 통화제약의 강도를 완화시켰던 금융시장의 성장, 그리고 다시 금융시장 성장이 동반한 투기거래의 확대로 이어지는 일련의 사건 계열은 결국 경제위기로 귀결되었습니다. 경기 변동의 과정에서 미래의 불확실성이 증대하고, 시장 참여자 서로가 신용증서와 증권으로부터 현금을 회수할 가능성에 대해 부정적으로 바라보는 순간, 그리고 보다 안전한 가치저장수단으로서 금을 추구하는 순간, 사람들은 금본위제가 추구했던 통화 희소성의 현실을 새삼 깨닫게 됩니다. 전형적으로 화폐 수요에 비해 화폐 공급이 부족해 물가가 하락하는 디플레이션 현상이 발생하는 것이죠.

이 과정이 단순히 균형을 회복하는 싸이클의 일부일 뿐이라면 좋겠지만, 문제는 현실에서 장기간에 걸쳐 매우 고통스러운 디플레이션과 산업 파괴를 동반한다는 것이었습니다. 고전 경제학자들의 기대처럼 물가의 하락이 비용 하락과 생산 동기 자극으로 연결되어 자연스레 새로운 경기확장기를 만들어내는 방향으로 사태가 전개되지 않았습니다. 디플레이션 현상이 확산되면 그와 함께 경제 거래가 심각하게 위축되었습니다. 물가가 하락해 생산자가 동일한 물건을 판매할 때 벌어들이는 수익이 줄어들게 되면 이 생산자는 곤란을 겪게 됩니다. 물가가 하락할 때 모든 부문의 가격과 비용이 동시에 하락하는 것이 아니므로 생산자들은 낮아진 수익으로는 생산조직을 운영하기 어려워집니다. 예를 들어, 과거 상대적으로 물가가 높았을 때 높은 수준에서 노동자와 장기 임금계약을 맺었다면 현재 물가하락으로 수익이 줄었다고 해서 임금을 바로 낮출 수는 없었습니다. 혹은 과거에 높은 물가 수준에서 벌어들일 수익을 기준으로 부채를 졌다면 현재의 낮은 수익으로 그 부채를 상환해야 했습니다. 결국 도산하거나 투자와 경제활동을 축소시키는 공장이 증가했습니다. 경제 거래에서 요구되는 화폐수요에 맞게 잉글랜드 은행이 화폐량을 인위적으로 조절할 수 있었다면 경제침체의 심각성을 감소시켰겠지만 금본위제의 기본 원리는 그러한 조절을 불가능하게 했습니다. 이런 식으로 디플레이션과 함께 주기적으로 심각한 경제와 사회의 파괴가 나타났습니다.

좀 더 구체적인 이해를 위해 금본위제와 금융시장을 경유해 왔습니다만, 결국 이러한 경제와 사회의 파괴는 최종적으로 화폐의 허구적 상품화가 만들어낸 결과였습니다. 화폐가 분업화된 생산을 집단적으로 조직하고, 자원배치를 조절하는 사회적 맥락에서 떨어져 나왔죠. 그리고 시장에서의 화폐수요와 금에 기초한 화폐 공급에 따라 화폐시장이 탈인격적으로 작동할 것을 추구했습니다. 결국 그 결과는 '신구빈법'과 '곡물법' 폐지는 열악한 노동조건과 비인간적 낙인, 공동체의 불안을 확대시켰던 것과 마찬가지로, 주기적이고 심도 깊은 생산조직의 파괴였죠. 자기조정적 시장의 이념은 특권이나 인위적 조작에 좌우되지 않고, 자유롭고 독립적인 이들 사이의 시장거래의 결과로 균형, 성장, 번영을 달성하는 유토피아를 꿈꿨습니다. 그러나 그 상상이 현실에 만들어 놓은 결과는 사회의 파괴였습니다.

2) 19세기 영국 축적체제와 자유주의

영국 헤게모니와 생산의 독점

이제 세계체계 차원으로 범위를 넓혀 19세기 영국에서 형성된 시장사회가 어떻게 영국의 세계 헤게모니와 연결되어 있었는지를 말씀드려보겠습니다. 여기에서 영국의 지구적 생산독점은 중요한 키워드가 됩니다. 이상하게 들리실 수도 있겠습니다. 이 시대의 사람들, 특히 영국은 자유의 확대를 매우 강조했고, 자유는 많은 경우 독점의 반대편에 놓이는 상대 개념이기도 했으니까요. 어떻게 영국 헤게모니와 생산독점, 그리고 자유가 함께 연결될 수

표 2-1

세계 제조업 생산에서 각 국가의 비중

	미국	영국	독일	프랑스	러시아
1830	2.4	9.5	3.5	5.2	5.6
1880	7.2	19.9	4.9	7.9	7.8
1913	32	13.6	14.8	6.1	8.2

자료: WTO, "World Trade Report 2013: Factors Shaping the Future of World Trade"(2013).

표 2-2

영국의 면직물 생산과 무역

	세계 면직물 생산 대비 면직물 무역 비중	세계 면직물 생산에서 영국 비중	세계 면직물 무역에서 영국 비중
1829~1831	55	57	70
1882~1884	38	37	82
1910~1813	28	20	58
1926~1828	23	12	39

자료: L. Sandberg, *Lancashire in Decline: A Study in Entrepreneurship, Technology, and International Trade*(The Ohio State University Press, 1974).

있었는가라는 질문을 초점에 두고 다음의 내용 전개를 살펴보셔도 좋을 듯
합니다.

영국이 모든 부문의 생산을 독점했던 것은 아닙니다. 다만 이 시대에 세계
적으로 중요한 품목 특히 그중에서도 면직물 시장에서 독점적 지배력을 행
사했습니다. 영국은 1880년경 세계 제조업 생산의 19.9%를 차지하고 있었
습니다. 그중에서도 면직물 생산 몫은 37%였고, 면직물 무역 비중은 82%에
달했죠. 정점에 달했을 때 영국은 세계 면직물 시장을 독점하고 있었다 할
만 했습니다. 그리고 독점을 통해 창출된 대규모 초과이윤을 세계시장과 국
가 간 관계에서 산업적·군사적·정치적 우위를 유지하도록 재투자했습니다.
이 메커니즘이 영국으로 하여금 세계 자본축적 체제를 주도할 수 있게 했던
핵심 요소였다고 할 수 있겠습니다.

영국이 주요 산업에서 생산을 독점했다고 해서 그것이 꼭 대규모 이윤 창출로 이어지는 것은 아닙니다. 우선 생산을 독점하더라도 생산을 하는 데 드는 비용이 충분히 낮지 않으면 이윤은 없을 것입니다. 이 이윤창출과 자본축적의 조건들을 충족시키는 데 매우 중요한 역할을 했던 것이 자기조정적 시장의 확대와 허구적 상품의 제도화였습니다.

자기조정적 시장의 확대는 영국이 생산과정에서 생산비용을 낮게 유지할 수 있게 해 주는 토대였습니다. 산업혁명을 거치면서 기계를 도입한 생산자들에게는 고민거리가 있었습니다. 이 기계가 규모의 경제와 생산비용의 하락을 가져다줄 잠재력을 가지고 있었지만 그 잠재력이 항상 현실화되는 것은 아니었기 때문이죠. 값비싼 기계를 사놓고도 다른 요소들을 구하지 못해 생산을 못하는 일이 벌어질 수 있었고 이 경우 생산자는 기계의 가격이 비싼 만큼 큰 손해를 볼 수도 있었습니다. 따라서 장기간 기계를 사용하면서 안정적으로 생산요소, 특히 노동력과 같은 핵심 생산요소를 언제든 쉽고 값싸게 구할 수 있어야 했습니다. 그때에야 비로소 생산이 원활하게 이루어지고 생산비용은 충분히 낮아질 수 있었겠죠. 노동의 허구적 상품화는 이 문제를 해결하는 획기적 방법이었습니다. 값싸고 규율 잡힌 노동력을 확보할 수 있는 조건이 지탱해 줬기에 영국의 생산독점은 이윤창출과 자본축적으로 이어졌다고 말할 수 있습니다.

자유무역의 확대

세계 생산독점을 유지하려 할 때 낮은 요소비용만큼이나 중요한 것이 또 하나 있는데요, 바로 판로입니다. 당연한 이야기입니다만 생산 부문에 대한 영향력을 가지고 있다 하더라도 소비자 집단이 물건을 충분히 사주지 않는다면 생산은 실질적인 이윤으로 이어지지 못하겠죠. 이 지점에서 자유무역이 영국에 광범위한 판매 시장을 확보할 수 있게 해 주는 토대로 기능했습니다. 자유무역은 세계 각국을 자기조정적 시장 원리 속에 편입시키면서, 세계시장이 중심부의 헤게모니와 자본축적을 강화하는 방향으로 작동하도록 만들어졌습니다.

7년 전쟁과 미국 독립전쟁, 그리고 나폴레옹 전쟁에 이르기까지 18세기 후반과 19세기 초반에 걸쳐 거대 영토국가 사이의 대규모 전쟁이 이어졌습니다. 일련의 전쟁 과정에서 영국은 영토주의적 힘을 확대시켜 왔고 이 힘이 시장지배력과 산업발전의 동력으로 작용하기도 했죠. 하지만 일단 영국이 국가 간 관계에서 우위를 점하게 되었을 때 영토주의적 경쟁은 더 이상 기회의 장으로 역할하지 않았습니다. 국가 간 갈등관계에서 연유하는 높은 보호비용과 무역장벽이 산업생산과 이익 추구에 제약으로 작용한 것입니다.

맨체스터 섬유 업계처럼 산업과 무역에서 중심 위치를 차지하고 있던 집단은 강하게 자유무역을 주장했습니다. 이들은 반곡물법 동맹(Anti Corn Law League)을 주도하면서 1830년대부터 '곡물법'의 폐지를 강조했었죠. 앞서 허구적 상품화 부분에서 말씀드렸던 것처럼 곡물에 대한 높은 관세가 국내 임금을 상승시켜 산업생산자 이익을 감소시키고 수출을 억압한다는 입장이었습니다. 또한 관세폐지로 대표되는 자유무역이 국가 간 평화를 가져다주고 군사적 보호비용을 감소시켜 줄 것이라고 주장했습니다. 물론 이 시대에 자유무역 확대에 대한 우려도 있었습니다. 대표적으로는 자유무역이 확대될 경우, 저임금 국가가 낮은 생산비용을 이용해 더 큰 무역 이익을 향유하고 그만큼 영국은 무역 우위를 상실할 것이라는 우려였습니다.

그러나 세력관계는 자유무역 옹호자들 쪽으로 기울어 갔습니다. 당시 영국 상무부(Board of Trade)가 공식적으로 채택했던 입장은 자유무역 문제에 대해 영국 사회가 이 논쟁을 어떻게 정리해 갔는지 단적으로 보여 줍니다. 상무부의 입장에 따르면 영국이 우월한 제조품을 독일과 같은 저발전 국가에 수출할 경우 이는 독일 제조 유치산업을 잠식해 독일이 새로운 산업 부문 진출을 포기하고 기존부터 강점을 가지고 있던 농산물 수출에 집중할 것이었습니다. 결국 자유무역은 영국이 주요 상품의 무역 우위를 지속하면서 저

발전국에게 이 상품을 계속 수출하게 할 것이라 본 것이죠.[3]

결과적으로 '곡물법'은 폐지되었으며 자유무역이 확대되기 시작했습니다. 1860년 영국과 프랑스 사이의 콥덴 쉬빌리에 조약(Cobden-Chevalier Treaty)은 유럽 무역관계를 재형성하는 계기가 되었습니다. 관세감축을 주요 내용으로 하는 양자 간 협정이 확산되어 갔습니다. 중심부 국가들에서의 관세감축은 다른 국가들이 국제 무역관계 속에 편입되기 위해서는 자유무역을 수용하도록 하는 압력으로 작용했죠. 1860년대에서 1870년대 사이 벨기에, 프러시아, 스웨덴, 스페인, 노르웨이, 네덜란드 등이 양자 간 관세 감축 네트워크에 진입했습니다.

여기에서 한 가지 강조하고 싶은 것은 자유무역을 정당화하고 있던 이념입니다. 이미 말씀드렸던 것처럼 자유무역의 확대는 영국의 지배적 영향력을 감소시키거나 보다 균등한 세계를 만드는 것과는 거리가 있었습니다. 찰스 킨더버거(Charles Kindleberger) 같은 학자는 이 시기의 영국 무역정책을 자유무역 제국주의(free trade imperialism)라고 부르기도 했죠.[4] 그렇기 때문에 전 세계 주요 국가가 자유무역으로 전환할 때 발생할 수 있는 집단 사이의 갈등을 해소하고 합의 형성을 도울 수 있는 이념과 논리가 중요했습니다. 데이비드 리카도(David Ricardo)가 그의 『정치경제학과 과세의 원리에 대하여(On the Principles of Political Economy and Taxation)』에서 언급했던 다음과 같은 내용은 전형적인 자유무역의 정당성 문법을 보여 줍니다.

완전히 자유로운 상업 거래의 체계에서, 각국은 자연스럽게 자본과 노동을 자신에게 가장 이익이 되는 곳에 투입한다. 이러한 개별적 우위의 추구는 전체의 보편적

---

3 E. Sheppard, "Constructing Free Trade: from Manchester Boosterism to Global Management," *Transactions of the Institute of British Geographers*, 30(2)(2005), pp.158~163.

4 C. P. Kindleberger, "The Rise of Free Trade in Western Europe, 1820-1875," *The Journal of Economic History*, 35(1)(1975), p.17.

좋음과 연결되어 있다. 산업을 자극하고 재능에 보상하며, 가장 효과적으로 자연이 부여한 부존의 힘을 이용함으로써, 노동을 가장 효과적이고 경제적으로 배분하도록 하는 것이다. 대량생산의 증가를 통해 일반적 편익을 확산시킨다. 그리고 공동의 이익 결속과 상호교류를 통해, 전체 문명화된 세계의 국가들을 하나의 보편적 사회로 묶어낸다. 프랑스와 포르투갈에서 와인이 만들어지고 아메리카와 폴란드에서 곡물을 길러야 하는 이유, 그리고 장비와 다른 재화들이 영국에서 제조되어야 한다는 것을 결정하는 것이 바로 이 원리다.[5]

이 인용문은 자유무역이 자유주의와 자기조정적 시장의 세계적 확대판임을 보여 줍니다. 그리고 자유의 확대가 어떻게 자연적 질서, 국제분업과 교역의 확대, 자원의 효율적 배분, 평화주의와 공존공영으로 귀결되는지 압축적으로 표현하고 있습니다. 나아가 영국이 주요 제조산업에서의 독점적 지위를 유지하는 것이 보편적 이념 내에서 정당화될 수 있는 이유도 제시하고 있죠. 어떤 이가 자유주의의 이념적 정당성을 인정한다면, 그는 자유무역의 추구와 국제무역에서 영국의 현실적 지배력 또한 인정해야 했겠죠. 이렇게 자유주의는 자유무역정책을 강화시키는 동력이었습니다. 반대로 자유무역의 세계적 확산은 자유주의가 우월한 이념임을 입증하는 현실의 근거가 되었습니다.

국제 금융시장과 스털링 환류

자유무역이 영국의 헤게모니를 유지시키는 데 기여한 한 가지 기둥이었다면, 또 하나의 기둥은 영국의 국제 금융 중심지로서의 위상이었습니다. 국제 금본위제의 시대에 금은 특권적인 국제 결제 수단이었지만, 선적, 운송, 보

---

5   David Ricardo, *The Principles of Political Economy and Taxation* (Batoche Books, 2001), pp.89~90.

관에 긴 시간과 많은 비용이 들었습니다. 금을 대신해 영국의 파운드스털링이 지구적인 통용성을 갖는 지불수단으로 이용되었습니다. 스털링을 국제 결제 수단으로 사용하자는 어떤 공식적 합의나 규칙은 없었죠. 단지 지구적 거래자들은 원할 때면 언제든 스털링을 금으로 전환할 수 있을 것이라는 믿음에 근거해 거래에서 스털링을 수용했습니다.

스털링에 대한 신뢰의 기초는 몇 가지로 나누어 이야기해 볼 수 있습니다. 첫째는 이미 말씀드렸던 영국의 생산독점입니다. 주요 상품의 독점은 외국의 거래자가 이 상품과 교환하기 위해 스털링 표시 유동성을 상시 보유하고 있어야 한다는 것을 의미합니다. 영국의 생산과 무역에서의 지위는 스털링에 대한 기본 수요를 만들어내는 조건이었습니다.

두 번째 조건은 잉글랜드 은행입니다. 잉글랜드 은행은 독점적 발권력과 대규모 금 준비금에 기초해 할인 시장을 통제했습니다. 잉글랜드 은행의 재할인 창구는 금융기관들이 필요한 현금을 확보하는 주요 통로였습니다. 따라서 잉글랜드 은행이 결정하는 재할인율은 스털링 표시 신용수단의 규모가 금 준비금 수준에 맞게 조정되도록 하는 데 기여했죠. 이러한 잉글랜드 은행의 통제능력이 스털링 표시 자산을 쉽게 금으로 태환할 수 있는 것이라 기대하게 했습니다.

셋째로 영국 금융시장의 중심성이 스털링에 대한 신뢰를 증진시켰습니다. 영국 합자은행의 브랜치 네트워크는 예금 집적과 내부 자금 이전을 통해 예금 인출 요구나 태환 요구를 안정적으로 충족시킬 수 있었습니다. 할인기관, 어음 인수기관 등의 관계망으로 형성되어 있던 영국의 할인 시장도 스털링에 대한 신뢰의 원천이었습니다. 금융기관들이 가진 광범위한 정보 네트워크와 유동성 네트워크는 스털링 표시 신용거래가 안전하게 이행되도록 보장했습니다. 혹은 실제로는 그렇지 않더라도 안전에 대한 믿음을 줬습니다.

이러한 지지구조를 통해 일단 스털링에 대한 신뢰가 정립되자, 이 믿음은 지구적 거래가 원활하게 이루어지도록 지탱하면서 동시에 영국의 세계경제

지배력을 강화하는 권력 원천으로 작용했습니다.

해외 거래자가 영국에 수출하거나 영국에서 대부 혹은 투자를 받아 스털링을 획득했다면, 그는 이 스털링을 다시 영국으로 환류시켰습니다. 영국 은행이나 영국 내 자국 은행 브랜치에 예금하는 것이 대표적인 형태였죠. 국제 거래에서 원하는 재화나 금융 수단을 획득하기 위해 스털링을 보유해 두어야 했을 뿐 아니라 영국 금융시장 내에 축장해 놓는 것이 필요할 때 금으로 태환할 수 있는 가장 효과적인 방법이라고 믿어졌기 때문입니다.

스털링의 환류는 영국에 막대한 금융이익을 제공했습니다. 금본위제에 따라 스털링 화폐 발행량이 제한되어 있었음에도 불구하고, 해외로 유출되었던 스털링이 다시 영국 예금으로 돌아왔으므로 예금 은행의 대부나 어음 할인을 경유해 다시 해외 신용과 투자에 이용할 수 있는 자금이 조성되었습니다. 이른바 '오트 피낭스(high finance)'라 불리는 글로벌 거대 금융자본가들이 성장한 것도 이러한 스털링 환류구조에 토대를 두고 있었죠. 19세기 후반에 이르면 해외투자의 주요 대상은 세계 각국에서 산업 발전이나 전쟁 자금을 위해 발행되는 국채 그리고 건설을 위해서는 거대한 자금을 필요로 했고 거대한 수익을 가져다주기도 했던 세계 각국의 철도 주식이었습니다. 한 국가에서 국채 운용이나 철도 부설이 재정적·산업적으로 중요한 위치를 차지하고 있었던 만큼, 이 분야에 투자하는 기관들에게 수익성뿐 아니라 해당 국가의 제도와 경제 구조에 대한 영향력도 가져다줬습니다.

19세기 자유주의

19세기 자기조정적 시장과 자유주의의 이념은 순수한 인류 번영의 지향이었다기보다는 헤게모니 국가로서의 영국의 지배력을 재생산하는 기능과 결합되어 있는 것이었습니다. 지구적인 자본축적 체제가 작동하는 과정은 수많은 긴장과 갈등을 동반합니다. 그만큼 많은 도덕적 비판과 사회·경제적 불안정성에 노출될 수 있죠. 따라서 아무리 자원과 권력을 가진 헤게모니 국가더라도 강제적 수단만으로는 세계질서를 유지시킬 수 없습니다. 자본축적의 경로 곳곳에서 발생하는 긴장과 갈등을 완전히 제거하는 것은 불가능하더라도 개별 쟁점이 발생할 때 이 쟁점들을 보편적 지평에서 논의하고, 그에 따라 조정이 이루어질 수 있게 해 주는 규범-프레임이 필요합니다. 헤게모니가 강제와 동의의 결합을 통해 실현되는 것이라 할 때 동의를 창출할 수 있는 기반이 있어야 합니다. 그렇지 않다면 국지적인 긴장과 갈등이 확대되어 기존의 세계적인 자본축적 체제를 유지할 수 없는 상황으로 나아가는 것을 막을 수 없겠죠.

19세기에 이러한 규범으로 기능한 것이 '자유'입니다. 이미 자유무역의 정당화 기재로서의 자유주의에 대해서 말씀드렸던 것처럼 현실적 문제와 긴장이 발생했을 때 그 문제를 계속해서 자유의 문제로 해석해 가면서 결국 자유의 확대가 문제와 갈등을 해소하게 해 줄 것이라는 문법이 19세기 내내 힘을 얻어 갔습니다. 이미 많은 텍스트에서 19세기의 자유주의에 대해 접하셨겠지만, 여기에서는 이 시기 자유의 관념과 자연 개념, 성장 개념 사이의 연관을 강조해서 말씀드려보고 싶습니다. 이러한 설명이 영국 헤게모니 시대 자유주의의 특징을 부각시키는 데 도움이 될 수 있다고 보기 때문입니다.

계몽주의의 시기를 경유하면서 자연은 구체적인 자연물을 지칭하거나 중세 은총의 세계와 대비되는 속세를 지칭하는 것 이상의 의미를 갖게 됩니다. 자연권, 자연법 등 자연이라는 말이 붙을 때 그것은 한 사회가 인위적으로 개입할 수 없고 만약 조작하려 한다면 인류에 더 큰 손해를 야기할 규범성을 함의하게 됩니다. 따라서 인간은 자연의 규범에 순응해야 하는 존재로 인식되죠. 예를 들어 씨앗은 나무가 되려는 자연적 성향을 가지고 있을 겁니다. 인간이 씨앗의 자연적 성향을 인위적으로 조작해 나무가 아닌 무언가를 만들려 한다면 그것은 씨앗이 인류에 기여할 수 있는 능력을 감소시키고 오히려 인류에게 해를 가하는 일이 될 것입니다. 씨앗이 나무가 되는 자연 규범에 순응해 그것을 잘 가꿀 때 인류 최대 복지의 가능성은 실현될 수 있는 것이죠. 이 지점이 자연 규범과 성장 개념이 만나는 곳이기도 합니다. 인류는 정체되어 있어서는 안 됩니다. 자연의 규범에 따라 스스로를 보다 풍요롭게 만드는 변화를 추구해야 하죠. 이 변화 과정이 인간 진화의 과정이자 성장의 과정으로 번역됩니다.

다른 한편 자연 규범은 인간의 자유의지를 정당화시켜 주는 기초이기도 합니다. 인간과 자연의 관계에서 인간은 자연의 규범에 순응해야 합니다. 이러한 인간에 대한 제약은 반대로 인간과 인간의 관계에서 개인을 자유롭게 해 주는 인식적 원천이 됩니다. 국가의 개입, 특권의 보장은 자연 과정을 방해하는 요소입니다. 이러한 공동체의 인위적 개입을 배제한다는 것은 개인에게 자연을 제외한 외부의 모든 것으로부터 간섭받지 않을 권리를 부여한다는 것을 의미합니다. 설혹 그것이 굶어 죽는 귀결을 낳는다 하더라도 개인적 자유와 선택의 영역을 보장하는 것이 인류 전체의 성장을 가져다줄 것이라고 해석되죠.

이렇게 자유-자연-성장 개념을 연결시켜 놓고 나면 폴라니가 19세기 사회의 특징으로 강조한 사회에서 탈배태된 경제의 개념도 좀 더 명확해지지 않을까 생각합니다. 자연의 순리를 따르는 한 인간의 자유가 전체의 성장과 복지를 가져다준다는 약속을 담고 있었던 것이죠. 이 약속에 따르면 자연적 희소성 상황과 자연적으로 주어진 인간의 이기적 성향이 부여하는 길을 따르면서 그 외의 사회 관습, 종교와 도덕의 가르침과 거리를 둘 때 자유와 경제적 성장은 극대화될 것입니다.

19세기를 규정했던 자유와 경제성장이라는 두 개념을 매개하는 위치에 자연이 놓여 있었음을 강조 드리고 싶습니다. 자연은 인류 최대의 복지를 보장하는 규범이자 동시에 타인의 간섭을 차단하는 정당성 담론으로 기여했던 것이죠. 이러한 논리 체계 내에서 작동했던 자유주의가 19세기의 전체 제도와 사회적 관계, 그리고 국가 간 관계를 조직하는 이념적 기초였다고 할 수 있겠습니다.

19세기의 자유주의와 자기조정적 시장의 확대는 이미 말씀드렸던 것과 같이 다양한 형태의 도덕적·사회적 파괴와 불안정성을 야기했습니다. 하지만 폴라니의 논의를 따라가자면 정말로 중요한 문제는 시장제도가 만들어낸 구체적이고 개별적인 파괴 현상이 아니었습니다. 심각한 문제는 시장제도를 지탱하는 원리가 유토피아적이었다는 데 있었습니다. 자연의 신화에 기초해 비현실적임에도 불구하고 인류 발전의 온갖 낙관적 전망을 시장과 자유의 제도 속에 모두 압축해 놓고 있었다는 것이죠.

여기에서부터 악순환이 시작되는데요, 이 악순환을 폴라니는 사회의 이중운동이라는 개념을 통해 설명하죠. 자기조정적 시장의 제도가 사회의 파괴와 불안정을 야기할 때 이에 대한 반발로 '사회의 자기보호운동'이 나타납니다. 인간은 존속해야 하니 시장이 만들어내는 파괴로부터 자신을 보호하려는 시도가 확대되는 것이죠. 사회입법, 공동체와 국가의 산업을 보호하기 위한 규제, 화폐와 신용의 유연한 조절을 위한 중앙은행의 개입 등이 그러한 것입니다. 그러자 자기조정 시장의 유토피아에 대해 강한 신념을 갖고 있었던 이들은 발생하고 있는 사회 혼란의 원인을 사회의 자기보호운동에서 찾습니다. 인간은 자연의 법칙에 순응해야 하는데, 여러 사회입법과 규제가 인위적으로 자연의 발전 궤적을 변화시키려 하다 보니 혼란과 동요가 발생하고 있다는 것이죠. 이렇게 해서 '자기조정적 시장의 강화 운동'이 함께 강화됩니다. 두 개의 운동이 서로를 강화시키는 이중운동이 발생하는 것이죠.

이중운동은 서로에 대한 적대를 강화시키면서 동시에 서로의 극단적 성격도 강화시켜 갈 것입니다. 그 과정에서 사회는 안정과 통합을 회복할 가능성을 점점 상실해 가겠죠. 폴라니의 설명에 따르면 20세기의 파시즘(fascism)은 시장 자유의 유토피아적 성격에 대한 반발이자 사회의 자기보호운동의 연속선상에 있는 것이었습니다.[6] 유토피아가 아니라 보다 사회 현실의 작동에 주목해야 하는데, 그 현실은 언제나 권력싸움으로 점철되어 있는 것이었죠.

그리고 이 현실에 철저히 근거해 극단적인 권력 체제를 구상한 것이 파시즘의 길이었다는 것입니다. 파시즘 철학자 루드비히 클라게스(Ludwig Klages)는 자족적 영혼을 가진 개인 개념을 부정하기 위해 무의식 차원에서 작동하는 권력 의지(will to power) 개념을 끌어들입니다. 카를 슈미트(Carl Schmitt) 역시 적대성을 도덕률로 삼는 부족주의(tribalism) 원리를 주장하면서 개성을 가진 이들의 조화로운 전체라는 전통적인 서구의 지향점과 대립합니다. 파시즘 사상은 개인과 자유라는 허구를 세계에서 철저히 제거해야 한다는 의지로부터 사상적 자양분을 얻고 있었던 것입니다. 극단적 자유주의와 파시즘의 대립은 그 구도와 상호 강화의 동학을 고려할 때 19세기의 사회구조가 더 이상 유지될 수 없는 동요상태에 빠졌음을 보여 주는 표상이었다고 말씀드릴 수 있겠습니다.

유사한 동학이 세계체계 차원에서도 나타났습니다. 금본위제의 세계적 확대는 영국 헤게모니 시대의 지향이었지만, 그 결과는 모순적이었습니다. 여러 국가들이 금본위제를 채택한다는 것은 다르게 말하자면 자국의 통화 안정성을 위해서 더 많은 금을 보유해야 한다는 것을 의미했습니다. 금의 규모는 한정되어 있는 데다가 세계적 생산과 무역 규모가 계속 증가해 점점 더 많은 화폐량을 필요로 하고 있었으니, 금본위제 참여 국가들이 금 보유를 위해 경쟁하는 방향으로 나아간 것은 자연스런 일이었습니다. 금이 유출되고 국내의 화폐량이 축소되기 시작하면 앞서 말씀드린 바 있던 파괴적 디플레이션 현상이 나타났습니다. 위기의 조짐이 보이면 지구적 금융관계가 상황을 더 악화시켰습니다. 경제침체를 피해 자본이 해외로 도피하는 현상이 나타났습니다. 또 디플레이션을 완화하거나 국제수지를 개선하기 위해 금 대비 통화 가치를 평가절하할 것이라는 예상이 확산되면 외환 차익을 추구하

---

6 Karl Polanyi, "The Essence of Fascism," *Christianity and Social Revolution*(New York: Scribner, 1935), pp.377~382.

는 단기자본이 급속히 유출되었죠. 단기자본의 이동은 특히 1차 세계대전 이후 두드러지게 나타났죠. 세계 금융질서의 불안정성이 어느 수준 이상으로 심각해지면 영국은 다른 국가보다 동요에 더 취약한 위치에 놓이게 됩니다. 영국의 금융 지배력이 영국으로 환류하는 스털링 예금에 크게 의존하고 있었던 만큼 이 환류가 중단되고, 오히려 각국이 영국에 보유하고 있던 예금을 금으로 태환하려는 경향이 증가하면 금 유출과 디플레이션 현상이 더 빠른 속도로 나타날 수 있었던 것이죠.

금본위제의 불안정은 자유무역의 약화를 촉발했습니다. 국가 간 금 보유 경쟁이 강화되는 시기, 해외로부터의 수입은 곧 금 유출을 의미했으므로 금 유출을 막기 위한 노력은 보호주의의 강화로 이어졌습니다. 무역장벽을 설치하고 자본 이동을 통제하는 국가들이 늘어나기 시작했죠. 영국 역시 자유무역에서 이탈해 갔습니다. 수출 대금으로 획득한 스털링을 영국에 계속 예치했던 기존 식민지 국가와의 무역 비중을 늘려가면서 제국의 무역 블록을 강화시켜 갔습니다. 자유무역을 지향했던 국제관계가 스스로 보호주의와 제국주의를 확산시키는 것으로 위상 전이해 갔다고 말씀드릴 수도 있겠습니다.

이렇게 20세기를 넘어서면서 붕괴를 향한 긴장은 강화되어 갔고 양차 대전과 대공황을 거치면서 19세기의 자유주의는 중단됩니다. 19세기의 체제는 자연의 법칙과 진화에 대한 믿음에 기초하고 있었지만 결국은 그 법칙이 실재하는 것이 아님을 스스로 증명한 것이라 말할 수도 있을 듯합니다.

3.   20세기 자유주의의 제도적 기초와 이념

이제 20세기의 자유주의, 미국 헤게모니하 세계체계로 넘어가 보겠습니다. 19세기의 질서가 더 이상 유지되기 어렵다는 것이 분명해졌을 때 규칙성을 새롭게 정립하기 위한 집단적 노력이 있었습니다. 그리고 통상 케인스주의라고 불리는 새로운 체제가 형성됩니다. 다만 20세기의 자유주의는 시장실패에 대응하기 위해 국가 개입을 확대했다는 일반적 스토리보다는 사회에 대한 더 많은 질문들을 고려하고 있는 체제였습니다. 또 시장 논리에 대한 부분적 수정이라고 하기에는 훨씬 19세기의 자유주의와는 대비되는 단절적 성격을 가지고 있었습니다.

이하에서는 미국에서 새로운 체제를 요구했던 시대적 과제와 이 과제에 대한 답변으로 등장했던 새로운 체제의 성격이 어떤 것이었는지, 그리고 이 체제의 원리가 세계적인 차원에서는 어떻게 관철되어 갔는지를 살펴보겠습니다. 그리고 이 체제 전반을 지탱하는 데 있어 자유의 이념이 과거의 자유 개념으로부터 어떤 내적 변형을 겪었는지를 말씀드려보겠습니다.

1) 미국에서 자유경쟁 시장의 모순

자유경쟁과 시장균형

이 절에서는 자기조정적 시장을 둘러싸고 나타났던 모순의 미국적인 모습을 제시할 것인데요, 이를 위해 자유경쟁 원리의 해부를 논의의 출발점으로 삼으려 합니다. 간략하게나마 경쟁이라는 이슈에 초점을 두는 이유를 말씀드릴 필요가 있겠습니다. 자유경쟁 시장은 자기조정적 시장과 동일한 구조의 다른 측면이라 할 수 있습니다. 자기조정적 시장이 자유경쟁을 전제로 하고 가격의 탈인격적 조정을 강조하는 개념이라면 자유경쟁은 시장 행위자의 행동과 선택에 초점을 두고 시장의 자기조정성을 설명하는 개념인 것이죠. 추후 다시 말씀드리겠습니다만, 20세기 미국 주도 자본주의의 탄생은 시장과 사회가 거대 기업 같은 독특한 시장 행위자를 어떻게 수용할지 그 방식을 발견하는 과정과 긴밀히 연결되어 있었습니다. 이런 점을 고려한다면 시장 행위자의 행동을 부각시킬 수 있는 자유경쟁의 문제를 전면에 두고 논의를 진행하는 것이 좀 더 수월한 논의 전개를 가능하게 해 줄 것이라 생각합니다.

자유경쟁 시장은 몇 가지 조건이 만족될 때 존재할 수 있습니다. 그중 첫 번째 조건은 시장 내에서 개인들이 자유롭고 독립적으로 의사결정을 해야 한다는 것입니다. 시장거래는 구매자와 판매자가 만나서 거래 재화의 가격에 대해 협상하는 과정으로 묘사할 수 있죠. 그런데 이 가격이 구매자와 판매자가 충분히 만족한다는 의미에서 합리적 가격의 범위 내에 있게 되는 일은 자동적으로 벌어지지 않습니다. 만약 반복해서 가격 협상의 결과가 합리적 범위를 벗어난다면 잠재적 구매자와 판매자는 모두 시장의 작동을 불신할 수밖에 없을 것이고 시장 자체가 폐색될 수도 있을 것입니다. 판매자가 재화를 독과점하고 있어 구매자가 만족할 만한 수준보다 높은 가격에서 거래가 이루어졌다면 이러한 거래를 폭리라고 부릅니다. 반대로 구매자가 시장지배력을 가지고 있어서 판매자의 실질적 만족 수준보다 낮은 가격에 거래를 체결했다면 이를 몰수라고 부릅니다. 어느 쪽이든 합리적 시장의 작동으로는 정당화할 수 없는 거래가 이루어진 것이죠.

　현실의 시장에서는 폭리나 몰수가 계속해서 발생할 가능성이 충분히 높습니다. 시장 참여자에게는 폭리나 몰수는 시장기회를 최대한 활용해 이익을 극대화하는 한 방법일 테니까요. 그러나 시장 이론에서는 시장이 스스로 이러한 문제를 해결할 수 있는 조건을 내장하고 있다고 가정합니다. 그중 하나가 처음에 언급한 개인의 자유롭고 독립적인 의사결정이라는 조건입니다. 시장 참여자들은 아무리 거래 상대방이 권력과 위세를 가지고 있고, 거래 상황에서 누군가의 간섭, 강제, 강요가 있어도 이에 굴하지 않고 오직 자기 자신의 판단과 선택을 할 것이라고 보는 것이죠.

　어떻게 독립적이고 자유로운 선택은 가능할까요? 여기에서 두 번째 조건에 대한 가정이 등장합니다. 즉, 재화나 상대방을 선택할 수 있는 충분한 기회를 가질 수 있다는 가정이 그것입니다. 구매자가 어떤 재화를 절실히 필요로 하는데, 이 재화를 가진 거래 상대방이 재화를 독점하고 있다면 만족스럽지 않더라도 판매자가 부르는 가격을 따라가지 않을 수가 없겠죠. 선택 기회가 제한되어 있으니까요. 충분히 많은 경쟁자의 존재가 이 기회 제한 문제를 해결해 줄 것입니다. 거래 상대방이 만족할 수 없는 가격을 요구할 경우 시장 참여자는 그저 거래 상대방의 경쟁자를 찾아가기만 하면 될 테니까요. 갈등을 만들지 않고도 상대방의 강요나 강제에서 벗어날 수 있고 전체 시장은 합리적 범위 내에서 가격을 유지해 나가게 되는 것입니다. 이상적인 자유경쟁 시장이라면 두 번째 조건, 즉 충분한 시장기회라는 조건은 첫 번째 조건인 자유로운 선택 조건을 가능하게도 하지만 동시에 첫 번째 조건에 의존하면서 서로를 강화해 갈 것입니다. 자유로운 선택을 보장할 때 더 많은 사람들이 자신의 이익을 쫓아 시장에 진입할 것이고 시장 참여자들은 더 많은 선택 기회를 가지게 되는 방식이죠.

이상적 조건이 충족된다면 시장은 경제적 균등성과 안정성을 보장해 줄 것입니다. 우선 시장이 참여자들 사이의 균등한 거래를 보장하겠죠. 거래에서 강압이 배제되고 합리적 판단의 결과 충분히 만족할 만한 거래가 체결될 것이라는 점에서 시장 참여자들은 균등한 거래를 할 수 있습니다. 균등성뿐 아니라 안정성도 달성해 줍니다. 모든 이들이 타인에게 희생을 강요하지 않으며 사회적 비용을 외부로 이전시키지 않고 거래를 할 수 있을 때 전체 거래자 사이의 안정적 거래는 유지될 수 있습니다. 어떤 판매자가 자신의 시장 지배력을 이용해 반복해서 폭리를 취하면 이러한 단기적 이익 추구는 결국 전체 사회의 시장거래에 대한 신뢰를 하락시키고 시장을 불안정하게 만들 것입니다. 그러나 높은 시장기회가 보장되는 이상적 시장이라면, 이 조건이 독점의 지속을 막을 것이니 시장 불안정성은 나타나지 않을 것이고 반복적인 시장거래의 결과는 균형상태로 수렴해 가겠죠.

나아가 자유로운 선택과 풍부한 기회의 조건을 갖춘 시장은 사회 전체의 효율적 자원 할당을 가능하게 하는 것으로까지 나아갑니다. 시장 유토피아에서는 언제나 경쟁자들보다 낮은 가격을 부르는 판매자와 경쟁자보다 높은 가격을 부르는 구매자 사이의 협상을 만들어 냅니다. 가장 낮은 가격을 제시하는 판매자라면 그는 가장 낮은 비용으로 효율적으로 재화를 생산하는 자일 것이고 가장 높은 가격을 제시하는 구매자라면 그는 이 재화를 사회에서 가장 필요로 하는 사람일 것입니다. 가장 효율적으로 생산된 재화를 가장 필요로 하는 사람에게 이전시키는 효과적인 자원 배분의 장치인 셈이죠. 이렇게 최적의 자원 배치를 만들어낸다는 점에서 시장의 이상적 작동은 사회 전체의 극대 성장을 위한 토대이기도 합니다.

다소 길게 자유경쟁 시장의 이상에 대해 말씀드린 것은 무엇보다도 20세기의 자본주의가 시장은 이상적 작동 조건을 스스로 갖추고 있지 못하다는 인식을 수용하면서 시작되었기 때문입니다. 19세기 자본주의의 전개와 위기가 남긴 중요한 교훈 중 하나는 시장이 자생적이거나 자기조정적으로 최적 경로를 찾아가지 못한다는 점이었을 것입니다. 현실에서는 자유로운 선택과 기회의 개방이라는 두 조건을 제약하는 수많은 교란들이 작용하는 만큼 시장 유토피아는 실제로 발견할 가능성이 매우 희박한 시장입니다. 20세기의 사람들은 자유경쟁이 관철되는 시장은 역설적이게도 행위자들을 자유롭게 두는 것이 아니라 '특수한 방식으로 자유의 조건을 조직해야' 달성 가능한 것임을 확인한 것이죠.

이제 이상적 형태를 기준으로 시장의 존재와 부재를 이야기하는 것은 별로 의미가 없어졌습니다. 마찬가지로 조금 더 시장적이라든가 조금 더 개입적이라 말하는 것도 큰 의미를 갖기 어렵습니다. 서로 다른 시대, 서로 다른 공간에서 똑같이 구매자가 별 어려움 없이 화폐로 판매자로부터 원하는 물건을 사는 모습을 발견할 수 있다고 하더라도 그 이면에서 시장의 합리성을 관철시키기 위한 집단적 전략과 제도규칙은 완전히 상이할 수 있습니다. 특수한 공동체의 자본축적 체제를 이해하기 위해서는 차별적인 시장의 작동을 면밀히 확인하는 것이 필요합니다. 이러한 작업은 19세기 자본주의와 20세기 자본주의를 분별하고 이해의 폭을 넓히는 데 있어서도 중요할 것입니다.

미국에서 시장의 모순을 촉발시킨 핵심 요소는 '법인기업'이었습니다. 기업은 미국에서 늦어도 19세기 중반 이후 자유주의를 실현시켜 줄 핵심 사회조직이자, 시장이 사회전체의 성장을 만들어 낼 것임을 입증하는 실체로서 주목받아 왔습니다. 자유로운 활동 속에서 생산적이고 효율적인 방식으로 상품을 생산해내고 시장거래를 촉진하는 자유경쟁 시장의 총아였죠. 그만큼 기업을 사회 속에 자리 잡게 하기 위한 다양한 제도적·정치적 노력이 있었습니다. 그 과정에서 미국 사회는 '법인기업'이라는 독특한 기업형태를 탄생시키죠. 그러나 이렇게 탄생한 법인기업은 20세기 전환기쯤 되면 시장이 이상적으로 작동하는 데 필수적인 조건들을 파괴하는 모순의 원천임이 드러나기 시작합니다. 20세기의 자본주의는 시장과 법인기업을 모두 자본주의의 핵심 요소로 인정하는 한 이 모순에 대한 해법을 발견해야 하는 과제를 떠안게 된 것이죠.

19세기 후반 탄생한 미국의 법인기업이 어떤 독특성을 가지고 있었는지 확인해 보기 위해 형태는 유사하지만 그 의의는 확연히 다른 기업형태들을 살펴보겠습니다. 이 기업들과의 차이가 한편으로는 미국 법인기업의 독특성을 설명해 줄 것이고 다른 한편으로는 이 기업이 어떤 점에서 시장의 모순을 심화시키고 새로운 자본주의의 구조를 요구하는 기초가 되었는지 드러내 줄 수 있을 것입니다.

첫 번째로 합자회사 형태의 기업이 있었습니다. 파트너십 기업의 일종이라 할 수도 있습니다. 이 기업형태는 여러 재산 소유주가 자금과 자원을 공동으로 출자해 사업을 수행합니다. 예를 들어, A는 선박을 투자하고 B는 대포를 투자하고 C는 인력을 투자해 공동으로 해상무역 사업을 하는 거죠. 이 모험사업에서 수익을 얻게 되면 이를 출자자들에게 출자에 비례해서 배분합니다. 이러한 합자회사는 유럽에서 13세기 정도까지 내려가는 긴 역사를 가진 기업형태죠.

그런데 이 사업체는 자본축적을 대규모로 만들어내는 데 한계를 가지고 있습니다. 무엇보다 재산 소유주 개개인의 개별적 상황이나 인격적 성향에 사업체의 운명이 크게 좌우되었다는 점이 문제였습니다. 모험사업을 했던 출자자 중 한 명이 갑자기 사업에 흥미를 잃는다면, 그래서 이 사업체로부터 자신의 소유물인 선박을 회수해 간다면, 주주 한 사람의 선택에 의해서 사업체가 해체되는 일이 벌어질 수 있습니다. 이런 일이 벌어지다 보니 사람들은 이 회사가 사업을 지속할 수 있을지 신뢰를 갖기도 어렵게 되겠죠. 결국 이미 신뢰관계를 형성하고 있는 이들끼리 자금을 출자하는 경향이 강해질 수밖에 없는데요. 그렇게 되면 아무래도 대규모 자원과 자금을 모으기는 어려워집니다. 더 중요한 것은 사업을 영구적으로 계속할 것이라는 기대를 주주들 스스로도 갖기 어렵다는 것입니다. 이런 점에서 합자회사는 계속 기업으로서 영구적으로 자본을 축적해 가기에는 난점을 가진 사업조직이었다고 말씀드릴 수 있습니다.

두 번째로 공적 사업조합이 있습니다. 현대적 법인기업은 영어로 하면 'Corporation'인데요. 사실 이 공적 사업조합도 영어 표현이 동일합니다. 다만 미국을 기준으로 19세기 초까지 활성화되어 있었던 공적 사업조합과 19세기 중반 이후 확대된 법인기업은 그 속성이 크게 다르므로 이를 구분해 표현했습니다. 일단 공적 사업조합의 기본 특성부터 말씀드려 보자면 합자회사와 구분되는 공적 사업조합의 특징은 사업체에 풀링(pooling)된 자원의 운영과 처분에 대해 개별 출자자가 권리를 갖는 것이 아니라 집합으로서의 사업체가 권리를 갖는다는 점입니다. 중세 영주나 현대의 정부는 특정한 사업체에 독점적인 사업권을 부여했습니다. 사업체가 이 특권에 기초해 운영되는 만큼 출자한 개인은 사업 수익에 대한 배당의 권리를 가질 수는 있지만 출자자금을 사업체로부터 회수하거나 처분할 재량을 갖지는 못합니다. 이에 따라 사업체는 개별 출자자의 선택과 독립적으로 사업을 계속할 수 있는 기반을 획득합니다. 합자회사와 크게 다른 점이죠.

합자회사와 달리 사업의 계속성을 확보할 수 있는 조직 구조를 갖췄음에도 불구하고 이 공적 사업조합 역시 영구적으로 자본을 축적하기 위한 조직으로서 제약요소를 가지고 있었죠. 무엇보다 이 사업체의 사업은 영주나 정부의 요구에 종속되어 있는 공적 사업에 한정되어 있었기 때문입니다. 나아가 사업이 종료되면 전체 자본은 공적으로 귀속됩니다. 교량 사업 같은 것을 예로 들 수 있을 겁니다. 개인들이 출자해 자본을 형성하고 정부가 이 사업체에 교량을 건설하고 교량 통행세를 받을 수 있는 독점사업권을 부여합니다. 교량이 완성되면 이 교량은 공공재산으로 귀속되죠. 출자자들은 통행세의 일부를 수익으로 얻을 수 있는 권리를 가질 뿐입니다. 출자자들이 일정한 수익을 올리기는 합니다만, 이윤과 자본축적을 목적으로 사업 방향을 조정하거나 새로운 이익기회를 추구하기에는 한계가 있는 사업체 조직이었던 것이죠.

현대적 법인기업의 형성과 자본축적: 헌법적 법인격 성립

19세기 중반 이후 미국에서 기존 기업형태와는 매우 상이한 기업형태가 탄생합니다. 현대적 법인기업이 그것인데요. 이 기업형태가 탄생하는 데에는 크게 두 가지 계기들이 있었다고 할 수 있습니다.

첫째는 사업체에 법적 인격을 부여한 것입니다. 법적 인격의 부여란 보통 자연인이라 불리는 개인과 동일하게 기업이 헌법이 보장하는 재산권 행사의 자유를 누릴 수 있게 된다는 것을 의미합니다. 헌법이 보장하는 만큼 정부는 기업이 자유롭게 거래를 하고 계약을 맺고 투자를 하고 축적하는 것을 쉽게 제한할 수 없습니다. 거대한 사업체가 자유롭게 자본을 축적할 수 있는 조건이 마련된 것이죠.

결정적 계기가 되었던 것은 1886년의 '산타클라라 판결(Santa Clara County v. Southern Pacific Railroad Company, 118 U.S. 394)'이었습니다. 19세기 전반기부터 점진적으로 공적 사업조합의 설립 인가서에 사적 이윤 추구를 허용하는 경향이 확대되고는 있었습니다. 자유와 성장을 강조하던 19세기의 환경에서 대규모 자본으로 효율적 생산과 사업을 수행하는 사업체를 지원하는 제도 조건이 하나씩 만들어져 가고 있었죠. 이 사업체에 자유로운 행동과 의사결정의 권리를 부여한다면 전체 공동체가 더 풍요로워질 것이라는 기대가 있었습니다. 그러나 이 단계까지만 해도 이윤 추구를 허용하는 주체는 정부였고 반대로 정부가 어떤 필요가 있다면 설립 허가서나 여타의 수단을 통해 기업의 이윤 추구를 제한할 수 있었습니다. 그런데 '산타클라라 판결'은 정부의 개입 수단을 원천적으로 제한했다는 점에서 중요한 단절이었습니다.

'산타클라라 판결'에서는 수정헌법 14조, "어떤 주 정부도 적법절차 없이 인격의 생명, 자유 또는 재산을 박탈해서는 안 되며, 그 사법권 범위에서 인격에 대한 법의 동등한 보호를 거부하지 못한다"라는 조항이 쟁점이 되었습니다. 철도 기업이 캘리포니아 주정부를 고소했습니다. 주의 법이 재산 중 식분에 과세할 때 개인 과세와는 다른 평가방식에 따라 과세해 차별했다는 주장이었습니다. 이슈는 철도 기업과 같은 기업이 과세에 있어서 '동등한 보호'를 받아야 하는 법적 주체냐 하는 것이었죠. 판결에서 대법원은 철도 기업 역시 다른 인격과 동등한 보호를 받아야 한다고 판결했습니다. 결과적으로 기업을 헌법에서 인정하는 하나의 '인격'으로 본 것입니다.

이제 법인기업은 정부와 국가의 개입으로부터 자유롭게 재산권을 행사할 수 있게 됩니다. 정부가 기업에 개입하려면 헌법이 정한 엄격한 절차를 지켜야만 했습니다. 이제 기업의 자유가 함의하는 바는 거대한 자원을 집중하고 있는 기업이 자유롭게 개인들과 거래를 맺으면서 이익을 추구할 수 있게 되었다는 것이고, 아무리 협상력에 큰 차이가 있어도 기업과 개인, 대기업과 소규모 상인 사이의 계약은 인격 간 동등한 계약으로 인정받게 되었다는 것이죠. 반대로 말하자면 협상력이 약한 노동자, 소비자들은 법률을 통해 기업과의 거래에서 보호를 받기 어려워졌다는 것입니다. 또한 법적 소송 과정에서도 거대 법인기업은 동등한 법적 인격으로서 변호사를 고용해 법정에서 변론도 하고, 다른 개인을 소송도 하고, 처벌도 받게 됩니다. 비록 간접적 영향이긴 하지만, 법인기업이 하나의 인격인 이상 개인과 마찬가지로 다른 기업의 주식이나 자산을 자유롭게 인수할 수 있는 토대가 마련되었죠. 법인기업이 더 대규모로 자본을 축적하면서 스스로를 더욱 거대화할 수 있는 계기가 마련된 것입니다.

이 전환의 사회경제적 효과는 충분히 큰 것이었습니다. 그 첫 번째 영향은 '경제권력'의 개념을 부상시켰다는 점입니다. 19세기 대부분의 시기 동안 권력은 물리적 권력이거나 도덕적 설득의 권력을 의미했습니다. 자유로운 경제관계 내에 권력 개념이 위치할 자리는 매우 협소했습니다. 그러나 헌법적 법인격이 거대 기업에게 부여된 이래 불균등한 협상력을 가진 이들 사이의 거래가 동등한 법적 보호를 받아야 할 거래로 해석되기 시작했습니다. 물리적 권력도, 도덕적 권력도 아니지만 법적으로 보장된 재산권의 행사가 거래 상대방뿐 아니라 전체 공동체에 실질적인 위협으로 작용할 수 있는 조건이 만들어진 것이죠. 실제로 19세기 말부터 미국 대법원은 사적 재산권자가 갖는 경제권력을 인식하기 시작했습니다. 형식적으로 모든 법적 인격을 동등하게 취급해야 하는 형식적 평등과 실질적으로 협상력의 균등성을 추구해야 하는 실질적 평등 사이의 분기가 분명해졌음을 의미하는 것이기도 합니다.

둘째로 기업에게 헌법적으로 인정되는 법인격을 부여한 것은 법적 해석 내에 현실주의적 경향을 강화시켰습니다. 헌법 차원에서 기업의 인격성을 보장한다는 것은 기업이 단순히 법률로 창조한 허구가 아니라 거꾸로 법률이 존중해야 할 실재로 인정되었음을 의미했습니다. 그러나 기업 인격을 자연인인 개인과 완전히 동일시하기도 어려웠습니다. 법적 인격은 모든 법률관계의 가장 밑바탕에 놓여 있는 개념인데, 이 개념에 인식적 균열이 발생한 것이죠. 과거의 개념주의적 법률인식, 즉 개인-자연인 사이의 관계가 사회관계의 기초이며, 법률은 자연이 부여하는 영구적 성향을 개념화하고 보존하는 역할을 하는 것이라는 인식이 유지되기 어려워졌습니다. 이제 법률적으로 실재를 판단하는 데 중요한 것은 개별적 존재가 아니라 사회적 효과가 되었습니다. 기업 법인은 자연적 개체로서 실재하는 것은 아니지만, 실제로 이윤을 창출하고 생산을 효율화하며 영구적 축적을 현실화시키는 사회적 효과를 반복해서 야기한다는 점에서 실재한다는 것입니다. 법률이 매개하는 사회관계 역시 법률의 보증 아래 미리 주어진 자연적 경향을 반복하는 관계가 아니라 행위자 간 만남의 방식에 따라 예측하지 못한 사회적 효과를 야기할 수 있는 불확실성의 관계로 위치 지워집니다. 이제 법적 인격개념에서부터 출발하는 법적 주체와 법적 관계의 재구조화는 법 해석과 판단의 지각변동을 야기할 수밖에 없었습니다. 사법적 해석의 초점은 그 해석이 보증해야 할 자연적·영구적 질서가 아니라 법적 판결이 현실적으로 야기할 사회적 효과가 되어 갔습니다. 법적 인격 그 자체에 대해 자유가 부여되는 것이 아니라, 전체 공익을 증진하는 효과를 야기하기에 특수한 인격에게 특수한 자유를 인정하거나 제약한다는 인식이 법 해석 내에 강화된 것이죠.

현대적 법인기업의 형성과 자본축적: 유한책임과 주식회사

법적인격의 부여 외에 유한책임 원리의 도입이 현대 기업의 탄생에 기여한 또 한 가지 중요한 계기였습니다. 여기에서 책임이란 부채를 상환할 책임, 그중에서도 기업의 주주가 갖는 상환 책임을 표현합니다. 유한책임이란 그 부채 상환 의무에 일정한 한계가 있다는 의미죠. 그 함의를 드러내기 위해 무한책임 원리와 비교해 보겠습니다. 기업은 많은 부채를 지고 이로 인해 보통 주주들이 납입한 자본금보다 더 많은 자산을 운영하게 됩니다. 예를 들어 주주 3명이 100만 원씩 자본금을 납입해서 운영을 시작한 기업이 600만 원의 부채를 져서 총 900만 원의 자산을 운영할 수 있습니다. 그런데 어떤 이유에서 기업이 도산하게 되었습니다. 돈을 빌린 채무자였던 법인기업이 소멸한 것이죠. 다만 법인기업의 납입한 자본금만큼 주식을 가지고 있었던 주주 개인들은 남아 있습니다. 이런 상황에서 주주들은 법인기업의 부채 600

만 원에 대해 얼마만큼 책임을 져야 할까요? 무한책임의 원리에서는 주주들이 부채 전액에 대해 책임을 갖는다고 규정합니다. 그러니 기업 도산 전이라면 1명의 주주는 100만 원 가치의 주식과 200만 원의 부채 상환 의무를 갖게 되는 셈이죠. 유한책임은 이와 반대로 법인기업의 부채에 대해 주주 책임은 주주가 보유한 주식 가치만큼이라고 규정합니다. 주주 1명은 자신이 보유한 주식 100만 원까지만 책임을 지고 그것을 초과하는 부채에 대해서는 책임이 없다고 규정합니다.

법률적으로는 19세기 전반기부터 일부 주에서 유한책임을 도입했습니다만 사실상 관습적으로 19세기 말까지 무한책임의 관행들은 지속되었습니다. 이렇게 무한책임의 원리가 일반적인 시기 동안 법인기업은 여러 가지 면에서 자본축적에 제약을 받습니다. 무엇보다 주식이 갖는 실질 가치에 대해 큰 불확실성이 있었습니다. 보유한 주식의 액면가는 100만 원으로 가치 표시가 되어 있더라도 주식을 보유함으로써 기업이 가진 부채에 대해 얼마나 책임을 져야할지 알 수 없었던 것이죠. 기업이 도산하게 되면 자신이 가진 주식으로 회수할 수 있는 자산가치가 얼마만큼인지 회수는커녕 추가로 얼마를 더 상환해야 할지 알 수 없었던 것입니다. 이러한 불확실성은 자금을 가진 이들이라도 기업의 주식에 투자하기를 꺼리게 만들었고, 주식이 거래되는 시장이 형성되기도 어렵게 만들었습니다.

그런데 유한책임으로 전환되면서 큰 변화가 나타났죠. 첫째로, 주식의 실질적 가치에 대한 확실성이 증가하면서 주식의 투자, 양도, 매매의 가능성이 크게 증가했습니다. 법인기업의 부채 수준과 주식 소유자의 상환 책임 사이의 고리가 끊어지면서 주식가치의 확실성은 증가했고 주주의 부담은 줄어들었습니다. 그만큼 주식은 매력적인 투자대상이 되었죠. 이렇게 주식거래량의 증가에 기여하면서 유한책임은 현대적인 주식시장이 조성되는 제도적 기초가 됩니다.

둘째로 유한책임은 주주의 성격을 기업 재산에 대한 소유주에서 주식 거래를 통한 수익 추구자로 변형시켰습니다. 무한책임이 일반적인 상황일 때 어떤 기업이 부채를 증가시키려 한다면 그 기업의 주주는 어떤 행동을 취할까요? 선택가능한 방법은 기업의 경영에 개입하는 것이겠죠. 주주가 자신의 상환 책임을 감소시키려면 그는 기업이 부채를 더 이상 지지 못하게 한다든지, 상환능력을 증가시키는 기업 운영을 하도록 강제하려 할 것입니다. 그런데 유한책임이 확대되고 이와 함께 주식시장이 성장한다면 주주의 선택은 크게 달라질 수 있습니다. 기업 부채로부터 자유로워졌을 뿐 아니라 자신이 보기에 기업 도산의 위험이 커지더라도 시장에서 주식을 다른 이에게 판매하면 됩니다. 주주는 세세하게 기업 운영에 간섭하기보다는 주식 거래를 통해 차익을 실현하고 주식에서 발생하는 배당이익을 추구하는 경향을 갖게 될 것입니다.

셋째로, 기업 차원에서도 중요한 변화가 나타나는데, 주주로부터 기업의 독립성이 증가하고 전문 경영인을 통한 기업 경영의 경향이 증대한다는 것입니다. 앞서 말씀드린 것처럼 기업 운영에 대한 주주의 간섭이 감소한다면, 기업의 운영은 누가, 어떻게 할 것인가 하는 문제가 남게 되겠죠. 20세기 전환기 미국에서 나타났던 경향은 전문 경영인이 주주로부터 독립해 법인기업을 독자적으로 운영할 수 있는 조건들을 확대한 것이었습니다. 주주의 기업 경영에 대한 세부적 권한들이 제약되고 주요 기업 운영에 대해 경영자가 결정할 수 있는 권한 범위가 늘어났습니다. 이른바 소유와 경영의 분리 현상이 확대된 것이죠.

한편으로는 법인기업을 통해 기업이 법적으로 자유로운 실체로 전환되고, 다른 한편으로는 유한책임 제도의 확대를 통해 주식을 통한 자금 조달과 주주에게서 독립적인 전문 경영이 확대되면서 본격적으로 대규모 주식회사가 형성됩니다. 이러한 기업형태를 현대적 법인기업이라고 부를 수 있습니다.

기업과 자유경쟁의 딜레마

현대 법인기업은 자유경쟁 시대에 자유와 성장을 강화하려는 시대적 요구 속에서 창조된 결과물이었습니다. 자유로운 재산권의 행사와 효율적인 성장을 가능하게 하는 제도들이 하나씩 형성되는 과정 속에서 거대한 법인기업들이 탄생한 것이죠. 그러나 19세기 자유주의의 산출물이었던 법인기업은 20세기 전환기에 이르면 자유경쟁 시장의 모순을 야기하는 원천이 됩니다. 앞서 자기조정적 시장의 이상은 시장의 균등성과 안정성을 자기 속성으로 갖춰야 한다고 말씀드린 바 있습니다. 그런데 거대한 법인기업의 존재가 문제를 불러일으킨 것이 바로 이 시장거래의 균등성과 안정성입니다.

기업이 거대화됨에 따라 시장거래가 형식상으로는 균등한 인격들 사이의 거래처럼 보여도 실질적으로는 거래 당사자의 협상력에 따라 불균등성이 확대되는 현상이 나타났습니다. 당시 유명한 법률가였던 로버트 헤일(Robert Hale)은 이러한 상황을 놓고 시장거래에서 자유로운 거래와 강요된 거래 사이의 경계가 불분명해졌다면서 다음과 같이 말합니다.

> 각 사람의 소득은 그가 가진 강제력의 상대적 세기에 의존한다. 노동자나 소비자도 협상력을 갖는다. 노동자의 협상력은 자신의 노동 투입을 거부했을 때 생산이 하락하는 정도에 의존하고, 소비자의 협상력은 기업 생산물에 화폐를 지불하지 않고 생활할 수 있는 정도에 의존한다. 그러나 기업의 규모와 집중도가 매우 커져서 기업에 의존하지 않고는 소득의 창출과 소비가 불가능한 사회는 이미 권력의 불균등이 일반화된 사회이며 균등한 경쟁이 불가능한 사회다.[7]

인용문에서 드러나듯 시장거래를 차등적인 권력을 가진 이들 사이의 협상

---

[7] Robert L Hale, "Coercion and distribution in a supposedly non-coercive state," *Political Science Quarterly*, 38(3)(1923), pp.472~473.

과 갈등의 구조로 해석한 것이죠. 협상력의 격차에 따라 각 시장 참여자들 사이의 소득이 차등적으로 분배되고 있다는 것입니다. 소스타인 베블런 (Thorstein Veblen) 같은 경제학자들은 거대한 기업에 재산권을 자유롭게 행사하게 두는 것은 공동체에게 희생을 전가하고 사회가 보유한 산업적 능력을 효과적으로 사용하는 것을 오히려 방해하는 것을 법적으로 보장하는 일이 된다고 비판하기도 했습니다.[8]

〈그림 2-5〉는 미국 총소득 대비 소득 상위 5% 집단의 소득이 20세기 이후 대공황 시점까지 계속 증가함을 보여 줍니다. 정점에 달했을 때 상위 5% 집단의 소득 비중은 30%를 상회합니다. 이러한 형태로 경제행위자 사이의 균등성이 지속적으로 훼손되면 이는 경제적 안정성을 위협하는 것으로 이어집니다. 시장에서 균등한 협상이 이루어지지 않고 일부 기업의 독점적 지배력이 가격과 생산 수준에 영향을 크게 미치기 시작하면 일정 기간 동안 거대 기업을 중심으로 성장이 이루어지더라도 사회 전체적으로는 비효율적인 자원 배분이 누적되고 구매력이 감소하면서 결국 경제적 침체로 이어질 것입니다. 〈그림 2-6〉에서 보이는 것처럼 1870년대 이후 5~10년을 주기로 반복해서 대규모 경제침체가 발생하는데요. 이 문제가 미국 사회에서 긴급히 대응해야 할 사안으로 대두됩니다.

거대 기업이 야기하는 경제적 불안정성과 관련해서 실제로 20세기 초 미국에서 이슈가 되었던 두 가지 현상을 말씀드려 보겠습니다. 그중 한 가지는 경쟁에서의 우위를 점하려는 노력이 승리자까지도 도산으로 몰아가는 파괴적 경쟁(destructive competition)이라 불리는 현상이었습니다. 20세기 초 전형적인 기업 간 경쟁의 방식은 기업 규모를 키워 단위 생산비용을 낮추고 경쟁자보다 낮은 가격에 판매를 하는 것이었습니다. 카네기 스틸(Carnegie Steel

---

8   Thorstein Veblen, *Absentee Ownership: Business Enterprise in Recent Times: The Case of America* (Transaction Publishers, 1994), pp.65~68.

그림 2-5

미국 소득 상위 5%의 소득 몫(%)

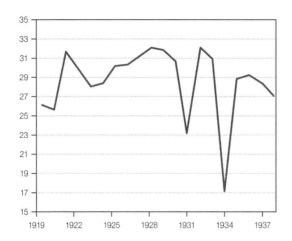

자료: S. Kuznets and E. Jenks, "Shares of Upper Income Groups in Savings," in *Shares of Upper Income Groups in Income and Savings* (NBER, 1953).

그림 2-6

미국 제조업 생산 지수 성장률

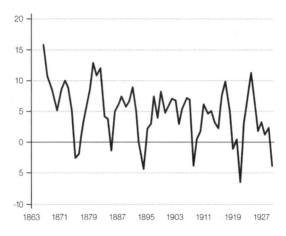

주: 3년 이동평균.

자료: Bureau of the Census, and Social Science Research Council, *Historical statistics of the United States, 1789-1945: a Supplement to the Statistical abstract of the United States* (US Government Printing Office, 1949).

Company) 같은 거대 기업은 규모의 경제와 비용 우위를 확보하고 있었기에 이를 이용해 생산물 가격을 단기 운영비용만을 충당할 수 있는 최저 수준까지 낮췄습니다. 같은 철강업계에서 카네기 스틸만큼 가격을 낮출 수 없는 기업들은 도산했고 카네기 스틸은 압도적인 시장 몫을 확보하고 도산기업을 인수해 더 규모를 키웠죠.

하지만 이러한 전략은 경쟁의 승자와 패자 모두에게 파괴적 효과를 불러왔습니다. 가격이 당장의 운영비용만 가까스로 회수할 정도로 하락했기에 몇 년에 한 번씩 기계, 설비 대체를 위해 대규모 지출을 해야 하는 시점이 오면 자금을 확보할 수 없었습니다. 결국 승자 기업 역시 안정적 재생산에 실패하거나 기계 진부화로 인해 수요에 맞는 생산물을 만들어 낼 수 없는 상태에 이르게 되었죠. 기계 설비가 마모되거나 진부화되는 부분을 감가상각비로 인식해서 일정액을 적립했어야 자본 대체가 가능했지만, 당장 현금 지출이 필요하지 않았고 눈앞의 경쟁에 함몰되었기에 이러한 비용을 고려하지 않았던 것입니다.

기업들을 근시안적 경쟁에서 벗어날 수 있게 해 줄 제도적 조건도 마련되어 있지 않았습니다. 기업들은 경쟁기업이 어떻게 운영되는지 인식하고 자기 기업과 비교할 수 있는 회계 기준도 가지고 있지 않았고, 장기적으로 기업의 비용 구조를 합리적으로 파악할 수 있는 표준화된 정보체계도 없었으니까요. 연방거래위원회(Federal Trade Commission)의 조사 결과 1915~1916년 현재, 6만 개 기업 중 감가상각을 인식하고 있는 기업은 절반 정도에 불과했고 이 기업들도 자본의 유지보수와 감가상각을 개념적으로 혼동하고 있었습니다.[9] 결국 무정부적 경쟁으로 전체 시장을 비생산적이게 만들고 경기를 주기적으로 침체에 빠뜨리는 현상이 반복되었죠.

---

9   William Ripley, *Main street and Wall street* (Scholars Book Co., 1927), p.174.

또 다른 문제 현상으로 과잉자본화(over-capitalization)라 불렸던 현상이 있었습니다. 거대 기업과 금융기관과의 유착 아래, 기업 공개 시 발행 주식가치를 과대평가하는 관행을 말하는 것이었습니다. 기업 입장에서는 발행하는 주식의 가치를 높게 평가하면 그만큼 더 많은 자본금을 확보하고 규모를 키울 수 있었습니다. 나아가 이 기업은 고평가된 자산을 담보로 은행 대부를 받고, 획득한 자금으로 다른 기업을 인수하며 다시 새로 인수한 기업을 기업 공개하는 방식으로 규모를 계속 부풀릴 수 있었죠. 기업 공개 절차를 주도하는 투자은행과 같은 주간사 입장에서도 주식가치의 과대평가는 높은 수수료와 증권인수 차익을 올릴 수 있으니 이익이 되었습니다.

주식시장은 성장해 갔지만, 주주들은 기업 정보를 획득하기 어려웠고 기업의 적절한 자산가치를 평가하기도 어려웠습니다. 투자자 자신의 분석과 판단보다는 기업 공개 주간사를 믿고 투자하는 경우가 다반사였죠. 과잉자본화된 기업 주식에 투자한 주주들은 처음에는 높은 주식가치만큼 큰 배당을 받을 수 있었을지 모르겠지만 그런 기간은 오래가지 못했습니다. 실질적인 이익 창출능력에 비해 자산가치가 과도하게 높게 평가되어 있었으니 기대했던 이윤 창출에 실패하는 시점이 오면 결국 기업은 배당을 중단하고 주가는 붕괴했습니다. 과대평가된 자산가치를 유지하기 위해 과도하게 높은 배당을 지급하거나, 자산을 담보로 차입했던 대부금의 이자비용이 늘어나 투자 자금을 고갈시키는 경우도 많았습니다. 이러한 투자의 지연은 기업 파산을 더 앞당기는 결과를 낳았죠. 이렇게 과잉자본화 현상은 불건전한 기대에 기초해 일시적 이익 분배에 도취되었다가 결국 대규모 파산과 침체를 야기하는 형태로 시장의 불안정성을 확산시키는 요인이었습니다.

결과적으로 20세기 초가 되면 표면상으로는 시장이 작동하는 것으로 보이더라도 그 시장은 자유경쟁 시장의 이상에서 완전히 이탈한 것이라는 인식이 확대되었습니다. 시장이 효율적인 자원 배분과 균등하고 안정적인 거래를 보장할 것이라고 신뢰하기 어렵게 된 것이죠. 자유경쟁 시장에 대한 지향이 탄생시켰던 거대 기업이 거꾸로 자유경쟁 시장의 이념적 구조를 잠식하는, 그리하여 시장을 기존과 같은 양식으로는 지속시킬 수 없는 현실을 만들어낸 것입니다.

2) 공적 관리와 조절의 확대

교환과 경쟁의 제도적 구성

자유경쟁 시장도 법인기업도 포기할 수 없다면 새로운 변화를 시도해야 했습니다. 새로운 시도를 요약하자면 공적 조절을 통해 경쟁을 조직하는 것이었습니다. 시장을 자유롭게 둔다고 해서 경쟁이 이루어지거나 자기조정성이 확보되는 것이 아니라는 점을 인정해야 했습니다. 법인기업의 경제적 권력 행사를 어느 정도 범위에서 인정하면서도 공적 기관이 적극적으로 개입해 시장이 독과점으로 흐르는 것을 막고 시장경쟁이 활성화되도록 조직하고 관리되어야 한다는 것이 20세기의 새로운 자본주의를 형성하는 인식적 기초가 됩니다. 다르게 표현하자면 거대 기업의 경제권력을 제거하는 것이 아니라 정당한 권력의 행사를 조직하는 방향으로 나아간 것이죠.

표면적으로 볼 때 시장교환은 외부 상황과는 독립적으로 판매자와 구매자가 직접 상호작용하는 것이라 생각하기 쉽지만, 실제로는 교환 행위에는 수많은 사람들이 연루되어 있습니다. 교환 행위는 거래 당사자뿐 아니라 판매자의 경쟁자, 구매자의 경쟁자에게도 영향을 미치고 이들과 엮여 있는 수많은 시장 참여자 및 잠재적 시장 참여자에게도 영향을 미칩니다. 복잡하게 연결되어 있는 많은 사람들이 얼마간 만족할 수 있도록 개별 거래를 조직하고 그 범위 내에서 경쟁이 이루어지도록 관리하는 것이 중요해진 것이죠.

보통 '공정거래법', '경쟁법' 등으로 불리는 경쟁 관리의 법률을 중심으로 20세기 전환기부터 도입되기 시작한 몇 가지 제도 규칙들을 말씀드려보겠습니다. 첫 번째로 공정 경쟁의 규칙이 있습니다. 주로 판매자와 판매자 사이, 구매자와 구매자 사이의 경쟁에 초점을 둔 규칙이죠. 예를 들어 거대 기업이 경제권력을 사용해서 그와 경쟁하고 있는 중소기업의 시장행위를 제한하거나, 잠재 경쟁자가 시장에 진입하는 것을 막지 못하도록 하는 것입니다.

두 번째로 균등기회의 규칙이 있습니다. 주로 구매자와 복수의 판매자 혹은 판매자와 복수의 구매자 사이의 관계를 규제하는 법률입니다. 일례로 한 거대 기업이 복수의 노동자와 계약을 맺는다 할 때 기업이 복수의 노동자에게 합리적으로 설명될 수 있을 만큼 균등하게 계약을 체결하는지 따지는 것입니다. 한 노동자에게는 월 100만 원의 임금을 다른 노동자에게는 월 50만 원의 임금을 주기로 했는데, 차별을 두는 이유가 성별, 인종과 같이 비합리적일 경우 이러한 행동에 제재를 가하는 것이죠. 다른 예로 원청기업인 거대 기업이 두 하청 중소기업으로부터 부품을 납품받는 경우도 생각해 볼 수 있습니다. 이때 원청기업이 유사 부품을 공급받으면서 한 기업에게는 100만 원을 지불하고 다른 기업에게는 50만 원을 지불한다면, 그리고 이 격차를 운임료, 보관비용 등 관련 거래비용으로 합리적으로 설명하지 못한다면 이러한 거래행위를 제한하는 것입니다.

세 번째로 합리적 가격 규칙이 있습니다. 이는 주로 직접 거래를 하는 판매자와 구매자 사이의 관계를 규제합니다. 전형적으로 거대 기업과 중소기업, 기업과 소비자, 기업과 노동자가 거래 당사자일 때 협상력이 큰 거래자가 자신의 힘을 이용해 폭리나 몰수에 해당하는 가격을 부과할 때 이를 제한하는 규칙이죠. 광범위하게 보자면 최저 임금을 규정하는 것이나 기업이 소비자에게 충분한 정보를 제공하도록 의무를 부과하는 것이 이 규칙에 포함될 수 있습니다.

마지막으로 적법절차에 대한 규칙이 있습니다. 이 규칙은 사적 시장 참여자를 규제하는 것이 아니라 시장에 개입하는 공적 기관을 규제하는 규칙입니다. 앞의 세 가지 규칙, 즉 공정거래, 균등기회, 합리적 가격의 규칙은 공히 공적 기관의 적절한 판단과 시장 개입을 요구합니다. 그런데 이러한 개입

그림 2-7
교환의 해부

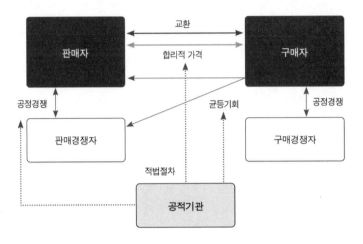

이 임의적이고 과도하다면 이 규제는 시장을 폐색시키고 자유로운 재산권 행사를 막는 결과를 낳을 것입니다. 따라서 공적 기관의 개입에도 일정한 조건과 절차를 부과할 필요가 생깁니다. 적법절차는 이렇게 공적 기관의 개입이 정당한 것인지를 규제하는 규칙입니다. 이 규칙을 통해 공적 기관은 계속해서 규제의 내용을 대중에게 정당화해야 하는 상태에 놓이게 되죠. 다른 한편 이 규칙으로 인해 사적 행위자는 공적 기관의 규제를 받으면서도 자유롭게 시장활동에 참여하고 경쟁할 수 있는 공간을 가질 수 있게 됩니다.

화폐금융 제도의 전환

앞에서 말씀드린 내용은 주로 경쟁법 차원에 국한되어 있었는데요. 화폐금융의 영역에서도 유사하게 공적 규제를 강화함으로써 적절히 작동하지 않는 시장을 재생시키려는 시도가 나타납니다. 특히 대공황 이후 이러한 시도는 본격화되죠. '글래스-스티걸 은행법(Glass-Steagall Banking Act)'이라고도 불리는 1933년 '은행법(Banking Act)'은 금융기관 및 은행의 경쟁을 억제하는 일련의 조치들을 법제화했습니다. 그중 하나는 상업은행 기능과 투자은행 기능을 엄격히 분리한 것입니다. 예금을 취급하는 상업은행은 국채 같은 일부 안전한 증권을 제외하고는 증권의 발행, 인수, 매매에 종사할 수 없게 했습니다. 반면 투자은행은 자유롭게 증권 투자와 거래를 수행하되 예금 수취를 금지시켰습니다. 이 법은 은행 기능 분할 외에도 상업은행이 지급할 수 있는 예금 이자에 상한을 부과하고 2500달러까지 은행예금 보호를 제공하는 제도를 정립했습니다.

이 법의 일차적 목적은 금융 시스템 특히 은행 부문의 안정성을 강화하는 것이었습니다. 은행예금은 사적은행이 이익을 위해 자금을 조달하는 수단이기도 하지만, 공적인 현금 등가물이기도 합니다. 예금에 대한 신뢰가 하락하고 예금 인출 쇄도 뱅크런(bank run) 현상이 발생하면 전체 은행 시스템과 화폐질서의 혼란이 발생할 것입니다. 반면 사적 금융기관 사이의 경쟁은 차등적 수익을 위해 더 위험 투자와 불건전 대부를 야기하는 경향이 있었습니다. 19세기 영국의 금융 부문의 확장이나 20세기 초 미국의 경제적 불안정성 경험, 그리고 대공황은 금융 시스템이 갖는 위험성을 분명히 각인시켰습니다. 사적 이익 추구의 결과가 일상의 거래에서 화폐를 안정적인 지불수단으로 사용하지 못하게 만드는 일이 언제든 벌어질 수 있었던 것이죠.

세부 내용은 공히 규제를 통해 은행 시스템의 안정성을 확보하되, 이를 위해 금융기관 간 자유로운 경쟁을 억제하는 것이었습니다. 상업은행과 투자은행 영업 부문을 분리한 것은 예금 취급기관이 위험 투자 손실로 인해 예금 인출 요구에 대응하지 못하는 사태를 막고 증권시장에서 금융기관 간 과도한 경쟁이 위험 투자를 확대시키지 않도록 하기 위함이었습니다. 예금 이자율 상한을 정한 것도 은행들이 더 많은 대부 가능 자금을 끌어들이기 위해 경쟁적으로 이자율을 끌어올리고 불건전한 대부를 증가시키는 것을 막기 위한 것이었죠. 예금 보호 정책 역시 유사합니다. 예금 보호를 통해 금융질서가 혼란스러운 상황에서 예금 인출 경향을 막고자 했습니다. 이 조치 역시 은행 간 경쟁을 억제하는 효과를 가졌습니다. 은행의 규모가 예금 보증의 지표로 인식되던 과거에는 예금유치를 위해 대형화를 위한 과잉 경쟁이 발생했던 것이죠.

1934년의 '금 보유법(Gold Reserve Act)'과 1935년 '은행법(Banking Act)'은 공적 기관의 화폐 신용 관리 능력을 강화하는 법이었습니다. 1934년 법은 금본위제를 완전히 폐지시켰습니다. 민간이 보유하고 있는 금 화폐를 미국 재무부로 이전시키고, 개인의 금 태환 요구에 대응할 의무를 폐지했습니다. 달러는 이제 유일한 법화로서 물질적 금의 규모에 제한되지 않고 공적 기관의 정책 목적에 따라 양적으로 조정될 수 있는 화폐가 되었습니다. 한편 1935년 법은 연방준비제도(연준) 이사회(Federal Reserve Board of Governors)에 화폐와 신용을 관리할 수 있는 넓은 권한을 부여했습니다. 통화량을 조절하는 중앙기구 역할을 하는 공개시장 조작위원회(Federal Open Market Committee: FOMC)에서 이사회의 권한을 강화시켰습니다. 미국 연준은 사적 법인인 12개 연방준비은행과 대통령에 의해 임명되어 공적 성격을 갖는 연방준비이사회를 핵심 구성요소로 삼고 있는데, 공개시장 조작위원회에 연방준비은행 대표자 참여를 제한하고 반대로 연방준비이사회 참여자 비율을 상승시켰습니다. 또 각 연방준비은행별로 따로 시행되던 공개시장 조작 정책을 통일시켜 뉴욕 연방준비은행에 집중시켜 공개시장 조작에 대한 공적 통제력을 강화시켰습니다. 여기에 더해 연준 이사회는 은행들이 의무적으로 적립해야 하는 준비금 규모를 결정할 권한도 부여받아 은행이 예금 중 대부에 이용할 수 있는 자금 수준을 정책 목적에 따라 조절할 수 있게 되었습니다.

사적 금융기관과 공적 기구의 재량과 권한 사이에서 일종의 교환이 있었습니다. 사적 금융기관 사이의 경쟁이 억제되었고 이는 특히 우위를 점하고 있던 대형 금융기관에게는 단기적으로 이익을 감소시키는 결과를 낳았습니다. 하지만 그 대신 사적 기관은 공적 기관의 적극적 관리에 기반한 금융 안정성을 보장받았습니다. 안정성의 보장은 장기적으로 개별 금융기관에도 이익이 될 수 있었고 특히 대공황의 충격을 겪은 시점에서 그 이익은 크게 느껴졌습니다. 이러한 자유경쟁과 공적 안정성 보증 사이의 교환은 이 시기 금융규제가 자율적 경쟁체제를 적극적으로 유지한 것도 아니고 국가 신용할당 체제로 나아간 것도 아님을 의미했습니다. 조건과 평가에 따라 자유로운 행동 선택과 공적 개입 사이의 경계선이 계속 변경될 수 있는 상태에 놓이게 되었다는 말이 보다 타당한 말일 것입니다. 이제 그때마다 경계선을 조정하는 데 중요한 것은 사적 기관이 공적 간섭을 받지 않을 만큼 자신의 행동의 건전성을 계속 입증할 수 있느냐, 그리고 공적 기관으로서는 전체 화폐질서를 안정적으로 관리할 역량을 가지고 있음을 인정받을 수 있느냐 하는 점이었습니다.

경제계산의 제도: 회계제도와 유사공적 실체로서의 기업

사적 시장 참여자들은 규제를 받았지만 '어느 정도 범위'에서 자유로운 재산권 행사를 보장받았습니다. 공적 기관은 시장에의 개입을 수행했지만 공적 기관의 개입 역시 '어느 정도 범위' 내로 한정되었습니다. 남은 문제는 이 '어느 정도의 범위'가 무엇인가 하는 점이었습니다. 특히 이 범위가 추상적으로 규정될 수 있는 것이 아니라 시대가 변화함에 따라 계속해서 변경될 수 있는 것이었기에 자유와 개입의 범위 문제는 난제가 될 수 있었죠. 이 범위에 대한 상호 인정이 없다면 결국 변화의 시도는 19세기의 자유주의로 회귀하거나 시장 자유를 제거할 만한 국가계획과 할당으로 귀결될 것이었습니다. 그도 아니라면 이 범위를 둘러싼 다양한 행위자들 사이의 사회적 갈등을 확산시켰겠죠.

계산 문제가 중요해졌습니다. 사적 행위자는 자신의 행동이 공적 기관의 개입과 통제를 불러오지 않을 만큼 충분히 정당한 것임을 입증해야 했습니다. 시장 관계와 환경이 계속해서 변화하므로 추상적이고 고정된 규칙을 준수했음을 보여 주는 것은 의미가 없었습니다. 행위의 정당성을 그때마다의 변화 상황을 반영해 사실적으로 보여 줘야 했습니다.

기업의 운영이 공정경쟁, 균등한 기회, 합리적 가격의 범위 내에서 이루어지고 있는 것인지 보여야 했습니다. 다른 기업과 비교해 기업이 과도한 가격을 부과하거나 비합리적 이윤을 창출하는 것이 아니며 전체 공동체에 추가적인 비용과 손실을 야기하는 것이 아님을 반복적으로 입증할 때 기업은 영리공동체의 다른 주체와 안정적 관계를 유지할 수 있었을 뿐 아니라 공적 기관의 간섭이나 법적 소송을 회피할 수 있었습니다. 은행과 같은 금융기관들도 마찬가지였습니다. 개별 은행은 자유롭게 기업에 대부를 할 수 있었지만 그 대부가 건전한 것임을 보여야 했습니다. 기업의 이익 창출능력이나 생산성 수준을 초과해 대부를 하고 있다면 이는 은행이 기업의 투기 동기에 부응하고 있다는 방증이었죠. 대부의 수준이 과도한 것으로 드러난다면 은행은 직접적으로 은행감독의 대상이 되거나 공적 기관의 거시관리정책을 통해 추가 대부를 제약당하게 될 것이었습니다. 은행은 건전한 대부를 수행함을 입증하기 위해 대부를 신청하는 기업에게 생산, 이익, 재고 등 표준화된 형태의 재무 정보를 제출하도록 요구하기 시작했습니다.

공통의 기준을 정립하고 이 표준에 따라 자신의 시장활동의 결과를 수량적으로 평가하며, 이렇게 산출된 사실적 정보를 공공에 공개하게 하는 것이 유력한 조율 방법으로 등장했습니다. 회계의 제도화는 이러한 시대적 요청 속에서 발전해 갔습니다. 20세기 초까지만 해도 회계는 개별 기업의 내부 관리를 위한 것이거나 협소한 영리공동체 내에서만 통용되던 것이었고 산출 정보가 표준화되어 있지도 않았습니다. 기업들은 자신의 회계정보를 공개하기도 꺼려했죠. 그러나 20세기 초 시장의 불안정성이 증가하면서 공적 규제기관은 기업들에게 표준에 따라 회계정보를 공개하도록 요구하고 그 회계적 평가 결과 공동체에 부담을 전가하고 있음이 확인되면 통제를 행하는 형태의 규제방식을 채택하기 시작했습니다. 기업들도 점차 산업 내에서 균등한 거래를 보장하고 근시안적 이익 추구나 파괴적인 경쟁으로 나아가는 것을 막기 위해 전체 산업이나 다른 기업의 상태를 서로 객관적으로 인식하는 것이 중요함을 받아들였습니다. 미국에서 1933년 '증권법(Securities Act)'은 회계를 제도화하는 결정적 계기였습니다. 이 법은 대중에게 정보 접근권을 부여하고, 회계정보에 기초해 시장 참여자들이 스스로 상호 규제하도록 한다는 목적하에 회계정보를 공시하도록 했습니다. 기업의 공통 회계작성 원리인 '일반적으로 인정되는 회계원리(Generally Accepted Accounting Principles: GAAP)'가 제도적으로 정립되기도 했습니다.

이러한 제도적 변화는 기업의 위상도 변화시켰습니다. 기업은 이미 법인격의 부여, 소유와 경영의 분리와 같은 과정을 거쳐 주주나 개별 재산 소유주와는 독립된 실체로서의 지위를 갖게 되었습니다. 하지만 이 기업 실체가 무엇을 목적으로 기업을 운영해야 할지에 대해서는 모호한 상태로 남아 있었습니다. 사적 이윤 추구는 일반적으로 인정되었지만 그 '사적'이라는 말이 지시하는 바는 불분명했죠. 기업 실체는 분명 사적 존재이긴 했지만, 그 스스로 이윤 추구의 동기나 욕구를 가진 존재는 아니었습니다. 그렇다고 이 실체가 주주의 사적 이익을 위해서 운영되어야 한다고 말할 수도 없고, 이사회에서 임명되는 전문 경영인의 사적 이익을 지향한다고 말하기도 어려웠습니다. 이렇게 모호하게 남겨졌던 질문이 20세기의 변환 속에서 해결의 방향을 마련합니다. '유사 공적 실체(quasi-public entity)'로서의 기업 개념이 그 단초였습니다. 이 시기 정립된 일반적으로 인정되는 회계원리는 기업이 "한 이해당사자 집단이 아니라 전체로서의 사회의 관점에서 운영"되어야 하며, "기업 조직은 넓게 말해 유용한 사회적 목적에 기여할 것이라는 믿음하에 사람들에 의해 창조된 메커니즘"이라고 규정합니다.[10] 기업 실체는 관련된 사적 이해관계자 공동의 이익을 추구하되 그 행동이 전체 사회가 정당하다고 인

---

10 Committee on Accounting Procedure, *Accounting Research Bulletins No. 1.: General Introduction and Rules Formerly Adopted*(1939), p.1.

정하는 사회적 목적 내에서 이루어져야 한다는 것이었습니다. 이제 기업은 반복해서 자신의 행위 효과를 공동체에 정당화함으로써 그 계속성을 유지할 수 있는 존재로 전환되었습니다.

경제계산의 제도: 적극적 국가와 '고용법'

국가 및 공적 기관의 위상도 함께 변화를 맞았습니다. 우선 조세와 재정지출을 계산하는 규칙의 변화로부터 국가의 위상 전환을 말씀드려볼게요. 19세기의 일반적인 조세 이론을 편익 이론이라고 부르곤 합니다. 그 논리를 요약하자면 납세자가 정부에게 세금을 내면 정부는 재정지출을 통해 이 세금의 가치만큼 납세자에게 편익을 제공해야 한다는 것입니다. 이 이론의 바탕에 깔려 있는 가정은 정부는 산업 문제와 사회 문제에 대해 의사결정을 할 때 사적 주체에 비해 비효율적인 결정을 내리는 경향이 있다는 것이었습니다. 이에 따라 정부는 자신이 초래할 비효율을 제한한다는 의미에서 조세 규모를 최대한 줄일 뿐 아니라 납세자가 지불한 조세 가치만큼 편익을 제공하도록 노력한다는 엄격한 규칙에 종속되어야 했습니다. 납세자와 정부는 일종의 조세와 재정지출을 두고 계약을 맺은 계약 당사자로 해석되었던 것이죠.

20세기 들어 단순한 시장 자유의 이념으로 해결할 수 없는 복잡한 문제들이 존재함을 확인했을 때 납세자-정부 관계를 계약관계로 규정해서는 현실 문제에 대응하기 어렵다는 것을 깨달았습니다. 이 상황에서 새롭게 제시된 이론이 조세의 지불능력 이론입니다. 이 이론의 핵심은 납세자는 조세를 자신의 지불능력에 따라 내야 하며, 재정지출은 납세에 상응하는 편익을 개별 납세자에게 제공하는 것이 아니라 공동체 전체의 발전과 성장을 추구해야 한다는 것이었습니다. 지불능력에 따른 납세는 누진세를 생각하시면 편할 것입니다. 많은 소득과 부를 가진 이들이 더 많이 조세를 내게 하는 것이죠.

조세-재정 이론의 변화는 사회에 대한 인식 변화가 만들어낸 결과물이었습니다. 새로운 조세-재정 이론이 토대를 두고 있는 믿음은 사회 없이는 개인의 부도 없다는 것입니다. 재산, 소득, 부는 개인과 자연 사이의 관계에서 직접 도출되는 것이 아니라 그 소유자가 사회적 연결망 속에 놓여 있음으로써 비로소 가치를 가질 수 있는 것이라고 본 것이죠. 따라서 개인이 납세를 한다는 것은 자신이 미리 가진 재산에 기초해 정부와 계약을 맺는 과정이 아니라 자신의 재산을 존립시켜 주는 공동체의 성장과 발전에 기여하는 행위라고 해석됩니다. 1913년 수정헌법 16조는 이러한 인식의 현실화였습니다. 이 조항을 통해 의회는 소득 수준에 비례해 누진세를 부과할 수 있는 헌법적 기초를 획득합니다. 물론 이 수정헌법이 완전히 임의적인 과세 권한을 의회에 부여한 것은 아니었습니다. 특정 집단에게 과도하게 부담을 부과하거나 특혜를 주어서는 안 되죠. 따라서 정확하게 소득을 측정하고 공동체에 기여하는 정도를 계산된 소득에 비례하게 유지할 필요가 있었습니다. 재산의 성격, 조세의 성격, 시민과 사회의 관계에 대한 해석이 변화하고 이 변화를 지탱하는 토대에 객관적인 경제계산이 자리 잡게 된 것이라 할 수 있겠습니다.

의회의 과세 권한뿐 아니라 행정부의 재정지출에도 큰 변화가 있었습니다. 19세기에 정부의 행동 영역은 재산, 생명, 자유와 같이 아주 기초적인 자연권을 보장하는 것으로 협소화되어 있었습니다. 20세기 들어 정부가 보장하고 책임져야 할 공익의 범위에 대해 광범위한 해석이 제시되었고 그만큼 재정 집행 영역도 확대되었습니다. 다양한 사적 관계를 규제하고 공동체의 성장을 적극적으로 조직하는 역할이 정부의 책임으로 인식되기 시작했죠. 그 확대의 정점에 있던 것이 1946년의 '고용법(Employment Act)'이었습니다. 이 법은 다음과 같은 것이 연방정부의 계속적인 정책이자 책임이라고 선언합니다.

일할 능력과 의지가 있는 이에게 유용한 고용 조건들을 창조하고 지속시키는 것,
이 목적하에 계산된 방식으로 자유경쟁 기업과 일반 복지를 촉진하는 모든 계획,
기능, 자원들을 조율하고 활용하는 것. 극대 고용, 생산, 구매력을 촉진하는 것.[11]

이제 고용관계는 단순한 고용주-노동자 사이의 계약관계가 아니었습니다. 고용수준은 투자와 생산을 지속시키고, 구매력 획득의 기대를 상승시키려는 집단적 노력이 만들어낸 결과물로 인식되었습니다. 또한 공적인 거시 조절정책이 얼마나 정당하고 합리적으로 이루어지고 있는지를 보여 주는 평가지표이기도 했죠.

'적극적 국가(positive state)'라 불리는 새로운 자본주의 국가 형태가 이 시기를 기점으로 해서 탄생했다고 말할 수 있습니다. 공동체가 개인의 집합 이상의 의미를 갖는다는 점을 주목하면서 과거에는 개인 간 시장 관계에 위해를 가하거나 특정 집단에게 특권을 부여하는 편파적 행동이라는 이유로 금기시되었던 경제정책, 고용정책이 정부가 적극적으로 추구해야 할 과제로 전환된 것입니다. 다만 정부는 확대된 권한을 정당하게 집행해야 할 책임을 가졌습니다. 일례로 '고용법'은 일방적인 할당과 계획경제로 나아가는 것을 막기 위해 정부와 대통령에게 재정 집행의 효과를 계산하고 그것을 통해 정책의 범위와 타이밍을 정당화할 것을 요구했습니다. 이를 위해 대통령은 반기마다 의회에 「대통령 경제보고서(economic report of president)」를 제출해 승인받아야 했죠. 이 보고서는 '국민총생산(gross national products: GNP)'과 같은 지표 도출의 근거가 되는 회계적 분석, 정책 효과에 대한 수량적 입증을 주요 내용으로 포함하고 있었습니다.

작동가능한 경쟁체제

현재 케인스주의 관리체제라고 불리기도 하는 이 시기의 정책 집합을 자유경쟁의 독특한 양식이라는 것에 초점을 맞춰 본다면 '작동가능한 경쟁

---

11 U.S. Congress, "Full Employment Act of 1945. Hearings before the Committee on Expenditures," in the Executive Departments, Congress of United States, 79th Congress, 1st Session(1945), p.1.

(workable competition)' 체제라고 부를 수 있습니다. 이 개념은 20세기 초 미국에서 경쟁법에 대한 논의가 활성화되던 시기 존 모리스 클라크(John Maurice Clark)가 제시한 개념입니다.[12] 자유경쟁은 중요한 것으로 인정되지만 단지 자연 상태로 둔다고 해서 자유경쟁이 달성되는 것은 아니며 오히려 경제권력과 독점의 행사가 확대되고 파괴적 형태의 경쟁이 나타날 수 있으므로 경쟁 자체가 작동할 수 있도록 공동체가 시장 관계를 조직할 수 있어야 한다는 것이었죠.

〈그림 2-8〉을 보면 대략 1960년대 말까지 굉장히 오랜 기간 동안 미국 기업들의 투자 이익률 지표가 일정한 범위 내에서 안정적으로 유지되고 있음을 확인할 수 있습니다. 1950년대 제너럴모터스(GM)처럼 노동자가 50만 명이 넘는 거대 기업이 형성되었고 이 기업들이 전 세계 시장에서 지배적 영향력을 가지고 있었지만 20세기 초와 같은 경제 불안정성을 찾아보기 어렵습니다. 〈표 2-3〉을 보면 주요 거대 기업들은 회계와 통계에 기반해 목표 이익률을 설정하면, 그 수준이 장기에 걸쳐 실현되었음을 확인할 수 있죠. 이렇게 회계적으로 설정된 목표가 반복해서 달성된다는 것은 경쟁기업, 하청기업, 노동자, 소비자 등 다양한 이해관계자가 예측 가능성을 가질 만큼 안정된 상호관계를 유지했음을 의미합니다.

일차적으로는 표준화된 회계정보에 기반한 사적 시장 참여자 사이의 상호 규제 및 자율적 조정이 이 안정성에 기여했다고 말할 수 있습니다. 이 시기 지배적 기업들은 자기업의 회계정보만을 고려해 계획과 관리를 수행한 것이 아니라 전체 산업과 국민경제의 재무적 실적을 고려해서 전체 산업생산과 소득의 안정성을 유지하는 선에서 생산량과 가격 수준을 결정해 갑니다. 단기적으로 이익을 추구하는 것이 일시적으로 높은 이익률을 가져다줄지 모르

12　Maurice Clark, "Toward a concept of workable competition," *The American Economic Review*, 30(2)(1940), p.244.

그림 2-8

미국 투자 이익률, 실업률, 재정수지

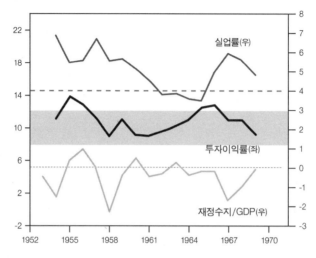

자료: Bureau of Economic Analysis Internal Revenue Service, "Corporation Income Tax Returns"(각 연도).

표 2-3

미국 주요 기업의 목표 이익률과 실제 이익률

	1947~1955		1953~1968	
	목표(%)	실제(평균)(%)	목표(%)	실제(평균)(%)
General Electric	20	21.4		
General Motors	20	26	20	
Sears Roebuck	10~15	5.4		
US Steel	8	10.3	8	8.4
Alcoa			10	9.5
Exxon			12	12.6
DuPont			20	22.2

자료: Rt. Lanzillotti, "Pricing Objectives in Large Companies," *The American Economic Review*, 48(5) (1958); D. Kamerschen, "The Return of Target Pricing?," *The Journal of Business*, 48(2)(1975).

지만 장기적으로 시장의 불안정성을 가져올 뿐 아니라 공적 기관의 간섭과 개입을 불러온다는 것을 잘 알고 있었던 것이죠.

하지만 이렇게 상호 규제의 논리가 작동하더라도 언제든 이 규제로부터 벗어나 초과 이익을 추구하려는 행위자들은 나타날 수 있습니다. 개별 기업은 언제든 일시적으로 높은 이익률을 달성하기 위해 경제권력을 행사하고 사회적 비용을 야기하려는 동기를 가질 수 있습니다. 더 큰 시장 몫을 갖기 위해 다른 기업이나 소비자에게 부담을 전가하려는 기업도 나타날 수 있죠. 이로 인해 시장경쟁에 교란이 발생할 경우 정부의 관리와 조절이 작동합니다. 〈그림 2-8〉과 같이 투자 이익률이 하락하는 시기에 정부의 재정수지가 하락하고 투자 이익률이 상승하는 시기에는 반대 현상이 나타나는 것을 볼 수 있습니다. 시장이 과열일 때 재정지출을 줄이고 투기나 독점력 행사를 억제합니다. 반대로 시장이 위축될 조짐이 발생할 때 공적 자금을 풀기도 하고 특정 산업을 지원하기도 하죠. 이렇게 정부는 자신의 권한과 재정을 활용해서 사적 시장 관계에서의 불안정성을 관리합니다. 이러한 경기역행적 조절을 통해서 시장경쟁이 작동가능하도록 한 것이죠. 조절의 결과 미국에서 실업률은 지속적으로 하락해 1960년대 초쯤이 되면 통상 마찰적 실업을 제외하고 완전고용수준이라고 간주하는 실업률 4%에 도달합니다(〈그림 2-8〉).

그림 2-9
작동가능한 경쟁체제

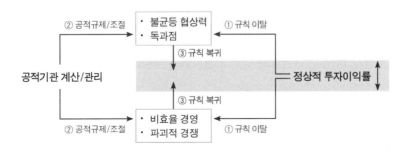

이중적 조절이 있었습니다. 한 층에서는 경제계산의 제도를 통해 사적 행위자 사이의 자율적 상호 규제가 작동했습니다. 또 다른 층에서는 사적 관계 사이의 균열과 교란이 발생할 때 마찬가지로 계산과 측정에 기반해 공적 기관이 공익을 증진시키는 방향으로 개입했습니다. 이러한 이중적 조절의 양식이 작동가능한 경쟁체제 혹은 케인스주의적 자유주의의 기본 논리를 형성했다고 말씀드릴 수 있습니다.

3) 미국 헤게모니하 세계체계

거래비용의 내부화

20세기의 자본주의 변화는 세계체계 전반의 변화와도 직접적으로 연결되어 있었습니다. 조반니 아리기(Giovanni Arrighi)의 '거래비용의 내부화' 개념은 이 시기 세계체계 차원에서 작동했던 자본축적 체제의 특징을 설명하는 데 유효합니다.[13] 아리기의 논의를 기초로 삼아 미국 헤게모니하 세계체계가 어떤 성격을 가지고 있었고 앞서 작동가능한 경쟁체제라 불렸던 시장경쟁의 작동양식과 어떻게 원리적·제도적으로 연결되어 있었는지 말씀드려 보겠습니다.

거래비용의 내부화라는 말이 함의하는 바를 짚고 넘어가야겠죠. 먼저 거래비용은 적절한 가격을 발견하는 데 드는 비용을 말합니다. 상품을 적정 가격에 구매하고 싶은데, 거래 상대방이나 상품에 대해 지식을 가지고 있지 않다면 여러 가지 부대비용이 발생하겠죠. 정보 획득 비용, 거래 불확실성을 감소시키기 위한 감독, 보증, 보험 비용 등이 그 예입니다. 혹은 실제 거래의 결과가 기대에 못 미치고 손실로 귀결되었을 때 이 손실분도 거래비용에 포

---

13 조반니 아리기, 『장기 20세기』, 백승욱 옮김(그린비, 2008), 484쪽.

함될 수 있습니다. 시장에서 구매자와 판매자의 만남은 기본적으로 낯선 이들의 만남이고 완전한 지식을 가지고 거래를 하는 경우는 희박하므로 시장 거래는 기본적으로 거래비용을 발생시킵니다. 시장이 불안정해지고 거래 상대방에 대해 신뢰하기 어려울수록 거래비용은 증가하겠죠.

거래비용의 내부화는 시장 관계의 불확실성에서 발생할 수 있는 거래비용의 감소를 위해 시장거래 관계를 맺었던 다양한 생산 부문과 유통 부문을 기업/조직 내부로 통합시키는 것을 말합니다. 물론 거래비용은 기업 내부에서도 발생합니다. 거대 기업의 상층관리집단과 하위집단 사이의 상호작용도 거래로 표현할 수 있고 하위집단 사이의 자원 이동도 거래라고 부를 수 있죠. 그래서 기업 내부의 거래관계를 내부 시장이라고 부르기도 합니다. 하지만 시장 관계에서 상대방을 신뢰하기 어려운 상황이라면 그와 비교할 때 기업 내부 집단 사이의 관계는 훨씬 신뢰가능하고 통제가능한 관계일 것입니다. 거래비용을 기업 내부에서 지불함으로써, 즉 거래비용을 내부화함으로써 그 비용 수준을 낮추는 것이죠. 아리기는 20세기 이후 나타났던 세계체계 차원의 거래비용 내부화 현상을 세계시장의 내부화라고 부르기도 합니다. 시장 관계를 조직 내부의 관계로 전환시킨다는 점에 초점을 맞춰 그렇게 표현한 것이죠.

우선 기업을 중심으로 이야기를 해 본다면 기업이 거래비용을 내부화하는 전형적인 방법은 과거 구매자-판매자 관계에 있던 다른 기업을 인수합병하

그림 2-10
거래비용의 내부화

는 것입니다. A기업이 원료를 생산하고 B기업이 A로부터 원료를 구매해 생산을 해 왔다면 A기업과 B기업은 구매자와 판매자로 시장에서 만나겠죠. 그런데 서로를 신뢰하기 힘들어 거래비용이 증가하는 상황일 경우, B기업이 할 수 있는 한 가지 유력한 선택은 A기업을 인수하는 것입니다. 구매자-판매자의 결합은 원료에서 조립으로 조립에서 유통으로 이어지는 상이한 공정단계를 담당하던 두 기업 사이의 결합으로 나타나죠. 통상 이런 인수합병을 수직적 결합이라 부릅니다. 결과적으로는 시장 관계가 하나의 기업 내부 관계로 전환되는 거래비용의 내부화가 발생합니다.

덧붙이자면 타 기업을 인수한 기업은 기업 내부의 효과적 통제를 위해 조직 구조를 변경시킬 수 있습니다. 20세기 전환기까지만 해도 미국 주요 기업의 조직형태는 기능부서제였습니다. 자동차 기업이라 한다면 한 부서는 차체 제작, 다른 부서는 엔진 제작, 또 다른 부서는 판매를 담당하는 식으로 조직이 편성되었죠. 과거 시장 관계를 맺었던 개별 차체 제작 기업, 엔진 제작 기업, 자동차 딜러 기업이 단순히 단일 기업의 내부 부서로 전환된 형태였던 것이죠. 그러나 20세기 초를 지나면서 거대 합병 기업들은 조직을 효과적으로 운영하고 내부 거래비용을 감소시키기 위해 이른바 '다사업부제' 형태의 조직 구조를 만들어갑니다. 다사업부제란 하부 단위를 동형화된 판매시장별 사업부로 편성한 조직 구조입니다. 자동차 회사를 예로 든다면 트럭사업부, SUV 사업부, 세단 사업부처럼 사업부들이 각각 하나의 완성된 제품을 만드는 형태의 조직 구조인 것이죠.

다사업부제 이야기를 꺼낸 이유는 시장을 내부화한 조직이 조직 내부를 어떤 형태로 관리하게 되었는지를 살펴볼 수 있기 때문입니다. 기능부서제와 비교할 때 다사업부제가 갖는 조직적 우월성은 하부 단위가 동형적인 단위들로 조직됨에 따라 상층 관리자가 개별 단위를 하나하나 세부적으로 통제할 필요 없이 표준화된 평가 기준을 제시한 다음 이 표준을 기초로 해서 하부 단위들이 자율적으로 경쟁하고 조정할 수 있게 된다는 점입니다. 예를 들어 하부 단위들을 투자 이익률 실적을 기준으로 경쟁하게 하고 그 실적이 더 높은 단위에 더 많은 자금과 자원을 공급하는 형태로 내부 시장을 통제하는 것이죠. 하부 단위가 동형적이지 않고 이질적이라면 이러한 표준은 설정하기도 힘들고 실효성도 떨어졌을 것입니다.

상층 단위는 표준에 근거한 통제 외에 사후 조정자 역할도 담당합니다. 이 조직 구조에서는 하부 단위를 세부 규칙에 따라 통제하는 것이 아니라 얼마간 자율적 선택을 보장하기에 상호작용과정에서 기회주의나 과잉 경쟁 같은 교란이 발생할 수 있습니다. 이런 문제가 발생할 때 사후적으로 관리자는 하부 단위 사이의 관계를 조정하고 특정 단위에 자원을 추가 공급하거나 제재를 가하는 방식으로 개입할 수 있습니다. 관심 있게 보신 분들은 앞서 작동 가능한 경쟁체제의 시장 작동 양식과 유사하다는 것을 느끼실 수 있지 않았을까 생각합니다. 말씀드린 대로 표준을 기초로 상호 자율적 규제를 수행하되 여기에서 발생하는 교란을 상층 집단이 사후적으로 조정하는 형태가 이 시기 조직적 '관리'의 전형이었다고 말씀드릴 수 있을 것 같습니다. 시장 관계를 이러한 조직적 관리 속에 통합시켜 간 것이 이 시기 자본축적 체제의 중요한 특징이었다고 할 수 있죠. 이러한 관계 변화가 거래비용 내부화라는 말이 지시하는 내용이기도 합니다.

전후 미국의 단일 세계주의로의 전환

20세기 미국 주도 세계체계는 조직적 관리 모델을 이념형으로 삼아 설명할 수 있을 것입니다. 일단 수직적으로 통합된 거대한 기업이 탄생하고 이러한 기업들, 특히 미국의 다국적 기업들이 세계시장에서 강한 영향력을 행사했으며 이 지배력에 기초해 시장의 작동을 제한했습니다. 또 이미 말씀드린 것처럼 개별 국가들은 국내 시장경제의 작동에 대해 조직적 관리를 수행했습니다. 이러한 변동은 점점 더 전 세계의 주요 자원들이 시장 관계에서의 배분을 벗어나 조직적 관리 영역 내로 통합되어 갔음을 의미할 것입니다. 하지만 거대 기업의 전 세계적 영향력이나 국가의 공적 조절기능 강화만으로는 이 시기 세계체계가 어떻게 거래비용 내부화라 부를 수 있는 방식으로 관리되었는지를 설명하기에 불충분합니다. 좀 더 강조되어야 할 부분은 서방의 국가 간 관계와 세계시장 역시 미국 및 미국 주도하의 국제기구를 통해 관리되기 시작했다는 점입니다.

미국 주도 관리의 양식에 대해 논의하기 전에 2차 세계대전을 전후해 미국 국내에서 세계체계에 대한 태도가 어떻게 변화했는지를 말씀드려볼까 합니다. 이 논의는 2차 세계대전 후 세계체계 작동의 배경을 살펴보는 일이기도 할 것입니다.

미국은 2차 세계대전 이전까지만 해도 세계체계의 주도권에 대해 크게 관심을 갖지 않았었습니다. 전통적인 먼로 독트린(Monroe Doctrine), 즉 유럽에 대한 상호 불간섭과 고립의 원칙이 미국의 전통적인 세계에 대한 태도였죠. 1차 세계대전으로 주요 국가들이 전쟁으로 인한 산업의 파괴를 겪은 상황에서 미국은 풍부한 자금과 자원을 보유해 전후 질서의 안정화에 기여할 수 있는 역량을 갖춘 사실상 유일한 국가였습니다. 하지만 미국은 전통적인 고립주의 태도를 지속했고 그 결과는 타국과 세계질서의 안정성을 희생시켜 자국의 이익을 추구하는 것으로 드러났습니다. 1차 세계대전이 끝날 무렵, 주요 유럽 국가들은 전쟁 자금을 조달하기 위해 금 보유분을 크게 초과하는 화폐를 발행하고 있었을 뿐 아니라 미국으로부터 전쟁물자 및 기타 재화를 수입하면서 금이 유출된 상태였습니다. 여기에 더해 미국에게 막대한 전쟁 부채도 지고 있는 상태였죠. 전쟁이 끝났을 때 19세기 세계질서의 규칙이었던 금본위제로 복귀하기 위해서는 금의 수준에 부합하는 화폐량에 도달할 때까지 강한 긴축을 해야 했죠. 그러나 전쟁으로 산업과 사회가 파괴된 상황에서 추가 긴축을 감행한다는 것은 어려운 일이었습니다. 전쟁 부채를 상환해야 하는 것까지 감안하면 사실 복귀는 불가능했죠. 이에 따라 자금 상황을 완화시키기 위해 유럽의 국가들은 미국에 반복해서 상환 유예를 요구했었습니다. 하지만 미국은 이를 거부했죠. 안정적 세계질서의 복원보다는 채권국으로서의 자국의 권리를 중시한 결과였습니다. 이러한 국제 자금순환 및 금본위제 복원을 둘러싼 난맥상은 2차 세계대전까지 계속 이어지는 국제관계의 불안정성을 야기하는 중요한 한 가지 요인이었습니다.

그러나 2차 세계대전이 끝날 무렵 미국의 태도는 180도 변했습니다. 2차 세계대전 종전을 전후로 해서 미국은 '단일 세계주의(one worldism)'를 천명했습니다. 프랭클린 D. 루스벨트(Franklin D. Roosevelt)의 말대로, "크고, 자비롭고, 전문성을 띤 정부만이 인민에게 질서, 안보, 정의를 보증할 수 있으며 이렇게 뉴딜(New Deal)이 미국에 사회보장을 가져다줬듯이, 구심점에 기초한 단일한 세계가 전 세계의 정치적 안보와 진보를 가져다줄 것"이라는 입장이었습니다. 다수 국가들이 개별적으로 정책과 발전전략을 추구하는 것이 아니라 단일한 구심을 기초로 통합된 세계를 만드는 것이 중요하다는 것이죠. 기존의 고립주의 입장과는 상반된 생각이었습니다. 이 전환이 2차 세계대전 이후 미국을 세계의 헤게모니 국가로 자리 잡게 만드는 중요한 계기였다고 할 수 있을 것입니다.

단일 세계주의 선언이 단지 일부 정책 입안자들의 입장 전환에 기인했던 것은 아닙니다. 2차 세계대전 이후 미국이 처할 세계적 환경이 미국으로 하여금 세계 통합과 세계질서에의 적극적 개입을 주장하게 하는 조건이었습니다. 한 가지 조건은 전후 미국의 고용문제였습니다. 미국은 2차 세계대전 종전 직전 거의 완전고용 상태에 도달했습니다(〈그림 2-11〉). 전쟁 수요의 증가가 산업투자와 고용 증가를 이끌었기 때문이죠. 이는 거꾸로 평화 시기 불가피하게 실업이 증가할 수밖에 없음을 의미했습니다. 불과 몇 년 전 대공황을 경험했던 미국인들에게는 실업이 증가할 것이라는 전망은 심각하게 다가올 수밖에 없었습니다. 일차적인 대응의 방향은 전쟁 수요의 감소를 보충할 새로운 수요를 창출하는 것이었습니다. 그런데 민간 수요가 증가하더라도 전쟁이 창출했던 수요에는 크게 못 미칠 것이라 전망되었습니다. 남은 것은 미

그림 2-11

미국 실업률(%)

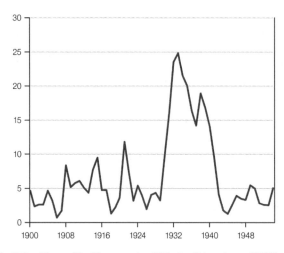

자료: Universities-National Bureau, "The Measurement and Behavior of Unemployment"(1957).

그림 2-12

미국 및 그 외 국가 중앙은행/재무부 금 보유고(톤)

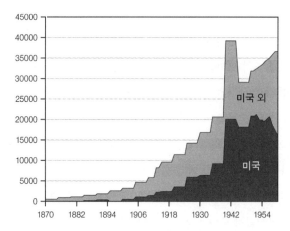

자료: T. Green, *Central Bank Gold Reserves: An Historical Perspective Since 1845*.

국 외부에서 수요를 만들어내는 것이었죠. 즉, 미국 상품을 수출할 수 있는 해외 시장을 창출하는 것이었습니다. 1944년 국가계획협회(National Planning Association)는 미국에서 완전고용을 유지하기 위해 연간 100억 달러의 수출이 필요하다고 추정하기도 했습니다.

그런데 이 지점에서 전후 미국이 처하게 된 두 번째 조건이라 말할 수 있는 또 다른 문제가 존재했습니다. 해외에는 미국 상품을 사 줄 수 있는 구매력이 부족했을 뿐 아니라 이 구매력 부족의 상황이 제도적·구조적으로 지속될 가능성이 매우 높았다는 점입니다. 〈그림 2-12〉는 전쟁이 끝날 무렵 미국에는 막대한 금이 축적되었음을 보여 줍니다. 전 세계 금의 3/4에 달한다고 추정될 정도였습니다. 이 상황은 금본위제의 정상적 작동 원리에 기반해서는 다른 국가들이 국제무역에 지불할 결제수단의 결핍상태에 처한다는 것을 의미합니다. 물론 생산과 수출로 다시 금을 유입시키는 방법을 생각해 볼 수도 있겠으나 전쟁으로 인한 산업 파괴 때문에 앞으로도 오랜 기간 동안 유럽, 일본 등의 주요 국가들이 생산, 수출, 소득창출을 원활하게 수행할 수 없었습니다.

미국 입장에서는 과거의 고립주의를 지속시키는 것으로는 전후 실업이 급격히 증가하는 것을 막고 국내의 정치적·사회적 안정성을 유지하는 것이 어려워졌습니다. 주도적으로 무역과 국제통화의 새로운 질서를 창출해낼 때만 국내의 문제들을 해결하는 것도 가능한 상황이 된 것이죠. 이러한 조건이 향후 브레튼우즈(Bretton Woods) 체제의 창설과 20세기 미국 주도 세계체계의 형성의 기본적인 배경이 되었다고 할 수 있겠습니다.

브레튼우즈체제와 세계의 관리: 달러본위제와 고정환율제

1944년에 브레튼우즈에서 주요 국가들이 모여서 전후 질서를 논의하면서 형식상으로는 국제통화기금(IMF)과 국제부흥개발은행(International Bank of Reconstruction and Developments) 같은 국제기구를 만들기 위한 회의를 했습니다. 그 회의의 실질 내용은 참여 국가들에게 세계질서 내에서 통용될 일정한 권리와 의무를 설정하는 데 있었죠. 단일 세계주의에 따라 일관된 세계 규칙을 규정하는 것이었다고 말할 수도 있겠습니다. 몇 가지로 나눠서 브레튼우즈에서 정립된 규칙을 살펴보겠습니다.

첫 번째는 보통 '달러본위제'라고 부르는 규칙 및 이와 결합되어 있는 '고정환율제'입니다. 국제통화기금 협정문(International Monetary Fund Articles of Agreement) 4조 1항은 "가맹국 통화의 액면 가치는 공통 기준으로서의 금이나 미국 달러로 표현되어야 한다"라고 해서 달러가 과거 금에 해당하는 세계적인 공통 기준이 된다는 것을 명시했습니다. 4조 3항은 "가맹국 통화 사이의 환율은 패리티(parity) 범위 내에서 설정되어야 한다"라고 해서 통화 사이의 비율을 고정하는 규칙을 제정했습니다. 또 4조 4항은 "외환 안정성을 촉진하고 경제적 환율 변경을 회피하기 위해 노력"하는 것을 가맹국의 의무로 설정했습니다. 다만 4조 5항에서는 "근본적 불균형을 시정하기 위한 경우가 아니면 액면 가치를 변경할 수 없다"라고 명시하고 있는데, 이는 거꾸로 읽으면 근본적 불균형을 시정해야 할 경우에는 환율을 변경할 수 있다는 예외 조항으로 해석될 수 있습니다.

19세기 금본위제에 대해 말씀드릴 때 이 제도가 금이 국외로 유출될 때 고통스러운 경제침체와 사회적 파괴를 동반했다고 말씀드렸었습니다. 지불수단이 부족해질 때 생산 능력이 있어도 돈을 구할 수 없어 결국 투자를 줄이거나 다시 가격을 낮추는 일이 반복되면서 침체가 심화되곤 합니다. 이런 상황에 빠지는 것을 막는 한 가지 방법은 더욱 유연하게 지불수단의 양을 조절할 수 있는 제도를 구성하는 것입니다. 그래서 경제공간에 화폐가 필요할 때보다 쉽게 자금을 빌리거나 화폐에 접근할 수 있게 하는 것이죠. 달러본위제는 기본적으로 과거 금본위제의 경직성을 벗어나 생산과 무역의 발전에 조응해 지구적 지불수단으로서의 달러의 규모를 유연하게 조절할 수 있게 해준 제도였습니다. 금 화폐는 이제 사적 거래에서는 사용되지 않고 각국 중앙은행에 보유됩니다. 금 1파운드에 35달러라는 고정 가치 비율을 갖게 된 달러가 금의 대리물이자 지구적인 지불수단으로 사용되죠. 미국은 달러를 금으로 태환해 줄 의무가 있었지만 금을 직접적인 지불수단으로 사용할 때와는 차이가 있었습니다. 금은 물질적으로 세계에서 사용할 수 있는 규모가 제약되어 있었지만 달러는 신인도를 유지하는 한 얼마간 미국의 판단과 재량에 따라 그 규모를 조정할 수 있었던 것이죠.

달러본위제에 고정환율의 규칙이 결합되어 있었습니다. 각국은 고정환율을 유지하기 위해 노력할 의무를 지게 되었죠. 형식적으로 보자면 국책은행들에서 고정된 비율로 달러와 원을 교환해 주면 되는 단순한 규칙입니다. 하지만 실제로는 좀 더 복잡한데, 이 문제를 좀 더 생각해 보죠. 독립해서 이제막 세계질서에 편입된 한국 같은 나라는 달러를 버는 것이 중요했습니다. 달러는 세계에서 통용되는 화폐였으니 외국에서 자원, 재화, 서비스를 계속 조달하고 싶다면 달러를 확보하는 것이 필수적이었습니다. 국제관계에 접근할 수 있는 일종의 회원권 같은 것이었다고 할 수 있겠죠. 그런데 제한된 기술과 생산성을 가지고 외국에 물건을 팔아 달러를 벌어들이는 것은 간단하지 않습니다. 일례로 한국이 최대한 자원과 노력을 동원해 1000원의 비용으로 연필을 하나 만들었다고 해 봅시다. 고정환율제하에서 달러와 원의 교환비율은 1달러에 1000원으로 고정되어 있다고 하겠습니다. 한국이 달러를 벌어들이려면 최소한 1달러 이상의 가격을 주고 한국 연필을 구매하려는 외국인이 있어야 하겠죠. 그런데 외국에는 이미 유사한 품질의 연필이 0.5달러에 팔리고 있다면 아무도 한국 연필을 사려 하지 않을 것이고 한국은 자기의사와 무관하게 국제사회로부터 고립될 수밖에 없을 것입니다. 노력해도달러라는 회원권을 구할 수 없으니까요. 여러 자국의 경제적 사정으로 인해수출이 어려운 국가들이 만약 1달러 1000원에서 1달러에 2000원으로 환율을 변경시킬 수 있다면 연필을 0.5달러 수준에서 해외 판매를 할 수 있으니수출가능성이 생길 수 있을지 모릅니다. 하지만 고정환율제하에서는 이러한 환율 변경이 제약되어 있죠. 결국 고정환율을 유지하면서도 달러를 벌어들이는 방법이란 최대한 국내의 자원을 효과적으로 할당해서 생산성을 높이고 생산비용을 낮추며 기술을 고도화시키는 것이었습니다. 물론 근본적 불균형 상황이라면 환율을 변경시키는 것이 가능했습니다. 하지만 그것은 예외적 인정이었을 뿐 아니라 근본적 불균형 상황이 무엇을 의미하는지가 논쟁적이어서 실제 환율을 변경시킬 수 있는 가능성은 제약되어 있었죠.

달러본위제와 고정환율제는 개별 국가가 산업적·물질적 생산성을 고도화하도록 노력함으로써 세계질서에 편입되도록 하는 것을 지구적 규칙으로 정립시켰습니다. 그리고 미국은 지구적 지불수단인 달러의 발권력에 기반해 다른 국가들이 화폐 제약을 덜 받으면서 보다 원활하게 국제 거래에 참여할 수 있는 환경을 창출했고 동시에 그러한 국제 거래를 관리할 수 있는 능력을 갖출 수 있게 되었습니다.

브레튼우즈체제와 세계의 관리: 단기자본 이동의 통제

둘째로 IMF 협정문은 단기자본 이동에 대한 협력적 통제를 가맹국의 의무로 설정했습니다. 협정문 6조 3항은 "가맹국은 국제 자본운동을 규제하는 데 필요한 통제를 행사할 수 있다"라고 명시했습니다. 또 8조 2항에서는 "가맹국 법원은 가맹국이 IMF가 승인한 외환 통제와 반대되는 형태로 외환거래를 할 경우 이에 대한 효력을 거부하도록 한다"라고 해서 사실상 IMF에서 인정하는 형태의 자본 이동만을 가맹국이 허용하고 그 외의 자본 이동은 통제하도록 요구합니다. 이때 IMF가 기본적으로 인정하는 자본 이동은 상품무역에 대한 대가로 지불하는 지불 대금입니다. 반대로 주식, 단기채권, 단기대부와 같이 단기적인 자본 투자를 위한 자금의 유출입은 통제합니다. 여기에 더하면 법률 서비스, 금융 서비스, 통신 서비스 등 주요 서비스 거래 역시 제한을 받았습니다. 장기 직접투자에 대해서는 직접적으로 규정하지 않았습니다. 다만 전후 시기 국가들은 국가 간 협정을 통해 기술이전과 같은 요구 전제로 장기 직접투자를 허용했습니다. 현재와 같이 자본 이동이 자유화되어 있는 세계의 관점에서 볼 때 많은 제약이 있었고 또 거래에 대한 복잡한 규제가 부과되고 있었죠.

이 통제는 한 국가가 효과적으로 국내 시장과 사적행위자 관계를 관리할 수 있도록 하는 것과 연결되어 있었습니다. 19세기와 전간기에 경험했던 것처럼 단기자본의 급격한 유출입은 국가가 안정적으로 산업을 조직하고 경제를 규제하기 어렵게 할 수 있었습니다. 한 번 경제적 불안정성 징후가 나타나면 이를 더욱 심화시키는 방향으로 영향을 미치기도 했죠. 단기자본이 대규모로 유입되거나 유출되면 상품거래와는 얼마간 독립적으로 환 가치를 변경시키는 압력이 강해집니다. 국가가 환율을 안정적으로 유지하기 어렵게 된 것이죠. 환율 문제가 아니더라도 단기자본의 이동이 확대되면 정부가 전략적 산업을 육성하고 경제계획하에 생산을 조직하는 것이 어려워집니다.

서비스 교역을 통제했던 것도 유사한 맥락에서 해석할 수 있습니다. 법률, 금융, 교육, 통신 등의 서비스 영역은 국가가 정책 주권성을 유지하는 데 핵심적인 부문들입니다. 따라서 서비스 거래가 자유로워지고 이 부문에서 국외 행위자의 영향력이 커지면 국가는 관리의 역량을 발휘하기 어려워질 것입니다. 이렇게 단기증권이나 특정 서비스에 대한 대가로 자금이 이동하는 것을 제한하는 규칙은 주권적 국민국가의 정립, 국내 시장에의 적극적 국가개입 가능성과 불가분 연결되어 있었습니다.

브레튼우즈체제와 세계의 관리: IMF, 세계은행, 원조

셋째로 브레튼우즈체제는 안정적인 세계질서를 유지하는 데 필요한 조건을 충족시키지 못한 국가를 질서 내부로 재편입시키기 위한 국제기구의 운영원칙을 정립했습니다. 모든 국민국가들이 국제 상품무역에 지속적으로 참여하면서 달러를 획득하고 다시 다양한 필요를 충족시켜 줄 해외 자원을 이용할 때 적절히 달러를 지불하도록 하는 것이 전체 세계질서를 유지하는 기초였습니다. 반대로 이 조건들을 충족시키지 못하는 국가는 개별 국가도 국제관계에서 고립되어 곤란을 겪을 뿐 아니라 세계질서를 불안정하게 하는 교란 요인이기도 했죠. 새로이 설립된 IMF와 국제부흥개발은행은 다양한 국제무역과 자금이동상의 교란 요인이 발생했을 때 그 효과를 감소시키기 위한 사후적 조절 장치였습니다.

IMF 협정문 5조는 IMF의 운영에 대해 다루고 있었습니다. 협정문은 한 국가가 충분히 성장 잠재성을 가지고 있음에도 불구하고 외환 유동성 문제로 인해 상품 대금을 지불할 수 없거나 해외 채무를 상환할 수 없는 상황에 처했을 때 IMF로 하여금 이 국가에 일시적으로 자금을 제공하는 역할을 부여했습니다. IMF 협정문과는 독립적으로 체결된 국제부흥개발은행[14] 협정문은 이 은행에 IMF와는 다른 기능을 부여하는데요. 일시적 유동성 문제라기보다는 해당 국가의 산업적 발전이 미비하거나 전시 산업 파괴 등으로 인해 구조적으로 국제 거래에 참여하기 어려운 국가에 장기 발전자금을 대부하는 역할을 수행하도록 했습니다. 한 가지 더하자면 국제기구는 아니지만 미국의 직접적인 원조도 세계은행(World Bank)의 발전자금 제공과 유사한 역할을 했습니다. 마셜 플랜(Marshall Plan)이라 불리는 유럽 원조가 대표적인 사례죠. 초기 세계은행의 활동과 미국의 원조는 유럽의 전후 재건에 초점을 맞췄고 실질적으로 서유럽이 세계질서의 유력한 파트너로 자리 잡는 데 크게 기여합니다.

이러한 국제기구들은 위기에 처한 국가가 무역수지를 개선하기 위해 환율을 변경시키려는 시도를 하지 않고도 국제관계를 지속시킬 수 있는 방법을 제공했습니다. 세계질서 차원에서 보자면 이 수단은 고정환율의 준칙과 자유무역의 작동을 유지할 수 있게 해 줬습니다. 뿐만 아니라 국제기구의 자금

---

14 현재의 세계은행(World Bank).

이나 미국의 원조자금이 제공될 때 수원국에게 요구되는 이행 조건들은 자유주의 질서를 공고히 하고 미국의 지배력을 강화하는 데에도 기여합니다. 자금 지원과 원조의 조건으로 요구되었던바 국민 계정의 체계에 따른 국민 총생산의 증진과 건전하고 효율적인 재정 운영, 수출 역량과 달러 획득 역량의 형성 등은 공히 수원국이 자유주의 세계질서에 강하게 편입되도록 만드는 수단이기도 했던 것이죠.

20세기 자유주의 세계질서는 다층적인 관리의 구조에 기반해 작동했습니다. 시장의 불확실성을 제한하는 수직적으로 결합된 거대 기업, 개별 기업과 개인들의 자유로운 거래에 개입하고 조절하는 주권적 국민국가, 그리고 미국의 영향력하에서 이 전체 세계질서를 관리하는 국제적 준칙과 국제기구가 복합적으로 전체 자유주의 질서를 규제했습니다. 물론 시장거래는 존재했고 자유로운 재산권 행사는 중요한 가치로 남아 있었으며 자유무역과 국가의 주권성과 자율성이 인정되었습니다. 다양한 관리의 영역들이 형성되면서도 일정한 범위 내에서 이 자유와 시장의 영역들이 폐색되지 않고 보존되도록 노력했던 것이 이 시대의 중요한 특징이기도 했습니다. 특히 사회주의 진영과의 체제 경쟁이 지속되는 상황에서 더욱 그러했죠.

하지만 강조 드리고 싶은 것은 20세기의 자유주의가 19세기의 그것과는 확연히 다른 것이었다는 점입니다. 19세기에 자유는 자연적 질서를 인간세계에 현실화하는 방식이었습니다. 그런 점에서 자유만 주어진다면 그것이 자기조정적으로 전 세계 공동체를 더 높은 위치에 올려놓게 해 줄 것이라고 믿어졌습니다. 이후 다시 말씀드리겠지만 20세기에 와서 자유는 주어지거나 스스로 전개되어 가는 무언가가 아니라, 보존하기 위해서 계속해서 인간적·사회적으로 관리되어야 하는 대상으로 인식되었습니다. 통계, 회계, 계산을 통해 적절히 자유가 보존되면서 보편의 성장을 달성할 수 있는 경로를 현실적으로 찾아 나가는 것이 이 시대가 자유를 다루는 방식이었습니다.

4) 20세기의 자유주의와 발전 패러다임

상호의존성, 불확실성하의 자유

19세기를 규정했던 자유는 타인으로부터 간섭받지 않을 자유였습니다. 하지만 이러한 자유의 성격은 20세기에는 유지되기 어려웠죠. 20세기에는 자유 개념을 기초 짓는 세계상의 전환이 있었습니다. 개인들은 매우 이질적이고 개성적인 존재로 의미화됩니다. 권력을 가진 정도, 자유를 가진 정도에서 동등한 존재도 아니고 '모든 개인은 자기 이익을 극대화하려 한다'라는 과거의 명제처럼 동일한 행동 패턴을 보이지도 않는다는 인식이 성장했습니다. 이렇게 고유한 성향을 가진 개인들이 만나서 자유롭게 관계를 맺을 때 그 관계의 효과 역시 자연법칙의 궤적을 따라 인류의 더 나은 상태로 진보해 갈 것이라고 말하기 어려웠습니다.

1+1이 2가 되는 것이 아니라 3이 될 수도 있고 마이너스가 될 수도 있었습니다. 하나의 개체가 정해진 성향과 행동패턴을 가지지 않는 만큼 두 개인이 만날 때의 효과는 미리 정해져 있지 않습니다. 모두에게 좋은 시너지를 만들어 낼 수도 있고 모두를 파괴적 방향으로 이끌 수도 있습니다. 19세기에 개인에게 부여되는 자유는 사회의 진보를 약속했지만, 20세기에 자유로운 개인들의 만남은 항상 불확실성을 담지하는 것이었습니다.

이런 불확실성에 대한 인식은 결국 각 개인들을 결합시키는 방식, 사회적 관계를 조직하는 양식에 관심을 가질 수밖에 없게 했습니다. 어떻게 개인들을 결합시킬 때 전체 공동체가 더 높은 자유를 향유하고 최대한의 개성을 발휘하게 할 것인가가 중요한 질문이 됩니다. 보편의 복지를 위해 공동체에 속한 개인들이 특정한 자신의 성향을 스스로 억제하거나 상호 규제하도록 할 수 있는 방법이 무엇인지를 찾는 것에 중요성이 부여되었습니다. 자유를 강조하면서도 관리와 집단적 조절의 문제가 중요해진다고 하면 언뜻 모순적으로 보이지만 이러한 인식이 불확실성의 감각 속에서 공존하게 되었습니다.

이제 자유의 의미도 함께 변동을 겪을 수밖에 없었죠. 외부로부터 간섭받지 않는 것으로는 자신이 지향하는 가치, 자신의 개성에 따른 삶을 사는 것이 불가능했습니다. 단순히 불가능했을 뿐 아니라 타인으로부터의 자유를 보장하려는 노력 자체가 자신이 원하는 삶을 포기해야 하는 상황을 만들어 낸다는 것이 점점 분명해졌습니다. 자기조정적 시장이 사회의 파괴와 권력의 불균등을 낳으며, 다시 이 불안정과 불균등이 개인들의 자기실현 가능성을 제약한다는 것을 집단적으로 경험했습니다. 이런 조건에서 이사야 벌린(Isaiah Berlin)[15]이 적극적 자유(positive liberty)라 불렀던 것이 점차 중요성을 얻기 시작했죠. 외부로부터 방해받지 않을 소극적 자유(negative liberty)보다 공동체 속에 놓임으로써 자신이 원하는 가치나 필요를 실현할 능력을 획득하는 것이라는 의미에서의 자유가 강조되었습니다. 최저임금법의 합헌성을 인정했던 것으로 유명한 1937년 '웨스트 코스트 호텔 사건(West Coast Hotel Co. v. Parrish, 300 U.S. 379) 판결'에서 대법원은 새로운 자유 개념을 드러냅니다. 법원에 따르면 "수정헌법 14조에 의해 보호되는 자유는 인민의 건강, 안전, 도덕, 복지에 위협적인 악에 대항하여 법의 보호를 요구할 자유, 즉 사회 조직 내에서의 자유"였습니다. 자유롭게 건강, 안전, 도덕, 복지를 누리고자 한다면 그것은 공동체 내에서, 공동체의 보호와 조절 속에서 가능하다는 것이었죠. 20세기의 자유주의는 이런 인식을 기초로 해서 법인기업과 같은 새로운 형태의 중요한 산업조직, 적극적 국가의 계산과 공적 조절, 주권적 국민국가와 지구적 관리의 양식을 새롭게 형성해 갔습니다.

발전주의

20세기 자유주의의 성격을 발전 패러다임에 대한 논의와 연결시켜 이해해

---

15   Isaiah Berlin, *Two Concepts of Liberty* (Routledge, 2017), pp.373~384.

보는 것도 좋을 듯합니다. 20세기 자유주의는 개인이 공동체 내에서 자신이 추구하는 가치를 자유롭게 실현할 수 있도록 보장하는 동시에 각 개인 사이의 관계를 공동체 차원에서 관리하는 과제를 동시에 추구했습니다. 그런데 좀 더 현실적인 문제로 다가갈수록 이 두 규범의 공존에는 의문이 발생합니다. 첫 번째는 공동체의 범위 문제입니다. 개인이 자신이 원하고 필요로 하는 것이 있을 때 어떤 공동체가 그것을 보호해 줄 것이라 기대할 수 있는가 하는 질문이었습니다. 두 번째는 어떤 개인이 추구하려는 가치를 사회적으로 보호하고, 다른 개인이 중시하는 가치를 사회가 제한해야 한다면 그 기준과 정도를 어떻게 정할 것인가 하는 문제입니다.

발전주의 두 가지 토대는 국민국가와 경제성장입니다. 이는 앞서의 질문에 대한 20세기 자유주의의 답변이기도 했죠. 먼저 국민국가는 첫 번째 질문, 즉 개인의 자유를 보호하는 공동체의 단위는 무엇인가라는 질문에 대한 답변입니다. 개인들의 자유와 추구 가치의 문제는 공히 외부의 간섭으로부터 독립된 주권적 국민국가의 공론장 내부에서 논의됩니다. 그리고 존 메이너드 케인스(John Maynard Keynes)도 설명하듯이 국가의 적극적 정책은 그 정책이 사회공동의 의지가 구체화되어 있는 표현이기에 정당성의 기초를 얻습니다.

경제성장은 두 번째 질문인 다양한 가치 중 우선적인 것과 부차적인 것을 선별하는 기준이 무엇인가 하는 것에 대한 답변으로 제시된 것으로 볼 수 있습니다. 우선 20세기에 들어 세계는 경제성장이라는 말의 의미를 모든 국가가 공통적으로 계측하고 입증할 수 있는 형태로 가질 수 있게 되었습니다. 유엔이 정립한 국민 계정이 그러한 기준 역할을 했고, 이 시점에 비로소 GNP나 국내총생산(GDP) 같은 지표는 구체적 의미를 가질 수 있었고 이 지표의 성장이 곧 경제성장이라는 준칙을 얻게 되었습니다. 나아가 소비자, 노동자, 경영자, 자본가, 농민 등 서로 다른 집단과 개인 사이의 가치 갈등이 발생할 때 경제성장이라는 척도는 그 갈등을 분석의 장으로 옮겨 놓을 수 있게 했고, 최대 이익에 부합하는 가치 선별과 정책결정을 할 수 있는 기준을 제공했죠. 경제성장을 모든 국가, 모든 국민이 추구해야 할 목표로 정립한 상태에서 이 목표에의 기여 가능성을 기준으로 다양한 가치 분배와 자유의 규제 양식이 수립되었습니다.

4. 나오며: 20세기 발전 패러다임의 긴장

자유의 딜레마를 해소하고 새로운 자유 개념을 구성하기 위한 20세기의 시도는 이렇게 국가와 경제성장이라는 두 축을 중심으로 둔 한정된 공동체의 개념과 자유의 개념에서 정박지를 발견했습니다. 하지만 그 정박지 역시 완전하고 평화로운 안전항은 아니었습니다. 어떤 시대도 역사와 변화의 압력을 벗어날 수 없다고 한다면 20세기에 탄생한 새로운 자본주의도 예외는 아닐 것입니다. 여기에서 본격적으로 이 문제를 다루기는 어렵습니다만, 몇 가지 질문을 던지는 형태로 20세기 발전 패러다임이 내포한 구조적 긴장을 확인해 보도록 하겠습니다.

첫 번째 질문은 '국가는 적절한 경제적·사회적 가치판단을 할 수 있을까?' 라는 질문입니다. 20세기 자유주의에서 국민경제에 대한 국가의 최종적 관리 역할은 중요했습니다. 각 국가들은 관리 역할을 적절히 수행하기 위해 수많은 전문가와 관료를 국가의 행정조직 내에 편입시켰고, 대규모 정보를 생산했으며, 규제를 위해 막대한 예산을 투입했습니다. 이 모든 노력은 적절한 가치판단을 위한 것이었습니다. 20세기 자유주의의 원활한 작동은 국가가 올바른 판단을 약속함으로써 이루어질 수 있는 것이었기 때문입니다. 만약 가치판단에 대한 국가의 능력에 의구심이 들기 시작하면 국민경제성장과 사회 통합의 최종 관리자로서의 국가 지위는 잠식되기 시작할 것이고, 20세기 자유주의 전체가 동요하기 시작할 것입니다.

두 번째 질문은 '경제성장을 중심 규범으로 국민을 동형화시키는 것이 얼마나 지속될 수 있을까?' 하는 것입니다. 발전주의의 논리가 한편으로는 자유와 관리를 공존시키는 해법이면서 동시에 자유의 범위를 특정한 형태로 제한하는 문제를 안고 있었다는 점도 말씀드려야 할 것 같네요. 발전의 패러다임 내에서 모든 이들이 동등하게 자유의 보호를 받는 것은 아니었고 모든 가치가 자유롭게 추구될 수 있는 것도 아니었습니다. 경제성장과 연결될 때만 국가는 달러를 획득하고, 세계시장과 자원에의 접근성을 획득했으며, 주권성과 독립성을 유지할 수 있었습니다. 따라서 전통문화와 관습 등 다양한 가치들은 경제성장에의 기여도가 낮다는 이유로 모두의 이익을 위해 배제되거나 부차적인 것으로 취급되어야 했습니다. 이러한 가치지향의 다양성과 자유에 대한 제약이 문제제기와 항의 없이 영구화될 수는 없다는 점 역시 20세기의 체제가 내재한 불안의 요소일 수밖에 없었습니다.

규칙성, 예측 가능성은 인간에게 필수적인 삶의 속성입니다. 완전하게는 아니더라도 내일의 삶을 예측할 수 있고 인생을 설계할 수 있을 때 인간에게 중요하다고 말해져 왔던 인권, 풍요와 같은 다양한 가치도 추상적인 선언이 아니라 실질적인 의미를 가질 수 있을 것입니다. 때로는 관습과 관행이, 때로는 좀 더 형식적인 법과 제도적 규칙이 혹은 어떤 경우는 정부와 같은 권력기관의 강제가 이러한 규칙성을 만들어 왔죠. 그런데 문제는 어떤 방식으로 조직된 규칙성이든 인간과 사회관계가 끊임없이 변화하는 한 한정된 시공간에서만 작동할 수 있는 것이라는 점입니다. 사회변동의 영구성을 고려한다면 하나의 특수한 질서는 종료와 해체가 이미 예정되어 있다고 말씀드릴 수도 있겠습니다. 어떤 시점에는 19세기 자유주의가 그랬던 것처럼 20세기의 자유주의에도 규칙성의 균열과 동요가 발생하고 새로운 현실적 규칙성을 발견해야 하는 시점을 맞게 될 것입니다.

사회의 역사와 단속적 변동이 중요한 분석적 고찰의 대상이자 제도 고안의 전제조건으로서 중요해지는 지점이 여기가 아닐까 생각합니다. 아무쪼록 이 강의에서, 그리고 이후의 강의에서도 현재까지 세계가 이 딜레마에 어떻게 대응해 왔고 어떤 질문들을 던져 왔는지, 그리고 한정성을 가짐에도 사회 내에 규칙성을 부여하기 위해 어떻게 대응해 왔는지 생각해 보는 기회가 될 수 있었으면 좋겠습니다.

질의응답

1. 20세기 관리 자본주의가 자기조정적 시장에 대한 제한을 가했다고 말씀하셨습니다. 하지만 어떤 면에서 보면 관리 자본주의 시대에도 기업들은 계속해서 자유롭게 경쟁했다고 할 수 있고, 그 이후의 신자유주의 시대에는 더 자유경쟁이 강조되었죠. 이렇게 보면 관리 자본주의 시대가 특별한 하나의 시대라기보다는 19세기부터 줄곧 자기조정적 시장이 주도성을 관철해 가는 과정의 한 부분처럼 보이기도 하는데요. 이런 쟁점과 연관시켜 자기조정적 시장의 관념이 갖는 특징을 어떻게 이해하면 좋을지 말씀해 주셨으면 합니다.

문제를 단순화시키는 것은 그 자체의 장점이 있음에도 불구하고, 조금만 더 현실적인 문제로 다가가면 혹은 한 번 더 개념적인 질문이 던져지면 무력해지는 경향을 갖게 되죠. 단순화된 도식의 대표적 사례 중 하나가 시장 대 국가의 이분법 같은 것입니다. 시장의 개념을 추상적으로 이해할수록 시장이 작동하지 않은 시대는 없지만, 동시에 그 추상화된 시장으로 의미 있게 설명할 수 있는 현실도 없습니다. 특정한 시대에 대한 규정이란 한 쪽 극에 무의미할 정도로 추상화된 개념과 다른 쪽 극

에 설명할 수 없을 만큼 복잡한 현실을 두고 양자 사이에서 공동체가 스스로를 의미화하는 것이라 말씀드릴 수도 있겠네요. 그 집단적 의미화의 시도 속에서 연속과 불연속의 지점, 동시성과 비동시성이 드러나면 그것이 곧 한 시대를 규정하는 주춧돌이 될 것입니다.

이상의 문제의식에 기반해서 보자면, 19세기 이후의 시대를 자기조정적 시장의 주도성으로 설명하고자 하는 시도 역시 국가대 시장의 단순화된 분류에 의거한 결과가 아닐까 생각해 봅니다. 한 시대를 규정하기 위한 질문을 시장/국가의 도식을 벗어나 좀 더 구체화해 보는 것은 어떨까 생각합니다. '해당 시대에서 가치는 어떻게 평가되었으며 권리와 의무의 생성과 배분은 어떻게 규정되었는가?, 가장 보편적인 기초 권리를 어떤 내용으로 규정했으며 그 권리의 실현을 제한하고 있는 세계를 어떤 방식으로 이해했는가?'와 같은 질문들이 그러한 것입니다. 아마도 이렇게 질문을 던지게 되면 어떤 시대도 시장이나 국가라는 말로는 설명하기 어려운 대상이 될 것입니다.

얼마나 충분했는지는 모르겠습니다만, 강의에서 20세기 관리 자본주의의 시대에

대해 말씀드린 바도 이러한 문제의식의 연속선상에 있었다고 할 수 있습니다. 거대 법인기업이라는 독특한 생산, 분배, 조절의 장치가 등장했을 때, 이 조직을 사회 내로 수용하면서도 공동체가 인정 가능한 방식으로 가치의 평가체계와 권리/의무의 배분 방식을 발견했을 때, 이 체계가 갖는 독특한 특성을 말씀드리려 했습니다. 시장의 이념으로도, 국가의 개입으로도 설명될 수 없으며, 개념적으로 압축하자면 '관리'라는 말이 더 효과적으로 이 시대를 설명할 수 있는 말이 될 수 있다고 생각합니다.

어쩌면 자유주의가 갖는 강점 중 하나는 그 유연성이라 할 수 있겠습니다. 시대에 따라 변형되는 자원의 생산과 배분의 체계를 자유주의 내부로 포섭하면서도 현실에서 정당화의 언어로서의 자유라는 말이 갖는 효력을 유지할 수 있었던 것이죠. 반대로 이 자유주의 유연성은 역사적 시대를 설명할 때 요청되는 복잡성의 수준을 증가시켜왔다고도 말씀드릴 수 있을 듯합니다. 시장/국가의 이분법과 같은 단순화를 허용하기 어려울 정도로 말이죠.

2. 세계시장의 내부화가 중심-주변부 관계를 설명하는 데 어떻게 쓰이는지 보충 설명 부탁드립니다. 단적으로 1960~1970년대 동아시아가 신국제노동 분업 질서로 편입되는 과정도 아리기의 세계시장의 내부화의 개념으로 설명할 수 있을까요?

한국을 포함해 아시아의 신흥공업국이 1960~1970년대 성장한 과정을 묘사하는 통상적 방식은 근대화와 추격입니다. 선진 국가의 법과 제도, 그리고 산업 구조를 적극적으로 수용하고, 입지조건, 값싼 노동력, 노동규율 등 부존자원을 토대로 해서 세계시장 경쟁에 참여한 결과, 중심부 시장에 침투하고 선발 자본주의 국가를 추격할 수 있었다는 것이죠. 그런데 아리기의 논의에 기초하자면, 네 마리 호랑이의 성장과 동아시아의 신국제노동 분업 질서의 형성 및 발전 과정은 세계시장에서의 경쟁과 추격을 통해 설명하는 것보다 20세기 자본주의 시대의 관리와 산업적 재분배 과정으로 조명하는 것이 더 효과적일 수 있습니다.

2차 세계대전 후 일본의 재건 과정에 대해 먼저 간략히 확인해 볼 필요가 있는데요. 아리기에 따르면 일본의 재건과 성장은 미국과의 정치적 교환의 결과였습니다. 미국은 동아시아 지역 자본주의의 중심지로서 일본을 보호하고, 일본은 방위조약을 통해 보호비용을 외부화함으로써 성장과 이윤에 자원을 집중적으로 투자할 수 있게 되었다는 것이죠.

1960년대 이후 신국제분업 질서의 형성은 동아시아 중심지로서의 일본이 생산요소와 설비를 일부 동아시아 지역에 재분배함으로써 미국의 구매력과 값싼 아시아 노동 사이의 중개자로 자리 잡는 과정으로 설명할 수 있습니다. 미국은 국내 복지 지출과 해외 전쟁 지출의 증가를 충당하기 위해 더 값싼 공급품을 원했습니다. 일본은 자국 기업의 하청 체계 중 하위 부문을 더 노동력이 값싼 동아시아의 다른 지역으로 이전시켰습니다. 이를 통해 국내에서의 과잉투자를 줄이고 동아시아의 값싼 노동력과 자원을 흡수해 미국 수출을 지속할 수 있었죠. 신흥공업국은 수직적 분업의 말단에서 노동집약적 상품의 생산과 수출을 통해 세계시장에 참여할 수 있었고 압축 성장을 달성할 수 있었습니다. 좀 더 이후의 이야기이긴 하지만, 다시 신흥공업국은 이전에 일본이 그랬던 것처럼 아세안 국가들로 또 중국과 베트남으로 수직 분업 구조의 하위 부문들을 이전시켰죠. 노동집약 부문이 순차적으로 해외 이전되어 기러기 대형 모양의 수직적 분업의 사슬이 만들어졌습니다.

전반적인 묘사의 방식에서 드러나는 것처럼 신흥공업국의 성장은 세계시장 경쟁 구조에서의 비교 우위에 기초한 것이라기보다는 미국을 정점으로 이루어지는 분업 질서의 관리가 그 범위와 영향을 확대해 가는 과정에 가깝습니다. 세계시장 내부화의 틀로 설명될 수 있는 것이죠.

읽을거리

맥마이클, 필립(Philip McMichael). 2013. 『거대한 역설』. 조효제 옮김. 교양인.

베니거, 제임스(James Beniger). 2009. 『컨트롤 레벌루션』. 윤원화 옮김. 현실문화.

아리기, 조반니(Giovanni Arrighi). 2008. 『장기 20세기』. 백승욱 옮김. 그린비.

챈들러, 앨프리드(Alfred D. Chandler). 2014. 『보이는 손 1, 2』. 김두얼·신해경·임효정
　　옮김. 지식을 만드는 지식.

커먼스, 존, R(John R. Commons). 2012. 『집단행동경제학』. 박상철 옮김. 한국문화사.

폴라니, 칼(Karl Polanyi). 2009. 『거대한 전환』. 홍기빈 옮김. 도서출판 길.

케인스주의에서 신자유주의로의 전환

박찬종
(충남대학교 사회학과 교수)

1.   신자유주의란 무엇인가

1) 유용한 개념인가?

오늘 강의는 미국 헤게모니 시기 내부의 변화를 다루겠습니다. 미국 헤게모니의 등장과 함께 20세기 자본주의는 19세기와는 다른 형태의 자본주의로 진화했다면, 1970년대의 위기를 통해 미국 헤게모니는 다시 변모하게 됩니다. 그런데 변화의 양상은 영국 헤게모니 시기와 마찬가지로 투자, 생산, 고용의 급속한 성장이 진행되는 '실물적 팽창' 국면에서 경제성장률이 전반적으로 하락하는 가운데 금융 부문이 확장되는 '금융적 팽창'으로의 전환이 나타납니다. 미국 헤게모니에서도 체계적 축적 순환의 두 국면사이의 교체가 진행되는 것입니다. 그렇다고 해서 단순한 반복은 아닌데, 실물적 팽창과 금융적 팽창을 가능하게 했던 제도적 배치들이 변화했기 때문입니다. 이는 '케인스주의(Keynesianism)에서 신자유주의로의 전환'으로 요약될 수 있습니다. 오늘 강의는 케인스주의가 어떻게 위기를 겪게 되었는지, 그리고 그 대안으로 부상한 신자유주의는 어떤 변화를 가져왔는지를 중심으로 살펴보도록 하겠습니다.

신자유주의로의 전환을 본격적으로 다루기에 앞서, 저는 신자유주의 개념에 관해 먼저 설명해 보고 싶습니다. 왜냐하면 '신자유주의'는 광범위하게 사용되면서도 굉장히 까다롭고도 어려운 개념이기 때문입니다. 많은 경우 그 의미가 오해되어 자유방임주의와 동일시되기도 했지요.

'신자유주의'라는 말은 대중적으로는 분명 성공적인 개념이었다고 할 수 있습니다. 검색엔진 구글의 '엔그램(Ngram)'에 따르면 '신자유주의'라는 단어가 포함된 영어권 문헌은 1990년대부터 빠르게 증가합니다. 그리고 2010년을 전후해 짧은 정체기를 거친 이후 과거에 비해 훨씬 빠른 속도로 다시 급증하고 있음을 확인할 수 있습니다. 그런데 최근 들어 이 개념에 대한 비판도

적지 않게 제기되고 있습니다. 너무나 이질적이고 다양한 현상들을 신자유주의라는 단일한 개념으로 포괄하려 한다는 것이죠. 다시 말하면 '신자유주의'는 1차원적 소묘에 불과하거나 워낙 다양한 현상들을 통칭하다보니 분석적으로는 의미가 없을 정도의 개념적 인플레이션을 낳았다는 비판입니다. 또한 비판을 위한 비판적 학자들만의 '자족적인 용어(consolation term)'로 전락했으며 과학적 개념으로서는 가치가 없다는 비난까지 가해지기도 합니다.[1]

물론 이러한 비판은 어느 정도 수긍할 수 있는 측면이 있어요. 그런데 제가 보기에 문제의 핵심은 개념의 다의성이나 엄밀성의 부족이라기보다는 설명에 있어서 '신자유주의'의 특정한 활용방식에 있다고 생각합니다. 설명적 이론을 구성할 때 우리가 살아가는 현실과 시대를 포착할 수 있는 개념이 필요합니다. '신자유주의'는 그러한 필요를 위해서 만들어진 개념이라고 할 수 있겠죠. 그리고 하나의 설명이 피설명항(explanandum)과 설명항(explanans)으로 구성된다고 한다면, 이 개념은 연구자의 선택에 따라 현실의 원인을 해명하는 '설명항'으로서 활용될 수도 있고, 아니면 그 자체로 설명을 필요로 하는 '피설명항'으로 활용될 수 있습니다. 그런데 대부분의 문제와 혼란은 '신자유주의'가 설명항으로 활용될 때 발생합니다. 예를 들어 노동의 신축화와 불안정화가 신자유주의 정책 때문이라고 설명하는 경우가 그렇습니다. 그것은 마치 궁핍화와 착취의 원인이 자본주의에 있다고 말하는 것처럼 원칙적으로 틀린 말은 아니지만 분석적으로는 큰 의미가 없는 동어반복적 진술이라고 할 수 있겠지요. 제가 보기에 '신자유주의'는 다양하고 구체적인 현실을 설명할 수 있는 개념(설명항)이기보다는 그 자체가 설명을 필요로 하는 개념(피설명항)이 되어야 합니다. 지금까지 신자유주의를 통해 다양하고

---

1   Rajesh Venugopal, "Neoliberlaism as Concept," *Economy and Society*, 44(2)(2015), pp.165~187; Bill Dunn, "Against Neoliberalism as a Concept," *Capital & Class*, 41(3) (2017), pp.435~454.

이질적으로 보이는 구체적 현실을 설명하고자 했었다면, 이제는 그러한 신자유주의가 부상한 원인은 무엇인가라는 질문이 되어야 합니다. 우리가 오늘 다룰 '케인스주의에서 신자유주의로의 전환'이라는 주제는 바로 이러한 질문과 관련됩니다.

다른 한편으로 우리가 신자유주의라고 규정하고 있는 대상 그 자체의 유연성에도 주목할 필요가 있습니다. 적지 않은 연구들은 신자유주의로 정의될 수 있는 특성들의 목록 표를 만들고 다양한 국가와 사회의 성격을 분류하고자 시도합니다. 그리고 이 과정에서 신자유주의는 서구의 특정 국가들의 속성일 뿐 다른 지역에는 적용할 수 없는 개념이라는 결론이 도출되기도 하지요. 가령 서구에서 신자유주의는 복지국가에 대한 전반적인 공격이라는 형태로 나타나는데, 같은 시기 한국에서는 복지제도의 강화와 복지 지출의 증가가 관찰되기에 한국은 신자유주의 사회로 규정되기 어렵다는 주장 등이 그것입니다. 하지만 1980년대 이후 전 세계적으로 진행되는 거대한 전환을 '신자유주의'로 규정할 때 신자유주의의 구체적인 양상은 지역별, 국가별로 상이할 수 있다는 점이 강조되어야 합니다. 신자유주의는 통일적이고 단일한 형상이 아니라 공간적으로 불균등하고 얼룩덜룩한(variegated) 형태를 띨 수밖에 없다는 것이지요. 그리고 이러한 전환은 하나의 경로만이 존재하는 것이 아니라 다양한 경로가 존재할 수 있다는 이야기이기도 합니다. 유사한 문제의식에서 제이미 펙(Jamie Peck)과 같은 학자는 '신자유주의' 개념 대신 '신자유주의화(neoliberalization)'라는 개념을 제안하기도 합니다. 신자유주의는 특정한 '상태'가 아니라 '과정'으로 이해되어야 한다는 것이죠. 신자유주의의 역사적 변화 과정과 유연성, 그리고 지역별 차이에 주목해야 한다는 주장입니다.[2]

---

2   Jamie Peck, Neil Brenner and Nik Theodore, "Actually Existing Neoliberalism," in Damiel Cahill et al.(eds.), *The SAGE Handbook of Neoliberalism* (London: SAGE, 2018); Neil

2) 신자유주의의 비판: 자유방임과 집단주의

신자유주의 개념을 둘러싼 논쟁과 혼란이 지속되는 이유는 신자유주의를 19세기적인 고전적 자유주의의 부활 또는 자유방임주의와 동일시하는 경향이 지배적이기 때문입니다. 그런데 결론적으로 말씀드리면 대중적 통념과는 달리 신자유주의는 자유방임주의에 대한 비판으로 등장했습니다.

칼 폴라니(Karl Polanyi)에 따르면 고전적 자유주의의 한계와 위기에 대한 사회적 대응은 크게 세 가지 형태로 나타났습니다.[3] 독일의 나치즘, 소련의 사회주의 그리고 미국의 뉴딜(New Deal)이 바로 그것입니다. 저는 여기에 신자유주의도 포함시킬 수 있다고 봅니다. 왜냐하면 신자유주의도 19세기 고전적 자유주의의 한계에 대한 비판이자 대응이었기 때문입니다. 물론 나치즘, 사회주의, 뉴딜처럼 바로 현실화되지는 않았고, 당시에는 이념적 수준에서만 존재했다는 결정적 차이는 있지만요.

신자유주의의 이와 같은 특징을 예리하게 포착한 인물이 바로 미셸 푸코(Michel Foucault)입니다. 그는 『생명관리정치의 탄생(The Birth of Biopolitics)』에서 초기 신자유주의의 토대를 마련했던 프리드리히 하이에크(Friedrich Hayek)의 논의를 분석함으로써 이러한 주장을 끌어내고 있죠.[4] 하이에크는 "무엇보다 자유방임의 원칙이라는 자유주의자들의 경직된 주장만큼 자유주의적 대의에 해를 끼친 것은 없다"라고 주장한 바 있습니다. 그는 자유주의 전통 속에서 자유방임의 원칙이 가장 큰 문제였음을 지적하면서 자유주의를 갱신하려고 시도합니다.

Brenner, Jamie Peck and Nik Theodore, "Varigated Neoliberalization: Geographies, Modalities, Pathways," *Global Networks*, 10(2)(2010), pp.1~41.

3 칼 폴라니, 『거대한 전환: 우리 시대의 정치·경제적 기원』, 홍기빈 옮김(도서출판 길, 2009).

4 미셸 푸코, 『생명관리정치의 탄생: 콜레주드프랑스 강의 1978~1979』, 오르트망 옮김(난장, 2012).

그렇다면 하이에크는 자유주의를 어떠한 방식으로 갱신하려고 했을까요. 그것은 고전적 자유주의의 시장에 대한 '자연주의적' 관점과 관련됩니다. 이 관점은 시장을 자연적 질서로 간주하면서 어떤 외부적 압력이나 인위적 개입이 최소화될 때 자연스럽고 온전하게 그 기능이 최대한 발현될 것이라고 보는 입장입니다. 이에 따른다면 국가의 모든 개입은 자연적 질서에 대한 교란을 의미하는 것이고, 따라서 잠재적 교란자로서 국가의 경제적 행위를 경계하고 비판해야만 합니다.

하이에크를 비롯한 초기의 신자유주의자들은 이와 같은 자연주의적 시장관이 순진한 시각이고 오류였다고 비판합니다. 왜냐하면 시장 그 자체는 다수의 이기적 개인들이 만들어낸 자생적 질서임이 분명하지만, 그러한 질서가 유지되기 위해서는 국가의 역할이 필수적이라고 봤기 때문입니다. 이때 국가의 역할은 바로 자유경쟁이 이루어질 수 있는 환경을 조성하는 일입니다. 즉, 시장이라는 자생적 질서의 비자연주의적 조건을 강조했던 것이 초기 신자유주의의 입장이었으며, 시장이 제대로 작동하도록 위해서는 시장 외부로부터의 조정과 개입을 통해 그 조건을 끊임없이 창출해야 한다고 주장했던 셈입니다. 바로 여기서 신자유주의가 갖고 있는 국가에 대한 독특한 관점이 나타나지요.

신자유주의가 비판한 대상은 자유방임뿐만이 아니었습니다. 다른 한편으로는 '집단주의(collectivism)'라는 또 다른 대상이 존재했습니다. 집단주의란 신자유주의자들이 진정한 자유의 가치로 간주했던 개인주의에 반하는 것으로서, 나치즘, 사회주의, 그리고 뉴딜을 통칭했습니다. 특히 하이에크는 『노예의 길(The Road to Serfdom)』에서 주로 영국의 사회주의와 미국의 뉴딜을 집중적으로 비판한 바 있지요. 그런데 미국의 뉴딜을 나치즘 및 사회주의와 함께 분류하는 것이 다소 과도하다고 생각되지 않나요? 하이에크가 왜 뉴딜을 집단주의라고 비판했는지 조금 더 설명 드리도록 하겠습니다. 이 점이 중요한 이유는 뉴딜과 친화성을 가졌던 케인스주의에 대한 신자유주의의 비판의 기본 골격을 형성하기 때문입니다.

19세기 말 고전적 자유주의가 정점에 도달했던 시기에 그것을 비판하는 또 다른 자유주의의 분파가 등장했습니다. 신자유주의 이전에도 고전적 자유주의에 비판적인 새로운 버전의 자유주의가 앞서 존재했다는 이야기이지요. 그것이 바로 '새 자유주의(new liberalism)'였습니다. 과거에는 이것을 신자유주의라고 번역하기도 했지만, 요즘에는 'neoliberalism'과 구별하기 위해 조금 어색하지만 '새 자유주의'로 번역하는 것이 일반적입니다. 새 자유주의는 19세기 영국에서 보수당과 함께 양당체제를 구성했던 자유당 내에서 등장했는데, 그 대표적 인물이 존 홉슨(John Atkinson Hobson)과 레너드 홉하우스(Leonard Hobhouse)였습니다. 이들은 당시 자유당 주류가 찬동했던 '자유방임'이란 '소극적 자유'일 뿐이라고 비판합니다. 그러면서 자유의 정의를 확장하는데, 자유란 단순히 '구속의 부재'가 아니라 '가치 있는 어떤 것을 할 수 있는 진정한 힘과 능력'으로 재해석합니다. 또한 당시 성장하고 있던 사회주의운동의 영향을 받아 자유를 개인적 차원이 아닌 사회적 차원으로 규정하기도 하는데, 이런 의미에서 새 자유주의는 '사회적 자유주의'라고 불리기도 합니다.[5]

물론 새 자유주의는 자유를 가장 중요한 가치로 옹호한다는 점에서 자유주의 전통을 계승합니다. 하지만 고전적 자유주의와는 달리 자유란 단순히 외부로부터의 정치적 구속을 제거하는 것만은 아니라고 보았습니다. 그보다 중요한 것은 정치적 자유의 조건인 경제적 안전과 복지에 있다는 것이지요. 그리고 경제적 안전과 복지를 위해 국가에 적극적인 역할과 기능을 부여합니다. 따라서 새 자유주의는 국가와 자유를 대립시켰던 기존의 자유주의와는 달리 자유의 조건인 경제적 안전을 달성하기 위한 국가의 경제 개입은

---

5   앤서니 아블라스터, 『서구 자유주의의 융성과 쇠퇴』, 조기제 옮김(나남, 2007).

불가피하다는 입장을 보입니다. 이후 새 자유주의는 영국 자유당의 새로운 주류로 부상하지만, 정작 자유당은 20세기 들어서 보수당과 노동당 양자에 흡수되어버리지요. 하지만 새 자유주의라는 이념은 뉴딜과 케인스주의로 계승되어 전후 자본주의의 새로운 경제 패러다임으로 자리 잡게 됩니다. 존 메이너드 케인스(John Maynard Keynes) 자신은 마지막까지 자유당원으로 남았습니다.

그런데 하이에크와 같은 신자유주의자들은 새 자유주의와 그것을 수용하는 뉴딜, 그리고 이후의 케인스주의에는 파시즘 및 사회주의와 같은 전체주의로 발전할 수 있는 '집단주의'적 요소가 존재한다고 비판합니다. 그들이 보기에 집단주의란 바로 국가가 주도하는 단일한 목표 아래 개인들을 예속시키는 경향입니다. 특히 새 자유주의가 문제인 것은 자유주의의 외관을 하고 있지만 경제적 안전을 빌미로 국가의 경제 개입과 경쟁 제한을 승인함으로써 결국 개인의 자유를 은밀하게 침식하기 때문이었습니다. 하이에크는 경제적 자유가 정치적 자유의 조건이며, 따라서 경제적 자유가 유보될 때 정치적 자유도 후퇴할 것이라 단언했습니다. 만약 새 자유주의나 뉴딜처럼 안전과 복지를 위해 경제적 통제와 개입을 승인한다면, 결국 집단주의를 넘어 전체주의로의 길이 열릴 것이라 비판한 셈이죠.

이처럼 신자유주의는 고전적 자유주의와 새 자유주의 양자를 동시에 비판하면서 그 사이에 자신의 위치를 설정합니다. 한편으로 자유방임주의와는 달리 국가가 시장을 위해 수행해야 할 적극적 기능이 있음을 인정했고, 다른 한편으로는 시장 개입주의와는 달리 시장 그 자체에 대해 개입하는 것이 아닌 시장의 조건을 창출하고 유지하는 특정 기능만을 국가에 부여했다는 것이죠. 즉, 신자유주의는 국가와 시장을 대립시키지 않습니다. 오히려 국가는 시장질서를 강화하고 자유시장을 실현하는 가장 강력한 주체입니다. 뒤에서 다시 살펴보겠습니다만, 국가가 자유시장의 작동을 보증하고 그 조건을 창출하는 방식은 시대에 따라 다양하게 나타납니다. 예를 들어 어떤 시기에는 정부의 재량적 경제 개입을 차단함으로써 시장행위자들의 예측 가능성을 높이는 정도의 소극적인 형태로 진행되기도 하지만, 또 다른 시기에는 시장을 교란한다고 간주되는 집단을 해체하고 시장원칙이 적용되지 않는 영역에 국가기구의 직접 개입이나 제도 개혁을 통해 시장질서를 강제하거나 이식하는 방식의 보다 적극적인, 심지어 전투적인 형태로 이루어지기도 합니다. 이렇게 본다면 신자유주의는 오히려 가장 강력한 형태의 개입주의일 수도 있습니다. 푸코가 지적했듯이 신자유주의는 자유시장의 조건으로서 개인들을 시장적 주체, 즉 '기업가적 주체'로 주조해내는 것을 목표로 하기 때문입니다. 1강에서 백승욱 선생님이 신자유주의를 '사회개입적 자유주의'로 규정했던 것도 같은 맥락이라고 생각합니다.

따라서 중요한 점은 신자유주의의 구체적 양상이 역사적으로 어떤 식으로 변화했는지 그 역동성을 포착하는 일입니다. 다시 말하면 역사적 진화과정을 파악해야만 신자유주의에 대한 올바른 이해와 동시에 올바른 비판을 할 수 있다는 것이죠. 오늘 우리가 다루는 1970년대 이후 신자유주의로의 전 세계적 전환 역시 단순히 1930년대에 형성된 초기 신자유주의의 핵심 교리가 단순히 외연적으로 확장된 결과라고 보기보다는, 오히려 다양한 경제적·정치적 상황에 따라 유연하게 스스로를 수정하고 대응하는 그런 진화의 과정으로 보는 편이 옳겠다는 생각입니다.

3) 신자유주의의 역사적 진화

신자유주의 이념이 형성되는 단계에서 영향을 미쳤던 인물은 하이에크, 루드비히 폰 미제스(Ludwig von Mises), 칼 포퍼(Karl Popper)였습니다. 이들의 주요 저작은 1944~1945년에 집중적으로 출간되지요. 『노예의 길』, 『관료제(Bureaucracy)』, 『열린 사회와 그 적들(The Open Society and Its Enemies)』이 바로 그것입니다. 이 세 명의 인물들 사이에는 어느 정도 공유하고 있는 사상적 측면도 존재하지만, 또 어떻게 보면 다소 이질적인 사람들이었다고 말할 수도 있어요. 예를 들면 포퍼는 젊은 시절 사회주의자였고, 전향한 이후에도 사회주의자 역시 자유주의자와 더불어 '인도주의 진영'의 일원이라고 생각했습니다. 이에 반해 미제스는 포퍼가 보기에는 아마 굉장히 경직적이고 시장근본주의에 치우친 인물이었습니다. 그의 『관료제』는 미국의 뉴딜에서 관찰되는 관료의 지배경향을 강도 높게 비판하고 있는데, 그러한 관료주의를 시장원칙(이윤에 의해 지배되는 체제)으로 대체해야 한다고 주장합니다. 국가의 개입 축소를 넘어 국가 그 자체를 시장화해야 한다는 것이죠.[6] 여담입니다만 한국의 신자유주의 정책 전환에서 가장 중요한 인물이었던 김재익은 미제스의 추종자였던 것 같아요. 그가 미제스의 책을 직접 복사하고 제본해서 당시 출입 기자들이나 동료들에게 무료로 배포하기를 즐겼다는 일화도 있을 정도니까요.[7]

어쨌든 이러한 이질적 인사들을 하이에크는 자신의 정치력을 통해 조직화하고, 이들의 주장들 속에서 집단주의에 반대하는 개인주의라는 공통의 가치를 추출해냅니다. 그리고 이러한 노력을 통해서 신자유주의자들의 국제적 조직, 그러니까 '신자유주의 인터내셔널'이라고 말할 수 있는 지식인 네트워크를 만들어내지요. 그것이 바로 1947년 스위스에서 창립된 '몽페를랭협회(Mont Pelerin Society)'입니다. 하이에크는 사회주의자들로부터 배울 수 있는 유일한 교훈은 이념의 중요성을 간파한 것이라고 봤습니다. 그래서 신자유주의 이념을 설파할 조직을 구성하는 데 관심을 기울였던 것이죠. 실제로 1930~1940년대 유럽과 미국에서 나타나고 있던 현실을 우려했던 다양한 국적의 지식인들이 몽페를랭협회에 동참하기 시작했습니다. 협회에 참여한

---

6 다니엘 스테드먼 존스, 『우주의 거장들: 하이에크, 프리드먼 그리고 신자유주의 정치의 탄생』, 유승경 옮김(미래를소유한사람들, 2019).

7 고승철·이완배, 『김재익 평전』(미래를소유한사람들, 2014), 99~104쪽.

지식인들은 논쟁을 거쳐 자신들의 이념의 핵심 측면을 '시장의 중요성, 개인주의, 강한 국가'로 요약합니다. 그리고 이러한 이념을 어떻게 명명할 것인가에 대해서 논쟁하는데요. 신자본주의, 실증적 자유주의, 개인주의, 좌파 자유주의, 신자유주의 등이 후보로 거론되었고 그중 '신자유주의'가 채택되었지요.[8]

그런데 이 시기 몽페를랭협회의 영향력은 사실 주변적이었고, 참여한 지식인들도 대부분 주류 지성계로부터 고립된 인물들이었습니다. 신자유주의는 소수의 이념일 따름이었다는 것이죠. 당시에는 케인스주의가 부상하고 있었고 또 급속한 경제성장이 진행되었기에 케인스주의를 집단주의라고 비판하는 주장에 주목하는 사람들은 거의 없었습니다. 하지만 예외적으로 신자유주의를 적극 수용했던 유일한 국가가 있었는데, 그것이 바로 독일이었습니다. 나치즘이 발흥하고 2차 세계대전의 원인을 제공했던 독일은 패전 이후 국가의 정당성을 재확립해야 할 새로운 근거를 찾아야만 했습니다. 이 근거는 '질서자유주의(Ordoliberalism)'였습니다. 1930년대부터 프라이부르크(Freiburg) 학파의 학술지 ≪질서(Ordo)≫를 중심으로 나치즘을 비판해 왔던 이 흐름은 '사회적 시장경제'라는 이름으로 전후 서독의 기본 경제정책 원리로 부상합니다. 질서자유주의를 정초했던 발터 오이켄(Walter Eucken)과, 전후 경제장관과 수상을 역임했던 빌헬름 에르하르트(Wilhelm Erhard) 모두 몽페를랭협회의 회원이었습니다. 질서자유주의는 독일식 신자유주의였던 셈이죠. 참고로 한국에서도 과거 김대중 정부가 1997년 외환위기의 원인이 과거 개발국가(Developmental State)의 유산에서 비롯된 것이라 비판하면서 '사회적 시장경제'를 주창한 바 있지요. 개발국가에 대한 대안으로 신자유주의

---

8   Dieter Plehwe, "Introduction," in Philip Mirowski and Dieter Plehwe(eds.), *The Road from Mont Pelerin: The Making of the Neoliberal Thought Collective* (Harvard University Press, 2009).

를 적극 수용한 것이라 볼 수 있겠습니다. 또한 1960년대부터 최근까지 한국 현대정치사를 관통하는 인물인 김종인이 국내의 대표적인 오이켄주의자라 할 수 있습니다. 그는 현재의 미국식 신자유주의가 오이켄의 '정통' 신자유주의에서 변질된 것이라 비판하지요.[9]

질서자유주의는 나치즘과 뉴딜 또는 케인스주의를 모두 비판하면서 국가의 가장 중요한 책임과 역할은 시장에 대한 통제가 아니라 시장이 제대로 작동하기 위한 제도를 확립하는 데 있다고 봅니다. 이를 위해서 가장 중요한 정책은 시장질서를 교란하는 독점을 해체하고 경쟁구도를 창출하는 것입니다. 이는 과거 은행 주도로 기업과의 카르텔을 형성했던 나치 시절의 독점구도에 대한 비판을 반영하고 있다고 볼 수 있습니다. 이와 더불어 또 다른 정책은 안정적인 통화관리입니다. 질서자유주의자들이 보기에 시장이 작동하기 위한 전제조건은 시장의 예측 가능성을 높이는 일이었습니다. 그리고 엄격하고 안정적인 통화관리를 통해 물가안정을 유지하는 것이야말로 이와 같은 예측 가능성의 기본 조건이라고 생각했지요. 만약 국가가 특정한 정책 목표를 위해 인위적으로 통화공급을 확대하게 되면 결국 기대인플레이션 심리를 자극하게 되어 시장질서가 교란될 것이라 봤기 때문입니다. 이는 고용확대를 목표로 적극적 재정정책을 실행함으로써 물가 상승의 위험을 감수하는 케인스주의에 대한 비판이라고 볼 수 있습니다. 여기서 강조되어야 할 것은 독점규제와 안정적 통화관리라는 질서자유주의의 핵심 목표가 그것을 실행하는 강력한 국가의 존재를 전제로 하고 있다는 사실입니다.

그런데 지금까지 설명한 초기 신자유주의의 성격은 신자유주의의 중심이 유럽에서 미국으로 이동하고, 밀턴 프리드먼(Milton Friedman)과 같은 2세대 시카고학파가 주도하면서 변화하기 시작합니다. 예를 들면 독점에 대한 입

---

9   김종인, 『영원한 권력은 없다』(시공사, 2020), 179쪽.

장의 변화가 대표적입니다. 앞서 봤듯이 초기의 신자유주의는 독점에 대해 비판적인 입장이었고, 실제로 몽페를랭협회는 독점자본가들에 대한 재교육을 주요 활동 목표로 설정했을 정도였습니다. 하지만 냉전질서가 공고화된 1950~1960년대에 신자유주의 지식인들에게 듀퐁(Dupont)과 제너럴일렉트릭(GE)과 같은 거대 기업들의 후원이 이어지고 미국 기업연구소(AEI)와 경제문제연구소(IEA)와 같은 민간재단의 지원이 급증하기 시작하면서 독점에 대한 비판은 자본의 독점이 아닌 노동의 독점, 즉 노동조합에 대한 비판으로 축소됩니다. 이제 신자유주의자들은 시장을 교란하는 병리적인 자본독점을 경제적 국가 개입의 결과로 나타나는 경우로만 한정시키고, 정상적인 경쟁의 결과로 나타나는 독점대기업은 비판할 수 없다고 주장합니다. 이에 반해 노동조합은 노동력의 가격인 임금의 담합을 목표로 하는 독점체이기 때문에 국가 개입을 통해 약화시켜야 한다는 주장은 유지되지요.

이 단편적인 사례에서 확인할 수 있는 것처럼 신자유주의는 고정된 것이 아니라 역사적으로 계속 진화해 왔다고 볼 수 있습니다. 최근 저는 신자유주의의 역사적 진화 형태에 관심을 갖고 있는데요. 아직 연구가 부족하지만 다음과 같은 네 단계를 거쳐 진화해 왔다는 가설을 제기해 보고 싶어요.

첫 번째 단계는 지금까지 설명한 '이념적 신자유주의'입니다. 1930~1940년대 몽페를랭협회의 지식인들이 기초했던 신자유주의의 이념을 지칭합니다. 그리고 두 번째 단계는 '정치적 신자유주의'라고 이름 붙이고 싶은데요. 1950~1960년대에는 신자유주의와 정치적 보수주의 사이의 결합이 관찰됩니다. 사실 초기의 신자유주의 이념은 정치적으로 보수적이라고는 말하기 쉽지 않아요. 그런데 다니엘 스테드먼 존스(Daniel Stedman Jones)의 책에 잘 나와 있는 것처럼 이 결합은 논리적이라기보다는 상황적이었습니다.[10] 신자

---

10 존스, 『우주의 거장들: 하이에크, 프리드먼 그리고 신자유주의 정치의 탄생』.

유주의자들이 보수주의자들의 지원을 받는 대신 이들에게 구체적인 정책적 내용과 이론을 제공해 주었던 것은 둘 사이의 이념적·논리적 친연성에 있다 기보다는 당시의 정치적 상황에서 비롯되었다는 것이지요. 당시 미국에서 진행된 다양한 시민권운동을 계기로 연방정부가 주도했던 일련의 개혁들, 예를 들어 린든 존슨(Lyndon Johnson) 행정부의 '시민권법'(1964)과 '참정권 법'(1965) 입법화와 '위대한 사회' 기획은 전통적 보수주의자들의 반발을 야 기했습니다. 그런데 이는 인종차별 철폐나 빈곤 철폐와 같은 구체적인 내용 에 대한 반대라기보다는 연방정부의 일방적인 진보주의적 개혁 추진에 대한 반감에서 비롯된 것이었죠. 바로 이 지점에서 정치적 보수주의와 신자유주 의가 결합될 수 있는 상황적 조건이 마련되었던 것입니다. 실제로 1950~ 1960년대의 이러한 조건 위에서 신자유주의는 정치적 운동으로서 영향력을 확대하기 시작했고 정치적 보수주의에 새로운 이론적 근거를 제공하게 되지 요. 이제 신자유주의는 지식인들만의 이념적 네트워크를 넘어 무시할 수 없 는 정치세력으로 부상합니다.

세 번째는 '정책적 신자유주의' 단계입니다. 1970년대 스태그플레이션(stag-flation)을 배경으로 신자유주의는 정책 원리이자 경제학적 이론으로 다시 한 번 진화합니다. 가장 대표적인 사례가 프리드먼의 통화주의(monetrarism)와 제 임스 뷰캐넌(James Buchanan)의 공공선택이론이었습니다. 이들은 스태그플레 이션에 대한 이론적 설명을 제공해 주었을 뿐만 아니라 정책적 처방까지 제공 해 주었습니다. 이에 관해서는 뒤에서 다시 자세히 설명하겠습니다만, 일단 강조해야 할 사실은 '정책적 신자유주의'는 '정치적 신자유주의'와 달리 보수 주의자들에 의해서만 선택된 것이 아니라는 점입니다. 실제로 통화주의 정책 을 처음으로 실행한 것은 영국의 보수당이나 미국의 공화당 정부가 아니라 노 동당과 민주당 정부였습니다. 즉, 케인스주의의 포기와 통화주의의 채택은 1970년대 말 영국의 제임스 캘러헌(James Callaghan) 정부와 미국의 제임스 카 터(James Carter) 정부에 의해 최초로 시작되었습니다. 물론 이후 마거릿 대처

(Margaret Thatcher)와 로널드 레이건(Ronald Reagan)의 보수주의 정부 시기에 들어서야 본격화되었다고 할 수 있겠지만, 신자유주의 정책은 1990년대의 노동당과 민주당 정부 시기에도 지속되었다는 점에서 정치적 입장을 초월하는 기술관료적 성격을 확인할 수 있습니다.

마지막 단계는 2000년대 이후부터 현재까지로, 이러한 이름이 적절할지 모르겠지만 '규범적 신자유주의'라고 부를 수 있는 시기입니다. 여기에서 '규범'이란 옳고 그른 것의 기준이라는 뜻으로, 이제 신자유주의가 제도정책적 원리를 넘어서 일반인의 일상적 실천으로까지 그 범위를 확장시켰음을 의미합니다. 특히 초기 신자유주의 이념이 강조했던 개인주의는 정치적 의미에서 도덕적 의미로 초점이 이동하는 모습이 나타납니다. 즉, 복지제도와 같은 집단적 대응보다는 삶에 대한 개인의 책임성이 강조되면서, 자신의 삶을 개선하려 하지 않는 사람들과 복지의 수혜자들에게 무책임한 개인이라는 규범적 비판이 집중되지요. 바람직한 규범적 태도는 개인의 역량 강화(empowerment)를 위한 끊임없는 노력이며, 노력의 정당한 대가를 인정받기 위해서는 개인적 능력, 실력, 혹은 성과에 따른 보상을 의미하는 능력주의(meritocracy)적 원칙이 필요하다는 인식이 확산됩니다. 흥미로운 점은 2000년대 이후, 특히 글로벌 금융위기 이후 관료와 정치인들이 주도했던 '정책적 신자유주의'의 영향력은 약화되었던 데 반해, 오히려 아래로부터의 '규범적 신자유주의'는 정책적 신자유주의를 비판하고 대결하면서 빠르게 부상했다는 사실입니다. 규범적 신자유주의의 가장 중요한 특성인 능력주의와 역량 강화는 양가적입니다. 한편으로는 기존의 차별과 위계에 대한 강력한 비판이기도 하지만, 동시에 구조적 불평등의 문제를 개인화하는 결정적 한계를 보이기 때문입니다. 이를 두고 낸시 프레이저(Nancy Fraser)는 비판적 관점에서 '진보적 신자유주의'라고 규정하기도 합니다.[11] 일부 사회운동과 월스트리트, 헐리우드, 실리콘밸리의 결합이 새로운 신자유주의를 주도하고 있다는 것이지요.

지금까지 아이디어 수준에서 간략하게 신자유주의의 역사적 진화를 살펴봤는데요. 저는 신자유주의를 제대로 비판하기 위해서는 이와 같은 역사적 측면에 주목해야 할 필요가 있다고 생각합니다. 제가 너무 단순화한 것인지 모르겠는데, 오늘날 신자유주의를 비판하는 방식을 보면 초기 신자유주의의 이념을 이론적·철학적으로 비판하는 데 그치거나, 아니면 신자유주의 정책의 실패에서 섣부르게 신자유주의의 파산과 종언을 도출하는 경우가 많은 것 같아요. 하지만 신자유주의는 계속 진화해 왔고 지금도 현재진행형입니다. 현재에 대한 비판을 과거에 대한 비판으로 대체할 수는 없겠지요. 근본적인 비판의 출발점은 신자유주의 그 자체에 진화의 동력이 있다기보다는 외부의 조건, 요컨대 경제적 조건의 변화라든지 정치적 상황의 변화에 따라 변모해 왔음을 인식하는 데 있다고 생각합니다.

2.   케인스주의의 부상과 위기

이제 케인스주의에서 신자유주의로의 역사적 전환 과정을 본격적으로 살펴 보겠습니다. 케인스주의의 성격에 관해서는 2강에서 자세히 다루었기 때문에 이번 강의에서는 전환과 관련된 역사적 맥락 정도를 짚어 보도록 하겠습니다. 케인스주의의 부상을 이해하기 위해서는 '대불황(the great depression)'에서 시작해야 합니다. 대불황은 보통 국내 문헌에서는 '대공황'으로 번역되지만 엄밀하게 이야기하면 '공황'보다는 '불황'이 맞습니다. 'panic disorder'를 공황장애로 번역하듯이, 주식시장의 붕괴는 바로 집단적 불안과 공포의 전염을 동반하는 '공황'이었습니다. 그런데 모든 공황, 즉 주식시장 붕괴가 실물경제의 불황으로 이어지는 것은 아닙니다. 1930년대를 20세기 역사상

---

11   낸시 프레이저, 『낡은 것은 가고 새것은 아직 오지 않은: 신자유주의 헤게모니의 위기 그리고 새로운 전망』, 김성준 옮김(책세상, 2021).

최악의 경제위기로서 '대불황'이라고 명명하는 것은 1929년의 공황이 엄청 난 경제적 충격과 함께 장기간 지속된 불황을 낳았기 때문입니다.[12] 지금부 터는 케인스주의가 부상한 역사적 배경으로서 공황이 불황으로 이어지면서 나타난 대불황의 원인을 살펴보겠습니다.

1) 1930년대 대불황과 케인스주의의 부상

1920년대 미국에서는 1차 세계대전 시기의 전쟁 특수와 법인기업의 혁신을 바탕으로 호황과 주가 상승이 진행됩니다. 그런데 문제는 1920년대 말부터 주식시장의 거품이 형성되기 시작했다는 데 있습니다. 다우존스 지수는 1928년 1월에서 대폭락 직전인 1929년 9월 사이에 두 배 가까이 상승합니 다. 이는 주가 상승에 따라 더 많은 투기자금이 주식시장에 유입된 결과였습 니다. 하지만 실물경제는 주가만큼 빠르게 성장하지 않았습니다. 사실 1920 년대의 호황은 낮은 임금비용에 기반한 것이었기에 소비의 제약으로 인한 과잉생산의 경향을 내재했습니다. 실제로 1929년 8월부터 산업생산이 감소 세로 전환되면서, 이제 주식시장이 과열되었다는 사실은 분명해 보였죠. 미 국 정부는 과열된 주식시장을 진정시키기 위해 개입해야만 했습니다. 정부 의 개입은 투자자들의 불안감과 공포를 확대했고 곧 현실화되었습니다. 1929년 10월 마침내 주식시장의 대폭락이 시작된 것이지요.

만약 이 사건이 단순한 주식시장의 공황에 그쳤다면, 투자자들의 손실로 만 마무리되었을 거예요. 하지만 1929년의 공황은 1930년대 대불황으로 이 어졌지요. 그 이유는 바로 주식시장의 붕괴가 대규모 은행의 파산으로 이어 지면서 결국 경제 전반의 위기를 낳았기 때문입니다. 호황기였던 1920년대

---

12 윤종희, 『현대의 경계에서: 역사과학에서 조명한 현대 세계사 강의』(생각의힘, 2015), 346쪽.

에 은행 간 경쟁압력이 상승하면서 더 많은 예금을 확보하기 위해 은행들은 예금금리를 인상해야만 했습니다. 그런데 예금금리의 인상은 곧 비용증가를 의미했기에, 이를 상쇄하기 위해서는 수익성 높은 사업이 필요했습니다. 은행들이 급속한 주가 상승이 진행되던 주식시장을 주목했던 것은 이러한 배경에서였지요. 물론 당시 미국에서는 은행이 기업을 지배하지 못하도록 은행의 직접적 주식 소유를 금지하는 규제가 이미 존재했었습니다. 하지만 중앙은행인 연방준비제도(연준)가 설립된 지 불과 10여 년밖에 지나지 않은 상황이었고, 여전히 규제상의 많은 허점들이 있었습니다. 은행들은 바로 규제의 공백을 활용했지요. 가령 신탁부서를 통해 간접적으로 주식시장에서 자금을 운용하거나, 투자은행업을 담당하는 자회사를 설립하고, 또 가장 중요하게는 주식을 담보로 하는 중개 대출을 확대함으로써 주식시장에 대규모 은행자금이 유입되기 시작했습니다. 특히 주식을 담보로 한 중개 대출이 가장 중요했는데, 1929년의 경우 중개 대출의 비중은 전체 은행 신용의 40% 가까이 되었다고 하니 엄청난 규모의 은행자금이 주식시장에 유입된 것이죠. 그리고 이 자금은 주식시장의 거품 형성에 기여했겠죠.

하지만 주식시장 붕괴가 시작되면서 은행이 담보로 보유한 주식가치 역시 빠르게 하락합니다. 대출금 회수가 어려워진 은행들이 손실을 최소화하기 위해 서둘러 담보를 매각하지만 이는 주가 하락을 더욱 부채질할 뿐이었죠. 그 결과 1932년 여름의 평균 주가는 1929년에 비해 무려 80% 이상 하락했고, 손실 누적으로 인해 전국적으로 약 9000개 이상의 은행이 파산했습니다. 대부분 지점이 없는 소규모 단점은행 형태였던 당시 미국의 은행들은 손실에 매우 취약했던 것이죠. 더욱 심각한 문제는 아직 '예금자보호법'이 존재하지 않았기 때문에 은행 파산의 충격이 예금주들에게 고스란히 전가되었다는 사실이었습니다. 문제는 여기에 그치지 않았습니다. 비교적 규모가 큰 은행은 비록 파산은 면했지만 기존 대출을 회수하고 추가 신용 제공을 거부하면서 은행 신용 의존도가 높은 중소기업들이 파산에 직면했고, 재무상태가 상대적으로 양호한 법인기업들도 불투명한 전망하에 투자를 크게 축소했지요. 대불황은 이렇게 시작되었습니다. 하지만 허버트 후버(Herbert Hoover) 정부는 여전히 19세기적 관점에서 소극적인 태도로 일관함으로써 사태를 더욱 악화시켰습니다. 또한 전후 복구작업을 위해 미국으로부터 자본수입에 의존해 왔던 유럽도 미국 은행들이 자금 회수에 나서면서 심각한 침체에 빠져들었고, 결국 대불황은 세계적으로 확산되었습니다. 이는 유럽에서 파시즘이 부상하는 배경이 되었지요.

대불황의 충격 속에서 진행된 1932년 대통령 선거에서 '뉴딜'을 캐치프레이즈로 내걸었던 민주당의 프랭클린 D. 루스벨트(Franklin D. Roosevelt)가 당선되었습니다. 그런데 뉴딜은 선거용 구호였을 뿐 상징적인 의미 외에 구체적인 청사진이 있었던 것은 아니었습니다. 사실 다소 임기응변식 대응에 가까웠다고 할 수 있습니다. 흔히 뉴딜과 케인스주의를 동일시하는 경우가 많은데, 어느 정도의 친화성은 있지만 둘은 구별되어야 합니다. 1930년대 말까지 케인스의 이론은 미국을 포함해 어느 국가에서도 실제 정책으로 실현된 적은 없었고, 케인스 자신도 뉴딜에 비판적이었습니다. 가령 루스벨트 정부는 적자재정정책을 일관되게 사용하지 않았습니다. 경제가 회복될 기미가 보이면 어김없이 균형재정으로 복귀했지요. 또한 불황의 원인이 기업들의 과도한 경쟁에 있다고 파악하면서 경쟁을 제한하는 '전국산업부흥법(NIRA)' 과 농산물 가격 폭락의 충격을 완화하기 위해 농민에게 보조금을 제공하는 '농업조정법(AAA)'을 제정합니다. 이 외에도 정부 주도로 다양한 위원회를 구성해 직접적 경제 개입을 시도합니다. 앞서 설명했던 것처럼 초기 신자유주의자들이 뉴딜을 사회주의나 파시즘과 유사한 집단주의라고 비판했던 근거가 여기에 있었죠. 마찬가지로 케인스도 루스벨트 정부의 이러한 시도를 비판합니다. 그리고 결국 '전국산업부흥법'과 '농업조정법'은 위헌 판결을 받아 무효화되지요.

그렇다고 하더라도 뉴딜과 케인스주의 사이에는 친화성과 연속성도 분명히 존재합니다. 우선 은행 위기의 재발을 막기 위한 시도로서 증권 업무와 신용 업무, 즉 투자은행과 상업은행의 업무를 명확히 분리하는 '글래스-스티걸 은행법(Glass-Steagall Banking Act)'을 제정하고, 상업은행의 건전성을 확보하기 위해 금융감독을 강화했던 개혁이 바로 그것입니다. 이는 대불황과 같은 위기를 막기 위해서는 금융에 대한 철저한 감독과 규제가 필요하다는 인식에 기반했고, 이에 대해서는 케인스도 지지하지요. 또한 루스벨트 정부는 19세기 자유주의의 대표적인 제도적 유산이었던 금본위제(Gold Standard)에서도 탈퇴함으로써 달러에 대한 평가절하를 단행합니다. 비록 루스벨트 정부는 여전히 원칙적으로 균형재정에 대한 집착을 유지했지만, 금본위제라는 '황금족쇄'에서 해방되어 이후 케인스주의의 적극적 적자재정정책을 가능케 하는 제도적 조건을 마련해 주었다고 볼 수 있겠습니다.

미국 경제가 대불황으로부터 완전히 회복할 수 있었던 요인은 뉴딜이라기 보다는 2차 세계대전이었습니다. 1941년 미국이 전쟁에 참여하면서 전쟁물자를 중심으로 생산과 투자가 급증하게 되었고, 실업률은 1%대로 하락해 사실상 완전고용이 이루어집니다. 이뿐만 아니라 1930년대까지 적자재정에 거부감을 보였던 의회도 전쟁에 적극 대응하기 위한 대규모 국채 발행에 찬성합니다. 전쟁과 함께 균형예산의 강박으로부터 벗어난 것이죠. 대불황시기에 사람을 살리기 위해 돈을 쓰자는 데에는 주저했던 정치인들이 사람을 죽이기 위해 돈을 쓰는 데에는 한순간도 망설이지 않았던 것입니다.[13] 그리고 전시경제하에서 명확히 케인스 이론에 입각한 정책들이 나타납니다. 미국 정부 내에 스스로 '케인스주의자'로 생각하는 인물들의 영향력이 커지고, 영국에서는 케인스 자신이 전시경제의 관리를 위한 재무부 고문 역할을 맡게 됩니다. 전쟁과 함께 케인스주의 시대가 열린 것이죠.

---

13 윤종희, 같은 책, 364쪽.

전시경제의 실험을 바탕으로 종전 이후에도 케인스주의는 경제정책의 기본 패러다임으로 자리 잡게 됩니다. 케인스주의란 케인스 이론에 바탕을 둔 정책과 제도들의 조합을 지칭합니다. 케인스는 불황의 원인이 수요의 부족에 있다고 봤는데, 이러한 진단은 공급이 항상 자신의 수요를 창출한다는 고전파 경제학의 전제를 완전히 뒤집는 것이었습니다. 그의 『고용, 이자 및 화폐의 일반이론(The General Theory of Employment, Interest, and Money)』(1936)이 '세의 법칙(Say's Law)'에 대한 비판에서 시작하는 이유는 바로 이 때문이지요. 세를 포함한 고전파 경제학자들은 모든 상품가격은 탄력적이라고 가정합니다. 즉, 수요에 따라 가격은 상승하거나 하락할 수 있기 때문에 곧 균형가격에 도달한 상품은 모두 판매될 수 있다는 것이었습니다. 하지만 케인스가 보기에 이러한 가정은 비현실적이었습니다. 대불황의 경험에서 확인할 수 있듯이 상품가격이 아무리 하락한다고 하더라도 판매되지 않는 상황이 존재했던 것이죠. 현실에서는 "수요가 공급을 창조한다"라고 보는 편이 더 맞다는 것입니다. 그리고 비자발적 실업이 사라진 '완전고용' 상태에서 유효수요가 최대화된다고 규정하지요. 따라서 이제 문제는 완전고용을 어떻게 달성할 것인가라는 질문이 됩니다. 여기서 바로 완전고용을 목표로 하는 정부 개입의 필요성과 그 구체적인 수단으로서 재정정책의 중요성이 도출되지요. 정부의 지출을 통해 수요를 보완해야만 한다는 것입니다. 전후 미국과 유럽에서는 완전고용이 정부의 핵심적 경제정책의 목표로 설정되었고, 이를 달성하기 위해서 유효수요, 특히 기업들의 투자수요를 촉진시킬 수 있는 재정정책이 적극 활용됩니다. 또한 정부의 재정정책과 더불어 중앙은행의 통화정책, 특히 신용 완화정책도 보완적인 역할을 담당합니다. 이자율을 낮게 유지함으로써 손쉽게 외부자금을 조달해 투자를 확대하도록 유도했던 것이지요.

그런데 정부의 재정정책의 효과가 실현되기 위해서는 한 가지 조건이 충족되어야 했는데, 그것이 바로 금융에 대한 제도적 억압입니다. 왜냐하면 정부가 아무리 적극적 재정정책을 실행한다고 해도, 그러한 자금이 생산적 부문이 아닌 금융적 부문으로 유입되어 산업 부문과 유리되거나 재정정책을 무력화하는 해외로의 자본도피로 이어질 위험이 있기 때문입니다. '금리생활자의 안락사'라는 케인스의 유명한 언급은 투자의 사회화를 위한 금융 억압을 강조했던 것이지요. 케인스가 사적 금융으로부터 연준과 같은 공적 금융으로 권력을 이전시키는 데 찬성하고 '글래스-스티걸 은행법'을 적극 지지했던 이유도 여기에 있었습니다. 또한 저금리로 대표되는 신용 완화정책은 투자 유도 외에도 금융 억압이라는 의미 역시 지니는 것이었습니다. 낮은 이자율은 어느 정도의 인플레이션을 용인한다는 것을 뜻했는데, 이는 실질 화폐가치를 침식시켜 금융자본의 이익에는 반하는 구도를 만들었기 때문입니다. 국제적 수준에서 금융 억압은 1944년의 브레튼우즈체제(Bretton Woods System)의 확립으로 구체화되었습니다. 국제적 금융자본의 이동을 규제함으로써 상품무역의 안정적인 토대로서 고정환율제를 도입했던 동시에 각국 정부가 자본도피에 대한 우려 없이 적극적인 재정정책을 활용할 수 있게 되었지요.

이후 케인스주의는 단지 경제정책의 원리로서만이 아니라, 주류 경제학 내부에서도 지배적인 이론적 패러다임으로 자리 잡습니다. 물론 미시적 시장균형에 따른 가격결정 메커니즘을 강조하는 기존의 신고전파 패러다임을 대체한 것은 아니었고, 신고전파와 케인스주의라는 서로 상이한 패러다임의 '동거'라는 형태로 경제학이 체계화됩니다. 이것이 바로 폴 새뮤얼슨(Paul Samuelson)이 완성한 '신고전파종합(neoclassical synthesis)'입니다. 새뮤얼슨은 경제학을 거시경제학과 미시경제학으로 재구성하는데, 전자는 케인스주의로 후자는 신고전파로 설명합니다. 즉, 단기적으로는 시장의 불완전성에 대한 정부 개입을 강조하는 케인스주의가 맞지만, 장기적으로는 시장균형을 강조하는 신고전파 이론이 맞다는 절충적 입장을 견지하지요. 따라서 신고전파적 패러다임을 기본으로 케인스주의를 수용했다는 의미에서 '신고전파종합'이라고 명명할 수 있습니다. 새뮤얼슨의 『경제학(Economics)』은 1948년에 1판이 출간된 이래 2009년까지 19판까지 이어지며 주류 경제학의 공인교과서 역할을 수행했습니다. 그의 체계에 따라 케인스주의를 수용한 입장이 '신케인스주의(neo-Keynesianism)'입니다. 신케인스주의는 신자유주의적 비판이 부상했던 1970년대 초까지 주류 경제학의 지배적 패러다임으로 기능했습니다.

참고로 말씀드리자면 주류화된 케인스주의로서 신케인스주의는 신자유주의 경제 이론의 비판에 직면한 이후 1980년대부터 '새 케인스주의'(new Keynesiansim)로 변모합니다. 신케인스주의에 대한 신자유주의 이론이 제기한 비판의 핵심은 적극적 재정정책의 무용성이었습니다. 경제행위자들은 '합리적 기대'에 따라 확장적 재정정책이 인플레이션을 유발할 것이라 예상하면서 그에 선제적으로 대응함으로써, 사실상 정부가 의도하는 재정정책의 효과가 사라지고 물가 상승만이 진행될 것이라는 주장이었죠. 예컨대 투자 확대와 고용 증대를 목표로 실행된 정부의 확장정책은 기대인플레이션을 높여 노동자들의 더 높은 임금 인상 요구를 촉발시키고 그 결과 투자와 고용의 정체가 지속된다는 것이었습니다. 이는 실제로 경기침체와 인플레이션이 동반되고 있었던 1970년대의 상황과 맞물려 케인스주의에 대한 강력한 비판으로 인식되었습니다. 이에 대한 대응으로 등장한 것이 바로 새 케인스주의였지요. 오늘날 잘 알려진 그레고리 맨큐(Gregory Mankiw), 조지프 스티글리츠(Joseph Stiglitz), 폴 크루그먼(Paul Krugman) 등이 대표적입니다. 새 케인스주의는 행위자들의 '합리적 기대'를 전제한다고 하더라도 케인스가 강조하는 가격경직성을 설명할 수 있고, 그에 기반한 국가 개입의 유용성을 증명할 수 있다고 봤습니다. 즉, 현실에서는 불완전 경쟁과 비대칭적 정보가 일반적이기 때문에 경제행위자들의 '합리적 기대'는 제한적이며, 그 결과 가격경직성이 발생한다는 것이지요. 그런데 새 케인스주의가 보다 중요하게 생각하는 국가 개입의 수단은 재정정책보다는 통화정책이었습니다. 중앙은행의 경제 관리 역량과 금융시장의 기능이 강조된 것입니다. 이러한 이유로 새 케인스주의는 경기부양을 위해 통화정책을 주로 활용함으로써 사실상 금융시장이나 부동산시장의 거품을 야기하는 '자산가격 케인스주의'라는 비판을 받기도 하지요.

이야기 나온 김에 더 설명하자면, 신케인스주의나 새 케인스주의와 구분되는 '포스트 케인스주의(post Keynesianism)'라는 조류도 존재합니다. 포스트 케인스주의는 이른바 '좌파 케인스주의' 혹은 '급진 케인스주의'라고 할 수 있는데, 앞의 두 케인스주의가 모두 경제학 내부의 주류적 입장을 차지했다면, 이 흐름은 비주류적·소수파적 입장이라고 할 수 있습니다. 신케인스주의가 케인스를 너무 보수적으로 해석한다고 반발하면서 1970년대 후반부터 등장한 포스트 케인스주의는 케인스의 유효수요 이론을 계승하지만, 유효수요를 증가시키기 위한 방법으로 재분배와 성장을 보다 강조합니다. 또한 금융시장에서 투자자들의 비합리적 기대와 군집 행동에 주목하면서, 금융시장에 내재한 불안정성을 부각시킵니다. 이러한 관점에서 포스트 케인스주의는 마르크스주의와 함께 오늘날의 금융화(financialization)에 대한 강력한 비판적 입장을 대표하지요.

2) 케인스주의가 가져온 변화

그럼 다시 돌아와서 1950년대 케인스주의의 부상이 가져온 변화에 관해 이야기해 보겠습니다. 케인스주의는 사회적 세력관계의 정치적 타협을 제도화했습니다. 첫 번째는 국가와 기업 사이의 타협이고, 두 번째는 기업과 노동자 사이의 타협이었습니다.[14] 첫 번째부터 살펴보죠. 케인스주의에서 국가는 유효수요와 같은 거시적 경제변수를 관리할 책임을 맡는 대신, 기업은 미시적 영역에서의 자율성을 획득합니다. 케인스의 기획대로 이제 국가는

---

14 박상현, 『신자유주의와 현대 자본주의 국가의 변화: 세계 헤게모니 국가 미국을 중심으로』(백산서당, 2012), 3장.

거시적 불안정성에 대처할 책임을 지게 되었고, 민족적 수준에서 소비, 투자, 소득, 지출 등에 대한 자료를 확보하고 그러한 거시적 경제활동을 관리할 역할을 맡았습니다. 특히 중요한 것은 정부의 재정정책을 매개로 한 '투자의 사회화'였습니다. 이는 과거의 전통적인 균형재정 관념으로부터의 단절을 의미했는데, 즉 경제활동이 수축될 경우 정부가 주도적으로 적자재정을 감수함으로써 기업 투자를 자극하거나 유도할 수 있다는 것이었습니다. 그리고 1930년대 뉴딜 초기에 격렬히 저항했던 대기업들도 1940년대부터는 케인스주의 정책을 지지하게 되죠. 여기에는 분명한 이유가 있었습니다. 1930년대의 위기를 경험했던 기업들은 2차 세계대전의 종전과 함께 전쟁 특수가 사라질 것을 우려했고, 따라서 불황을 예방하기 위한 국가의 적극적 재정정책을 반대할 이유가 없었던 것이죠. 실제로 미국의 대표적인 기업들의 협의체인 경제발전협의회(CED)는 1940년대 후반 케인스주의적 재정·통화정책에 대한 공식적인 지지를 선언합니다.

두 번째는 자본과 노동 사이의 타협이었습니다. 케인스주의가 설정한 완전고용이라는 목표는 노동 문제를 노동의 권리를 둘러싼 정치적인 문제가 아니라 성장과 관련된 경제적인 문제로 전환하는 것이었고, 고용의 증가와 임금의 상승은 소비자의 구매력의 증가를 통해 기업 생산을 확대한다는 점에서 정당화되었습니다. 사실 1930년대까지 미국 노동자 운동은 상당히 전투적이었고, 자본 역시 노동자 운동에 매우 적대적이었습니다. 하지만 세계대전 이후 냉전과 반공주의의 부상을 배경으로 1947년 '태프트-하틀리 법(Taft-Hartley Act)'이 제정되고 1948년에는 온건 성향의 산별노조협의회(CIO)가 노동운동을 주도하게 되면서 기존의 급진적이고 전투적인 경향의 노조는 축출되기 시작합니다. 자본이 노조를 협상 파트너로 간주하고 단체 협상이 가져다줄 이득을 간파했던 것도 이즈음부터였지요. 가령 노조에 가장 적대적이었던 포드자동차 역시 1946년 노조를 공식 승인했습니다. 케인스주의 하에서 임금 상승은 투자를 촉진시키는 구매력의 확대로 이해되었기 때문에 단체교섭과 같은 제도화된 규칙에 따라 단체교섭을 통한 임금 인상 요구는 대개 수용되었고, 이를 바탕으로 기층 노동자들에 대한 노조의 영향력 또한 확대할 수 있었습니다. 그 결과 기업과 노조 사이의 타협에 따라 생산성과 임금 사이의 제도적 연계가 형성되었지요. 더 나아가 재정정책을 보완하는 사회정책의 확대 역시 노동자들의 생활안정에 기여함으로써 자본과 노동 사이의 타협을 지지했습니다. 물론 사회정책이 실행되는 구체적 양상은 유럽과 미국에서 서로 달랐습니다. 유럽에서는 사회임금 및 공적 서비스에 대한 사회 지출 중심의 복지국가 형태로 발전했던 데 반해, 미국에서는 높은 직접 임금과 조세 지출(세금 인하 및 공제)의 형태로 발전했던 것이지요. 이 차이에도 불구하고 그 경제적 효과는 거의 동일했습니다.

그런데 케인스주의적 타협에서 배제된 집단도 존재했습니다. 우선 중소 자본이 대표적이었죠. 상공회의소를 중심으로 미국의 중소기업들은 케인스주의 정책에 반대하는 입장을 계속 견지합니다. 왜냐하면 대기업과는 달리 중소기업들은 케인스주의적 이중의 타협에 동참할 수 있는 여력이 부족했기 때문입니다. 예를 들면 생산성 향상에 따른 임금 인상 요구를 수용한다든지, 혹은 정부가 요구하는 다양한 사회 지출비용을 분담할 수 있는 능력이 부족했던 것이죠. 또 다른 집단은 바로 금융자본이었습니다. 앞서 설명한 대로, 케인스주의적 금융규제하에서 금융 업종은 세분화되어 업무 영역이 분할되었고, 과거 거대 금융자본이 담당했던 화폐와 신용의 흐름에 대한 통제권은 중앙은행과 같은 특수한 공적 기관으로 이전되었지요. 무엇보다 케인스주의 정부는 산업투자를 확대하기 위해 기본적으로 저금리정책을 유지하고 일정 수준의 인플레이션을 용인했습니다. 물론 이와 같은 금융규제하에서도 급속한 경제성장에서 비롯된 높은 자금 수요는 금융자본에 안정적인 수익을 제공해 주었습니다. 그럼에도 불구하고 케인스주의의 기본 성격은 금융자본의 이익을 침식하는 것임이 분명했고, 따라서 정부의 금융규제를 회피하려는 금융자본의 시도 역시 계속되었습니다. 이러한 시도는 결국 케인스주

표 3-1

연평균 성장률(1870~1979)

시기	GDP	1인당 GDP	고정자본 스톡	수출량
1870~1913	2.5	1.4	(n.a.)	3.9
1913~1950	1.9	1.2	1.7	1.0
1950~1973	4.9	3.8	5.5	8.6
1973~1979	2.5	2.0	4.4	4.8

주: 주요 선진국가 수치의 산술평균.
자료: Angus Maddison, *Phases of Capitalist Development*(Oxford University Press, 1982).

의의 균열을 낳는 (원인은 아닐지라도) 중요한 계기로 작용합니다.

어쨌든 케인스주의에서 이루어진 이중의 타협, 즉 국가와 자본, 그리고 자본과 노동 사이에서 제도화된 타협은 성장의 선순환을 만들어냈습니다. 정부의 경제정책을 통한 '투자의 사회화'는 기업 투자의 증대를 유도했고, 이는 다시 고용 증대와 임금 인상을 야기함으로써 구매력의 증가로 이어졌습니다. 그리고 이에 따른 투자수요와 소비수요의 증대는 산업적 성장과 더불어 기업의 투자를 더욱 자극했지요. 이러한 선순환을 바탕으로 전쟁 직후부터 1960년대 후반까지 이른바 자본주의의 '황금기' 혹은 '영광의 30년'이라고 불리는 시기가 지속됩니다. 〈표 3-1〉에서 확인할 수 있는 것처럼 이 시기에는 높은 경제성장률과 무역 규모, 그리고 고정자본 투자가 나타나지요.

그런데 여기서 반드시 질문해야 할 문제는 바로 이 '황금기'와 케인스주의 사이의 관계입니다. 다시 말하면 황금기의 고성장은 케인스주의가 만들어낸 결과인 걸까요, 아니면 반대로 케인스주의가 작동할 수 있었던 조건이었을까요? 이 질문은 케인스주의와 마르크스주의 사이의 쟁점이기도 합니다. 1강에서 이야기했던 것처럼 마르크스주의는 이윤율의 장기적 운동을 자본주의의 역사적·구조적 변동을 파악할 수 있는 지표로 이해합니다. 제라르 뒤메닐(Gérard Duménil)과 도미니크 레비(Dominique Lévy)의 추계에 따르면 이미 20세기 초부터 미국에서는 조직 혁명과 기술진보에 따라 이윤율의 상승 추세와 함께 노동생산성과 자본생산성이 상승하는 국면이 시작됩니다.[15] 물론 대불황에 의해 이러한 추세는 일시적으로 급격히 꺾이지만 이내 다시 회복하지요. 앞에서 설명한 것처럼 1930년대 대불황은 자본주의 구조적 위기라기보다는 미성숙한 금융제도로 인한 신용 위기의 성격이 강했습니다.[16] 케인스주의에 앞서 바로 이윤율의 상승 추세가 존재했고, 이를 조건으로 케인스주의가 제도화될 수 있었던 것이죠.

따라서 저는 마르크스주의적 관점에 따라 고성장은 케인스주의의 결과라기보다는 오히려 조건이었다고 이야기하고 싶습니다. 물론 케인스주의적 정책이 기업들의 낙관적이고 적극적인 투자에 어느 정도 기여했다는 것은 사실일 겁니다. 하지만 케인스주의의 이중적 타협은 상대적으로 높은 이윤율이 유지되고 고성장이 지속되는 한에서만 가능했다는 점이 강조되어야 한다고 생각합니다. 만약 국가가 아무리 적극적 재정정책을 실행하더라도, 결정적으로 충분한 이윤율이 확보되지 않는다면 기업들은 투자에 나서려 하지 않을 것이고, 또 노동자들과의 타협에도 적극적이지 않을 것이기 때문입니다. 케인스주의적 선순환에서 가장 중요한 고리는 바로 기업의 투자라고 말할 수 있습니다. 정부의 재정지출을 통한 공공투자는 그 자체가 중요하기보다는 민간기업의 투자를 이끌어 낼 '마중물'로서의 역할을 하기 때문입니다. 그런데 기업의 투자 결정은 정부의 직접적 개입이 도달할 수 없는 순수한 민간 영역임을 고려하면, 결국 충분한 이윤율이야말로 케인스주의적 선순환을 위한 조건이라고 봐야 합니다. 또한 케인스주의 시기에 억압되었던 금융자

---

15 Gérard Duménil and Dominique Lévy, "Periodizing Capitalism: Technology, Institutions and Relations of Production," in Robert Albritton et al.(eds.), *Phases of Capitalist Development: Booms, Crises and Globalizations* (Palgrave Macmillan, 2001).

16 이 주장은 논쟁적일 수 있습니다. 예를 들어 마이클 로버츠(Michael Roberts)는 대불황은 이윤율 하락의 결과가 아니라는 뒤메닐과 레비의 견해를 비판하면서, 이미 1920년대 초부터 자본의 유기적 구성의 고도화와 이윤율 하락이 나타났고 그 결과 대불황으로 이어졌다고 주장합니다. 마이클 로버츠, 『장기불황』, 유철수 옮김(연암서가, 2017), 105~106쪽.

본은 고성장이 지속되는 한에서만 금융규제를 수용할 수 있었습니다. 하지만 성장이 멈추고 여기에 인플레이션이 동반되어 화폐의 실질가치가 하락할 때 금융자본은 기존의 금융규제에서 벗어나려는 사활적인 시도를 감행하게 됩니다. 실제로 경제성장률이 정체되기 시작한 1970년대부터 케인스주의는 균열을 보이기 시작합니다.

3) 브레튼우즈체제의 붕괴

앞서 케인스주의가 작동하기 위한 국제적 조건이 브레튼우즈체제였다고 설명한 바 있습니다. 그런데 브레튼우즈체제에는 중대한 모순이 존재했습니다. 이것을 '트리핀 딜레마(Triffin's Dilemma)'라고 하지요. 달러가 세계화폐로 사용되는 브레튼우즈체제에서 경제가 지속적으로 성장하기 위해서는 달러가 각국에 안정적으로 공급되어야만 합니다. 그래야만 점증하는 무역과 투자에 대한 결제가 가능하니까요. 그런데 문제는 세계의 화폐이자 동시에 미국의 화폐인 달러가 충분히 세계에 공급된다는 것은 미국의 입장에서는 지속적인 달러의 유출로서 적자의 증가를 의미한다는 데 있습니다. 세계경제의 성장을 위해서 미국이 그 비용을 전적으로 부담해야만 한다는 이야기죠. 그렇다고 해서 미국이 적자를 줄인다면 달러의 부족으로 세계경제는 침체에 빠지게 됩니다. 딜레마는 여기서 끝나는 것이 아닙니다. 왜냐하면 미국으로부터 지속적인 달러의 유출과 그에 따른 미국 경제의 취약성은 달러를 보유하고 있는 외국인들에게 불안감을 조성할 수 있기 때문입니다. 브레튼우즈체제에서 약속된 1온스당 35달러의 가치가 유지될 수 있는지 의문이 제기된다는 것이지요. 만약 불신과 우려가 확산된다면 미국에 대해 금태환 요구가 빗발칠 것이고 그 결과 금-달러본위제는 붕괴할 수도 있습니다.

다행히 1960년대까지 트리핀 딜레마는 회피될 수 있었습니다. 미국은 경상수지에서 압도적인 흑자를 보고 있었고, 이렇게 축적된 달러를 다시 직접

투자나 원조를 통해 해외로 환류시킴으로써 국제수지의 균형을 유지할 수 있었기 때문입니다. 즉, 경상수지의 흑자를 자본금융수지의 적자로 보완했던 것이지요. 예컨대 마셜 플랜(Marshall Plan)과 같은 전후 유럽에 대한 대규모 투자나 한국을 포함한 저발전국가에 대한 대규모 원조가 그러한 예였습니다. 그리고 이렇게 공급된 달러를 기반으로 세계경제는 전후의 급속한 성장을 경험할 수 있었던 것이죠. 하지만 이러한 상황은 오래가지 못했습니다. 너무 많은 달러가 미국에서 해외로 유출되기 시작하면서 미국의 국제수지에서 구조적 불균형이 발생했기 때문이었습니다. 미국 정부는 1961년부터 베트남전에 개입하면서 엄청난 규모의 달러를 지출했고, 미국 기업들의 해외 진출과 직접투자가 증가하면서 달러의 해외 유출이 급증하게 되었지요. 가장 결정적으로는 독일과 일본 기업들의 성장에 따라 세계수출시장에서 미국의 지위가 빠른 속도로 하락해 만성적인 무역수지 적자 구조로 반전되기 시작했습니다. 이제 트리핀 딜레마가 실현될 조건이 마련된 것이죠. 실제로 달러가치의 하락을 우려한 외국의 금융당국으로부터의 금태환 요구가 집중되면서, 1971년 미국의 리처드 닉슨(Richard Nixon) 정부는 결국 금태환 중지를 선언할 수밖에 없었습니다.

브레튼우즈체제를 지지했던 하나의 축이 금-달러본위제였다면, 다른 한 축은 국제적 금융자본의 이동에 대한 규제였습니다. 이는 해외로의 자본도피나 급격한 유출입을 막음으로써 금융 불안을 예방하고 각국 정부의 재량적 경제정책을 가능하게 만드는 조치였죠. 이러한 규제는 미국의 연준을 위시한 각국 중앙은행의 협력을 통해 유지될 수 있었습니다. 그런데 브레튼우즈체제가 안정적으로 작동했던 1950년대에도 각국 중앙은행의 규제를 회피할 수 있는 틈새시장이 존재했습니다. 그것이 '유로달러 시장'입니다. 유로달러 시장이란 미국 외부에서 달러의 차입과 대출 거래가 이루어지는 역외 금융시장을 지칭합니다. 주로 유럽에 위치했다고 해서 유로달러 시장이라고 하는데, 가장 대표적인 예가 런던의 시티(City of London)였습니다. 씨티란 런던의 행정구역 가운데 하나로서 뉴욕의 월스트리트처럼 영국에서 금융기업들이 밀집해 있는 지역입니다.

유로달러 시장, 다시 말하면 달러로 거래되는 역외 금융시장이 형성된 계기는 1950년대 냉전이었습니다. 소련과 같은 사회주의 국가는 자신이 보유한 달러를 적국인 미국 내 은행에 예치할 수는 없었겠죠. 따라서 이들에게 대안적인 시장이 필요했는데, 바로 그러한 시장이 영국의 씨티에서 형성되었던 것이죠. 영국은 영국대로 20세기 초까지의 세계금융 중심지로서의 명성을 되찾기 위해서도 안정적인 금융시장을 유치할 강한 필요성을 갖고 있었습니다. 이것이 유로달러 시장의 시작이었습니다. 유로달러 시장은 당연하게도 미국 외부에 있는 시장이기 때문에 연준의 규제로부터 자유로웠습니다. 그런데 유로달러 시장은 1960년대 중반까지만 하더라도 그 규모가 그렇게 크진 않았지만, 1960년대 후반부터 빠른 속도로 성장하기 시작합니다. 그 이유는 유로달러 시장이 그저 단순한 틈새시장이자 잔여적 시장이 아니라, 훨씬 더 높은 금융 수익을 보장하는 대안적 시장이라는 사실이 분명해졌기 때문입니다. 그에 따라 이제 미국계 거대 은행들이 유로달러 시장으로 진출하기 시작합니다.

미국의 국내 은행들은 케인스주의 정책에 따라 '이자제한법(Regulation Q)'의 적용을 받았습니다. 은행의 입장에서는 '이자제한법' 이상의 금리 수익을 얻을 수 없었던 것이죠. 따라서 이들에게 규제에서 벗어난 유로달러 시장은 매우 매력적인 시장이었습니다. 또한 미국 정부가 자본통제(capital control)를 강화하면서 유럽에 진출한 미국 기업 역시 미국 내 은행으로부터 자금을 조달하기가 까다로워졌습니다. 따라서 이들은 채권발행이나 대출 조건이 엄격한 미국 내 금융시장보다는 유로달러 시장으로부터의 자금 조달이 더 용이했을 뿐더러, 유럽시장에서 벌어들인 달러 수익을 본국으로 송금하기보다는 고금리의 유로달러 시장에 예치하는 것이 더 유리하다는 사실을 간파했습니다. 초민족은행과 초민족기업의 이해가 이렇게 맞아떨어지면서 금융규제로부터 자유로운 역외시장인 유로달러 시장이 빠르게 성장했던 것이죠.

이러한 경향을 강화한 결정적 계기도 존재했습니다. 1973년 1차 석유 위기 이후 유가가 급등하면서 산유국들은 엄청난 규모의 석유달러를 축적합니다. 이들 역시 석유 판매로 벌어들인 달러의 예치를 위해 이자가 더 높은 유로달러 시장을 선택했습니다. 그 결과 대규모 석유달러가 유입되면서 유로달러 시장과 같은 규제받지 않는 역외 금융시장의 규모가 케인스주의적 금융규제가 여전히 유지되고 있는 역내 금융시장을 압도하게 되었습니다. 이제 미국을 위시한 각국 중앙은행이 달러의 국제적 흐름을 통제할 수 없게 된 것이지요. 마침내 미국과 영국은 외환 통제의 포기를 결정했고, 브레튼우즈체제 시기에 존속했던 마지막 남은 한 축마저 이렇게 무너지고 말았습니다. 미국이 1973년 탈퇴를 선언하자, 1944년 이후 30년간 지속되었던 브레튼우즈체제는 최종적으로 해체되었습니다.

4) '황금기'의 종언과 스태그플레이션

브레튼우즈체제의 붕괴와 함께 케인스주의를 지지했던 국제적 토대가 사라지게 되면서, 케인스주의는 위기를 맞았습니다. 하지만 그렇다고 해서 그것이 케인스주의 해체의 직접적인 원인인 것은 아니었습니다. 보다 결정적인 것은 바로 케인스주의의 선순환을 유지시켜 주었던 경제성장의 메커니즘이 중단되었다는 데 있었습니다. 그리고 경제성장의 추세가 중단된 것은 이윤율 하락 경향이 1960년대 후반부터 뚜렷이 나타났기 때문입니다.

〈그림 3-1〉은 마르크스의 방법에 따라 추계한 미국과 유럽의 이윤율 추이입니다. 우선 확인할 수 있는 것은 두 지역의 이윤율 추이의 동형성입니다. 두 지역에서 모두 1960년대 후반부터 이윤율의 하락이 나타나고 있음을 볼 수 있지요. 물론 신자유주의가 본격적으로 전개되는 1980년대부터 다시 상승하기는 하지만, 이 부분은 강의 뒷부분에서 설명하기로 하고 일단 이윤율

그림 3-1

미국과 유럽의 이윤율 추이

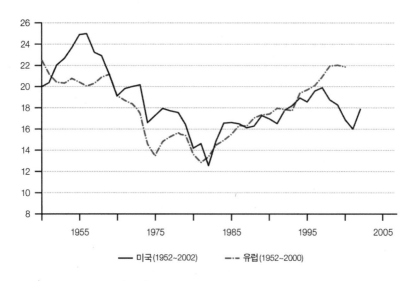

자료: 제라르 뒤메닐·도미니크 레비, 『자본의 반격: 신자유주의 혁명의 기원』, 이강국·장시복 옮김(필맥, 2006).

하락에 주목해 봅시다. 이윤율이 자본 수익성의 가장 중요한 지표라고 할 때 이윤율이 하락한다는 것은 곧 자본 수익성이 악화되고 있음을 뜻합니다. 그렇다면 왜 이 시기부터 이윤율 하락이 나타났을까요? 그것은 마르크스가 분석했던 자본주의의 구조적 추세로서 이윤율 하락 경향에 반작용했던 제도적 요인들이 약화되었기 때문입니다. 20세기 초반에 나타났던 기술혁신과 광범위한 투자, 법인기업의 조직 혁신, 그리고 전후 등장한 케인스주의 정책에 따른 경기부양 효과가 1960년대 후반부터 소멸되었던 것이지요. 그 결과로 20세기 후반의 자본주의는 다시 '마르크스적 궤적을 따르는 시기'로 전환됩니다.

이윤율 하락에 따른 자본 수익성의 악화는 단지 기업 수준에서만 영향을 미치는 것이 아니라 자본축적의 둔화와 실업률 증가를 매개로 전체 경제에 충격을 가하게 됩니다. 충분한 이윤을 실현할 수 있을 때 기업은 자금을 조달해 투자를 확대하고 그에 따라 자본축적이 진행됩니다. 그리고 투자 확대와 자본축적은 고용의 증가로 이어집니다. 하지만 반대로 이윤율이 지속적으로 하락할 때 기업은 투자 축소로 대응하며, 그 결과 축적의 둔화와 실업의 증가가 나타나면서 성장이 정체되는 것이지요. 여기에 수요의 침체가 상황을 더욱 악화시키면서 결국 불황이 시작됩니다. 전후 세계경제를 특징지었던 자본주의의 '황금기'는 이렇게 종결되었습니다.

이와 같은 경제위기에 대응해 각국 정부는 여전히 케인스주의 정책을 고수했습니다. 적극적 재정정책과 팽창적 통화정책을 통해 투자를 자극하려 했던 것이지요. 하지만 과거와 달리 케인스주의 정책은 문제를 해결하기보다는 더욱 악화시켰습니다. 아무리 정부가 재정지출을 확대하고 신용을 완화해도 실물 투자가 증가하기보다는 통화량 팽창만을 가져와 물가가 더욱 상승하는 현상이 나타났습니다. 경기침체가 지속되는 가운데 인플레이션이 동반되는 스태그플레이션이 발생했던 것이죠. 당시 '스태그플레이션'은 새로운 유형의 경제상황을 지칭하기 위해 만들어진 신조어였습니다. 경기침체 시 디플레이션이 발생하고 경기가 과열될 때에는 인플레이션이 발생한다는 것이 전통적인 경제학적 상식이었습니다. 그런데 1970년대부터 경기침체와 인플레이션이 동반되는, 케인스주의로는 설명할 수 없는 새로운 현상이 등장한 것이죠. 케인스주의가 간과했던 것은 민간기업의 투자는 단순히 자본조달 비용이 저렴하고 풍부하다고 해서 이루어지는 것은 아니라는 점이었습니다. 자본가들이 투자에 나서지 않았던 이유는 오히려 이윤율이 너무 낮다는 데 있었던 것이죠.

정부의 적극적 재정정책과 통화정책이 효과를 보이지 않으면서 케인스주의에 대한 비판이 확산되기 시작합니다. 물론 케인스주의에 대한 비판은 이미 스태그플레이션이 나타나기 이전부터 꾸준히 제기되어 왔습니다. 하지만 초기에는 연방정부의 거대화, 복지정책의 확대, 노동조합의 영향력 증가 등에 대한 보수주의적 비판으로서 정치적 성격이 강했습니다. 그런데 1970

년대의 스태그플레이션은 정책 원리로서 케인스주의가 오류임을 증명하는 것으로 인식되었고, 그 결과 보다 근본적이고 이론적인 비판이 제기됩니다. 케인스주의가 더 이상 경제정책으로서 효력을 상실했을 뿐만 아니라, 그 자체가 위기의 원인일 수 있다는 비판이었죠. 이러한 비판은 파급력이 컸습니다. 현실이 케인스주의를 부정하고 있는 것으로 보였으니까요. 이에 따라 케인스주의를 대체할 수 있는 새로운 경제정책 패러다임이 모색되기 시작합니다. 더 나아가 이러한 인식은 정치적 입장차를 넘어서 미국의 민주당이나 영국의 노동당까지 확산되었습니다.

또한 케인스주의의 이중적 타협 역시 더 이상 지속될 수 없었습니다. 국가와 자본, 그리고 자본과 노동 사이의 케인스주의적 타협은 지속적인 경제성장을 전제로 한 것이었습니다. 하지만 성장이 정체되면서 타협은 해체되지요. 수익성 악화와 경쟁 심화에 직면한 기업들은 이제까지 수용해 왔던 정부의 다양한 규제에 저항하기 시작했고, 1950~1960년대 동안 케인스주의 정책에 일관된 지지를 표명해 왔던 재계의 경제발전협의회는 1970년대 말에 입장을 전환해 재정·통화정책의 축소와 규제 완화를 요구합니다. 이와 함께 기업들은 물가 상승을 상회하는 임금 인상을 요구하는 노조에 대해서도 강경한 대응으로 선회합니다. 예컨대 미국 100대 기업 중심의 로비 단체인 '비즈니스라운드테이블(Business Roundtable)'은 케인스주의 정책에 비판적이었던 중소기업 중심의 상공회의소와 협력해 1978년 노동계가 오랫동안 요구해 왔고 대통령도 공인했던 '노동법' 개혁 법안의 통과를 저지하는 데 성공합니다. 이는 기존의 대기업과 노동조합의 타협이 해체되고 세력 균형이 자본에 완전히 넘어 갔음을 상징하는 사건이었죠.

그런데 케인스주의에 대한 가장 강력한 반격은 금융 부문에서 제기되었습니다. 1970년대의 높은 인플레이션은 금융자본에는 용인하기 어려운 현실이었죠. 이들에게 화폐가치의 하락에 따른 자본손실을 막는 것은 사활적인 목표였습니다. 계속되는 달러가치의 하락은 금융자본의 불만과 불안을 누적시켰고, 인플레이션은 채권자로부터 채무자로 부의 이전을 낳았습니다. 주주와 채권자와 같은 금융자산의 소유자들은 이러한 흐름을 역전시켜야만 했지요. 이런 의미에서 신자유주의적 정책 전환은 뒤메닐의 표현대로 소유자 계급에 의한 '신자유주의적 반혁명'의 성격을 지니는 것이었습니다.

3.　　　　　　　　신자유주의로의 전환과 금융화의 전개

조반니 아리기(Giovanni Arrighi)의 『장기 20세기(The Long Twentieth Century)』에 따르면 20세기 초 법인 자본주의의 등장과 양차 세계대전을 거쳐 케인스주의 시기까지가 상승기로서 실물적 팽창 국면에 해당하고, 1970년대의 위기는 이러한 국면이 종결되는 신호적 위기(signal crisis)의 시기라고 말할 수 있습니다. 지금부터 설명할 1980년대 이후는 신자유주의 시기로서 금융적 팽창이 진행됩니다. 다시 말하면 신자유주의는 금융화라는 새로운 축적과 동반된다는 것이지요.

1) 대안적 정책 원리로서 신자유주의의 부상

오늘 강의 초반에 설명한 것처럼 신자유주의는 이념적 형태로 1930년대에 등장했고, 1950~1960년대에는 케인스주의에 대한 정치적 비판의 형태로 존재했습니다. 하지만 케인스주의가 그럭저럭 잘 작동했던 시기에는 그리 주목받지 못했지요. 그런데 1970년대부터 상황은 바뀝니다. 케인스주의의 위기가 분명하게 인식되면서 케인스주의를 일관되게 비판해 왔던 신자유주의의 영향력이 커지기 시작합니다. 다만 오랫동안 정부정책의 이론적 원리로서 작동해 온 케인스주의를 대체하기 위해서는 신자유주의 역시 대안적 정책 원리로서 보다 정교하게 이론화되고 체계화될 필요가 있었지요. 이러한 작업을 수행했던 대표적 인물이 바로 프리드먼이었습니다.

시카고대학 경제학과 교수였던 프리드먼은 1940년대 하이에크가 주도한 몽페를랭협회의 창립에 참여했습니다. 그리고 미국인으로서는 최초로 '신자유주의'라는 개념을 명시적으로 사용한 바 있습니다. 1951년 발표한 「신자유주의와 그 전망(Neoliberalism and Its Prospects)」이라는 논문에서 프리드먼은 몽페를랭협회의 회원들이 공유했던, 자유방임주의와 집단주의에 대한 동시적 비판으로서의 신자유주의의 이념을 제시합니다. 그리고 자유시장의 확립과 유지에 있어서 국가의 중심적 역할을 강조하지요. 그런데 그는 이후에는 '신자유주의'라는 개념을 거의 사용하지 않습니다. 대신 이 관점을 바탕으로 주로 전문적인 경제학 작업에 몰두하면서 통화주의 또는 화폐주의라고 말할 수 있는 이론을 체계화합니다.

안나 슈워츠(Anna Schwartz)와 공저한 『미국화폐사(A Monetary History of the United States, 1867~1960)』(1963)에서 프리드먼은 1930년대 대불황의 원인을 재해석합니다. 그는 1929년 주식시장의 공황이 대불황으로 이어진 것은 정부의 잘못된 경제정책, 즉 연준이 투기를 막기 위해 과도하게 통화량을 축소시켰던 긴축정책 때문이라고 지적합니다. 그리고 당시 루스벨트 정부가 위기의 영향을 완화하고자 실시한 각종 규제와 가격통제가 문제를 더욱 악화시켰다고 비판하지요. 요컨대 케인스와는 달리 정부의 규제 실패를 대불황의 원인으로 제시한 겁니다. 프리드먼은 케인스주의가 완전고용을 목표로 재정정책과 통화정책을 재량적으로 활용한 것에 대해서도 비판합니다. 경제정책의 효과는 장기적으로는 생각보다 크지 않고 의도된 결과를 가져오지 못하기 때문에, 완전고용이라는 불가능한 목표를 세우기보다는 온건한 목표를 설정해야 한다는 것이지요. 케인스주의 정책은 단기적으로는 얼마간의 효과를 나타낼 수 있지만, 곧 그러한 정책의 의도가 경제행위자들에게 인식되고 그 효과에 대한 예상을 바탕으로 개별 행위자들의 경제적 선택이 이루어진다는 것이 이유였습니다. 프리드먼이 완전고용이라는 불가능한 목표

대신 제시한 온건한 목표란 바로 '시장경제의 안정성'이었습니다. 그리고 시장경제의 안정성을 위해서는 인플레이션을 야기하고 효과도 무의미한 적극적 재정정책을 포기하고, 정부의 재량이 아닌 사전에 확립된 '준칙'에 따라 통화량을 공급하는 통화정책에 집중할 필요가 있다고 봤습니다. 요컨대 경제정책의 목표를 완전고용이 아니라 인플레이션 억제로 전환해야 한다는 주장이었습니다.

사실 1960년대까지 케인스주의 정책이 기반했던 중요한 이론적 전제는 실업과 인플레이션 사이의 역의 상관관계였습니다. 이것을 시각화한 것이 바로 '필립스 곡선(Phillips Curve)'인데요. 즉, 실업률이 낮아지면 인플레이션은 상승하는 반면, 실업률이 높아지면 인플레이션이 하락한다는 것이지요. 따라서 케인스주의자들은 정부가 수용할 수 있는 특정한 인플레이션율하에서 최대의 고용을 달성하기 위해 재정·통화정책을 활용하는 것을 정당화했습니다. 이에 대해 프리드먼은 두 지표 사이의 상관관계는 일시적으로만 성립했을 뿐 1970년대부터 사라졌다고 비판합니다. 오히려 실업률은 인플레이션이 발생하지 않을 때 일자리 수요와 공급이 균형점을 이루는 '자연실업률' 또는 '물가안정실업률(NAIRU)' 수준으로 수렴하게 된다고 주장했습니다. 따라서 자연실업률 이하로 고용을 확대하려는 경제정책은 사실상 목표를 달성하지 못하고, 단지 인플레이션을 악화시키는 요인으로 작용할 뿐이라는 것이었지요.

스태그플레이션이 심화되던 1970년대에 프리드먼의 통화주의는 빠른 속도로 그 영향력을 확대했습니다. 이는 영국과 미국의 민간재단과 씽크탱크들의 지원에 의해 가능했습니다. 미국에서는 미국 기업연구소, 헤리티지재단(Heritage Foundation), 카토연구소(Cato Institute)가, 영국에서는 경제문제연구소, 애덤스미스연구소(Adam Smith Institue) 등이 대표적이었습니다. 이들은 듀퐁이나 제너럴일렉트릭 같은 기업들로부터 재정지원을 받는 한편, 공화당 및 보수당과 정치적으로 연계되어 있었죠. 그리고 프리드먼과 같은 통화주의자들을 섭외해 대중 강연을 개최하고 통화주의적인 정책을 제안하는 다수의 보고서를 발간하면서 정부와 정치인들에게 압력을 가했습니다. 또한 대서양 양측의 신자유주의자들을 서로 연결해 주는 역할을 담당했지요. 초기의 '신자유주의 인터내셔널'이 소수 지식인들 중심의 이념적 조직이었다면, 이 시기에는 훨씬 풍부한 자금과 실질적인 영향력을 행사할 수 있는 정치적 조직으로 성장했다고 말할 수 있겠습니다.

그런데 하이에크와 프리드먼은 스스로를 정치적 보수주의자라고 생각하지는 않았습니다. 자신을 보수주의자라고 간주하는 세간의 시선에 항변하면서 하이에크는 "나는 왜 보수주의자가 아닌가"라는 유명한 에세이를 쓴 바 있고, 프리드먼 역시 자신이 보수주의자라고 불릴 때 마음이 편치 않았다고 (하지만 굳이 반박하지는 않았다고) 실토한 바 있었으니까요. 다만 민주당과 노동당 정부의 케인스주의를 반대하고 비판한다는 점에서 미국과 영국의 보수주의자들과 신자유주의자들 사이에는 정치적 친화성이 있었음은 분명합니다. 보수주의자들은 하이에크와 프리드먼 같은 신자유주의자들로부터 자신들의 '작은 정부론'을 정당화할 수 있는 이론적 근거를 찾아낼 수 있었고, 신자유주의자들은 보수주의자들로부터 자신들의 주장을 경청하는 청중과 다양한 지원을 얻을 수 있었다는 점에서 서로에게 의존했습니다. 이러한 친화성으로 인해 최초의 신자유주의적 정책 개혁이 레이건과 대처 집권 이후의 보수주의 정부에 의해 시작되었다고 오해하거나, 신자유주의를 보수주의의 '작은 정부론'과 동일시하는 경우가 많습니다. 그러나 강조되어야 할 것은 신자유주의적 개혁을 처음으로 추진한 것은 보수주의 정부가 아닌 바로 미국의 민주당과 영국의 노동당 정부에 의해서였다는 사실입니다.

영국은 1970년대부터 급격한 인플레이션과 재정적자의 누적을 경험하면서, 1976년에 국제통화기금(IMF)으로부터 긴급 차관을 요청하기에 이르렀습니다. 더 이상 기존의 케인스주의 정책을 고수해서는 문제를 해결할 수 없음이 분명해졌지요. 이에 따라 노동당 정부는 1976년 케인스주의의 포기를 공식 선언하고, 재정지출 삭감과 통화주의로의 전환을 추진함으로써 신자유주의적 정책 개혁을 개시합니다. 미국에서도 유사한 상황이 진행됩니다. 1976년 공화당의 제럴드 포드(Gerald Rudolph Ford) 대통령의 후임으로 백악관에 입성했던 카터도 초기에는 전통적인 케인스주의 정책을 고수했으나, 1979년 2차 석유 위기가 발발해 인플레이션이 더욱 악화되자 이내 신자유주의적 정책 개혁으로 선회합니다. 이러한 극적 전환이 카터에 의해 연준 의장으로 지명된 폴 볼커(Paul Volcker)에 의해 수행되지요. 볼커 자신은 결코 통화주의자가 아니었지만, 당장의 인플레이션과 달러가치 하락이 너무 심각했기에 통화주의 정책을 선택합니다. 완전고용을 포기하고 인플레이션 억제를 새로운 목표로 설정하는 한편, 정책수단으로서 통화주의를 선택한 것이죠. 이제 신자유주의는 케인스주의를 대체하는 공식적 정책 원리로 부상하게 됩니다.

물론 본격적이고 포괄적인 정책 개혁은 노동당과 민주당 정부에 이어 1979년과 1980년 각각 집권한 보수당과 공화당 정부에 의해 이루어졌습니다. 경제위기가 '시장실패'가 아니라 '국가실패'에서 비롯되었다고 보면서 '작은 정부'를 대안으로 내세웠던 신보수주의 정치세력은 집권 직후부터 복지정책의 축소, 노조에 대한 강경대응, 감세, 공공 부문 사유화, 다양한 규제 완화 등을 추진하지요. 그런데 시장질서를 강조하면서 그러한 질서를 수립하기 위한 국가의 역할을 강조했던 신자유주의적 관점과 국가실패를 강조하면서 '작은 정부론'을 옹호했던 신보수주의적 관점은 이론적으로 분명 구별되는 것이었습니다. 하지만 현실의 정책 수행에서 이 차이는 크지 않았고, 반케인스주의라는 둘 사이의 정치적 친화성이 이론적 차이를 압도했습니다. 더군다나 신보수주의의 '작은 정부론'은 사실상 정치적 수사에 불과했고 정책 전환 과정에서 국가의 역할은 대처와 레이건 시기에도 여전히 중요했지요.

2) '볼커 쇼크'와 달러 환류 메커니즘의 재편

케인스주의 정책 원리가 완전고용을 목표로 재정정책을 주로 활용하고 통화정책으로 보완한 것이었다면, 신자유주의는 인플레이션 억제를 목표로 통화정책을 주로 활용하고, 재정정책은 최소화하거나 부차화합니다. 그런데 신자유주의 전환기에 볼커가 단행했던 통화정책은 케인스주의 시기의 통화정책과 구체적인 실행방식에 있어서 차이점이 존재했습니다. 케인스주의가 이자율에 대한 규제와 조절을 통해 통화정책을 수행했던 반면, 통화주의는 통화정책의 주요수단으로 통화량에 대한 조절에 집중합니다. 인플레이션이 통화량의 함수라는 이론적 전제하에 이자율보다는 통화량을 직접 조절하는 방식을 선택했던 것이죠. 그리고 케인스주의 시기에 지속되었던 이자율 규제를 폐지합니다.

인플레이션을 억제하기 위해 통화량 자체를 축소시키는 새로운 통화정책의 결과, 미국의 인플레이션율은 하락했지만 명목금리는 1979~1982년에 5~20% 가까이 급등합니다. '금리 쇼크'라고 부를 수 있을 정도의 충격이었죠. 이제 케인스주의적 저금리 시대가 종결되고 고금리 시대가 시작된 것입니다. 물론 명목금리는 1982년 이후 다시 하락하지만 실질금리는 1980년대 내내 1960~1970년대보다 높은 수준을 유지하지요. 이는 금융자산의 소유자 또는 채권자들에게 보다 유리한 환경이 조성된다는 사실을 의미했습니다. 그런데 금리 상승이 가져온 변화는 여기에 그치지 않았습니다. 보다 중요한 변화는 브레튼우즈체제의 붕괴 이후 계속되는 가치 하락의 위험에 노출되었던 달러의 지위가 반전되었다는 데 있습니다. 그 결과 미국 헤게모니는 새로운 국면으로 진입하게 되지요.

급격한 금리 인상이 진행되자 미국 경제는 해외의 달러를 빠르게 재흡수하기 시작합니다. 이제까지 미국의 저금리로 인해 유로달러 시장에 주로 예치되어 있었던 자금이 높은 이자율 수익을 목표로 미국 내 금융시장으로 대거 유입되었던 것이죠. 이와 더불어 미국 금융시장에 자금을 예치하거나 투자하기 위한 달러 수요가 증가하면서 달러가치 역시 상승합니다. 비록 의도된 것은 아니었지만, 레이건 행정부는 금리 상승에 따른 해외자본의 유입과 달러 강세가 가져다줄 이점을 간파하기 시작했습니다. 그것은 바로 미국에 무한한 자유를 제공해 줄 세계금융시장의 재발견이었습니다. 브레튼우즈체제의 금-달러본위제가 붕괴한 이후 달러의 가치는 더 이상 금에 의해 보증되지 않았고, 그 결과 달러가치는 1970년대 내내 요동칩니다. 달러가치를 안정화하려는 목적으로 닉슨과 카터 정부는 무역적자를 감축하기 위해 필사적으로 노력하지만 성공하지 못했지요. 그런데 금리 상승은 이 문제를 단숨에 해결해 주었습니다. 1960년대까지 미국의 무역흑자를 해외투자와 원조의 방식으로 다시 해외에 공급하는 달러 환류 체계가 존재했다면, 이제는 미국의 무역적자를 지속적인 해외의 달러 유입으로 상쇄하는 역의 달러 환류 체계가 작동하기 시작한 것이죠. 만약 이러한 새로운 환류 체계가 안정적으로 유지된다면 달러가치는 안정화될 수 있고, 더 나아가 재정적자 문제 역시 해결해 줄 것으로 인식되었습니다. 레이건 정부 시기에는 '작은 정부'의 수사에도 불구하고, 오히려 감세정책, '스타워즈 프로젝트'와 같은 군비 지출 증가, 금리 상승으로 인해 재정적자 규모가 증가하고 있었습니다. 그런데 미국 국채에 대한 해외자본의 풍부한 수요가 지속되는 한 달러가치의 하락에 대한 공포에서 벗어나 재정적자를 유지할 수 있다고 기대되었습니다. 미국에게 세계금융시장의 풍부한 유동성은 자본 부족이라는 제약에서 벗어나 무한한 정책적 자유를 얻게 해 줄 보고였던 셈이죠.

그렇다면 이제 문제는 해외로부터의 달러 유입을 지속시키는 방법을 모색하는 것이었습니다. 금리 인상은 완전한 해결책이 될 수는 없었죠. 왜냐하면 달러 유출에 대응해 다른 국가들도 동일한 수준으로 금리를 인상시킬 것이고 그 결과 미국의 금리 효과는 사라질 것이 분명했기 때문입니다. 실제로 시차를 두고 영국과 프랑스 등 주요 국가도 금리를 인상했고, 결국 전 세계적 고금리 기조가 형성됩니다. 따라서 보다 근본적인 대안은 미국의 금융시장을 세계에서 가장 '매력적인 시장'으로 변모시키는 것이었습니다. 이를 위해 미국 정부는 케인스주의의 유산인 다양한 금융규제를 철폐하고 적극적으로 금융시장 자유화정책을 추진합니다. 예컨대 외국인들의 이자소득에 부과되던 30%의 부과세를 폐지하고, 국제 투자자들의 요구에 따라 익명으로 보유할 수 있는 무기명채권(bearer bond)의 발행을 허용했습니다.[17]

미국 금융시장으로의 달러 환류 메커니즘은 브레튼우즈체제의 금-달러본위제를 대체하는 순수한 달러본위제를 세계적으로 안착시키는 데 기여했습니다. 금-달러본위제에서 달러의 가치를 보증하는 것이 금이었다면, 흥미롭게도 달러본위제에서는 태환을 약속함으로써 달러가치를 보증해 주는 외부의 가치척도는 존재하지 않습니다. 따라서 달러본위제는 금-달러본위제와는 달리 화폐들 사이의 교환비율, 즉 환율이 시시각각 변하는 변동환율제로 운영되고 있습니다. 사실 달러는 미국의 법정화폐로서 그 발행은 연준에 의해 이루어지지요. 미국 정부가 채권을 발행하면 연준은 이 채권을 담보로 인수해서 그에 상응하는 달러를 발행해 공급하게 됩니다. 요컨대 달러의 발행이 미국 정부의 결정에 달려 있다는 이야기인데, 만약 미국 정부가 달러를 증발해서 세계에 공급한다면 어떻게 될까요? 당연하게도 달러의 가치는 하락할 것이고 결국 세계화폐의 지위를 상실하게 되겠지요. 하지만 외국인들이 계속 미국의 금융시장으로 달러를 환류시킨다면 이야기는 달라집니다. 외국인들이 미국 국채를 매입하거나 금융시장에 투자하게 되면 결국 달러는 다시 연준 계정으로 흡수되고, 또 그 과정에서 달러의 가치도 안정화될 수 있기 때문입니다.

따라서 달러본위제를 유지하기 위해서는 세계적인 달러 환류 메커니즘이

---

17 Greta Krippner, *Capitalizing on Crisis: The Political Origins of the Rise of Finance* (Harvard University Press, 2011).

안정적으로 작동하는 것이 필요하며, 이러한 메커니즘이 원활히 작동하기 위해서는 국제적인 자본 이동의 자유가 완전히 보장되어야 합니다. 과거의 브레튼우즈체제, 그러니까 금-달러본위제가 국제적인 자본 이동을 통제할 수 없어서 붕괴했다면, 순수한 달러본위제의 유지와 작동을 위해서는 반대로 국제적인 자본 이동을 자유화할 능력이 필요하다는 것이죠. 미국은 본국 금융시장에 대한 외국인 투자를 자유화하는 한편, 다른 국가에 대해서도 금융시장을 자유화하도록 압력을 가합니다. 외국자본이 미국에 투자하도록 하기 위해서는 본국에서 해외로의 자본 이동제한이 먼저 철폐되어야 했기 때문입니다. 실제로 1980년대부터 금융 자유화의 물결이 전 세계적으로 확산되는데요. 그 이면에는 바로 이러한 배경이 있었다고 할 수 있습니다. 금융 자유화를 통해 전 세계 금융시장이 통합되기 시작했던 것이죠.

다른 한편, 이와 같은 변화는 국제적 수준에서만 진행된 것은 아니었습니다. 미국 내에서도 금융 부문을 중심으로 변화가 전개됩니다. 금융규제가 철폐되자, 금융기관들은 더 높은 수익을 얻기 위한 다양한 금융혁신을 시도합니다. 이 과정에서 새로운 금융상품들이 등장하고, 이러한 상품들이 거래되는 증권시장이 팽창하지요. 이에 따라 더 많은 투자 자금이 금융시장으로 유입되고 금융시장 규모는 더욱 확대되는 과정이 반복됩니다. 또한 전통적인 제조업 부문에 주력해 왔던 기업들도 금융 부문에 진출하거나 금융자산에 대한 투자를 확대했습니다. 바로 '금융화'라고 부를 수 있는 어떤 변화가 시작된 것이죠.

3) 플라자 협정과 워싱턴 컨센서스

'볼커 쇼크' 이후, 달러의 유입과 그에 따른 달러가치의 상승은 미국으로 하여금 1970년대의 위기를 우회할 수 있는 길을 열어 주었습니다. 하지만 여타의 산업 부문은 그렇지 않았습니다. 달러 강세로 인해 미국의 수출은 큰 타격을 입었고, 무역수지 적자는 더욱 확대되는 부정적 효과가 발생했습니다. 수출상품의 상대가격이 상승함으로써 해외시장에서의 가격경쟁력이 약화되었기 때문이었죠. 또한 급격한 금리 상승의 여파로 1980년대 초 미국 경제는 또다시 침체에 빠지게 됩니다.

이런 상황을 타개하기 위해 미국은 1985년 뉴욕의 플라자호텔에서 당시의 G5 국가들, 그러니까 영국, 프랑스, 서독, 일본의 재무장관 및 중앙은행장과 협상을 진행합니다. 미국 정부는 자신의 무역적자가 불공정한 무역불균형에서 비롯된다고 주장하면서 주로 무역흑자를 보고 있는 국가들의 화폐가치를 인상하는 합의를 도출했지요. 이 합의를 '플라자협정'이라고 부릅니다. 미국이 자신의 헤게모니 지위를 활용해 경제적 방식이 아닌 정치적 방식으로 환율을 재조정한 것이라고 말할 수 있겠습니다. 플라자협정의 결과, 독일 마르크화와 일본 엔화의 가치는 크게 상승합니다. 특히 협정 이전 1달러=250엔 정도였던 엔화가치는 합의 후 2년 만에 120엔으로 두 배가량 평가절상되었습니다.

결론부터 말씀드리면 플라자협정 이후에도 미국의 무역수지는 개선되지 못했습니다. 미국의 무역적자는 단지 수출가격 때문만은 아니었던 것이죠. 오히려 플라자협정은 미국보다는 일본 경제에 중대한 변화를 끼쳤습니다. 일본기업들은 '강한 엔'을 바탕으로 비용 절감을 위해 생산기지를 해외로 이전하거나 미국 내 금융자산과 부동산자산을 매입하기 시작합니다. 또한 엔화가치의 상승은 세계경제에서 일본의 지위를 대폭 상승시키죠. 가령 1988년 세계 자산규모 50대 기업 가운데 33개가 일본기업이었고, 1위 기업은 일본전신전화주식회사(NTT)로 2위였던 IBM에 비해 무려 주식시가총액이 3배 이상이었습니다. 이뿐만 아니라 일본의 국내총생산(GDP)은 다른 아시아 국가 전체의 GDP를 합친 규모보다 더 컸을 정도였습니다. 하지만 환율조정이 일본의 수출 부문에 가한 충격은 컸습니다. 엔화고평가로 수출상품의 가격경쟁력이 악화되면서 1986년 일본의 경제성장률은 마이너스를 기록합니다.

석유 위기 이래 최악의 성장률이었지요. 이에 대한 대응으로 일본 정부는 경기부양을 위한 금리인하와 부동산 대출규제 완화를 실행했고, 그 결과 부동산가격과 주식가격은 폭발적으로 상승합니다. 거품경제가 형성된 것이죠. 하지만 거품은 오래가지 못했습니다. 과도한 자산가격 상승에 직면해 일본 정부가 금리 인상과 대출규제 등 긴축정책으로 선회하면서 1991년을 기점으로 주식시장과 부동산시장의 폭락이 시작되었기 때문입니다. 이후 일본 경제는 거품경제 붕괴의 충격으로 상당 기간 동안 제로성장에 머무르면서, '잃어버린 20년' 또는 '잃어버린 30년'을 경험하게 됩니다.

사실 1980년대까지 세계적으로 일본식 경제모델은 미국식 경제모델의 대안으로 인식되곤 했습니다. 한편으로는 빠르게 성장하고 있는 일본 경제에 대한 공포감의 발로이기도 했고, 다른 한편으로는 신자유주의로 재편되고 있는 미국 경제에 비판적 입장을 가진 학자들을 중심으로 국가주도적 발전의 성과를 보여줄 수 있는 대안적 사례로서 인식되었기 때문이기도 했습니다. '개발국가론'을 최초로 제시한 찰머스 존슨(Chalmers Johnson)의 『통산성과 일본의 기적(MITI and the Japanese Miracle)』(1981)과 같은 연구가 대표적이죠. 하지만 일본 거품경제의 형성과 붕괴는 1980년대 후반 사회주의권의 몰락과 함께 신자유주의적 길 이외의 대안은 불가능하다는 인식을 각인시켰습니다. 다른 현실적 가능성들이 봉쇄되면서 신자유주의로의 전 세계적 수렴은 불가피한 것으로 간주되기 시작한 것이죠.

'볼커 쇼크'가 야기한 또 다른 변화는 제3세계 국가들에서 나타났습니다. 제3세계 국가들은 대부분 1970년대까지 외채에 의존해 경제개발에 주력해 왔습니다. 특히 1970년대에는 대규모 석유달러가 유로달러 시장으로 유입되면서 세계적으로 유동성이 풍부했고, 또 초민족은행들을 통해 상대적으로 손쉽고 저렴하게 외채를 조달할 수 있었습니다. 발전도상국 정부들은 '발전주의'에 따라 해외자금에 의존한 적극적 공공투자를 통해 경제성장을 경험할 수 있었습니다. 하지만 미국에서 시작된 금리 상승은 상황을 완전히 바꿔

놓았지요. 급격한 금리 상승은 이들의 외채원리금 부담을 빠르게 가중시켰던 것입니다. 더군다나 1980년대 초 불황이 나타나면서 1980년대 내내 디폴트(default)나 모라토리엄(Moratorium)(지급유예)과 같은 개발도상국들의 외채위기가 반복적으로 발생했습니다. 미국이 자신이 처한 위기를 금리 인상으로 우회했던 대신, 그 충격은 개발도상국들에게 전가된 것이었죠. 그 결과 발전주의의 신화는 붕괴했고, 이후 신자유주의로의 전환과 함께 이들 중 다수는 배제된 지역으로 남겨진 채 소수의 국가만이 외국인들의 금융 투자가 집중되는 '신흥시장(emerging market)'으로 변모하게 됩니다.

하지만 제3세계 국가들의 외채위기는 단지 이들만의 문제가 아니었습니다. 대부분의 채권 은행들은 미국과 유럽 등 제1세계의 초민족은행들이었기 때문에 외채위기가 지속된다면 결국 채권 은행들의 손실로 확산될 위험이 컸습니다. 따라서 미국 정부가 개입하지요. 처음에는 만기연장이나 부분적인 부채탕감과 같은 전통적인 방식으로 대응하지만, 보다 근본적인 해결방안이 필요하다는 결론에 도달합니다. 그에 따라 제시된 새로운 방법이 워싱턴에 위치한 IMF 본부와 세계은행(World Bank) 본부, 미국 재무부가 합의한 정책적 내용을 담고 있는 '워싱턴 컨센서스(Washington Consensus)'였습니다. 이 합의안의 내용은 채무국들이 거시경제적 안정화, 무역과 투자의 자유화 및 개방, 규제 완화, 금리자유화, 국가 기간산업의 사유화/민영화, 외채-증권 스왑 등의 조건을 수용하는 경우 IMF의 긴급자금을 제공한다는 것이었습니다. 결국 워싱턴 컨센서스를 요약한다면 '외부로부터 강제된 신자유주의화'라고 말할 수 있습니다. 외채위기는 제3세계 국가들이 구제금융을 매개로 신자유주의 정책 개혁을 수용하도록 만든 계기였던 셈이죠.

그런데 워싱턴 컨센서스의 내용 중 가장 주목할 부분은 '외채-증권 스왑(debt-equity swap)' 또는 '외채의 증권화'였습니다. 외채위기에 직면한 대부분의 개발도상국들에서 국가 기간산업은 주로 공기업이 담당하는 경우가 많았습니다. '외채의 증권화'란 국가가 소유하고 있는 이들 공기업을 사유화/민영화하고, 그 과정에서 발행되는 주식으로 대신 외채를 상환하는 방법을 제시한 것이었죠. 이것은 채권 은행들에게 다소 유리한 방법이기도 했습니다. 왜냐하면 비교적 건실한 공기업의 주식을 상대적으로 저렴한 가격에 인수받아 구조조정이 진행된 이후 매각하면 상당이 높은 차익을 얻을 수 있었기 때문이지요. 이와 더불어 또 다른 효과도 있었습니다. 이들 국가에서 공기업의 민영화가 대거 진행되면서 초민족적 금융자본이 활동할 수 있는 새로운 증권시장이 창출된다는 것을 의미했으니까요. 미국으로 달러가 대량 유입되면서 풍부한 유동성을 보유하게 된 미국의 금융기관들은 수익성 높은 새로운 투자처를 찾고 있었습니다. 이들에게 제3세계의 증권시장은 이러한 필요를 충족시켜 주었던 것이죠. 또한 1980년대 후반에는 동유럽 사회주의 국가들이 붕괴하면서 과거의 국유기업들이 대거 사유화/민영화되었고, 마찬가지로 새로운 증권시장이 형성됩니다. 이처럼 1980년대 후반 이후는 금융자본의 입장에서 전 세계적으로 막대한 이익을 가져다줄 '신흥시장'이 등장하는 시기였고, 이는 금융화가 심화되는 국제적 계기로 작용합니다. 발전도상국의 신흥시장으로의 변모는 곧 '민족경제의 발전'을 목표로 했던 발전주의의 시대가 종료되었음을 의미하기도 했습니다. 각국의 역사제도적 조건과 상황에 따른 민족적 발전이 아니라, 외국인 투자를 최대한 유인하기 위해 금융시장의 기준에 준거해 국내경제를 조율하고 개방함으로써 세계시장과 통합하는 것이 가장 중요한 목표로 재설정된 것이지요.

4) 신자유주의의 경제적 측면: 금융화

1980년대 초 미국의 상황으로 다시 돌아가 봅시다. 연준은 1982년 순수한 형태의 통화주의적 정책을 도입 3년 만에 사실상 포기합니다. 한편으로는 통화량목표제(monetary targeting)에 따른 급격한 금리 상승이 경제를 냉각시켰기 때문이었고, 다른 한편으로는 금융 자유화의 결과로 신종금융상품이 대거 등장하면서 통화량을 직접 조절한다는 것이 극도로 어려워졌기 때문이기도 했습니다. 연준은 과거와 같이 이자율을 정책수단으로 활용하는 통화관리방식으로 복귀하지요. 또한 고금리정책을 포기하고 1970년대만큼의 수준은 아니지만 금리인하를 유도합니다. 그렇다면 통화주의와 고금리의 정책적 포기는 신자유주의적 전환의 중단과 구질서로의 복귀를 의미하는 것이었을까요? 물론 아니었습니다. 이 정책들은 이미 자신의 기능과 역할을 성공적으로 수행했기에 중단될 수 있었다고 봐야 합니다. 즉, 통화주의 정책은 인플레이션을 완화시켰고, 새로운 달러 환류 메커니즘을 만들어냈습니다. 그 결과 미국 금융시장의 확대와 발전이 전개될 수 있었던 것이고요. 이제 고금리라는 조건 없이도 미국 금융시장으로의 자본 유입은 계속되었고, 금리는 하락할 수 있었습니다. 더 나아가 금융시장의 중심이 은행에서 증권시장으로 이동하면서 낮은 금리가 증권시장을 부양하는 데 보다 유리하다는 사실도 고려되었습니다. 이렇게 본다면 1970년대 후반에서 1980년대 초반까지 짧은 시기 동안만 지속된 강력한 정책들은 신자유주의 질서를 안착시키기 위한 '사라지는 매개자'였던 셈입니다.

그런데 여기서 한 가지 더 짚고 넘어가야 할 부분이 있습니다. 저는 앞에서 신자유주의와 (신)보수주의 모두 노동당이나 민주당이 주도했던 케인스주의에 대해 격렬히 반대한다는 점에서 정치적 친화성을 보이지만, 신자유주의는 시장질서의 수립과 유지를 위한 강력한 국가 개입을 전제로 하는 반면, 대처와 레이건 같은 보수주의 정치인들은 '작은 정부'를 강조한다는 차이를 말씀드린 바 있습니다. 하지만 이러한 차이는 이론적인 것이었을 뿐 대처와 레이건 정부에서 실행된 실제 정책에서는 신자유주의적 성격이 뚜렷했습니다. 그 이유는 보수주의자들이 주창했던 '작은 정부론'은 사실상 자신들의 정책을 정당화하기 위한 정치적 수사에 불과했기 때문입니다. 두 정부는 시장질서를 수립하기 위한 다양한 국가 개입을 활용함으로써 신자유주의를 '실천'했습니다. 금융 자유화를 비롯한 다양한 규제 완화정책을 실행하고 공공 부문을 사유화/민영화하는 것은 국가의 지속적인 정책 개입 없이는 불가능하며, 완전고용에서 인플레이션 억제로 정책 목표를 수정하는 데 수반되는 다양한 반대를 억누르기 위해서도 국가의 강력한 대응은 필수적이었기 때문입니다. 사실상 '작은 정부'의 가면을 쓴, 신자유주의적 의미의 '강한 국가'였던 것이죠. 이 가면은 시기에 따라 계속 바뀌었습니다. 1990년대 영국에서는 토니 블레어(Tony Blair) 노동당 정부에서 '제3의 길'이라는 새로운 가면이 등장한 바 있고, 미국에서도 이전의 공화당 정부를 강도 높게 비판하면서 집권한 빌 클린턴(Bill Clinton) 역시 '사람이 먼저다(People, First)'라는 가면을 쓰고 이전보다 더 적극적인 신자유주의 정책을 추진했습니다. 가면과는 달리 가면 속 얼굴은 바뀌지 않았던 것이죠. 이처럼 집권당의 교체에도 신자유주의 정책이 지속되었다는 사실은 그것이 세계정치경제에서 미국의 이익과 밀접하게 관련된다는 것을 반영하는 동시에, 쉽게 변화될 수 없는 구조로서 경제적 토대가 작동하고 있음을 보여 주고 있습니다.

1970년대 말부터 시작된 신자유주의 정책 개혁이 빠른 속도로 자리 잡고 또 확산될 수 있었던 이유는 분명 당대의 문제를 해결할 수 있는 능력과 성과를 보여 주었기 때문이었습니다. 앞의 〈그림 3-1〉에서 확인할 수 있듯이 1970년대 내내 하락하던 이윤율은 신자유주의 정책이 본격화된 1980년대부터 반전되어 다시 상승하기 시작합니다. 경제지표가 뚜렷이 개선된 것이죠. 인플레이션의 감소와 기업 수익성 향상은 신자유주의 정책 개혁이 어떤 효과를 나타냈음을 보여 주었습니다. 이에 따라 미국과 영국에서는 반대파들의 저항에도 정책 개혁을 강도 높게 추진한 공화당과 노동당이 장기집권하게 되며, 신자유주의 모델은 전 세계적으로 수출되기 시작하지요. 그런데 이 시기의 경제적 성과는 어떤 편향성을 지닌 것이었습니다. 바로 금융 부문이 이윤율 상승을 주도하는 '금융화'가 전개되었던 것이죠. 〈그림 3-2〉는 〈그림 3-1〉의 미국 기업의 이윤율 그래프를 비금융기업과 금융기업으로 구분해 다시 제시한 것입니다. 여기서 제조업을 포함하는 비금융기업의 이윤율은

그림 3-2
미국의 비금융기업과 금융기업의 이윤율 추이

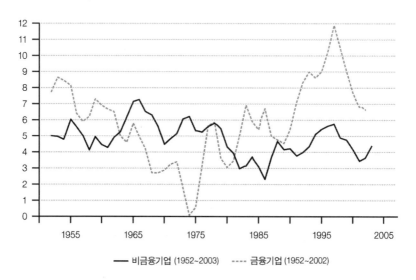

자료: 뒤메닐·레비, 『자본의 반격: 신자유주의 혁명의 기원』.

1960~1970년대와 비교해 1980~1990년대에도 큰 차이가 없거나 오히려 소폭 하락했던 반면, 1980년대 이후 금융기업의 이윤율은 뚜렷한 상승세가 관찰됩니다. 이렇게 본다면 1980년대 이후 전체 기업이윤율의 상승은 금융 부문이 주도했다고 결론 내릴 수 있겠습니다.

  금융 부문 이윤율의 비약적 상승은 1970년대 말부터 진행된 신자유주의 정책 개혁에서 촉발되었습니다. 인플레이션 억제가 정책 목표로 설정되고, 금리가 상승하면서 안정적인 금융수익을 위한 조건이 마련되었고, 케인스주의적 금융규제가 해체되면서 다양한 금융혁신을 통해 보다 수익성 높은 새로운 사업영역으로의 확장이 가능해졌기 때문이지요. 하지만 신자유주의와 금융화의 관계가 일방적인 것만은 아닙니다. 반대로 금융화의 심화가 신자유주의 정책을 강화하도록 만드는 구조적 힘으로도 작동하기 때문입니다. 금융 부문의 성장은 미국으로의 자본 유입을 유지함으로써 헤게모니 지위를 지탱할 수 있는 조건인 동시에, 침식되고 있는 제조업 경쟁력을 대체해 미국 경제를 떠받치고 있는 핵심 산업이기에 금융의 이익에 부합하고 금융시장을 확대할 수 있도록 추가적인 규제 완화가 필수적이었습니다. 이를 상징적으로 보여 주는 사례가 1999년에 통과된 '금융서비스현대화법(Financial Services Modernization Act)'입니다. 우리는 앞에서 1933년 대불황에 대한 대응으로 '글래스-스티걸 은행법'이 제정되어 투자은행과 상업은행 업무가 분리되었음을 이미 살펴본 바 있죠. 이 법은 케인스주의 시기에 지속되면서 대표적인 금융 억압정책으로 기능했습니다. 그러나 '금융서비스현대화법'은 '글래스-스티걸 은행법'을 사실상 폐지하고 금융 탈규제를 법적으로 제도화합니다. 즉, 금융자본에 통합된 금융시장을 제공함으로써 더 안정적인 금융적 축적을 위한 금융혁신의 기회를 제공한 것이지요. 따라서 신자유주의는 '금융화의 제도화'라는 성격을 지닌다고도 말할 수 있겠습니다.

이제까지의 내용을 바탕으로 케인스주의와 신자유주의의 차이를 정리해 볼 수 있습니다. 케인스주의가 금융의 억압을 조건으로서 해서 산업적 성장과 고용을 목표로 하는 재정정책을 중심으로 실행되었다면, 신자유주의는 금융의 해방과 자유화를 조건으로 해서 인플레이션 억제와 금융시장의 성장을 목표로 하는 통화정책을 중심으로 실행된다는 것입니다. 통상적으로 오해되고 있는 것과는 달리 둘 사이의 차이가 경제에 대한 국가 개입 여부에 있는 것은 결코 아닙니다. 국가의 경제 관리는 자본주의의 존재조건이라고 말할 수 있습니다. 중요한 것은 국가 개입의 형태와 양상이지요. 신자유주의 시기에는 재정정책의 효과가 매우 모호해집니다. 세계금융시장이 통합되어 국제적 자본 이동이 자유화되면서 민간기업의 투자는 정부의 재정지출보다는 금융시장에 의해 더 영향을 받게 되었기 때문입니다. 따라서 경제정책의 중심은 통화정책으로 이동하는데요. 금융시장의 신뢰를 강화하고 화폐가치를 보호하기 위해 인플레이션을 억제하는 것이 중요하다는 것이 이유입니다. 또한 1990년대부터 금융자본의 중심이 은행과 같은 대부자본에서 증권시장으로 이동하면서, 증권시장의 성장이 기업의 투자를 자극할 수 있고 주가 상승에 따른 '자산효과(wealth effect)'가 소비를 촉진시킨다고 주장되지요. 이에 따라 증권시장을 부양하기 위한 저금리 기조가 통화정책의 기본 구도로 자리 잡게 됩니다. 그리고 케인스주의 시기와는 반대로 재정정책은 금융적 팽창을 뒷받침하는 통화정책에 종속됩니다. 가령 재정지출의 확장보다는 긴축이 보다 강조되는데, 긴축은 인플레이션을 억제할 뿐만 아니라 재정적자에 따른 정부의 자금 수요를 낮춤으로써 그만큼 이자율도 낮출 수 있다고 가정되기 때문입니다.[18]

5) 금융화의 양상과 결과

그런데 신자유주의와 케인스주의의 결정적 차이는 단지 정책 내용만이 아닙니다. 오히려 중요한 차이는 각각이 지배적인 패러다임으로 부상했던 시기가 20세기 자본주의 경제의 상이한 역사적 국면이었다는 점입니다. 즉, 케인스주의가 지배적인 정책 패러다임으로 부상한 1950~1960년대는 자본주의의 성장기였다면, 신자유주의가 부상한 1980년대 이후는 이러한 급속한 성장이 종결된 국면이었다는 것이죠. 이러한 차이의 의미를 인식하지 못한다면, 일종의 제도주의적 결론으로 빠질 위험이 있습니다. 다시 말하면 현재와 같은 저성장과 경기침체는 신자유주의 정책 때문이며, 따라서 이러한 정책을 폐기하고 케인스주의적 수요 중심 정책으로 복귀한다면 다시 성장을 재개할 수 있을 것이라는 주장이 바로 그러한 예입니다. 하지만 신자유주의 전환은 1980년대 이후의 자본주의가 직면한 성장정체의 결과인 동시에 그것에 적응하려는 시도인 것이지, 그 역은 아닙니다. 요컨대 20세기 자본주

---

18 박상현, 『신자유주의와 현대 자본주의 국가의 변화: 세계 헤게모니 국가 미국을 중심으로』, 5장.

의의 구조적 동역학으로서의 이윤율 상승과 하락에 관한 인식이 부재하다면 현재의 상황을 오판할 위험이 있습니다.

로버트 고든(Robert Gordon)은 20세기 전반기에 나타났던 고도성장이 2차 산업혁명에 따른 기술진보의 결과라고 이야기합니다.[19] 철강, 자동차, 석유화학, 전기 등에서의 기술진보가 자본생산성을 비약적으로 향상시켰고, 이는 이윤율 상승과 투자 확대, 그리고 고용 증가로 이어지면서 1920~1970년대의 고도성장을 가능하게 했다는 것이죠. 기술진보가 중요한 이유는 마르크스가 분석한 이윤율 하락 경향을 일시적으로나마 회피하도록 해 주기 때문입니다. 마르크스에 따르면 자본 간 경쟁은 불변자본에 대한 투자를 확대함으로써 결국 전체 경제의 평균이윤율을 하락시킵니다. 하지만 불변자본에 대한 투자가 증가한다고 하더라도 기술진보를 통해 자본생산성이 증가한다면 이윤율은 상승할 수 있습니다. 그런데 2차 산업혁명의 효과는 1970년대를 거치며 소멸합니다. 보통 경제학에서는 기술진보의 지표로 '총요소생산성(TFP)'을 활용하는데요. 실제로 1920~1970년의 총요소생산성의 연평균 증가율은 1.89였던 데 반해, 1970~1994년에는 0.57까지 급락합니다. 이렇게 본다면 1970년대의 불황과 케인스주의의 붕괴는 기술진보가 정체되면서 이윤율과 성장률이 하락한 결과라고 말할 수 있겠지요. 그리고 1980년대 이후 금융화의 전개는 이와 같은 고성장 국면의 종결을 배경으로 했고요.

물론 1980년대 이후 기술진보가 전혀 없었다고는 말할 수 없습니다. 1994~2004년의 10년 동안 ICT 기술의 발전으로 연평균 총요소생산성 증가율은 1.03으로 다시 상승했기 때문입니다. 그리고 이러한 변화는 이른바 '신경제'라는 주식시장 호황을 낳기도 했지요. 하지만 1920~1970년대의 고도성장기와 비교해 볼 때 이 기간은 매우 짧을뿐더러 총요소생산성의 증가율도 상당

---

19 로버트 고든, 『미국의 성장은 끝났는가』, 이경남 옮김(생각의힘, 2017).

3강_케인스주의에서 신자유주의로의 전환 225

히 낮은 수준이었습니다. 생산과 성장에 미치는 파급효과가 상대적으로 크지 않았다는 것이죠. 물론 이는 우리의 실제 경험과는 다를 수 있습니다. 30년 전과 비교해 볼 때 현재는 인터넷, 개인컴퓨터, 스마트폰 등 일상생활에서 엄청난 변화가 있으니까요. 하지만 경제적 생산성의 측면에서 볼 때 ICT 기술은 실생활에서 편의성을 향상시키고 엔터테인먼트 차원에서의 변화를 야기한 것은 사실이지만, 20세기 초의 철강과 자동차, 석유화학만큼 고성장을 주도할 만큼의 효과를 보인 것은 아니라는 것입니다. 단지 FAANG(페이스북·애플·아마존·넷플릭스·구글)과 같은 ICT 기업들의 주가총액만이 폭등하고 있을 뿐이죠.

금융화는 바로 기술진보가 정체되고 고성장 국면이 종결된 이후를 배경으로 전개됩니다. 금융화의 정의와 관련해서 가장 많이 인용되고 있는 것은 제럴드 앱스타인(Gerald Epstein)의 언급입니다. 그는 금융화를 "국내경제와 세계경제에서 금융적 동기, 금융시장, 금융행위자 및 금융기관의 역할이 증대하는 현상"으로 정의합니다.[20] 금융수익을 노리고 금융시장에 진입하는 자금과 행위자의 수가 급증하는 현상이라는 것인데요. 그 이유는 바로 저성장으로 인해 금융시장을 제외한 다른 영역에서는 충분한 수익을 얻을 수 없기 때문입니다. 특히 1990년대부터 증권시장이 금융화를 주도하게 되는데, 증권시장은 마르크스가 이야기했던 '가공자본(fictitious capital)'이 거래되는 시장이죠. 그런데 가공자본은 그 가치가 미래에 '예상되는' 성과를 근거로 결정되는 가장 순수한 형태의 금융자본으로서, 현재의 실물경제의 상황에 구속되지 않는다는 특징을 갖고 있습니다. 아무리 현재 경제상황이 좋지 않다고 하더라도 가까운 미래에 개선될 것이라는 낙관적인 기대가 존재한다면, 그리고 이러한 낙관적인 기대를 공유하는 투자자들이 많다면 가격은 상승할 것

---

20 Gerald Epstein, "Introduction," in Gerald Epstein(ed.), *Financialization and the World Economy*(Edward Elgar, 2005).

이고 가공자본의 거래를 통해 높은 수익을 얻을 수 있습니다. 그 결과 불황기에도 전체 경제에서 금융 부문의 규모가 상대적으로 확대되거나 비금융 부문에서도 증권시장을 통한 금융수익에 의존하는 비중이 증가하게 되지요.

금융화의 전개를 보여 주는 간단한 실증지표는 GDP 대비 금융자산 가치 총액 비율의 뚜렷한 증가추세입니다. 본래 금융의 역할은 저축과 금융 투자의 방식으로 유휴자금을 축적하고, 기업 투자나 상품거래에 자금을 유통시키는 데 있습니다. 편의상 전자를 금융의 '축적의 수로'로, 그리고 후자를 '유통의 수로'라고 부르도록 하지요. 금융은 두 개의 수로를 연결하면서 경제성장에 기여하게 됩니다. '축적의 수로'를 통해 유입된 자금은 '유통의 수로'로 다시 흘러나오게 되고, 이 자금은 투자와 상품거래를 거친 후 다시 축적의 수로로 유입되는 순환을 거치게 됩니다. 그런데 성장기에는 이윤율이 높기 때문에 축적의 수로에 유입되는 금융자금은 곧 실물 투자로 이어지면서 유통의 수로로 다시 흘러나오는 반면, 불황기에는 두 수로의 단절이 발생합니다. 기업의 실물 투자가 둔화되면서 축적의 수로에 있는 자금이 계속 이 수로 내부에서만 유통되는 것이지요. 예를 들면 기업이 회사채 발행을 통해 조달한 자금을 가지고 주식을 매입하거나 금융기업이 유동화 증권을 발행할 때, 또는 금융자산을 기초자산으로 해서 파생상품이 발행되는 경우가 그렇습니다. 그 결과 GDP 대비 금융자산의 가치총액은 증가하게 되지요. 미국의 경우 이 비율은 1960~1970년대에는 150~200% 수준이었으나, 1980년대부터 빠르게 상승해 2000년대 이후부터는 350~400%에 달하게 됩니다.[21]

이것이 금융화에 관한 거시경제적 지표라면 기업 수준에서도 금융화가 야기한 변화를 확인할 수 있습니다. 금융화는 금융기업들의 수익만을 증가시킨 것은 아니었습니다. 과거 케인스주의 시기에 산업적 축적을 주도했던 비

---

21   윤종희, 『현대의 경계에서: 역사과학에서 조명한 현대 세계사 강의』, 469~472쪽.

금융기업들 역시 금융화의 주요한 행위자로 변모합니다. 1970년대에는 비금융기업의 이윤 중에서 이자, 배당금, 자본이득(capital gain)과 같은 금융적 활동에 따른 수익의 비중은 약 10% 미만이었습니다. 나머지는 대개 주력 사업에서 비롯된 것이었죠. 하지만 1980년에는 이 비중이 20%로 증가하고, 1990년에는 무려 45%에 달하게 됩니다. 특히 전자 제조업체인 제너럴일렉트릭의 경우 2003년 그룹 총이윤의 42%가 GE캐피털에서 발생했고, 자동차업체인 제너럴모터스(GM)의 경우는 할부 금융 자회사인 GMAC이 그룹 총이윤의 80%를 차지했을 정도였습니다. 그런데 비금융기업은 동시에 금융화의 이익만을 향유할 수는 없었습니다. 그들은 동시에 증권발행의 주체로서 금융화 비용 역시 분담해야 했기 때문이죠. 미국 제조업체의 경우 1950~1965년에는 전체 이윤 가운데 약 1% 정도를 이자비용으로, 그리고 25%를 배당금으로 지불했고 나머지는 내부유보금으로 축적했습니다. 하지만 1982~1990년에는 이자비용으로 35%, 배당금으로는 27%를 지불하게 되지요. 전체 이윤 중 60% 이상이 금융자본과 금융 투자자들의 수익으로 유출된 것입니다. 그렇다면 이처럼 비금융기업들의 금융수익이 증가하는 동시에 금융자본에 대한 이윤 이전이 증가하는 현상을 어떻게 설명해야 할까요? 뒤메닐은 이러한 역설적 현상이 신자유주의를 특징짓는 '금융의 지배'를 보여 주는 증거라고 이야기합니다. 일반적으로 기업은 설비투자 자금을 마련하기 위해 차입하거나 주식을 발행합니다. 하지만 신자유주의 시기에는 전혀 다른 양상이 나타납니다. 차입이나 주식발행을 통해 조달한 자금이 주로 자사주 매입, 인수합병, 단순 투자를 포함하는 주식 구매 자금으로 활용되었던 것이지요. 그 결과 1980년대 미국에서는 주식발행으로 조달한 금액에서 주식 구매로 지출된 금액을 공제한 순주식 발행 규모가 마이너스를 기록했을 정도였습니다. 사실상 비금융기업들이 금융 부문을 위해 자금을 공급하는 역할을 수행했다고 이야기해도 과언이 아닙니다.[22]

그런데 여기서 당연한 의문이 제기됩니다. 금융화 시기에 증가하는 금융

이윤은 어디에서 비롯되는 것일까요? 마르크스의 설명에 따라 이윤의 원천은 잉여가치이고, 잉여가치는 곧 생산 부문에서 노동력의 착취로부터 비롯된다고 본다면, 잉여가치의 생산과 관련 없는 금융이윤의 지속적 확대는 이상하게 보일 수 있습니다. 그 비밀은 금융 부문이 생산 부문의 구조조정과 자본집중을 가속화함으로써 잉여가치율을 높였다는 데 있습니다. 즉, 신자유주의 시기 생산기업의 구조조정(수직적 해체)에 따라 노동자들은 모회사와 자회사, 원청과 하청 및 파견노동 등으로 분할되고, 그 결과 노동생산성의 증가에도 불구하고 실질임금은 정체되었습니다. 잉여가치율, 그러니까 착취율의 증가가 이윤율의 전반적 상승에 기여했고, 생산 부문에서의 이윤이 금융 부문으로 집중되면서 상대적으로 높은 금융이윤을 가능하게 했던 것입니다. 오늘날 이 과정은 일국적 수준에서만 진행되는 것이 아닙니다. 바로 금융 세계화를 배경으로 세계 각지의 제조업 부문에서 생산되는 잉여가치가 금융이윤의 원천이 될 수 있기 때문입니다. 결국 금융이윤은 세계적 차원의 전반적인 노동 불안정화에서 비롯된다고 말할 수 있겠습니다.

금융화는 개별 기업들의 경영전략에도 큰 변화를 가져왔습니다. 바로 '주주가치 극대화'의 원리가 경영의 핵심 목표로 부상한 것입니다. 주주의 이익에 부합하는 방식대로 경영해야 한다는 원칙이지요. 이 문제는 경영학에서는 '주인-대리인 문제(principal-agent problem)'라는 이름으로 다뤄져 왔습니다. 주인이란 바로 기업의 소유자로서 주주들을 지칭하며, 대리인이란 기업을 직접 관리하는 전문 경영인을 뜻하는데, 이 둘은 상이한 이해를 가지고 있다고 가정됩니다. 주주들은 배당이나 주가 상승과 같은 단기적 실적에 기초한 금융 이득에 일차적인 관심을 갖는 반면, 경영자는 장기적인 투자와 계획을 통해 기업활동의 전반적 통제에 관심을 갖는다는 것이죠. 그런데 금융

22　뒤메닐·레비, 『자본의 반격: 신자유주의 혁명의 기원』, 14장.

화와 함께 '주주가치 극대화'가 경영의 목표로 설정됨으로써, 이제 주주의 이해가 경영자를 압도하기 시작합니다. 앞서 설명한 대로 주주의 이익에 부합하는 경영은 주가 상승으로 반영될 수 있는 단기실적의 개선에 주력합니다. 특히 주가는 현재의 실적이 아니라 '가까운 미래에 예상되는 성과'에 기반하기 때문에 단기적인 비용 절감과 단기 수익의 극대화라는 목표를 채택하게 되죠. 또한 장기적인 계획에 따른 투자보다는 자사주 매입처럼 주가를 당장 상승시키는 방법도 광범위하게 활용됩니다. 윌리엄 라조닉(William Lanonick)과 매리 오설리반(Mary O'Sullivan)은 이와 같은 변화를 '유보 및 재투자'에서 '다운사이징 및 배당'으로의 전환이라는 명제로 요약합니다. 즉, 케인스주의 시기의 일반적 경영전략은 내부유보금을 최대한 확보하고 그것을 실물 투자에 지출하는 것이었다면, 신자유주의 시기에는 외주나 하청계약을 통해 조직적 신축성을 강화하고 정규고용을 비정규고용으로 대체함으로써 조직 비용 감축에 주력하는 대신 주주들을 위한 배당금을 확대하는 방향으로 전환되었다는 이야기입니다.[23]

마지막으로 금융화가 노동자에게 미친 영향에 대해 살펴보도록 하겠습니다. 이를 가장 상징적으로 보여 주는 사례는 아마도 1980년대 초중반의 미국 항공관제사 파업과 영국 광부노조 파업에 대한 레이건 정부와 대처 정부의 강경대응일 겁니다. 레이건 정부는 48시간 내의 직장복귀명령을 따르지 않은 노조원 1만 1300명을 해고했고, 대처 정부는 가장 강력한 노조였던 전국광부조합에 대해 비타협으로 일관하면서 결국 굴복시켰지요. 이 사례는 모두 공공노조였던 두 노조에 대한 강경대응을 통해 보수주의 정부의 공공 부문 개혁의 의지를 보여 주고자 했던 정치적 시도였던 동시에 케인스주의적 타협이 더 이상 유지될 수 없음을 보여 주는 상징적 사건이었습니다. 임

---

23 William Lazonick and Mary O'Sullivan, "Maximizing Shareholder Value: A New Ideology for Corporate Governance," *Economy and Society*, 29(1)(2000), pp.13~35.

금 인상은 유효수요의 확대가 아니라 단순히 인플레이션을 악화하는 요인으로 인식되기 시작한 것입니다. 그 결과 1980년대 이후부터는 실질임금이 정체되면서 노동생산성과 실질임금 사이의 격차가 확대됩니다. 1970년대까지의 '생산성임금'의 원리였던 노동생산성과 실질임금이 동반 상승해 왔던 추세는 중단되었던 것이죠.

그런데 이보다 중요한 것은 1980년대 이후 금융화의 논리에 내재되어 있는 '노동의 불안정화' 경향입니다. 즉, 금융화는 노동 유연화(flexiblization) 혹은 신축화를 통해 불안정노동을 체계적으로 양산한다는 것입니다. '주주가치 극대화'가 경영목표로 전면화되면서 대부분의 기업들에서 이른바 '경영혁신'이라는 이름으로 고용과 임금의 경직성이 해체되고, 비핵심 업무의 외주화와 하청화가 진행되었으며, 중간관리자와 감독직의 대량 정리해고가 동반되었습니다. 그리고 '경영혁신'이 주식시장에서 기업 평가의 주요한 기준으로 활용되면서 '구조조정의 일상화'가 안착되지요. 그 결과 1994~2000년 '신경제'에 따른 주가 상승국면이 진행되었을 때에도 '고용 없는 성장'이라는 특징이 나타났습니다. 또한 가장 결정적인 이유로는 신자유주의 시기에 일반화된 금융적 축적에서는 고용과 임금이 수행하는 역할이 주변화된다는 데 있습니다. 우리가 이미 알고 있는 것처럼 케인스주의의 산업적 축적에서는 안정된 고용과 임금이 투자와 성장에 상당히 중요한 역할을 수행합니다. 케인스가 완전고용을 강조했던 것도 이러한 이유 때문이었죠. 그러나 금융적 축적에서는 여전히 소비는 중요하지만 반드시 소비가 고용과 임금에 의존할 필요는 없습니다. 왜냐하면 금융시장에 의존한, 즉 부채나 자산효과에 의존한 소비가 가능할 뿐더러 그러한 소비형태가 금융의 이해에도 부합하기 때문입니다. 〈그림 3-3〉은 이러한 현실을 보여 주고 있습니다. 미국의 시민들은 1980년대 이후 실질임금의 정체에도 소비를 지속적으로 확대했습니다. 이것이 가능했던 이유는 같은 시기 동안 이루어진 소비자신용의 발전 덕분에 손쉽게 소비지출을 늘릴 수 있었을 뿐더러 금융화가 자산가격을 상승시

그림 3-3

가처분소득 대비 소비지출과 가계부채의 비중 추이(미국)

개인 세후 가처분소득 대비 소비지출 비중

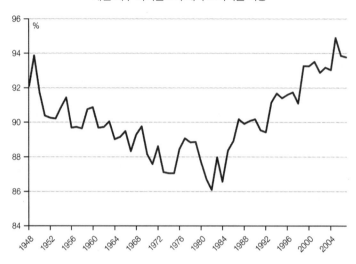

개인 세후 가처분소득 대비 가계부채 비중

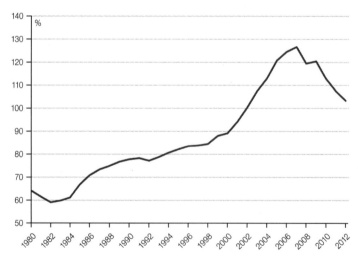

자료: 데이비드 코츠, 『신자유주의의 부상과 미래』, 곽세호 옮김(나름북스, 2018), 4장.

킴에 따라 더 많은 부채를 추가로 조달할 수 있었기 때문이었습니다. 결국 부채에 의존한 소비였던 셈이죠. 하지만 부채에 의존한다는 것은 결국 현재의 부담을 미래로 유예한다는 것을 의미할 뿐 영원히 사라지지는 않습니다. 더 심각한 것은 만약 금융자산의 가치가 하락하게 될 때 자산효과는 소멸하고 그 충격은 배가된다는 데 있습니다. 2008~2009년에 벌어졌던 금융위기와 그 여파는 그것을 여실히 보여 주었지요.

금융화는 노동의 불안정화를 통해 노동자로서의 삶의 조건을 침식시켰던 반면, 대중 투자 문화를 확산시킴으로써 '투자자 시민'이라는 관념을 강화했습니다. 사실 개인의 금융 투자 증가는 실질임금의 정체와 고용불안에 대한 자구적 대응이라는 성격을 지니는 것이었습니다. 이와 같은 개인들의 불안을 적극 활용했던 것은 투자신탁회사(mutual fund)와 같은 기관투자자였습니다. 기관투자자는 과거 소수의 엘리트들만이 독점했던 증권투자를 대중적 수준으로 확산시키는 데 기여하면서 빠르게 성장했습니다. 그 결과 1990년대 후반에 이르면 미국에서 가계가 보유한 금융자산 중 투자신탁기금에 예치한 비중은 전통적인 저축방식이었던 상업은행예금을 추월하게 되었지요.

복지제도의 변화도 이러한 '대중 투자 문화'의 확산에 영향을 미쳤습니다. 통념과는 달리 신자유주의로의 전환 이후에도 미국과 유럽의 복지 지출 규모는 감소하지 않았습니다. 예상과는 달리 복지국가의 해체는 진행되지 않았던 것이죠. 하지만 복지제도에도 금융화의 논리가 수용되었습니다. 전통적 복지제도가 계급 간·세대 간 연대에 기초해 실업이나 질병과 같은 고유한 위험에 대한 집단적 대응의 원리에 기초했다면, 신자유주의 시기에는 이러한 연대를 대체해 개인적 대응 능력을 강화하는 원리가 강조되었습니다. 즉, 개인에게 자신의 상황에 맞게 위험에 대응할 수 있도록 금융자산을 관리하거나 노동력의 소유자로서 다양한 노동력을 자산처럼 개발하고 경영할 것을 요구했던 것이죠. 시민을 집합적 노동자가 아닌 개인적 투자자로 재규정한 것이라 볼 수 있습니다. 마찬가지로 민영화 이후 연기금의 증권시장 투자가 확산되고 급부 방식이 안정적 고용과 소득에 기반한 확정 급부형에서 투자실적에 의존하는 확정 기여형으로 전환되면서, 시민들이 받게 될 수급액은 직접적으로 금융시장의 성장과 금융 투자의 성과에 의존하게 되었습니다. 이는 시민들의 미래의 삶을 금융시장의 성장에 종속시켰을 뿐만 아니라 연금 수급자들을 금융시장에 민감한 잠재적인 투자자로 전환시킨 것으로 볼 수 있습니다. 대중 투자 문화의 확산은 신자유주의 시대를 살아가는 시민들의 '자기분열증'을 심화시키고 있는 것으로 보입니다. 즉, 투자자로서 삶의 조건은 금융시장의 성장과 발전에 달려 있지만, 동시에 노동자로서는 금융화에 따른 불안정화에 직면하고 있기 때문입니다. 이것은 현대의 주요한 문화적·정치적 모순 가운데 하나일 것입니다.

질의응답

1. 강의에서 다룬 프리드먼의 통화주의 외에도 '공공선택이론'도 신자유주의와 관련된다고 알고 있는데, 좀 더 설명을 듣고 싶습니다.

오늘 강의에서는 자세히 다루지 않았지만, 말씀하신 대로 조지 스티글러(George Stigler)나 뷰캐넌 등의 '공공선택이론' 역시 중요한 역할을 수행했습니다. 스티글러와 뷰캐넌 모두 몽페를랭협회 회원이었지요. 공공선택이론은 정치와 행정의 영역에서 신자유주의적 관점을 확산시키는 데 기여했습니다. 특히 공공선택이론은 이후 '새 공공관리(new public management)' 정책 패러다임으로 발전하면서 많은 국가들에서 정부 부문 개혁의 기본 원리로 채택됩니다. 이 패러다임은 재정지출의 규모를 GDP의 일정 수준 이하로 억제하는 것을 목표로, 공공 부문의 민영화, 공공인력의 감축, '민관협력'을 통한 국가기능의 외주화, 공기업의 수익성 강화 등의 개혁을 강조합니다. 그리고 무엇보다도 정부와 시민의 관계를 서비스 공급자와 소비자의 관계로 재설정하는 데 기여하지요.

공공선택이론을 설명하기에 앞서 케인스와 하이에크 사이의 쟁점을 잠깐 짚고 넘어가겠습니다. 케인스는 개인적인 편지를 통해 하이에크의 입장을 비판한 바 있습니다. 케인스는 하이에크의 『노예의 길』을 호의적으로 평가하면서도 두 가지 비판을 제기합니다. 첫 번째는 '경제적 관리와 계획'에 대한 입장입니다. 하이에크는 아무리 좋은 동기와 의도에서 시작되었을지라도 국가의 포괄적인 경제 개입과 계획은 결국 개인의 자유를 침식하는 최악의 결과를 낳을 것이라고 주장한 바 있습니다. 이에 대해 케인스는 하이에크가 도덕적 주제와 물질적 주제를 혼동하고 있다고 비판하지요. 케인스는 국가의 경제 관리와 계획의 목표는 '경제학적으로' 효율성을 증대시키는 것일 뿐이며, 그 자체가 자유의 침해라고 볼 수는 없다는 겁니다. 즉, 하이에크가 제기하고 있는 '윤리적 비판'은 경제 관리와 계획을 누가 담당하느냐에 따라 달라질 수 있다고 주장합니다. 요컨대 '지적으로 뛰어나고 도덕적으로 결점이 없는' 정치인이 경제 관리와 계획을 수립한다면 파시즘이나 사회주의와는 달리 오히려 개인의 자유는 확대될 수 있다고 봤던 것이지요. 전형적인 새 자유주의의 입장이었습니다. 두 번째는 자유방임과 집단주의 양자를 비판하는 하이에크의 입장에 내재한 모호성에 관한 비판이었습니다. 하이에크가 국가의 개입적 역할을 완전히 부정하지도 또 긍정하지도 않은 채 혼란스러운 입장에 서 있다는 것이지요. 케인스는 하이에크가 '좋은 개입'과 '나쁜 개입' 사이에서 어디에 선을 그어야 할 것인가에 관한 구체적이고 실용적인 질문에 대한 분명한 지침을 주지 못하고 있다고 비판합니다.

공공선택이론은 이러한 비판에 대한 반비판으로서 하이에크의 입장을 보다 급진화하는 신자유주의적 국가관을 보여 준다고 할 수 있습니다. 이 이론은 케인스가 전제했던 경제정책의 '공공성'을 비판하는 것에서 출발합니다. 경제정책을 만드는 정치인들 역시 다른 경제행위자들과 마찬가지로 사적 이해에 따라 선택하는 개인일 뿐이라는 것이죠. 인간의 이기적 이해 추구는 피할 수 없는 인간사회의 지배적 규칙이라고 봅니다. 더욱 중요한 것은 정부와 같은 규제자 역시 규제를 받는 대상, 그러니까 피규제자들의 이해관계에 의해 역으로 지배될 수도 있다는 점입니다. 정책을 결정하는 정치인은 선거에서의 승리라는 자기이익을 중심으로 사고하기 때문이라는 것이죠. 따라서 문제는 공공성이라는 미명하에 국가정책에 정치인들의 사적 이익 추구가 반영되거나, 피규제자의 이해관계에 포획되는 '타락'과 그에 따른 재정적자의 누적을 어떻게 제어할 것인가에 있게 됩니다. 요컨대 국가를 공공성의 대변자 혹은 대리자로 보는 기존의 입장을 명확히 거부하는 것이죠. 이에 대한 뷰캐넌의 대안은 바로 '법의 지배' 또는 '헌정주의(constitutionalism)'입니다. 헌법에서 정부정책의 범위와 한계를 명확히 규정함으로써 정치인들의 경제 및 재정정책에 대한 재량적 권한과 지대추구적 행위를 가능한 한 최대한 축소해야 한다는 주장으로서, 이는 제가 생각하기에 "법을 통해 국가, 또는 국가의 특정한 경제적 기능을 정치로부터 보호하려는 시도"라고 이해될 수 있을 것 같습니다.

물론 '법의 지배(rule of law)'는 오랜 역사를 지닌 개념이고, '법의 지배'와 '민주주의' 사이의 관계에 관한 논의는 존 로크(John Locke) 이래 다양한 정치철학자들에 의해 제기되어온 전통적 주제 가운데 하나입니다. 그런데 대부분의 기존 논의들이 절차적이고 형식적인 정당성이라는 관점에서 '법의 지배'를 이해했다면, 뷰캐넌은 그것에 실질적인 내용을 추가합니다. 즉, 균형재정의 원칙을 헌법 조항으로 삽입함으로써 집권세력의 정치적 지향에 상관없이 반드시 준수해야만 하는 원칙으로 만들자는 것이었죠. 물론 대부분의 국가에서 뷰캐넌의 이와 같은 급진적인 주장은 수용되지 않았습니다. 하지만 1980년대 이후 발전도상국의 신자유주의화가 진행되는 과정에서 국가의 거시경제적 기능을 정치로부터 분리시킬 것을 골자로 하는 '법의 지배'라는 기본 구상은 세계은행에 의해 정책 개혁과 구조조정에서의 '굿 거버넌스(good governance)'의 핵심 요소로 제시되지요. 신자유주의 전환 이후 발전도 상국이 신흥시장으로 변모하면서 경제성 장을 위해서는 각국 정부의 재량적 공공투 자가 아니라, 자본시장을 통한 외국인 투 자의 유치가 결정적인 중요성을 갖게 됩니 다. 따라서 이를 위해서는 외국자본이 안 심하고 투자할 수 있도록 외국인 소유권의 보장, 시장진입과 퇴장의 자유, 그리고 통 화가치의 유지와 같은 안정적이고 예측 가 능한 투자환경을 조성하는 동시에, 가장 중요하게는 시민 다수의 지지를 받아 집권 한 정부라 할지라도 이를 손쉽게 뒤집을 수 없도록 법률화해야 한다는 것입니다. '법의 지배'라는 기획은 신자유주의적 정 책 개혁을 안착시키는 수단으로 활용되는 것이죠.[24] 이로써 시민의 삶에 직접적인 영향을 미치는 경제정책의 전환을 요구하 거나 대안을 선택할 수 있는 정치적 공간 은 축소되고, 경제정책의 공공성과 정치적 선택이라는 쟁점은 기술관료적인 경제 관 리의 문제로 대체되어 버립니다. 신자유주 의 시기에 정치에 대한 행정의 우위, 또는 정치가에 대한 관료의 우위라는 경향이 나 타나는 이유는 이것과 관련되어 있다고 말 할 수 있겠습니다.

2. 금융화에 관한 포스트 케인스주의의 입 장과 마르크스주의 입장 사이의 차이를 알 고 싶습니다.

먼저 케인스와 마르크스의 차이에서 시작 할 필요가 있겠습니다. 여러 가지 차원에 서 두 이론을 대별해 볼 수 있을 텐데, 제 가 생각하기에 가장 중요한 차이는 경제위 기의 원인에 관한 인식과 설명에 있습니 다. 자동차에 비유하자면 케인스에게 자본 주의의 위기는 정비나 수리를 통해 해결할 수 있는 기술적 고장과 같은 것인데 반해, 마르크스에게는 엔진의 설계 오류와 같은 구조적인 문제로서 간단한 정비로는 결코 해결될 수 없는 것이지요. 도로환경이나 기후조건이 좋으면 당분간은 굴러가겠지 만, 결국 언젠가는 멈출 수밖에 없습니다. 케인스는 '국민소득=국민지출'이라는 항 등식에 의거해 설명을 개진합니다. 여기서 '국민소득=이윤+임금'이고 '국민지출=투자 +소비'이므로, 결국 '이윤+임금=투자+소비' 가 됩니다. 물론 이 항등식은 마르크스주 의적 분석도 수용할 수 있는 공리입니다. 그런데 문제는 이 항등식 자체는 인과의 방향을 제시하지 않는다는 것인데, 항등식 의 인과성과 관련해서 케인스와 마르크스 는 반대의 방향을 설정합니다. 우선 여기

---

24 Joel M. Ngugi, "Policing Neo-Liberal Reforms: The Rule of Law as an Enabling and Restrictive Discourse," *University of Pennsylvania Journal of International Law*, 26(3) (2005), pp.513~599.

서 중요한 요소는 이윤과 투자의 관계겠죠. 일단 임금과 소비의 인과적 관계는 직관적으로 분명하니까요. 케인스는 명백하게 투자가 이윤을 결정한다고 생각했습니다. 어떤 기업이 투자를 결정하면 이를 위해 다른 기업들로부터 재화를 구매함으로써 판매한 기업의 이윤을 창조한다고 봤기 때문입니다. 따라서 경제위기는 투자의 붕괴에서 비롯되며, 위기로부터 벗어나기 위해서는 투자를 어떻게든 확대시키는 데 있다고 봤던 것이죠. 그런데 케인스에 따르면 투자를 결정하는 것은 가까운 미래의 향방을 동물적인 감각으로 포착하는 자본가들의 '야성적 충동(animal spirits)'의 영역입니다. 따라서 위기 시에는 이러한 충동을 자극하고 낙관적인 기대를 형성하기 위한 정부의 적극적 재정지출을 통해 총수요를 지지하는 정책들이 필요하게 됩니다. 이와 대조적으로 마르크스는 이윤이 투자를 결정한다고 생각했습니다. 이윤율이 상승하거나 아니면 이윤량이 확대될 때에야 자본가는 투자를 늘린다고 봤던 것입니다. 미래에 대한 동물적인 감각에 의존하는 케인스의 자본가와는 달리, 마르크스의 자본가는 현재의 수치를 근거로 투자 결정을 내리는 합리적이고 냉정한 계산가에 가깝습니다. 따라서 이윤율이 하락할 때 자본가들은 투자를 축소시키고, 투자의 축소는 결국 경제 전반의 불황으로 이어지는 것이죠. 그리고 이윤율 하락의 원인은 바로 마르크스가 분석했던 주요한 주제로서, 자본

주의에 내재하는 구조적이고 경향적인 법칙이었습니다.

케인스와 마르크스의 이러한 이론적 차이는 금융화에 관한 포스트 케인스주의와 마르크스주의 분석에서도 그대로 이어집니다. 두 이론 모두 현재 이어지고 있는 전 세계적 불황이 금융화와 관련된다고 파악한다는 점에서 분명 친화성이 있습니다. 하지만 포스트 케인스주의는 금융화를 불황의 원인으로 지목하고 있는 반면, 마르크스주의는 금융화를 그것의 결과라고 이해한다는 결정적인 차이가 있지요. 케인스는 경제성장에 필수적인 생산적 투자의 확대를 위한 전제조건으로 '금융 억압'을 강조했습니다. 기본적으로 '금리생활자'를 기생적인 집단으로 파악한 것이지요. 이를 계승해 포스트 케인스주의는 생산자본과 금융자본 사이의 대립구도 속에서 금융화를 '금융의 지배'로 이해하는 경향이 강합니다. 그리고 배당이나 이자와 같은 수단을 통한 금융자본의 '약탈'에 따라 유보이윤이 축소되면서 생산적 투자의 감소와 그에 따른 불황이 나타난다고 파악하지요. 결국 불황은 금융화의 결과라고 보는 셈입니다. 포스트 케인스주의는 금융화가 금융자유화(금융 탈규제)와 같은 제도적 변화에서 촉발된 것이라고 이해하기에, 대안역시 금융에 대한 재규제와 같은 정책을 제안합니다. 이와 달리 마르크스주의적 입장에서 금융화는 이윤율 하락의 결과입니다. 다시 말하면 불황이 금융화로 이어지

는 것이지 그 역은 아니라는 것이죠. 이윤율이 전반적으로 하락하면서 실물 투자가 둔화되며, 이렇게 형성된 과잉자본은 주로 금융시장으로 유입됩니다. 그 결과 금융자산의 가치가 상승하며, 이에 따라 생산 부문을 대신해 수익성 있는 투자처를 찾아 더 많은 자본들이 금융시장으로 더욱 집중되기 시작하는 것이죠. 이것이 금융혁신과 금융규제 완화의 계기이자 압력으로 작용합니다. 그런데 이 기회를 활용하는 것은 단지 금융자본만이 아닙니다. 당연하게도 더 높은 수익을 쫓는 것은 모든 자본의 속성이기에 기존의 생산자본 역시도 금융적 투자를 확대함으로써 금융화에 동참합니다. 이렇게 본다면 포스트 케인스주의가 전제하는 금융자본과 생산자본의 대립구도는 허구적일 수 있습니다. 물론 생산자본과 금융자본이라는 기능적 구분은 여전히 유지되지만, 이윤율 하락에 따른 불황의 결과, 생산자본 역시 금융자본과 마찬가지로 금융적 축적의 전략을 따르는 경향이 나타나는 것입니다.

읽을거리

뒤메닐, 제라르(Gérard Duménil)·도미니크 레비(Dominique Lévy). 2006. 『자본의 반
　　격: 신자유주의 혁명의 기원』. 이강국·장시복 옮김. 필맥.

로버츠, 마이클(Michael Roberts). 2017. 『장기불황』. 유철수 옮김. 연암서가.

박상현. 2012. 『신자유주의와 현대 자본주의 국가의 변화』. 백산서당.

스테드먼 존스, 다니엘(Daniel Stedman Jones). 2019. 『우주의 거장들: 하이에크, 프리
　　드먼 그리고 신자유주의 정치의 탄생』. 유승경 옮김. 미래를 소유한 사람들.

윤종희. 2015. 『현대의 경계에서: 역사과학에서 조명한 현대 세계사 강의』. 생각의힘.

Krippner, Greta. 2011. *Capitalizing on Crisis: The Political Origins of the Rise of Finance*. Harvard University Press.

신자유주의적 전환과 금융 세계화

윤종희
(경희대학교 후마니타스 칼리지
시민교과 교수)

이번 4강에서는 20~21세기 전환기 세계경제의 변화를 살펴보겠습니다. 지난 세기 전환기는 전기, 전자, 화학 부문을 중심으로 자본주의적 생산양식에서 일대 변혁이 나타나고, 이를 토대로 세계 헤게모니가 영국에서 미국으로 이행합니다. 앞서 2강에서 이를 설명한 바 있습니다. 이와 대조적으로 이번 세기 전환기에 세계경제를 이끌어 가는 것은 바로 금융 부문입니다. 물론 이 시기에 기술혁신이 없는 것은 아니죠. 컴퓨터와 인터넷 기술을 중심으로 한 '3차 산업혁명'과 최근 인공지능(AI)을 중심으로 한 '4차 산업혁명'이 우리의 일상생활을 하루가 다르게 바꿔 놓고 있습니다. 그런데 이러한 기술혁신은 ― 적어도 아직까지는 ― 이윤율의 장기적인 하락 추세를 반전시킬 정도로 강력한 폭발력을 보여 주지는 못합니다. 우리가 체험하는 눈부신 기술혁신과 다소 어긋나게 세계경제는 여전히 저성장의 깊은 수렁으로부터 빠져나오지 못하고 있는 것이죠. 이는 과거 1, 2차 산업혁명과 크게 다른 점입니다. 그래서 최근의 정보통신혁명을 과연 '산업혁명'이라고 부를 수 있을지에 대해서는 사실 다소 회의적입니다.

정보통신혁명이 산업 부문에 미치는 효과는 상대적으로 크지 않지만 금융 부문에 끼친 효과는 가히 혁명적이라고 할 수 있습니다. 엄청나게 많은 금융 거래를 순식간에 처리함은 물론, 돈을 지구 반대편까지 빛의 속도로 보낼 수 있게 된 것이죠. 1980년대부터 금융 부문은 양적으로 어지러울 정도로 팽창할 뿐만 아니라 국경을 가로질러 활동 반경을 크게 넓혀 왔습니다. 처음에는 제도의 변화가 금융의 성장을 가능하게 했지만, 1990년대부터는 최신 정보통신기술의 발전이 이를 더욱 가속시킵니다. 앞서 3강에서는 케인스주의(Keynesianism)가 폐기되고 신자유주의가 수용되는 과정을 살펴봤는데, 이러한 정책이념의 변화는 바로 저성장과 금융 세계화를 배경으로 나타납니다. 다시 말하면 금융 부문의 변화가 경제정책의 전환을 추동한 것이죠.

금융 세계화가 본격화되면서 한 민족경제의 명운은 생산양식의 발전보다는 오히려 금융의 흐름에 따라 좌우되는 모습을 보입니다. 돈이 유입되면 경제가 기대 이상으로 성장하지만, 돈이 갑자기 빠져나가면 대량 파산과 실업으로 경제가 파탄에 이르는 것이죠. 우리는 이미 1997~1998년에 이를 뼈아프게 경험한 바 있는데, 그 후로 세계의 주요 국가들은 금융위기를 한번쯤 겪었습니다. 게다가 갈수록 금융위기의 파괴력이 훨씬 더 강력해집니다. 미국과 유럽의 경제도 크게 휘청거렸으니까요. 지금도 가계와 정부의 '과도한' 부채를 경고하는 언론 보도가 연일 끊이지 않습니다. 이처럼 금융은 언제 터질지 모르는 시한폭탄처럼 우리를 위협하는 것으로 보입니다.

그런데 사실 금융은 현대인의 일상에서 아주 자연스러운 일부입니다. 우리는 정교한 금융 시스템 속에서 경제생활을 영위하고 있어요. 평소에는 그 존재를 거의 의식하지 못할 정도로 금융은 일상생활에 스며들어 있습니다. 그러다 위기가 발생하면 그때부터 금융에 주목하고 강도 높게 비난합니다. 이런 까닭에 금융은 경제적 약자의 고혈을 쥐어짜는 약탈자의 모습으로 그려지곤 하죠. 지금처럼 금융위기가 대략 10년 주기로 빈발하는 상황에서는 더욱 그렇습니다.

문제는 이 같은 부정적 인식이 객관적 분석을 방해한다는 점입니다. 금융을 통제와 억압의 대상으로만 간주하면 금융의 구체적 메커니즘을 굳이 이해할 필요가 없어요. 머리만 아플 뿐이죠. 이 같은 편향은 인문학은 물론, '진보'적 성향의 사회과학을 통해 더욱 확산되고 있습니다. 그래서 많은 사람이 금융, 또는 금융 세계화의 중요성을 강조하지만 그에 관한 객관적 분석과 비판은 상대적으로 빈약합니다.

이번 4강에서는 금융에 관한 기초적인 설명과 함께, 2차 세계대전 후 세계의 금융 시스템이 진화해 온 과정, 즉 경제에 돈을 공급하는 방식의 변화를 분석합니다. 우리는 간혹 '피 같은 돈'이라는 표현을 사용하는데, 경제에서 돈은 정말 '피' 같은 역할을 합니다. 피를 공급받지 못한 생체기관이 괴사하는 것처럼, 돈을 공급받지 못한 기업과 가계는 파산합니다. 피는 심장이 공급하죠. 그렇듯 오늘 미국의 금융 시스템은 세계경제의 '심장'과 같은 역할을 합니다. 세계 금융은 미국이 최정점에 위치하고, 그 아래에 영국, 유로존, 일본, (중국), 그 밑에 한국을 비롯한 신흥시장들이 자리하는 형태로 위계적으로 조직되어 있습니다. 그래서 여기서는 주로 미국을 중심으로 금융 시스템의 진화를 살펴볼 것입니다.

금융은 비전공자에게 다소 낯선 주제인 까닭에, 여기서는 금융 시스템의 가장 기초적인 메커니즘을 하나씩 설명하고, 이를 토대로 다음과 같은 내용들을 설명하겠습니다. 먼저 1절에서는 전후 경제성장을 뒷받침했던 제도적 틀(브레튼우즈(Bretton Woods) 협약과 정책이념(케인스주의)이 효력을 상실하는 과정을, 2절에서는 금융 시스템이 은행 중심에서 증권시장 중심으로 변모하는 과정을 분석할 것입니다. 3절은 증권을 매개로 한 새로운 금융 중계, 즉 '그림자 은행(shadow banking)' 시스템의 메커니즘을 살펴보고, 그 연장선에서 지난 글로벌 금융위기를 간단히 설명하겠습니다.

1.   아주 쉬운 금융: 브레튼우즈 시스템의 붕괴

1) 시장경제와 금융

경제주체는 가계, 기업, 정부로 구성됩니다. 시장경제에서 이들은 어떻게든 돈을 벌어 지출하면서 생활합니다. 그러다 보면 소득이 지출보다 클 때가 있고, 반대의 경우도 있습니다. 소득이 지출보다 더 크면 저금·저축을 하고, 반대의 경우에는 돈을 빌리죠. 자급자족하는 '자연인'도 있지만, 무시해도 될 만큼 극소수에 불과합니다. 여기서 제가 다소 자의적으로 저금과 저축을 구별했는데, 저금은 쓰다 남았지만 조만간 쓸 돈이라 대부분 보통예금 계좌에 넣어두는 돈으로 규정합니다. 반면 저축은 당분간 쓸 계획이 없기 때문에 이자를 벌기 위해 빌려주는 돈을 의미합니다. 저축성예금(정기예금, 또는 정기적금)에 들거나, 또는 증권(채권과 주식)을 사는 것이죠. 가계뿐만 아니라 기업도 그렇게 합니다. 어차피 기업은 목적이 돈을 버는 거니까 여윳돈을 놀릴 이유가 없죠. 한 푼의 이자라도 더 벌기 위해 금융자산에 투자합니다. 다만 정부는 저축하는 경우가 거의 없습니다. 재정 흑자가 발생하면 대부분 기존의 부채를 갚는 데 써요.

시장경제는 상품과 화폐가 교환되니까 상품이 유통되면 화폐가 유통됩니다. 화폐를 유통시키는 경제행위를 금융(金融)이라고 합니다. '화폐[金]를 흐르게[融] 하는 것'이죠. 상품이 거래되면 자연스럽게 화폐가 이동하는데, 굳이 화폐를 흐르게 할 필요가 있을까? 즉, 금융이라는 독립된 경제활동이 필요할까? 현실을 보면 화폐가 먼저 이동해야 상품이 유통될 때가 있어요. 예컨대 회사원은 식당에서 밥을 먹고 신용카드로 계산하잖아요? 이것은 신용카드 회사가 먼저 돈을 빌려주고, 사람들이 그 돈으로 밥값을 계산하는 것입니다. 돈이 먼저 이동하고, 그 다음에 상품이 거래된 것이죠. 지금처럼 금융이 발전한 경우에는 거의 대부분의 상품유통은 신용거래(외상거래)를 통해 이루어집니다. 즉, 돈을 빌려 상품을 사는 거예요. 그래서 화폐가 이동하지 않으면 상품유통이 잘 이루어지지 않습니다. 그래서 독립된 경제활동으로서 금융이 필요합니다. 물론 상품거래가 없으면 금융은 아무 의미가 없어요. 그러니까 금융은 상품거래로부터 완전히 독립되어 있지 않고, 단지 제한된 수준에서만 자율성을 갖습니다.

이를 좀 더 부연해서 설명하겠습니다. 예를 들어, 우리는 핸드폰을 살 때 돈을 직접 건네는 경우가 드물어요. 대체로 신용카드나 체크카드로 계산하기 때문에 은행이 우리를 대신해서 돈을 지급합니다. 더 정확히 말하면 은행은 기업에게 돈을 주는 것이 아니라 기업의 은행계좌로 입금합니다. 우리의 계좌 잔고에서 핸드폰 가격에 해당하는 100만 원을 빼고, 기업의 계좌 잔고에 그만큼 더하는 것이죠. 실물의 돈이 이동하는 것이 아니라 은행계좌의 숫자만 변합니다. 우리는 대부분 소득을 모두 은행계좌에 넣어둡니다. 그리고 상품을 사고 팔 때 수반되는 화폐의 거래를 은행 내부에서 이루어지게끔 합니다. 개인만 그런 것이 아니라 기업도, 정부도 다 그렇게 합니다. 지금처럼 금융 시스템이 발전한 경제에서 현금 거래는 극히 일부에 불과합니다.

그런데 시중에 은행이 하나만 있는 게 아니죠. 저는 신한은행이랑 거래하는데 핸드폰 가게가 KB국민은행과 거래하면, 신한은행이 KB국민은행에 돈을 보내겠죠. 은행도 돈을 서로 주고받습니다. 가계와 기업이 은행계좌에 돈을 넣어 놓듯이 은행도 그렇게 합니다. 이를 위해서는 '은행의 은행'이 있어야겠죠? 바로 중앙은행입니다.

2) 국제무역과 국제금융

이러한 논의에 기초해 국제금융을 살펴봅시다. 이때는 한 나라에서 활동하는 모든 가계, 기업, 정부를 뭉뚱그려서 하나의 경제주체로 가정하면 좋습니다. 루이 14세처럼 '내가 곧 국가'라 생각하면, 국제경제를 상대적으로 쉽게 이해할 수 있어요. 아르바이트해서 돈을 버는 것은 노동력이라는 상품을 팔아 돈을 받는 거니까 '수출(export)', 그렇게 받은 돈으로 밥이나 옷을 사면 외부에서 상품을 사니까 '수입(import)'이라고 생각하면 됩니다. 수출은 해외에 상품을 팔아 돈을 버는 것이고 수입은 상품을 사면서 돈을 지출하는 거죠. 무역흑자는 수출이 수입보다, 즉 소득이 지출보다 큰 것입니다. 그러면 저금/저축을 하겠죠? 해외 금융시장에서 그렇게 합니다. 그래서 무역흑자가 발생하면 그만큼 해외 자산이 증가하고, 반대로 무역적자가 발생하면 해외 부채가 쌓입니다.

여러분이 1년 동안 돈을 벌고 쓰면 12월 마지막 날에 남은 잔고(balance)가 있겠죠? 마찬가지로 한 국가도 1년 동안 다른 나라와 경제적으로 거래하면 마지막에 남는 잔고가 있습니다. 이를 국제수지(balance of payment)라고 합니다. 국제수지는 경상수지와 금융계정을 더한 것입니다. 경상수지는 한 국가가 외국과 재화('무역수지')와 서비스('무역외수지')를 교역하면서 주고받은 돈의 잔고를 의미합니다. 상품의 거래 없이 오가는 돈('이전수지')도 여기에 포함됩니다. 예를 들면 류현진 선수가 한국의 부모님께 보내는 용돈 같은 것 말이죠. 여기서는 편의상 경상수지 중에서 무역수지만 고려하겠습니다. 금융계정은 국제적으로 돈을 빌리고 빌려주면서 남은 잔액을 말합니다. 해외 금융자산을 사면 돈이 나가니까 마이너스(-)인 것이고, 반대로 해외 금융부채가 생기면 돈이 들어오니까 플러스(+)입니다. 금융계정이 플러스라는 것은 그만큼 외국에서 돈을 빌려 온 것이죠. 한편 해외 금융자산으로부터 나오는 이자나 배당금은 경상수지에 포함됩니다. 무역흑자가 발생하면 그만큼 해외에 저금/저축한다고 했으니까 금융계정이 마이너스가 됩니다. 그래서 국제수지는 항상 0이 됩니다.

산업혁명이 시작되면서 국제무역이 본격적으로 발전하는데, 대략 20세기 중후반까지는 중심부 경제가 지속적으로 무역흑자를, 주변부 경제가 무역적자를 기록합니다. 즉, 중심부와 주변부, 또는 선진국과 후진국 사이에는 구조적인 무역 불균형이 발생하는 것이죠. 왜 이런 일이 벌어지는지는 오랫동안 논쟁되었는데, 여기서는 두 경제 간 생산성의 차이에서 비롯된다는 정도로만 설명하겠습니다. 20세기 중후반까지, 주변부 경제는 만성적인 무역적자와 그에 따른 해외 부채(외채)에 시달렸습니다.

무역적자가 발생하면 그 나라 화폐의 가치는 하락합니다('평가절하'). 정부가 무역적자를 줄이기 위해 정책적으로 평가절하를 단행하기도 합니다. 예를 들어 원 달러 환율이 1달러=1100원인데, 원화의 가치를 1300원, 1400원 정도로 떨어뜨리면 (미국 시장에서) 한국 상품의 가격은 하락하고, (한국 시장에서) 미국 상품의 가격은 상승합니다. 그러면 수출이 증가하고 수입이 감소하니까 무역적자를 줄일 수 있죠. 그런데 환율의 조정만으로 경상수지 불균형이 완전히 해소되는 것은 아닙니다. 그 효과는 단지 일시적으로만 나타납니다. 다른 문제를 야기하기 때문이죠. 원화가치가 하락하면 그 전에 달러로 빌린 돈을 갚기가 더욱 버거워집니다. 무역적자는 다소 해소되지만, 빚을 갚는 데 돈이 더 많이 들어가니까 경상수지는 적자에서 벗어나지 못합니다. 그러면 해외 부채는 더 증가하죠.

3) 브레튼우즈체제의 붕괴와 금융 세계화

이제 브레튼우즈 시스템이 왜 붕괴되는지 간단하게 설명하겠습니다. 전후 경제성장기를 뒷받침했던 정책이념은 케인스주의인데, 이는 두 가지 중심축을 갖고 있습니다. 하나는 각 민족국가가 경제성장을 목표로 자율적인 경제정책을 수행할 수 있도록 하는 것이고, 다른 하나는 금융을 규제하는 것입니다. 그리고 이 둘을 국제적으로 뒷받침하는 것이 바로 브레튼우즈 협약입니다.

브레튼우즈 협약의 핵심 내용은 두 가지입니다. 하나는 고정환율제고, 다른 하나는 자본통제(capital control)입니다. 여기서 자본통제는 "민간 차원에서 발생하는 단기 금융의 국제적 이동을 규제하는 것"입니다. 이를 기업에 대한 통제로 오해하시면 안 됩니다. 예를 들어, 서독의 거주자가 영국의 금융시장에 단기로 1억 달러를 투자하면, 영국 정부가 이를 막는 것이 자본통제입니다. 그런데 이는 재산권을 침해할 소지가 다분합니다. 그래서 미국은 의회의 반대로 자본통제를 수용하지 않아요. 그 대신 자본통제와 동일한 결과가 나타나도록 공적 자본을 이동시킵니다. 즉, 프랑스의 투자자가 미국의 금융시장에 1억 달러를 예치하면 그만큼의 돈을 정부가 – 원조 등의 방식으로 – 프랑스에 보내는 것이죠. 그 외에 다른 국가들은 자본통제를 강력하게 실시합니다.

브레튼우즈체제는 장기적인 무역균형을 전제합니다. 무역적자가 발생하면 해외에서 돈을 빌려야 되는데, 이는 자본통제에 의해 가로막힙니다. 정부가 해외에서 돈을 구해 와야 되는데, 이는 지속되기 어렵죠. 그래서 장기적으로 무역균형이 이루어져야 브레튼우즈체제가 올바로 작동할 수 있습니다. 일시적인 무역적자는 환율을 조정함으로써 어느 정도 해소할 수 있지만, 생산성의 격차에 따른 구조적·만성적인 무역불균형은 해소하지 못합니다. 그래서 브레튼우즈 협약은 이 문제를 해결하기 위해 기업의 이동을 허용합니다. 미국이 반도체 수입 때문에 대한(對韓) 무역적자가 지속된다고 가정합시다. 삼성전자가 미국에 공장을 세워 반도체를 생산, 판매하면 미국은 반도체 수입이 줄어드는 만큼 무역적자도 감소하겠죠? 자본통제는 단기금융의 국제 이동을 규제하는 것이고, 해외 직접투자(FDI) 같은 장기금융의 국제 이동에는 적용되지 않아요.

전쟁 후 서유럽은 10여 년 동안 만성적인 대미 적자가 발생합니다. 2차 산업혁명을 통해 산업 전반을 현대화하려면 자본재가 많이 필요하죠. 당시에 이런 것을 파는 데가 미국밖에 없으니 만성적인 대미 적자가 발생할 수밖에요. 환율을 조정하고, 보호무역을 실시해도 소용없어요. 결국 미국의 법인기업이 서유럽으로 진출하면서 문제를 해결합니다. 이들이 서유럽 현지에서 직접 생산하니까 무역적자가 큰 폭으로 줄어듭니다. 게다가 이들은 미국으로 상품을 역수출합니다. 그 결과 서유럽 경제의 무역수지는 대미 적자에서 흑자로 반전됩니다. 그래서 1958년부터 서유럽은 달러 부족이 해소되고, 달러와 자국 화폐의 자유로운 태환을 허용합니다. 브레튼우즈 시스템은 이제부터 본격적으로 작동합니다.

그런데 이번에는 미국에서 문제가 발생합니다. 미국 기업의 역수출 때문에 무역흑자가 계속 감소하다가 급기야 1971년에 적자로 돌아섭니다. 이에 닉슨 대통령이 금-달러 태환을 중단하면서 고정환율제가 사실상 붕괴됩니다. 미국은 1973~1974년에 잠깐 무역흑자를 기록하지만, 그 후로 지금까지 오랜 세월 동안 무역적자가 지속됩니다.

이제 앞 절의 내용을 토대로 브레튼우즈체제가 왜 무너지는지 살펴봅시다. 국제수지는 항상 0, 즉 균형을 유지합니다. 경상수지 적자(흑자)가 발생하면 금융계정 흑자(적자)가 이를 상쇄하기 때문이죠. 브레튼우즈체제는 자본통제가 이루어지니까 금융계정은 오직 공적 자금의 이동을 통해서만 관리됩니다. 즉, 정부 차원에서 돈을 빌려주거나 원조해 주는 것이죠. 그래서 미국에서 무역적자가 발생하면 해외 정부들이 돈을 빌려줘야 합니다. 그런데 이게 말이 됩니까? 가난한 나라들이 돈을 모아 미국에게 빌려준다는 것이 이상하잖아요. 한국 정부가 그렇게 하면 어떤 국민이 이를 지지하겠습니까? 결국 미국이 경상수지 적자를 줄여야 합니다.

그런데 1970년대 초까지 미국은 베트남 전쟁에 엄청난 돈을 쏟아 부었을 뿐만 아니라, 결정적으로 해외에 진출한 미국의 기업이 본국으로 역수출합니다. 전쟁 때문에 달러가 유출되는 것은 일시적이지만, 기업의 역수출은 그렇지 않습니다. 생산 및 무역의 구조 자체가 변형된 것이죠. 이를 막으려면 자본의 해외진출을 규제해야 하는데, 그러면 1950년대처럼 미국 이외의 국가들이 무역적자 때문에 허덕이는 상황으로 돌아가게 됩니다. 게다가 기업의 활동을 제한하는 것은 미국 정치질서의 근간을 이루는 자유주의적 소유권, 쉽게 말해서 재산권과 정면으로 충돌하기 때문에 정치적으로 매우 어렵습니다.

결국 브레튼우즈 협약이라는 '제도'와 자본의 초민족화라는 '현실'이 충돌하는 것인데, 이 같은 상황에서는 거의 100% 제도가 바뀝니다. 제도는 대체로 현실의 변화에 조응하는 방향으로 변모합니다. 법과 제도의 힘으로 현실의 변화를 저지하는 경우는 거의 없어요. 여기서도 브레튼우즈의 자본통제 규정이 폐기되지, 자본의 초민족화가 역전되지 않습니다. 1970년대를 거치면서 금-달러 태환이 중단되고 자본통제가 점진적으로 폐기되면서 브레튼우즈 시스템의 두 축이 무너집니다. 그리고 자본통제를 폐기한 결과, 금융 부문이 국경을 넘어 활동 반경을 확장합니다. 이것이 바로 '금융 세계화'입니다.

4) 20세기 말 금융 세계화의 기본 구조: 글로벌 불균형

이제 20세기 말 금융 세계화가 전개되는 양상을 살펴봅시다. 앞서 무역흑자국은 해외 금융시장에 저금·저축하고, 무역적자국은 돈을 빌린다고 설명했습니다. 돈을 무한정 저금할 수는 있지만 무한정 빌릴 수는 없기 때문에 무역적자는 어떻게 해서든 줄여야 합니다. 그렇지 않으면 1980년대 남미의 국가들처럼 큰 낭패를 보게 되죠. 그런데 세계화폐를 발행하는 국가, 즉 미국은 이 점에서 예외입니다. 달러가 세계화폐로 통용되기 때문에 무역적자가 가하는 제약으로부터 어느 정도 벗어날 수 있어요. 그래서 '글로벌 불균형(global imbalance)'이 나타납니다.

글로벌 불균형은 미국이 무역적자, 독일, 일본, 그리고 신흥 경제(특히, 중국) 등이 무역흑자를 기록하는데, 이것이 일시적이지 않고 장기간 지속되는 현상을 말합니다. 미국은 지금까지 거의 반세기 동안 '빚잔치'를 벌여온 반면, 독일과 일본은 계속 미국에 저금·저축합니다. 그리고 21세기에 들어서면 중국과 한국을 비롯한 신흥공업국도 여기에 동참합니다. 오늘의 금융 세계화를 이해하려면 글로벌 불균형을 배경으로 나타나는 국제금융의 흐름을 알아야 합니다.

여기에는 크게 세 가지 쟁점이 있어요. 첫째, 세계에서 가장 부유한, 그리고 세계의 첨단 산업을 주도하는 미국에서 왜 무역적자가 발생할까? 그리고 미국에 비해 경제발전 수준이 턱없이 낮은 중국과 신흥공업국에서 왜 무역흑자가 발생할까? 산업혁명 후 후진국은 만성적인 무역적자에 허덕였는데, 어떻게 상황이 역전되었을까? 이는 '자본의 초민족화'로 설명할 수 있어요. 둘째, 글로벌 불균형이 어떻게 그토록 오랫동안 지속될 수 있을까? 비유하자면 20세 청년이 70대까지 빚을 내서 생활했다는 것인데, 이것이 어떻게 가능할까? 이에 대한 답은 '달러의 환류(recycle)'로 설명할 수 있습니다. 셋째, 그렇게 빚이 많으면 망하지 않나? 그런데 왜 미국은 오히려 더 부유해졌을까? 이는 미국의 '지나친 특권(exorbitant privilege)'을 설명함으로써 답할 수 있습니다. 이 세 가지 쟁점을 통해 21세기 금융 세계화의 기본 메커니즘을 분석해 봅시다.

자본의 초민족화

자본의 초민족화는 2차 세계대전 후 달라지는 국제무역의 기본 구조를 의미합니다. '생산 네트워크의 초민족화'나 '글로벌 가치연쇄(Global Value Chain: GVC)'로 표현하기도 합니다. 과거의 국제무역은 민족경제 사이의 분업이라고 볼 수 있습니다. 국내에 없거나 부족한 것을 해외에서 수입하고, 상대적으로 많이 생산한 것을 수출했죠. 그러다 보니 주로 상품이 이동합니다. 예를 들어, 한국이 미국에 가발을 수출하고 미국이 한국에 자동차를 수출하는 식으로, 상품(가발과 자동차)이 태평양을 건너는 것이죠. 그런데 2차 세계대전 후에는 기업이 이동합니다. 미국의 제너럴모터스(GM)가 한국에 공장을 세워 생산, 판매하는 것이죠. GM은 미국 회사지만 쉐보레(Chevrolet)는 'made in Korea'로 표기됩니다. 그리고 기업을 중심으로 국제분업이 조직됩니다. GM이 세계 여러 지역에서 생산된 부품을 사와서 한국에서 완성차를 조립하는 것이죠. 그러다 보니 국제무역에서 완성품 못지않게 부품이나 원료가 차지하는 비중이 커집니다.

기업은 인수·합병(M&A) 등을 통해 해외에 자회사를 설립하거나 해외 기업에 아웃소싱(outsourcing)함으로써 생산 네트워크를 조직합니다. 글로벌 아웃소싱의 대표적인 사례는 애플(Apple)이 중국에 있는 대만기업 폭스콘(FoxCon)에 디자인, 핵심 부품 등을 팔아 완성품을 조립하게 하는 것입니다. 아이폰, 아이패드 등 애플 제품은 거의 다 폭스콘에서 생산해서 전 세계로 수출합니다. 그 외에도 세계적 브랜드의 상품들은 대부분 해외 자회사나 글로벌 아웃소싱을 통해 생산합니다. 그래서 신흥공업국의 수출이 증가하고, 반대로 미국을 비롯한 선진국의 수입이 증가하는 것이죠.

그렇다면 기업은 왜 해외로 생산 부문을 이전할까요? 예전에는 무역장벽을 피해서 현지의 시장을 장악하는 것이 중요했는데, 최근에는 임금, 조세, 금융 등과 관련된 비용을 줄이는 것이 더 중요합니다. 신흥공업국은 임금 수준이 선진국에 비해 1/10도 안 됩니다. 게다가 고용창출을 위해 해외 기업에 일정 기간 법인세를 면제하는 경우도 많습니다. 이윤율이 하락하면 기업은 한편으로 기술혁신을 통해 생산성을 높이고, 다른 한편으로 생산 부문을 해외로 이전해 비용을 절감합니다. 그래서 이윤율의 장기 추세가 하강 국면으로 진입한 후 자본의 초민족화가 심화됩니다.

그러나 모든 기업이 해외로 이전할 수는 없어요. 단적으로 농업이나 일부 서비스업은 그렇게 못합니다. 내수에 의존하는 영세 중소기업도 그렇죠. 그러면 이들은 어떻게 비용을 절감할까요? 기업이 못하면 노동자가 이주합니다. 기업이 해외로 진출하는 것과 노동자가 해외로 이주하는 것은 동전의 양면처럼 동일한 원인의 두 가지 결과라고 할 수 있어요.

달러의 환류와 미국의 지나친 특권

두 번째와 세 번째 쟁점은 한꺼번에 설명하겠습니다. 어떻게 미국은 오랫동안 돈을 빌릴 수 있을까? 그리고 왜 망하지 않을까? 이는 미국이 세계화폐를 발행하기 때문입니다. 해외에서 상품을 사면 국제적으로 통용되는 화폐, 즉 세계화폐로 지불해야 합니다. 그래야 그 상품을 판 기업도 다른 나라에서 상품을 살 수 있죠. 삼성전자가 우간다에 핸드폰을 팔고 그 나라 화폐를 받으면 그 돈을 어디에 쓰겠어요? 국제무역에서 통용되는 화폐가 바로 세계화폐입니다. 물론 한국은 중국이나 일본과 무역량이 많기 때문에 위안화나 엔화를 받기도 하지만, 세계화폐를 받는 것이 안전합니다. 그래서 무역흑자국은 세계화폐인 달러를 벌어 해외에 저금·저축합니다. 1절에서 기업과 가계는 벌어들인 소득을 은행에 예치하고, 은행은 중앙은행에 예치한다고 했잖아요. 그럼 중앙은행은 어떻게 할까요? 세계 중앙은행은 없지만, 세계화폐를 발행하는 미국의 금융 시스템이 그 역할을 담당합니다. 즉, 무역흑자국의 중앙은행은 국내 기업이 벌어들인 달러를 미국의 금융시장에 투자하는 것이죠. 미국의 은행에 예치하기도 하지만, 주로 국채나 그에 준하는 채권을 매입합니다. 채권은 언제든 사고팔 수 있기 때문에 예금과 큰 차이가 없지만 조금이라도 이자를 더 받습니다.

미국의 기업이 중국을 비롯한 신흥공업국에 아웃소싱이나 해외 직접투자 등을 통해 생산 부문을 이전하면, 신흥공업국은 상품을 생산, 수출해서 달러를 벌어들입니다. 이 달러는 그 나라 중앙은행으로 흡수되고, 중앙은행은 그 돈으로 미국의 국채 등을 매입합니다. 미국이 무역적자로 인해 해외로 유출된 달러가 돌고 돌아 다시 미국의 금융시장으로 돌아오는 것이죠. 이를 달러의 '환류'라고 합니다. 이 같은 달러의 환류 메커니즘이 제대로 작동하는 한 미국은 오랫동안 빚을 내서 해외의 상품을 구입할 수 있습니다. 그런데 여기에 문제가 있습니다. 환류되는 달러의 양이 클수록, 점점 더 많은 미국 국채가 해외에 누적되고, 그 국채에 지불되는 이자도 점점 더 불어납니다. 미국의 부가 지속적으로 해외로 유출되는 것이죠. 그러면 제아무리 미국이라도 망하지 않을까요?

이때 미국의 금융 시스템이 환류된 달러로 무엇을 하느냐가 매우 중요합니다. 은행은 가계와 기업이 예치한 돈을 다른 가계나 기업에게 빌려줘서 수익을 획득합니다. 대출금리가 예금금리보다 크기 때문이죠. 이와 마찬가지로 미국의 금융 시스템도 환류된 달러를 수익성 높은 해외 금융시장에 투자함으로써 수익을 획득합니다. 주로 주식이나 채권을 매입해요. 20세기 후반까지는 주로 서유럽에 투자하고, 21세기부터는 신흥공업국에 대한 투자를 확대합니다. 신흥공업국은 1980년대 초의 외채위기와 1990년대 외환위기를 거치면서 금융시장을 개방하는데, 이에 따라 일부 신흥공업국을 '신흥시장(emerging market)'이라 부릅니다. 이때 '시장'은 증권시장을 뜻합니다.

과거 프랑스의 샤를 드골(Charles de Gaulle) 대통령은 미국이 달러를 마구 찍어 자국 기업의 주식을 매입한다고 맹비난했습니다. 이를 미국의 '지나친 특권'이라고 비판하고, 미국 정부에 금과 달러의 태환을 요구합니다. 하지만 미국이 무분별하게 달러를 찍어낸 것은 아닙니다. 만일 그랬다면 달러는 가치가 급락하고 세계화폐로서 지위도 상실하겠죠. 미국의 금융 시스템은 마치 거대한 은행처럼 금융적 논리에 따라 예금을 받고(해외 부채) 그 돈을 투자(해외 자산)한 거예요. 은행의 수익률이 예금과 대출의 금리 차이에 의해 결정되듯이 여기서도 해외 부채와 해외 자산의 수익률 차이가 중요합니다.

미국의 해외 부채는 주로 국채와 그에 준하는 채권으로 구성되는데, 이것의 수익률은 매우 낮아요. 일례로 2021년 현재, 10년 만기 국채 수익률은 1.5% 정도입니다. 반면에 해외 자산의 수익률은 상대적으로 높습니다. 예를 들어 삼성전자의 배당 수익률은 대략 3.8%입니다. 미국의 금융기관이 국채를 팔아 삼성전자 주식을 사면 2.3%p 금리 차이만큼 돈을 벌 수 있죠. 물론 환율의 변동에 따라 수익이 달라지지만, 일단 환율 문제는 빼놓고 생각합시다. 그리고 삼성전자 주식을 사면 배당금만 받는 것이 아니죠. 주가의 상승에 따른 '자본이득(capital gain)'도 발생합니다. 주식이든 채권이든, 아니면 주택이든, 상품의 살 때 가격과 팔 때 가격이 다르면 그에 따라 이익이 발생하는데, 이를 자본이득이라고 합니다. 물론 손실이 발생할 수도 있어요('자본손실'). 10년 전 삼성전자의 주가는 현재 가격의 1/5 수준에 불과합니다. 그러니까 10년 전에 미국의 금융기관이 한국은행에 미국 국채를 팔고, 그 돈으로 삼성전자 주식을 샀으면 매년 3.8%의 배당금 수익과 4배에 가까운 자본이득을 획득했겠죠. 대신 미국 정부가 한국은행에 지급하는 국채 이자는 얼마되지 않습니다. 미국은 해외 부채가 해외 자산보다 6:4의 비율로 더 많지만, 해외 부채보다 해외 자산의 수익률이 훨씬 더 높아서 손익계산을 해 보면 항상 흑자를 기록합니다.

그럼 이렇게 질문할 수가 있죠. 왜 신흥시장은 미국의 주식에 투자하지 않고, 국채를 살까? 이는 저금과 적금의 차이, 또는 예금과 투자의 차이로 설명할 수 있습니다. 예금은 수익률이 낮은 대신 안전하고, 투자는 수익률이 높은 대신 위험하잖아요. 중앙은행이 국민이 피땀 흘려 수출해서 번 돈을 투자해서 손실을 보면 안 되겠죠? 그래서 한국이든 중국이든 – 일본이나 과거의 독일도 마찬가지입니다 – 신흥 경제의 중앙은행은 안전한 국채를 사고, 일부만 투자합니다. 최근 한국은행은 외환보유액의 약 25% 정도를 수익성 있는 곳에 투자한다고 해요.

이처럼 미국은 달러의 환류, 그리고 해외 부채와 해외 자산의 수익률 차이를 통해 수십 년 동안 무역적자를 볼 수 있고, 망하기는커녕 오히려 금융 부문을 중심으로 더 많은 부를 축적합니다. 다른 상황은 차치하고 이것만 보면 미국은 무역적자가 증가할수록 돈을 더 많이 벌 수 있어요. 다만 그렇게 번 돈은 골고루 분배되지 않고, 금융 부문에 집중됩니다. 산업 부문이 위축되면서 고용과 임금이 감소하는 반면, 고용창출 효과가 낮은 금융 부문을 중심으로 경제가 성장합니다. 금융 세계화가 경제적 불평등의 심화를 동반하는 것은 바로 이러한 이유 때문입니다. 이상의 내용은 〈그림 4-1〉과 같습니다.

그림 4-1
글로벌 불균형과 국제금융의 구조

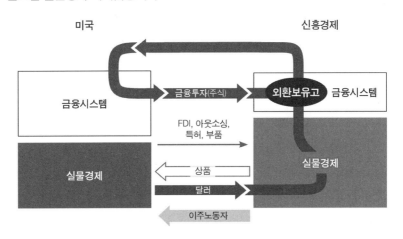

2.   그럭저럭 이해할 만한 금융: 금융화

이 절에서는 금융 시스템 자체의 변화를 살펴보겠습니다. 흔히 '금융화(finan-cialization)'로 지칭되는 현상인데, 20세기 중후반을 거치면서 금융 시스템이 우리가 알던 것에서 아주 낯선 것으로 변모합니다. 그 결과가 '그림자 은행' 시스템입니다. 2007~2009년 글로벌 금융위기를 일으킨 '주범'이죠. 이를 설명하기에 앞서 먼저 금융 시스템이 왜 변형되는지, 그에 따라 케인스주의의 다른 한 축인 금융규제가 왜 무너지는지를 살펴보겠습니다.

1) 금융 중개(증권회사)와 금융 중계(은행)

먼저 금융 시스템이 어떻게 구성되는지 알아야 합니다. 돈을 빌리고 빌려주는 방식은 크게 두 가지가 있습니다. 하나는 금융 중개(brokerage), 다른 하나는 금융 중계(intermediation)입니다. 철자와 발음이 비슷해서 헷갈릴 수 있으니 편의상 금융 중개는 금융 브로커라고 하겠습니다.

금융 브로커는 돈을 빌려주는 자와 빌리는 자, 저축자와 차입자를 연결해주고 수수료를 받는 것입니다. 이 일을 하는 주요 금융기관이 증권회사, 또는 투자은행(investment bank)이죠. 반면 금융 중계는 저축자한테 돈을 빌리고 그 돈을 차입자한테 빌려주는 것입니다. 이는 주로 은행(commercial bank)이 담당해요. 투자은행과 은행 모두 은행('bank')이라는 이름이 붙지만 기능이 다르다는 것에 주의해야 합니다. 금융 브로커는 역사가 오래 된 반면, 금융 중계는 상대적으로 역사가 짧죠. 그것은 자본주의의 여명기에 등장하는데, 현대적 금융 시스템을 과거의 그것과 구별 짓는 핵심적 요소입니다.

먼저 금융 중계부터 살펴보겠습니다. 여기서 핵심은 보통예금입니다. 은행은 보통예금을 받아 이를 가계나 기업에 대출합니다. 그런데 여기서 문제가 있어요. 보통예금은 은행이 돈을 빌린 것인데, 만기가 없어요. 고객이 은행에게 돈을 빌려주자마자 곧장 인출할 수 있습니다. 그런데 은행이 대출할 때는 그렇게 할 수 없잖아요. 그러면 은행은 만기가 없는 보통예금으로 빌린 돈을 가지고 어떻게 대출할 수 있을까? 보통예금으로 받은 돈을 다른 기업에게 빌려줬는데, 그 직후에 고객이 돈을 찾으러 오면 어떻게 하나? 은행 시스템이 충분히 발전하지 못했던 시기에는 이것이 항상 문제가 되었습니다. 고객들이 우르르 몰려와서 돈을 인출하면 은행은 망합니다. 이를 뱅크런(bankrun)이라고 합니다. 사람들이 돈 찾으러 은행으로 달려가는 것인지, 아니면 그들을 피해서 은행가가 도망치는 것인지 모르겠지만, 아무튼 뱅크런은 곧 은행의 파산(bankruptcy)을 의미합니다.

앞서 설명했듯이 은행이 발전한 경제는 가계와 기업이 거의 모든 소득을 보통예금에 예치하고, 상품거래에 따른 돈 거래를 은행에서 처리하게 합니다. 그래서 현금은 거의 쓰지 않습니다. 저도 동네 슈퍼나 식당에 갈 때만 현금을 쓰고, 나머지는 모두 카드로 결제합니다. 소액이 아닌 큰돈일 때는 특히 그렇습니다. 집을 살 때 현찰로 사는 사람 보셨나요? 수표나 계좌이체를 이용하죠. 설령 은행에서 현금을 인출해서 집을 샀다고 해도, 집을 판 사람이 그 돈을 집 안에 보관할까요? 아닙니다. 다시 은행에 넣어두죠. 이렇게 예금자가 현금을 인출해도 그 돈은 돌고 돌아 곧바로 은행으로 돌아옵니다. 종종 간과되고 있는데, 이 사실이 매우 중요합니다. 돈 거래를 은행이 대신해 주니까 은행으로 한 번 들어간 돈은 좀처럼 은행 바깥으로 나오지 않아요. 그래서 은행은 만기가 없는 보통예금으로 일정 기간 동안 대출할 수 있습니다.

이 같은 특징 때문에 은행은 신용창조(credit creation)가 가능합니다. 은행은 예금기관이기 때문에 대출을 예금으로 처리할 수 있어요. 무슨 말인가 하면 은행은 고객에게 1억 원을 대출할 때 현금을 주는 대신, 고객의 예금통장에 1억 원을 기입합니다. 고객은 자기 통장에 1억 원이 들어왔으니 그 돈을 쓸 수 있죠. 그런데 은행의 입장에서 보면 1억 원을 대출했는데, 고객이 그 돈을 다시 예금한 것이나 마찬가지입니다. 새로운 1억 원의 예금이 발생했으니 그 돈을 또 대출해 줄 수 있습니다.

은행은 예금이 들어올 때 이를 전부 대출하지 않고, 고객의 인출 요구를 들어주기 위해 일부를 떼어 놓습니다. 이것이 지급준비금이고, 전체 예금에서 지급준비금이 차지하는 비율이 지급준비율, 간단히 지준율이라고 합니다. 은행 시스템이 덜 발전했던 19세기 영국은 지급준비율이 대략 40%였는데, 그만큼 은행 밖으로 빠져나가는 돈이 많았던 것이죠. 그러나 지금처럼 은행 시스템이 발전하면 돈이 계속 은행 시스템 안에 머물러 있기 때문에 지급준비율을 대폭 낮춰도 됩니다. 다만 지급준비율이 너무 낮으면 대출이 급증하고 통화량도 증가하기 때문에 인플레이션이 발생할 수 있어요. 그래서 정부는 대략 지급준비율을 10%로 정해 놓습니다. 그러니까 은행은 1억 원의 예금이 들어왔을 때 9000만 원까지 대출해 줄 수 있죠. 그런데 대출을 예금으로 처리할 수 있으니까 대출과 동시에 9000만 원의 신규 예금이 발생합니다. 그러면 여기서 다시 10%를 제한 8100만 원을 대출할 수 있어요. 이렇게 계속 하다보면 처음 예금 — 이를 본원예금이라고 합니다 — 에서 이론상 최대 9억 원의 대출과 신규예금 — 이를 파생예금이라고 합니다 — 이 발생하죠. 이렇게 본원예금의 몇 배나 되는 파생예금을 발생시켜 통화량을 증대시키는 것을 신용창조라고 합니다. 이는 은행이 보통예금을 받기 때문에 가능하고, 그래서 은행만 할 수 있는 고유기능입니다.

아마 이런 의문이 들 겁니다. 대출받은 돈 1억 원을 현금으로 찾을 수 있지 않나? 물론 그럴 수 있죠. 하지만 그 돈을 찾아 집에 보관하지 않을 테고, 그 돈을 쓰겠죠? 쓰지도 않을 돈을 왜 빌려서 매달 이자를 지급합니까? 그 돈을 받은 사람은? 거의 100% 은행에 입금합니다. 은행 밖으로 나가지 않죠. 다음으로 대출자는 신한은행에서 돈을 빌렸고, 그 돈을 받은 사람이 KB국민은행에 예금하면, 결국 신한은행의 입장에서는 돈이 나가는 것 아닌가? 물론 그렇습니다. 하지만 현실에는 그 반대의 경우도 있겠죠?

만일 신한은행에서 돈을 빌리거나 찾아서 KB국민은행에 예금하는 일이 지속되면, 즉 신한은행에서 KB국민은행으로 돈이 일방적으로 유출되면 어떻게 될까요? 신한은행은 망합니다. 이것이 바로 뱅크런이죠. 지금은 아주 드물지만 과거 20세기 초까지는 이런 일이 실제로 일어났어요. 신한은행에 무슨 큰 문제가 생겼을 때 — 이를테면 무분별한 대출로 큰 손실을 보았을 때 — , 뱅크런이 발생합니다. 그래서 중앙은행이 은행의 대출에 대한 감시, 감독을 철저히 하고, 그래도 문제가 발생하면 은행에 돈을 빌려줘서 문제를 해결할 수 있게 합니다.

이 같은 문제가 없어도 사람들이 신한은행보다 KB국민은행을 더 선호하면, 뱅크런이 일어날 수 있어요. 즉, 신한은행이 경쟁에서 KB국민은행에 밀리는 거죠. LG전자가 애플과 삼성전자에 밀려 핸드폰 사업을 접는 것처럼 은행도 그럴 수 있습니다. 그런데 시장에서 경쟁하려면 상품들 사이에 뚜렷한 차이가 있어야 합니다. 성능, 디자인, 기타 서비스 등에서 차별성이 있어야 서로 경쟁하죠. 그런데 은행은 경쟁할 만한 차별성이 거의 없어요. 특히 ATM기, 인터넷 뱅킹, 폰뱅킹이 발전한 후로는 더욱 더 그렇죠. 그래서 대부분 공간적으로 가깝거나 오랫동안 거래한 은행과 관계를 유지합니다. 다른 은행과 차별성을 부각시킬 수 있는 사실상 유일한 것이 금리입니다. 그래서 뉴딜(New Deal)·케인스주의적 금융규제에서는 정부가 금리의 상한선을 설정해 은행 간 경쟁을 사전에 차단합니다.

다시 원래의 논의로 돌아와서 일단 은행 시스템에 유입된 돈은 좀처럼 빠져나가지 않고, 은행들 사이에서 돈이 이동하지만 그 규모가 그렇게 크지 않습니다. 이러한 특성을 이용해서 은행은 만기가 없는 보통예금으로 일정 기간 대출할 수 있고, 또 신용을 창조할 수 있습니다. 이 두 요인이 은행의 수익성을 규정합니다. 본원예금이 1조 원이고, 대출금리가 평균 연 3.1%라고 가정합시다. 보통예금은 금리가 거의 없기(연 0.1%) 때문에 예금금리와 대출금리의 차이는 연 3%입니다. 그러면 1조 원 × 3%, 연간 300억 원이 '매출'이 발생합니다. 그런데 여기서 끝날까요? 아닙니다. 은행은 신용을 창조할 수 있죠. 그래서 본원예금보다 몇 배나 많은 돈을 빌려줄 수 있습니다. 이를 신용창조 승수(multiplier)라고 합시다. 대략 4배 정도의 신용을 창조한다면 연 1200억 원의 매출이 발생합니다. 여기서 임금, 건물 및 시설 유지 관리비, 광고비, 세금, 기타 비용 등을 제외하고 남은 것이 은행의 이윤입니다. 여기서 예대금리 차이와 신용창조 승수는 정부의 통화정책과 경제상황에 따라 결정됩니다. 그래서 은행이 자체적인 노력으로 이윤율을 높이는 데에는 한계가 있습니다.

금융 시스템을 구성하는 두 번째 축은 금융 브로커입니다. 개인은 아무리 돈을 많이 빌려도 20억~30억 원 이상 빌리기 어렵습니다. 그만한 담보가 없기 때문이죠. 그런데 담보가 많은 기업과 정부는 수백, 수천억 원은 물론, 조 단위가 넘어가는 큰돈을 빌릴 때가 많습니다. 이럴 때는 은행 대출 대신 채권에 의존합니다. 중앙정부가 발행하면 국채, 지방정부나 공기업이 발행하면 공채(이 둘을 합쳐 국공채라고 합니다), 법인기업이 발행하면 회사채라고 합니다. 법인기업은 주식도 발행하죠. 채권과 주식을 합쳐서 증권이라고 합니다. 법인기업은 소비적 지출 – 예를 들어, 임금이나 원료 대금을 지불할 때 – 을 위해서는 은행에서 단기대출을 받지만, 시설투자 같은 생산적 지출을 위해서는 채권이나 주식을 발행합니다. 금융 중개(금융 브로커)는 증권을 발행하는 정부/기업과 일반 투자자를 연결하는 것이죠. 이 기능을 담당하는 금융기관이 투자은행과 증권회사입니다. 오늘 이 두 기관은 이름만 다를 뿐 기능은 동일합니다. 우리에게는 증권회사가 더 친숙하니까 이 용어를 사용하겠습니다. 증권회사는 증권의 발행·유통 업무를 대행하면서 수수료를 받습니다.

여기서는 채권만 간단히 설명할게요. 한 장에 100만 원, 매 분기마다 1만 원씩 이자를 지급하고, 만기가 10년 후인 증서를 총 1만 장 발행합니다. 이 같은 증서가 채권입니다. 이자율을 보면 분기마다 1만 원이니까 연 4만 원, 이자율이 연 4%입니다. 2021년 현재, 적금 금리가 2% 수준에 불과하니까

적금보다 이 채권을 사는 것이 더 이익이죠. 이걸 다 팔면 총 100억 원의 자금을 조달할 수 있습니다. 증권회사는 채권발행과 유통에 관한 업무를 대행하고 대신 수수료를 받습니다.

채권은 사고팔 수 있습니다. 이 점에서 은행적금과 달라요. 우리가 10년 만기 정기예금을 들면, 10년 동안 그 돈이 굳어버리죠. 중간에 해지할 수 있지만, 그러면 은행이 수수료를 떼니까 이자가 얼마 되지 않습니다. 채권은 그렇지 않죠. 3년 정도 보유하면 그 동안 이자를 다 받고, 돈이 필요하면 채권을 팔아 원금을 회수할 수 있습니다. 오늘 채권을 사서 다음 달에 팔아도 됩니다. 현금화가 쉽죠. 이를 '유동성이 높다'라고 표현합니다. 반대로 똑같은 돈으로 주택이나 토지를 구입했다고 합시다. 갑자기 돈이 필요하면 이를 팔아야 되는데, 쉽지 않겠죠? 게다가 급매하면 제값을 못 받을 수도 있어요. 채권은 유동성과 수익성을 보장하기 때문에 투자자 입장에서 매우 유리합니다. 물론 채권을 팔 때 원금을 고스란히 건질 수 있는 것은 아닙니다. 지금은 연 4%가 상대적으로 높은 금리지만, 몇 년 후 경제상황이 달라져서 시중금리가 오르면 연 4%의 금리가 상대적으로 낮은 게 되죠. 이 같은 금리의 변동은 채권가격에 반영됩니다. 즉, 채권가격이 하락합니다. 반대로 시중금리가 지금보다 더 떨어지면? 채권가격은 상승합니다. 100만 원보다 높은 가격에 팔 수 있어요. 또 기업의 재무상태가 악화될 수도 있겠죠? 이때도 채권가격이 하락합니다. 그래서 은행적금보다 더 많은 이자를 벌 수 있지만, 원금이 줄어들 수 있는 위험(risk)도 있죠. 채권 금리가 적금 금리보다 높은 것은 그만큼 리스크가 더 크기 때문입니다. 금리는 리스크에 비례해요. 하지만 회사채는 아무 주식회사나 다 발행할 수 있는 게 아닙니다. 증권회사와 감독기관이 면밀하게 평가해서 승인받은 우량기업만 발행하기 때문에 리스크와 가격 변동폭이 그리 크지 않아요.

금융화로 넘어가기 전에 한 가지 중요한 사실을 짚고 넘어갑시다. 채권을 발행하는 정부와 법인기업은 죽지 않죠? 사람이 아니니까. 그래서 이들은 빌린 돈을 좀처럼 갚지 않습니다. 예를 들어 삼성전자가 10년 만기로 10조 원 규모의 채권을 발행해서 반도체 공장을 세웠다고 가정합시다. 10조 원을 갚으려면 이 공장을 팔아야 합니다. 공장을 세우고 본격적으로 가동하려면 1~2년 걸리고, 남은 기간 동안 장사가 잘된다고 해도 10조 원을 회수하기는 쉽지 않죠. 그렇다고 공장을 팔겠습니까? 설령 10조 원을 회수할 만큼 장사가 잘되었다고 해도 돈을 갚지 않아요. 돈을 갚는 대신 공장을 하나 더 설립하지 않을까요? 채권의 만기가 도래하면 삼성전자는 다시 10조 원 규모의 채권을 발행해서 처음 빌린 돈을 갚고, 10조 원의 부채는 계속 안고 갑니다. 이를 차환(refinancing)이라고 합니다. 그러니까 채권을 발행한 법인기업은 차환을 통해 이자만 계속 지급할 뿐 원금은 좀처럼 갚지 않아요.

그럼 투자자는 원금을 돌려받지 못할까요? 아닙니다. 원금을 돌려받고 싶으면 언제든 채권을 팔면 됩니다. 처음에 채권을 산 이유가 뭐예요? 이자 수익을 받으려고 샀지, 원금을 회수하려고 산 건 아니잖아요. 삼성전자가 이자를 제때 잘 지급하는 한, 원금을 회수할 이유가 없죠. 그런데 만일 삼성전자가 사업이 잘 안 되어서 이자를 제때 못 주면 신규 채권을 발행해도 지금처럼 잘 팔리지 않을 겁니다. 차환에 어려움을 겪게 되죠. 그러면 삼성전자는 어떻게 할까요? 신규 채권을 발행할 때 이자를 더 지급하겠다고 약속합니다. 채권의 이자율, 즉 채권수익률을 높입니다. 앞서 금리와 리스크는 비례한다고 했는데, 채권수익률이 높아졌다는 것은 그만큼 삼성전자의 리스크가 커졌다는 것을 말하죠. 물론 채권수익률을 높여도 차환에 실패하면 자산을 매각해야 됩니다.

다시 원래의 논의로 돌아와서 재무가 건전한 법인기업은 대체로 빚을 갚지 않고 이자만 지급합니다. 정부도 마찬가지예요. 그래서 정부와 기업은 빚이 많고 이를 갚지 못해서 망하는 것이 아닙니다. 어차피 정부나 기업은 자산을 팔지 않는 이상 빚을 갚지 못합니다. 자산을 매각하기 시작하면 이미 그 기업이나 정부는 망조가 든 것이죠. 대신에 돈을 빌리지 못하면, 즉 차환에 실패하면 망합니다. 그러면 돈을 왜 못 빌릴까? 금융 시스템에 문제가 생기면 돈을 빌리지 못해요. 금융위기가 발생하면 재무상태가 멀쩡한 기업과 정부도 망할 수 있어요. 그만큼 금융 시스템의 안정은 한 나라 경제에서 정말 중요합니다. 그래서 금융위기가 발생하면 정부가 있는 돈, 없는 돈 다 끌어다가 금융기관, 특히 은행부터 살려 놓고 보는 겁니다.

2) 금융 시스템의 변화: 은행 중심에서 증권시장 중심으로

전후 성장기는 은행을 중심으로 발전합니다. 당시에 미국은 뉴딜·케인스주의적 금융규제로 금융 시스템을 안정시키는데, 주요 내용은 금리를 규제하고 — 이를 '이자제한법(regulation Q)'이라고 합니다 — 은행의 증권업을 제한하는 것입니다. 종종 금융규제라 하면 은행이 폭리를 취하지 못하게 막는 것이라 오해하는 경우가 많아요. 그런데 실상은 그렇지 않습니다. 앞서 이야기한 것처럼 은행의 수익률은 경제상황에 따라 크게 좌우됩니다. 경제가 좋으면 대출 수요와 대출금리가 상승합니다. 그러면 예대금리차가 확대되고, 또 신용창조 승수도 상승하죠. 그래서 은행의 수익률이 높아집니다. 실제로 뉴딜·케인스주의적 금융규제가 제대로 작동했던 1960년대까지 미국에서 금융 부문(주로 은행)은 수익률이 상대적으로 높은 수준에서 안정됩니다.

그러면 무엇을 위해 금융을 규제할까요? 은행 간 경쟁을 제한하고 은행의 안전성을 높이는 것이 목적입니다. 이자율을 규제하면 은행은 서로 경쟁할 거리가 없어요. 만일 이자율을 규제하지 않으면 은행은 고객의 예금/적금을 더 많이 유치하기 위해 금리를 높일 것입니다. 예금금리를 높인 만큼 대출금리도 높여야겠죠? 그러면 수익성이 높지만 위험한 곳에 투자할 수밖에 없습니다. 은행의 건전성에 문제가 생길 수 있죠. 그러나 금리를 규제하면 은행들이 굳이 치열하게 경쟁할 이유도 없고, 모험적인 투자를 감행할 필요도 없는 것이죠.

또 은행이 증권업에서 손을 떼게 합니다. 이를 '겸업 은행(겸업화)의 금지'라고 합니다. 증권은 가치가 변동하니까 리스크가 상대적으로 크죠. 은행이 증권업에 투자해서 손실을 보면 뱅크런이 발생할 수 있습니다. 이보다 더 중요한 이유는 은행이 증권업을 병행할 경우, '이익갈등(conflict of interest)'이 발생하기 때문입니다. 곧 망할 것 같은 기업이 은행에 대출을 요구하면 은행은 돈을 빌려줄까요? 안 빌려줍니다. 그런데 만일 은행이 그 기업의 주식이나 채권을 보유하고 있으면 이야기가 달라집니다. 그 기업에게 돈을 안 빌려줘서 진짜로 망해버리면 은행이 보유한 주식과 채권이 휴지조각이 되겠죠. 그러니 안 빌려줄 수가 없어요. 대출자 입장에 서면 대출을 중단하는 것이 맞지만 투자자(채권과 주식 보유자)의 입장에 서면 그 기업을 살리기 위해 돈을 빌려줘야 합니다. 이렇게 은행이 증권업에 손을 대면 은행은 대출자인 동시에 투자자가 되기 때문에 이익갈등이 발생하고 재무 건전성이 악화될 수 있죠.

1960년대 중반까지 미국의 금융 시스템은 뉴딜·케인스주의적 금융규제 아래 은행을 중심으로 안정적으로 발전합니다. 그런데 1960년대 후반부터 서서히 변화가 시작됩니다. 미국에서 대대적인 인수·합병의 물결이 일면서 초거대 법인기업들이 하나둘씩 나타납니다. 과거의 인수·합병은 주로 동일한 산업 부문에서 일어나는 수평통합(동종기업 간 통합), 또는 수직통합(유관기업 간 통합)이었는데, 이 시기에는 그렇지 않아요. 전자회사가 호텔도, 제빵회사도 인수합니다. 본업과 상관없이 돈을 잘 버는 기업들을 닥치는 대로 인수·합병하는 거예요. 이른바 '문어발식 확장'을 통해 일부 법인기업들이 거대한 복합기업(conglomerate)으로 거듭납니다.

이렇게 초거대 기업이 등장하면서 호수처럼 잔잔하던 금융권에 작은 파문이 일기 시작합니다. 그 전까지는 자금을 안전하게 운용하려면 주로 은행을 이용했죠. 주식과 회사채는 상대적으로 높은 수익을 보장하니까 약간의 위험을 무릅쓰고 투자할 수 있지만, 모험을 싫어하면 은행에 돈을 넣어 두는 것이 보통입니다. 이는 투자자들이 기업보다 은행을 더 신뢰하기 때문입니다. 당시 은행은 뉴딜-케인스주의적 금융규제로 인해 안전한 곳에만 투자하기 때문에 망할 염려가 거의 없었고, 심지어 은행에 넣어 둔 돈은 정부가 예금자보호법을 통해 보장합니다. 은행이 망해도 1인당 일정 금액을 정부가 대신 지급하는 것이죠. 참고로 정부가 보장하는 한도는 이 법이 처음 도입된 1934년부터 시간이 지나면서 조금씩 높아져서, 지금은 1인당 25만 달러입니다. 한국은 5000만 원입니다.

그런데 기업은 규모가 커진 만큼 운용하는 현금의 규모도 커집니다. 그런만큼 초거대 기업은 투자자가 은행 못지않게 신뢰를 받게 됩니다. 그러다 보니 초거대 기업은 이렇게 생각합니다. "내가 군이 은행을 통해서 돈을 빌려야 할까? 투자자로부터 직접 빌리면 훨씬 더 낮은 금리로 빌릴 수 있지 않을까?" 투자자도 마찬가지입니다. 이때 주요 투자자를 법인기업이라고 생각합시다. 이들은 "엄청나게 많아진 현금을 이자도 없는 보통예금이나 유동성이 낮은 정기예금에 넣어둘 필요가 있을까? 돈이 필요한 기업에게 단기로 빌려주면 더 낫지 않을까?" 돈을 빌리는 법인기업과 빌려주는 법인기업 모두 은행을 우회해 '직거래'하는 것이 더 이익이라는 사실을 깨닫게 됩니다. 그래서 초거대 법인기업을 중심으로 단기채권을 발행합니다. 이를 기업어음(Commercial Paper: CP)이라고 합니다.

회사채와 달리 기업어음은 발행 절차가 까다롭지 않고, 별도의 담보 심사 없이 오직 기업의 신용에 기초해서 발행할 수 있습니다. 예를 들어 연 4.5%의 금리로 기업어음을 발행하면 기업은 은행대출보다 더 낮은 금리로 돈을 빌릴 수 있죠. 물론 기업어음도 아무나 발행할 수 있는 것은 아닙니다. 오직 초우량기업만 발행할 수 있어요. 투자자(법인기업)도 기업어음을 사면 은행에 넣어두는 것보다 더 높은 금리로 이자수익을 벌 수 있고, 돈이 필요하면 기업어음을 팔면 됩니다. 즉, 수익성과 유동성이라는 두 마리 토끼를 다 잡을 수 있는 거예요. 물론 기업어음 같은 채권은 정부의 보호('예금자보호법')를 받지 못해 원금 손실의 위험이 있습니다. 하지만 1960년대 후반 정부가 보호하는 예금의 상한선이 은행당 1.5만 달러(1966년), 또는 2만 달러(1969년)에 불과합니다. 수십, 수백만 달러의 현금을 운용하는 대기업이 정부의 보호를 받으려면 돈을 수십, 수백 개의 은행에 분산해서 예치해야 하는데, 너무 번거롭죠. '예금자보호법'은 개인 예금자만 보호할 뿐 법인 예금자에게는 사실상 무의미합니다.

기업어음 자체는 다른 금융자산에 비해 규모가 그리 크지 않지만, 이로 시작된 작은 파문이 점점 더 커집니다. 단기채권 시장이 은행의 영역을 조금씩 잠식하기 때문입니다. 기업이 보유한 막대한 현금이 증권시장으로 유입되자, 이를 더 이상 좌시할 수 없는 은행은 자금을 끌어오기 위해 새로운 금융상품을 출시합니다. 보통예금은 유동성이 높으나 수익성이 낮고(연 금리 0 또는 0.1%), 저축성예금은 수익성은 높지만 유동성이 낮습니다. 그래서 이 두 가지 장점을 모두 살리는 양도성예금증서(Certificate of Deposit: CD)를 발행합니다. 이는 사고팔 수 있는('양도성') 무기명 정기예금증서입니다. 그 외에도 여러 가지 채권의 성격을 지닌, 즉 사고팔 수 있는 금융상품을 시장에 내 놓습니다.

그런데 양도성예금증서 같은 새로운 금융상품이 등장할수록 단기채권 시장은 더욱 발전합니다. 왜냐하면 단기증권 시장에서 거래되는 금융자산이 더 늘어나기 때문이죠. 처음에는 이 시장에서 거래되는 금융자산이 단기국채 정도였는데, 여기에 기업어음이 추가되고, 그 후 은행이 신상품들을 연이어 출시하면서 단기채권 시장이 비약적으로 발전합니다.

이에 따라서 새로운 금융기관이 출현합니다. 바로 MMMF(Money Market Mutual Fund)입니다. 이를 번역하면 '화폐시장 투자신탁기금'이라는 복잡한 이름이 나오는데, 통상 번역하지 않고 MMMF라고 하거나 머니마켓펀드(MMF)라고 합니다. 여기서 화폐시장은 달러나 엔 같은 외국화폐를 사고파는 시장이 아닙니다. 그것은 외환시장이죠. 화폐시장은 단기자금이 거래되는 금융

시장을 말합니다. 이와 대조적으로 장기자금이 거래되는 금융시장은 자본시장이라고 합니다.

　MMMF는 1달러짜리 주식을 발행해서 자금을 조달하고, 이를 단기국채, 기업어음, 양도성 예금증서 등 단기채권에 투자하는 금융기업입니다. 그런데 MMMF가 발행하는 주식은 일반 주식과 달라요. 일반 주식, 예컨대 삼성전자 주식은 일반 투자자들 사이에서 거래하지 삼성전자와 사고파는 것이 아닙니다(신규 주식을 상장할 때를 제외하면). 그래서 주식시장에서의 수요/공급에 따라 가격이 변동하죠. 그런데 MMMF 주식은 다릅니다. 그것을 발행한 MMMF와 언제든지 직접 사고팔 수 있고, 주가도 1달러로 고정되어 있습니다. 게다가 주식의 매매과정을 생략한 채 신용카드 대금을 결제하거나 돈을 다른 계좌로 이체할 수도 있습니다. 그리고 이것도 주식이니까 배당금을 받습니다. 시장금리에 따라 다르지만 대략 연 1% 정도 됩니다. 고객의 입장에서 보면 보통예금(연 금리 0.1%)과 동일한 금융서비스를 받으면서도 이자율은 10배나 더 높습니다. 수십, 수백 억 달러의 현금 자산을 운용하는 법인기업이 볼 때 MMMF가 보통예금보다 훨씬 더 매력적이겠죠? 가계의 입장에서도 그렇습니다. 그래서 MMMF는 등장하자마자 보통예금의 강력한 경쟁자로서 폭발적으로 성장합니다. 그 결과 지난 번 글로벌 금융위기 전까지 미국에서 MMMF에 예치된 자금이 보통예금을 초과합니다.

　이처럼 증권시장에서 새로운 변화가 나타날 무렵, 미국을 비롯한 세계경제가 장기침체에 진입하고 인플레이션이 발생합니다. 이를 스태그플레이션(stagflation)이라고 하죠. 1970년대 중반까지는 물가 상승률이 매우 높아서 실질금리가 0, 또는 마이너스까지 하락합니다. 실질금리는 명목금리에서 물가 상승률을 뺀 거예요. 그리고 1979년 10월에는 미국 연방준비제도(연준) 의장인 폴 볼커(Paul Volcker)가 고금리, 고달러 전략으로 전환하면서 실질금리가 급등합니다. 그렇지 않아도 1970년대는 이윤율의 하락, 석유 위기 등으로 경제가 좋지 않은데, 금리마저 불안정해서 은행 부문은 큰 타격을 입게 됩니다. 은행 부문의 이윤율 하락은 금융 시스템이 은행 중심에서 증권시장 중심으로 전환하는 데 결정적으로 영향을 미칩니다.

앞서 은행은 예대금리차만큼 돈을 벌고 신용창조 과정을 통해 이를 증폭시킨다고 이야기했어요. 보통예금으로 빌린 돈은 주로 단기로, 저축성예금으로 빌린 돈은 주택담보대출처럼 장기로 빌려줍니다. 1979년 이후 금리의 급등은 은행의 수익 메커니즘에 악영향을 끼칩니다. 흔히 금리가 높으면 은행이 폭리를 취할 것 같은데, 사실 그렇지 않아요.

금리가 상승하면 보통예금으로 빌린 돈을 운용할 때는 다소 유리합니다. 보통예금은 금리가 거의 없기 때문에 대출금리만 높아지죠. 그래서 예대금리차가 확대됩니다. 하지만 금리가 지나치게 높으면 대출 수요가 적기 때문에 신용창조의 승수가 작을 수밖에 없죠. 또 돈을 못 갚는 경우[디폴트(default)]도 늘어납니다. 그래서 생각만큼 돈을 많이 못 벌어요. 게다가 저축성예금을 운용할 때는 아주 치명적입니다. 이때는 대출금리뿐만 아니라 예금금리도 높아지기 때문이죠. 예대금리차는 변함이 없고, 대신 대출 수요가 줄고 디폴트율이 상승합니다. 뿐만 아니라 금리가 계속 상승하면 과거에 체결한 대출은 고정금리여서 이자수익이 상대적으로 감소합니다. 그래서 1980년대 초부터 저축대부조합(Savings and Loans: S&L)의 수익성이 크게 악화됩니다. 이들은 주로 저축성예금을 받아서 주택담보대출 같은 장기대출에 특화된 금융기업인데, 결국 1980년대 중반에 대대적인 파산을 면치 못해요.

앞서 이야기했듯이 은행의 수익성은 경제상황에 의해 직접 영향을 받습니다. 경제가 좋을 때는 이윤율이 안정적인 수준을 유지하지만, 1970년대와 1980년대 초반처럼 경제침체 국면에서는 이윤율이 크게 하락합니다. 이 시기에는 가계와 기업의 재정상황이 악화될 수밖에 없고, 따라서 대출을 갚지 못하는 경우도 늘어납니다. 그러면 은행은 그 피해를 고스란히 떠안게 되죠.

이와 달리 증권에 투자하면 금리의 변동에 유연하게 대처할 수 있어요. 왜냐하면 금리의 변동 자체가 증권가격에 반영되기 때문입니다. 금리가 상승하면 증권가격은 하락합니다. 증권보유자는 지금 이를 팔아서 더 큰 손실을 피할 수 있습니다. 그러니 투자자는 큰 손해를 입지 않지만, 대신에 기업이 그 부담을 떠안아야 됩니다. 만기가 도래하는 채권을 차환하려면 수익성을 개선해야겠죠? 그래서 구조조정을 단행합니다. 정리해고와 임금삭감이 불가피합니다.

1970년대 말과 1980년대 초와 같이 경제상황이 좋지 않고 금리가 크게 변동할 때 은행은 매우 취약한 반면, 증권시장은 상대적으로 안전합니다. 산업부문은 수익성이 하락하면 기업의 책임이 큽니다. 하지만 은행 부문은 정부 정책과 경제상황이 수익성에 큰 영향을 미칩니다. 그래서 1980년대 초부터 은행을 살리기 위해 정부가 일련의 개혁에 착수합니다. 먼저 현실적으로 의미가 없는 이자율 규제('규제 Q')를 폐지합니다. 그러면 은행 간 경쟁이 격화될 수 있는데, 이를 완화하기 위해 은행의 인수·합병을 허용합니다. 대형 은행은 경쟁의 영향으로부터 어느 정도 자유롭죠. 아울러 은행의 증권시장 참여, 즉 겸업화를 점진적으로 허용합니다. 결국 뉴딜·케인스주의적 금융규제가 사실상 역사적 종말을 고하게 됩니다. 1990년대를 거치면서 미국의 은행 시스템은 JP모건체이스, 시티은행, 뱅크오브아메리카(BOA) 등 초대형 은행을 중심으로 발전합니다. 그리고 이들은 수익성이 높은 증권업에 적극적으로 뛰어드는데, 그 결과 새로운 금융 중계 방식으로서 '그림자 은행' 시스템이 형성됩니다. 이는 2007~2009년 글로벌 금융위기를 통해 대중적 명성을 얻게 되죠. 이것이 3절의 주제입니다.

3.　　　조금은 어려운 금융: 그림자 은행과 글로벌 금융위기

이제 21세기의 금융 시스템으로 넘어가겠습니다. 신자유주의적 정책 개혁에서 중요한 것이 바로 금융규제 완화이고, 또 그것의 핵심은 겸업 은행을 부분적으로 허용한 것입니다. 이에 따라 상업은행이 증권업에 본격적으로 진출하게 되는데, 그 결과 '그림자 은행 시스템'이라는 독특한 금융 중계 방식이 출현합니다. 이것이 21세기 금융 시스템의 가장 중요한 특징이라고 할 수 있죠. 이를 이해하려면 먼저 '증권화(securitization)'와 '구조화(structuring)'라는 핵심적인 두 개념을 알아야 합니다.

1) 21세기 금융혁신: 증권화와 구조화

증권화

앞서 설명했듯이 산업 부문의 법인기업은 주식이나 채권을 발행해서 조달한 돈으로 생산설비를 확충하거나 연구개발(R&D)을 수행합니다. 새로운 상품을 생산하면 돈을 벌 것이고, 그 돈으로 배당금과 이자를 지급합니다. 투자자는 이들의 생산적 자산을 믿고 돈을 빌려주죠. 반면에 금융기업은 금융자산을 보유합니다. 가계나 기업에 돈을 빌려준 대출증서 같은 것 말이죠. 이런 금융자산으로부터 매달 또는 매년 이자가 나옵니다. 이것이 금융기업의 주요 수입원이죠(물론 산업기업도 금융자산을 보유합니다). 일반 기업이 생산적 자산을 활용해 번 돈으로 이자를 지급하는 채권을 발행하는 것처럼 금융기업은 금융자산에서 번 돈을 이자로 지급하는 채권을 발행합니다. 이것이 증권화예요. 금융자산을 토대로 새로운 증권을 발행하는 것이죠. 이렇게 발행된 증권을 자산유동화증권 또는 자산담보부증권(Asset Based Securities: ABS)이라고 합니다. 이제부터 낯설고 '알파벳 잡탕' 같은 금융상품들이 등장하니까 그때마다 하나씩 암기하는 것이 좋아요.

은행은 학자금을 대출하거나 주택을 사는 사람에게 돈을 빌려줍니다. 그러면 만기, 이자율 등이 명시된 대출증서가 있겠죠? 이런 대출증서로부터 매달 원금과 이자가 들어오잖아요. 1년에 300억 원의 이자수익이 발생한다고 가정하면, 이것을 이자로 지불하는 채권을 발행하는 거예요. 그 채권의 수익률이 연 3%면, 1조 원 규모의 채권을 발행할 수 있습니다. 여기서 한걸음 더 나가 봅시다.

금융기업은 자기가 빌려준 것 말고, 다른 곳에서 발생한 대출증서를 사들여 모읍니다. 예를 들어 이동통신사는 휴대전화를 할부로 판매합니다. 여러분은 많이 사봐서 잘 아실 거예요. 고가의 가전제품, 자동차 등도 할부로 많이 팔죠. 할부판매는 판매자가 고객에게 먼저 돈을 빌려주고 그 돈으로 상품을 구입하도록 하는 것입니다. 고객은 몇 년 동안 조금씩 원금과 이자를 갚아 나가죠. 이동통신사나 자동차 회사는 할부판매 증서를 보유하면서 매달 이자와 원금을 받을 수 있지만, 원금을 회수하는 데 시간이 꽤 오래 걸립니다. 그래서 그 증서를 팔고 목돈을 만드는 것이죠. 금융기업은 이런 증서들을 사 모읍니다. 그 후 그 증서로부터 나오는 돈을 이자로 지급하는 채권, 즉 ABS를 발행합니다. 주로 만기가 길고(유동성이 낮고) 금리가 높은(수익성이 높은) 대출증서들이 ABS의 재료가 됩니다. 가장 대표적인 것이 주택담보대출이고, 이를 토대로 발행한 증권이 그 유명한 주택담보부증권(Mortgage Backed Securities: MBS)입니다. 그러니까 ABS가 좀 더 상위의 범주고, 그 안에 MBS가 있는 것이죠. 그런데 배보다 배꼽이 크다고, MBS의 규모가 워낙 크다 보니까 아예 별도로 취급합니다. 그래서 흔히 ABS라고 하면 MBS를 제외한 나머지를 지칭합니다.

그런데 왜 이렇게 복잡한 일을 할까요? 이동통신사는 자기 돈으로 삼성전자나 애플로부터 핸드폰을 구입해서 이를 할부로 판매합니다. 보통 핸드폰은 3~4년을 주기로 교체하죠? 이때마다 더 좋은 조건으로 폰을 구입하기 위해 통신사를 옮기는 경우가 허다합니다. 그러다 보니 통신 3사는 매일 고객을 유치하기 위해 전쟁 아닌 전쟁을 치릅니다. 그런데 폰을 할부로 판매하기 때문에 원금을 회수하는 데 2~3년이 걸려요. 돈을 빨리 회수해야 새 폰을 구입해서 고객에게 팔 수 있어요. 그래서 이들은 할부판매 증서를 금융기관에 팔아 원금을 빨리 회수하는 것이죠. 그러면 금융기관은 무슨 돈으로 그 증서를 사들일까요? 바로 그 증서를 토대로 ABS를 발행해서 조달한 자금으로 사는 것입니다.

다음으로 설명할 개념은 구조화입니다. 이 용어는 낯설어도 '구조조정'은 익숙하시죠? 구조화란 기업이 부채나 자산을 특성이 다른 몇 개의 '층', 즉 '구조'로 분할해 관리하는 것을 말합니다. 그리고 구조조정은 기업의 수익성을 높이기 위해 자산의 일부 '구조'를 매각, 아웃소싱, 또는 분사(分社)하는 것이죠. 구조화는 기업의 부채와 자산 모두에 해당합니다. 사실 이런 관행은 오래 전부터 있었는데, 그것을 '구조화'라고 지칭한 것은 얼마 되지 않은 것 같아요.

먼저 부채의 '구조화'부터 살펴보겠습니다. 개인기업은 소유자가 자기 돈을 투자해서 설립한 것이지만, 법인기업은 죄다 외부의 돈을 끌어와서 설립한 것이죠. 법인기업이 장기로 돈을 빌려 오는 수단을 봅시다. 크게 두 가지가 있어요. 주식과 채권이죠.

외부 금융시장을 통해 자금을 조달한다는 점에서만 같을 뿐 주식과 채권은 큰 차이가 있습니다. 먼저 수익이 발생하면 기업은 채권에 대해 약정한 금리대로 이자를 먼저 지급하고, 돈이 남으면 주식에 대해 지급합니다. 이때 주식보유자(주주)에게 지급하는 돈을 배당금이라고 합니다. 물론 모두 다 배당금으로 지급하지 않습니다. 그러면 회사가 발전이 없죠. 나중에 투자할 돈을 남겨놓는데, 이를 유보이윤이라고 합니다. 채권은 금리가 미리 정해져 있지만, 주식의 배당금은 그렇지 않습니다. (요즘은 주가를 높이기 위해 배당금을 미리 정해 놓기도 합니다.) 회사가 유보이윤을 많이 남겨두면 배당금이 없을 수도 있어요. 특히 성장성이 높은 기업일수록 그렇게 합니다. 단적으로 스티브 잡스(Steve Jobs)가 살아 있을 때의 애플, 페이스북 등은 배당금을 지급하지 않습니다. 다음으로 기업이 채권에 대해서는 상환 의무가 있어요. 무조건 갚아야 되죠. 하지만 주식은 상환 의무가 없습니다. 채권을 보유한 사람은 빚쟁이(채권자)지만, 주식을 보유한 사람은 주주, 즉 소유자이기 때문입니다. 만일 회사가 파산하면 남은 자산을 처분해서 채권부터 갚고, 남는 것이 있으면 주주에게 돌려줍니다. 하지만 거의 남는 것이 없겠죠? 그래서 법인기업이 망하면 주식은 휴지조각이 되고 말아요.

이렇게 보면 주식을 살 이유가 없을 것 같죠? 그렇지 않습니다. 기업의 실적이 좋으면 채권보유자는 미리 정해 놓은 만큼만 이자를 받지만, 주주는 그것보다 훨씬 더 많은 배당금을 받을 수 있습니다. 배당금을 지급하지 않는 경우는 유보이윤이 많을 것이고, 그러면 기업의 자산규모가 더 커질 것입니다. 기업의 가치가 올라가는 만큼 주가가 상승하겠죠? 단적으로 테슬라는 10년 전에 주가가 불과 4달러도 안 되었지만, 올해 최고 820달러까지 200배 이상 상승했습니다. 애플, 구글, 아마존, 삼성전자 등도 대략 그렇습니다. 그리고 주주는 주주총회에 참여해서 의결권(1주 1표)을 행사할 수 있어요. 일반 개인투자자에게는 별 의미가 없지만, 기업을 인수하려는 '큰손'에게는 중요하죠.

결과적으로 보면 채권은 안정적이지만 수익률이 낮고, 반면에 주식은 불안정하지만 수익률이 높습니다. 배당금도 받고 주가의 변동에 따른 차익(자본이득)도 얻을 수 있죠. 물론 주가가 하락하면 원금 손실을 감내해야 합니다. 이렇게 부채를 특성이 다른 층들로 분할하는 것이 '구조화'입니다. 여기서 다시 채권과 주식을 그 내부에서 여러 층(구조)으로 나눌 수 있습니다. 선순위 채권, 후순위 채권, 주식으로 바꿀 수 있는 채권(전환사채) 등으로 말이죠. 이렇게 하면 투자자에게 선택의 폭을 넓혀 줄 수 있습니다. '안정'을 추구하면 채권을, '모 아니면 도, 인생 뭐 있어'라면 주식을 사겠죠? 이렇게 투자자의 욕구에 맞춰 설계하면 더 많은 자금을 조달할 수 있습니다. 또 기업은 내부의 재정상황이나 전반적인 시장상황에 맞게 유연하게 대처할 수 있어요.

이와 비슷하게 자산도 구조화할 수 있습니다. 우리에게 익숙한 '구조조정' 이 이것과 관련되죠. 기업은 다양한 조직들로 구성됩니다. 이를 기능 측면 에서 보면 크게 생산을 담당하는 '라인(line)' 조직과 이를 뒷받침해 주는 '스 탭(staff)' 조직으로 나뉩니다. 라인 조직은 제품의 설계, 디자인, 연구개발, 생 산 등으로, 스탭 조직은 인사, 재무, 회계, 보안, 시설관리 등으로 구성됩니 다. 기업은 이러한 조직/기능들을 중요성, 또는 비용 효율성에 따라 평가하 고 분류합니다. 예를 들어 핵심 기술이나 제품을 설계하고 연구개발을 수행 하는 업무는 반드시 보유해야 하지만, 식당, 건물 관리, 청소 등은 그렇지 않 습니다. 외부의 전문 업체에 맡기는 것이 더 나을 수 있습니다. 이렇게 기업 의 조직을 몇 개의 층(구조)으로 나눈 후에 일부를 분할할 수 있는데, 이것이 '구조조정'입니다. 이 과정에서 이른바 '비정규직 노동자', 정확히는 '비전형 (non-traditional) 노동자'가 양산됩니다. 실질적으로는 현대차나 롯데호텔에 서 지시하는 대로 그리고 그 회사 안에서 일하지만, 법적·형식적으로는 현 대나 롯데가 아닌 외부 협력업체에 고용되는 노동자말입니다. 과거에는 청 소, 건물관리, 경비, 식당 등의 기능을 아웃소싱했지만, 점차 그 범위가 확대 되고 있습니다. 심지어는 핵심기능이라 할 수 있는 제품 설계, 디자인, 프로 그래밍 등도 외부에 위탁하는 사례가 점차 늘어나고 있어요.

또 구조화의 방식은 수익의 원천이 되는 자산에도 적용됩니다. 예를 들어 신용등급이 매우 낮은 건설회사가 운 좋게도 강남 지역의 재개발 프로젝트 를 맡았다고 합시다. 이 프로젝트는 고수익이 보장되겠죠? 이것만 보면 이 회사는 저금리로 돈을 빌리거나 신규 주식을 대규모로 발행할 수 있습니다. 그런데 회사 전체의 재무 상태가 부실하기 때문에 투자자는 이 회사의 채권 과 주식을 기피할지 몰라요. 프로젝트가 성공해도 그 수익을 본사의 파산을 막는 데 쓰지 않을까 의심하는 것이죠. 이때 그 건설회사가 강남 프로젝트를 담당하는 사업 부서를 별도로 분할할 수 있습니다. 이렇게 수익성 높은 사업 부만 별도의 '층'(구조)으로 분할하면 더 낮은 금리로 돈을 빌릴 수 있어요.

또 신규 주식을 팔 때 액면가보다 훨씬 더 높은 가격에 팔 수 있습니다. 그에 따른 수익은 모두 회사의 유보이윤에 포함됩니다. 실제로 LG화학은 최근에 전기차에 들어가는 2차 전지 부문을 따로 떼어내서 LG에너지솔루션이라는 회사를 만들었어요. 이렇게 하면 훨씬 더 좋은 조건으로 자금을 끌어올 수 있고, 기업을 더 크게 성장시킬 수 있죠.

2) 구조화 금융

지금까지 설명한 증권화와 구조화는 1980년대 후반에 파산한 저축대부조합의 자산을 정리하는 과정에서 우연히 결합됩니다. 이를 '구조화금융'이라고 하는데, 이는 일회적으로 끝나지 않습니다. 1990년대 초부터 증권시장의 발전, 법인기업이 보유한 현금 자산의 폭발적인 증대, 시티그룹을 비롯한 초대형 겸업 은행의 탄생, 그리고 글로벌 불균형의 심화 등 금융 시스템을 둘러싼 경제적 환경이 급변하면서 주요 금융기관이 구조화금융을 중심으로 금융 혁신을 단행합니다. 이 과정에서 이른바 '그림자 은행' 시스템이 형성되고, 이를 토대로 미국의 주택시장이 전례 없이 성장합니다. 그리고 그 결말이 바로 2007~2009년의 '글로벌 금융위기'입니다.

'그림자 은행' 시스템은 은행의 예금/대출이 아니라 증권을 매개로 이루어지는 새로운 금융 중계 방식입니다. 여기서 거래되는 주요 증권들은 구조화 방식과 결합되어 발행되기 때문에, 먼저 구조화금융의 메커니즘부터 이해할 필요가 있어요. 가장 단적인 사례로 20세기 말 미국의 주택금융에서 구조화 금융이 어떻게 이루어지는지 살펴봅시다.

미국에서 부동산담보대출을 모기지(mortgage)라고 합니다. 이 중에서 주택과 관련된 부문만 볼게요. 주택 구입자 중에는 직장이 번듯하고 소득도 많은 사람이 많겠지만, 그렇지 않은 사람도 있겠죠? 신용등급이 높은 사람이 체결하는 모기지를 프라임(prime: 우량)이라고 하고, 그 아래 등급이 알트에

이(Alt-A), 맨 아래 등급이 서브프라임(subprime: 비우량)입니다. 비우량이라고 해서 노숙자나 임시고용자 같은 사람을 상대로 한 것은 아니에요. 미국 가구의 주택보유율이 평균 65% 정도 되니까 비우량 모기지를 체결하는 사람은 — 주택을 여러 채 보유하고 있는 사람도 있으므로 — 소득분위 40~60% 정도, 대략 중위계층에 속한다고 볼 수 있습니다. 육체노동, 단순 사무직, 판매직 등에 종사하는 사람들이겠죠.

프라임모기지는 연체율도 매우 낮고 금리도 대략 비슷하기 때문에 이들을 하나의 풀(pool)에 담아 새로운 증권(MBS)을 발행하는 것이 별로 어렵지 않죠. 게다가 MBS는 정부가 보증하기 때문에 국채만큼이나 리스크가 작은 것으로 평가됩니다. 그래서 유통과정에서도 별 문제가 없어요. 문제는 비우량 모기지입니다.

앞 절에서 1970~1980년대 은행 부문의 위기를 이야기할 때 저축대부조합이 대량 파산했다고 설명한 바 있습니다. 기업이든, 은행이든, 회사가 파산하면 자산을 매각해야 합니다. 누군가가 그 기업을 인수하겠다고 나서면 상관없지만, 그렇지 않으면 그 자산을 하나씩 팔아서 빚을 갚아야 합니다. 저축대부조합이 보유하고 있던 수많은 비우량 모기지를 처리하는 것이 여간 골치 아픈 문제가 아니죠. 비우량 모기지는 채무자마다 신용등급이 다 다를 뿐만 아니라 담보(주택)의 가치도 제각각입니다. 전체적으로 처분해야 할 비우량 모기지가 수만, 수십만 건이 있는데, 이를 처분하려면 주택계약자의 신용등급과 주택의 가치를 일일이 다시 산정하고, 하나씩 팔아야 합니다. 만일 그렇게 했다가는 몇 년이 걸릴지도 모르고, 이 일을 맡은 사람의 인건비가 더 나갈지도 모릅니다.

그러면 프라임모기지처럼 증권화를 통해 이 문제를 해결할 수 있지 않을까? 그런데 비우량 모기지를 재료로 만든 증권을 투자자가 신뢰하겠어요? 채권을 발행해도 가격이 낮을 것이고, 유통도 쉽지 않겠죠. 정부가 보증하면 되지 않을까? 이렇게 생각할 수도 있습니다. 그런데 정부가 무슨 '봉'입니까?

여러분 같으면 비우량 모기지처럼 불확실한 대출에 보증을 서겠어요? 우리가 꺼리는 일을 정부더러 하라고 할 수 없죠. 정부는 남이 아니라 바로 '우리'이기 때문입니다.

미국 정부는 이렇게 골치 아픈 일을 투자은행(Salomon Brothers)에 위탁합니다. '증권화의 아버지'로 불리는 루이스 라니에리(Lewis Ranieri)는 증권화와 구조화를 결합해서 이 문제를 해결합니다. 이자 지불 순서와 금리가 서로 다른 몇 개의 '층'(구조)으로 나누어 증권을 발행하는 것이죠. 크게 세 가지 층으로 나누는데, 이자를 가장 먼저 지불하지만 대신 금리가 가장 낮은 증권, 이를 시니어(senior: 선순위) 증권이라고 합니다. 이자를 제일 먼저 받으니까 상대적으로 안전합니다. 그 아래 '층'에 위치한 것이 메자닌(mezzanine: 중간순위) 증권입니다. 이것은 시니어 증권 다음에 이자를 지급합니다. 그 대신 금리가 조금 더 높아요. 가장 아래층에 위치한 것이 에쿼티(equity) 증권입니다. 에쿼티는 '주식'을 뜻합니다. 그래서 주식이랑 특성이 비슷해요. 앞선 증권에 이자를 다 지불하고 남는 것이 있을 때 이자를 받죠. 연체율이 높으면 못 받을 수 있습니다.

앞의 풀에서 발생하는 원리금을 토대로, 연 금리 2%의 시니어 증권을 총 3500만 달러어치 발행합니다. 메자닌 증권은 연 금리 3.5%를 적용해서 400만 달러어치, 에쿼티 증권은 100만 달러어치 발행합니다. 모기지 계약자들이 원리금을 납부하면 먼저 시니어 증권에 이자 700만 달러(3500×0.02)를 지급하고, 메자닌 증권에는 140만 달러(400×0.035)의 이자를 지급합니다. 그런 다음 남는 것이 있으면 에쿼티 증권에 지급하죠. 만일 연체율이 0이면 에쿼티 증권에게 지급되는 이자는 160만 달러입니다. 수익률이 16%로 엄청나게 높죠. 하지만 연체는 항상 있기 마련입니다. 그렇지 않으면 비우량이 아니겠죠? 연체가 발생하면 그에 따른 손실은 에쿼티 증권부터 떠안아요. 그 다음이 메자닌, 마지막이 시니어 증권이죠. 비록 리스크가 큰 비우량 모기지를 재료로 채권을 발행하지만, 연체율이 30%가 되기 전까지 시니어 증권은 안전합니다. 이자를 가장 먼저 지급하기 때문이죠. 그래서 안전을 최우선시하는 은행이나 MMMF가 주로 매입합니다. 에퀴티 증권은 잘 되면 대박이지만, 삐끗하면 쪽박입니다. 금융에서 고수익은 항상 고위험이 따릅니다(High Risk, High Return!). 그래서 에퀴티 증권은 시장에 유통시키지 않고 발행 기업이 보유하는 경우가 대부분입니다. 물론 헤지펀드 같은 모험을 즐기는 투자자가 살 수도 있어요. 이렇게 총 4억 달러의 채권을 발행하면 그 돈으로 골칫거리인 비우량 모기지를 사면 됩니다. 파산한 저축대부조합은 모기지 증서를 일일이 하나씩 팔 필요 없이 한 번에 처분할 수 있습니다.

이렇게 증권화와 구조화 방식을 결합해 발행한 증권을 부채담보부증권(Collateralized Debt Obligation: CDO)이라고 합니다. 그 재료가 모기지면 가운데 'D' 대신에 모기지의 M을 넣어 CMO라고 부르고, 일반 대출(Loan)이면 CLO, 회사채(Bond)면 CBO라고 합니다. 증권화는 여기서 더 발전합니다. CDO를 보유하면 거기서 이자가 나오잖아요. 이를 토대로 다시 증권을 발행하는데, 이를 CDO스퀘어(CDO^2, square)라고 합니다. 또 CDO스퀘어에서 이자가 나오니까, 그를 재료로 CDO큐브(CDO^3, cube)까지 발행합니다. CDO는 지난 글로벌 금융위기를 초래한 '장본인'으로 악명이 높지만, 처음에는 금융혁신의 총아로 평가받았습니다. 이 기법을 사용하면 재무 상태가 아주 부실한 기업도 최우량 증권을 발행할 수 있기 때문이죠. 예전 같으면 파산 위기에 몰린 기업은 외부로부터 돈을 빌려 올 수 없으니 고금리 사채를 조금씩 끌어 쓰다가 힘 한 번 제대로 못 쓰고 망했을 거예요. 하지만 이제는 이 같은 기업도 최우량 증권을 발행해서 돈을 빌려올 수 있습니다. 기업을 회생시키기 위해 최후의 힘을 모을 수 있죠. 그래서 이 기법을 잘 활용하면 2000년 중반 미국에서 비우량 모기지 계약을 대폭 증가시킨 것처럼 신용등급이 낮은 중소기업이나 자영업자에게 상대적으로 낮은 금리로 돈을 빌려줄 수 있습니다.

3) 그림자 은행 시스템의 형성

앞서 금융 시스템은 크게 금융 브로커와 금융 중계라는 두 축으로 구성된다고 설명했습니다. 지금부터 논의할 그림자 은행 시스템은 증권을 매개로 한 새로운 금융 중계 형태입니다. 처음에는 중앙은행의 감독 밖에 있다는 의미에서 '그림자'라는 명칭이 붙었고, 이것이 대중화되었습니다. 그러다 보니 이 시스템의 메커니즘을 이해하기도 전에 '그림자'라는 이름이 주는 뉘앙스만으로 판단하는 경우가 종종 있어요. 공적 감시망을 피해 은밀하게 움직이며 폭리를 취하는 금융계의 '닌자'처럼 생각하는 거죠. 그러나 이 시스템에 참가하고 있는 금융기관은 미국을 대표하는 초대형 은행, 증권회사(투자은행), MMMF, 모기지회사 등입니다. 이들이 이중생활을 하는 것도 아닙니다. 다만 변화된 현실에 맞춰 새로운 금융 중계 시스템을 형성한 것이죠.

전통적인 금융 중계는 은행이 담당합니다. 은행은 보통예금과 저축성예금으로 돈을 빌리고, 이를 대출합니다. 수익은 크게 예대금리차와 신용창조승수에 의해 결정됩니다. 그런데 앞 절에서 설명한 바와 같이 단기증권시장이 발전하면서 시중의 현금이 은행이 아니라 증권시장으로 유입됩니다. 21세기로 넘어오면서는 법인기업이 운용하는 현금 자산 – 저축이 아니라 저금 – 이 급증함에 따라 미국에서 MMMF에 예치되는 돈이 은행의 보통예금을 초과합니다. 개인도 보통예금보다 MMMF를 선호하는데, 기업이야 말할 것도 없죠. 이제 이 자금을 '중계'하려면 전통적인 방식으로는 불가능합니다. 새로운 방식이 필요하죠. 이것을 주도하는 것도 은행입니다. 그러면 어떻게 해야 할까요?

먼저 은행은 보통예금을 대체할 수 있는 단기증권을 발행해야 합니다. 즉, 보통예금만큼 유동성이 높고 안전하고 금리가 낮은 증권이 필요합니다. 여기에는 두 가지 방식이 있습니다.

첫째, 자산의 구조화를 통해서 매우 안전한 기업어음을 발행하는 것입니다. 은행은 다양한 금융자산을 보유하고 있어요. 국공채도 있고, 가계와 기업을 상대로 한 대출증서도 있죠. 대출은 고객에 따라 리스크와 금리가 크게 다릅니다. 이 중에서 국채처럼 리스크가 거의 없는 금융자산을 안전자산 (safe asset)이라고 합니다. 은행은 구조화기법을 이용해 안전자산을 다른 자산과 구별되는 '층'에 따라 떼어 놓습니다. '콘딧(conduit)'으로 불리는 서류상 회사를 설립해 회계상으로 분리시키는 거예요. 콘딧은 별 뜻이 없으니 굳이 '도관'이라고 번역할 필요가 없습니다. 그 후에 안전자산만으로 구성된 자산의 구조(층)에서 기업어음을 발행합니다. 그러면 높은 신용등급을 받을 수 있습니다. 이런 장치 없이 그냥 기업어음을 발행하면 안전자산 외에 다른 대출증서들이 신용등급을 갉아먹기 때문에 은행은 저금리의 안전증권을 발행할 수 없어요. 그래서 서류상 회사에 안전자산만 별도로 떼어내서 기업어음을 발행하는 것이죠. 이런 기업어음을 '안전자산에 의해 뒷받침된다'라는 의미에서 '자산담보부기업어음(Asset-Backed Commercial Paper: ABCP)'이라고 합니다. 은행이 발행한 ABCP는 국채를 토대로 하는 만큼 '트리플 A' 등급으로 평가받아요.

은행이 단기증권시장에서 자금을 조달하는 또 다른 방법은 기존에 보유하고 있던 채권(안전자산)을 일정 기간이 지난 후 '다시 사는'(환매) 조건으로 판매하는 것입니다. 회계상으로는 판매이지만, 실제로는 채권을 담보로 돈을 빌리는 것입니다. 이를 환매조건부 채권거래(repurchase agreement)라고 하는데 이름이 너무 길어 간단히 레포(repo)라고 합니다. 간단한 예시를 통해 살펴봅시다. 액면가 100달러(Z)의 증권을 1년 후 96.9달러(Y)에 다시 사는 조건으로 95달러(X)에 판매하는 것입니다. 계산의 편의상 1년을 설정했지만, 실제로는 단기로 거래됩니다. 그러면 1.9달러($=Y-X$)의 비용으로 95달러를 빌리는 것이니까 이자율은 연 2%($=(Y-X)/X$)가 됩니다. 이를 환매금리(repo rate)라고 합니다. 보통 중앙은행은 시중의 은행들과 국채를 환매거래하면서 시장의 금리수준을 조정하기 때문에 환매금리가 정책금리로서 기능합니다.

이 은행은 100달러짜리 증권으로 95달러밖에 빌리지 못하죠? 이 차이($Z-X$)를 'repo헤어컷(repo haircut)'이라는 요상한 이름으로 부릅니다. 미장원에서 머리를 커트하듯이 담보증권의 가치를 약간 잘라내서 평가하는 것이죠.

여기서는 채무자가 돈을 갚지 못하면(즉, 환매하지 못하면), 채권자가 그 증권을 그냥 가져버립니다. 그래서 담보의 가치가 안정적인 한, repo는 매우 안전하다고 평가받습니다. 그래도 돈을 빌려주기가 꺼림칙할 때는 레포헤어컷의 인상을 요구합니다. 그러면 환매금리가 변하지 않아도 repo를 통해 자금을 조달하는 것이 어려워지죠. repo 시장에 문제가 발생한 거예요. 은행을 비롯해서 안전자산을 많이 보유한 기관투자자, 즉 법인투자자는 repo를 통해서 단기 자금을 예치합니다. 이렇게 은행은 ABCP와 repo를 통해 단기 자금을 유치하는데, 이는 그림자 은행 시스템에서 보통예금과 기능이 유사하다고 볼 수 있어요.

ABCP와 repo는 국채 같은 안전자산에 기초하기 때문에 신용등급 면에서도 거의 동일하게 평가받습니다. 이 점이 중요합니다. 은행은 증권시장으로부터 아주 낮은 금리로 단기자금을 조달할 수 있고, 투자자는 보통예금에 버금가는 안전성과 유동성, 그리고 그보다 10배 더 높은 금리를 보장받을 수 있습니다. 그래서 MMMF처럼 자금을 보수적·안정적으로 운용하는 금융기관에는 아주 좋은 투자처가 생긴 것이죠.

ABCP와 repo를 통해 미국의 초대형 은행은 단기증권을 발행하는 기관으로 변모합니다. 물론 보통예금도 포기하지 않아요. 그래서 두 가지 채널을 통해 시장에 넘쳐나는 단기자금을 블랙홀처럼 흡수할 수 있습니다. 편의상 예금으로 자금을 조달하는 것을 'A회로', 증권으로 자금을 조달하는 것을 'B회로'로 표현하겠습니다. 그렇다면 은행은 B회로를 통해 조달한 자금을 어떻게 운용할까? 이 돈을 전통적인 방식으로 대출하면 자금 조달은 한 번으로 끝납니다. 더 이상의 안전자산이 없기 때문에 ABCP 발행도 repo도 한 번으로 끝나죠. B회로가 A회로에 흡수되고 맙니다. ABCP와 repo는 독립된 금융 중계 형태를 형성하지 못하고, 단지 보통예금을 보완하는 것으로 끝납니다. 좀 허무하겠죠?

A회로: 보통예금—대출—파생예금—대출′—파생예금′…

미완의 B회로: ABCP/repo—대출—파생예금—대출′—파생예금′…

B회로가 자체적인 순환구조를 완결하려면 무엇이 필요할까요? ABCP와 repo를 통해 끌어들인 자금으로 안전자산을 매입하면, 그것을 토대로 다시 ABCP를 발행하거나 repo 거래를 할 수 있습니다. 마치 대출이 파생예금을 발생시키는 것처럼 말입니다. 그래서 B회로는 다음처럼 완성됩니다.

완성된 B회로: ABCP/repo—안전자산—ABCP′/repo′—안전자산′…

그런데 여기서 문제가 있습니다. 트리플A 등급의 안전자산이 그리 많지 않다는 거예요. 미국 국채는 미국 정부의 빚이니까 무한정 증가할 수 없습니다. 게다가 1990년대 말에는 클린턴 행정부가 균형재정과 흑자재정을 운영함에 따라 국채의 공급이 감소합니다. 반면 엎친 데 덮친 격으로 수요는 급증합니다. 중국이 신흥 수출강국으로 등장하면서 글로벌 불균형이 심화되기 때문입니다. 무역흑자국들이 미국 국채를 마구 사들이니까 그림자 은행이 사용할 안전자산은 더욱 부족한 것이죠. 이 문제를 어떻게 해결할 수 있을까요?

방법은 하나, 시장에서 안전자산을 생산하는 것입니다. 그중 첫 번째는 프라임모기지를 토대로 한 MBS입니다. MBS에 대한 수요가 증가하니까 그에 부응하기 위해 공급을 증가시키죠. 그러면 금융시장의 돈이 주택금융시장으로 대거 유입됩니다. 이때부터 하나의 선순환이 형성됩니다. 시장에 유동성이 풍부해지고 금리가 낮아지니까 주택을 구입하려는 사람이 증가합니다. 시장은 더 많은 돈을 빌려주려고 주택 구입을 둘러싼 각종 절차와 비용을 대폭 축소합니다. 게다가 클린턴 행정부는 비우량 모기지와 관련된 규제도 완화합니다. 신용등급이 높은 중산층만 모기지에 접근할 수 있는 불평등을 해소하기 위한 것이죠. 주택 수요의 증가는 곧 주택 가격의 상승으로 나타납니다. 한국은 집값 상승이 당연시되지만, 미국은 그렇지 않았던 것 같아요. 갑작스러운 주택가격의 상승이 수요를 더욱 부추깁니다.

다시 원래의 논의로 돌아가서 미국의 금융 시스템은 주택시장의 붐을 조성하면서 '안전자산', 즉 MBS를 생산합니다. 이에 따라 은행의 B회로가 완성됩니다. 이는 전통적 금융 중계에서의 신용창조와 기능이 동일합니다. 이 사이클의 회전률만큼 수익이 증대되죠.

이제 새로운 금융 중계 형태로서 그림자 은행 시스템의 전체 구조를 살펴봅시다. 막대한 현금 자산을 보유한 법인기업과 기관투자자(연금기금, 투자신탁회사 등)는 자신들이 보유한 막대한 현금 자산을 보통예금 대신 MMMF에 예치하거나 repo를 통해 은행에 빌려줍니다. MMMF는 은행이 발행한 ABCP를 매입합니다. 은행은 이렇게 끌어들인 자금으로 프라임 MBS를 사죠. 모기지회사나 투자은행은 프라임 MBS를 팔아서 조달한 자금으로 증권의 재료, 즉 모기지 대출증서를 삽니다. 그러면 모기지 대출기관으로 자금이 유입되고, 그 돈은 신규 주택 구입자에게 대출합니다. 돈은 주택 판매자나 건설회사로 들어간 후 다시 MMMF에 예치됩니다. 이상의 논의는 〈그림 4-2〉와 같이 표현할 수 있습니다.

전통적인 금융 중계는 하나의 금융기관(은행)에서 완결됩니다. 은행이 예금을 받고, 그 돈을 기업에 대출하면 그것으로 끝나죠. 그러다 보니 대출이자를 '독식'합니다. 물론 저축성 예금의 경우, 이자 중 일부를 예금자에게 지급합니다. 반면에 새로운 금융 중계는 여러 금융기관이 참여합니다. 그러다 보니 대출이자를 여러 금융기관이 나눠 먹습니다. 〈그림 4-2〉에서 주택담보대출의 금리가 연 6%라고 하면, 주택 구입자가 지급하는 이자는 금융 중계

그림 4-2
주택금융시장의 그림자 은행 시스템

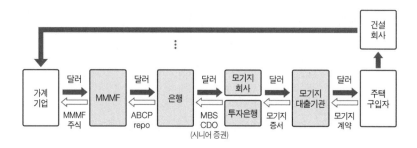

에 관여하는 모기지 대출 기관, 투자은행, 은행, MMMF, 가계/기업이 골고루 나눠 갖습니다. 대략 5단계를 거친다면 각 기관의 투자수익은 대략 1.2%입니다. 그러니까 그림자 은행 시스템을 구성한 금융기관은 고수익/고위험 투자를 감행한 것이 아니에요. 고작 연 1.2%에 불과한 수익률을 두고 투기라 보기는 어렵죠. 금융기관도 수익률이 낮으니까 위험성도 낮을 것이라 판단합니다. 이것이 심각한 착각이었다는 것이 곧 드러나게 되죠.

4) 2007~2009년 글로벌 금융위기

"그러면 왜 글로벌 금융위기가 발생했나?"라는 질문이 자연스럽게 나옵니다. 사실 미국에서 주택시장의 붐은 대략 1990년대 후반에 시작되어 2001~2002년에 일단락됩니다. 이때까지 그림자 은행은 큰 문제없이 잘 작동했어요. 당시 문제가 된 것은 나스닥 시장의 붕괴와 엔론(Enron) 같은 대기업의 회계 부정이지, 주택시장이 아니었습니다. 그런데 2003년부터 주택시장 붐의 '제2라운드'가 시작됩니다. 그러려면 새로운 플레이어가 있어야겠죠? 대서양 너머에서 유럽의 '메가 은행(mega bank)'이 대거 뛰어듭니다. 유럽에서 마땅한 투자처를 찾지 못한 이들이 미국의 주택금융시장에 눈독을 들인 것이죠. 금융 세계에서는 뒤늦게 뛰어들면 늘 사단이 발생합니다. 흔히 '상투 잡았다'라고 표현하죠.

그림자 은행의 금융 중계에서는 항상 안전자산의 공급이 중요합니다. 이 것이 없으면 전체 메커니즘이 작동할 수 없어요. 그런데 미국 국채와 MBS 같은 주요 안전자산은 미국의 은행이 이미 다 선점했습니다. 뒤늦게 뛰어든 유럽의 은행에 남겨진 몫이 별로 없죠. 안전자산이 부족하면 그림자 은행 시스템은 단기자금을 끌어오는 것이 매우 어렵습니다. 특히 repo 시장이 정체 되죠. 그래서 2003년 4월에 미국의 증권거래위원회는 repo 담보에 관한 규제를 완화합니다. 해외 국채, 모기지 관련 증권 등을 repo의 담보로 사용할 수 있도록 허용한 것이죠.

유럽의 은행은 본국에서 달러를 구하거나 미국 금융시장에서 ABCP/repo 를 통해 달러를 조달해 주택금융시장에 뛰어듭니다. 그림자 은행 시스템이 대서양을 횡단해 확장된 셈이죠. 아울러 2000년대 초에 정체되었던 비우량 모기지 시장이 활기를 되찾습니다. 유럽의 은행이 비우량 모기지에 기초한 증권을 대량 매입하는 까닭에 주택시장에 신선한 '피'가 공급되는 거예요.

비우량 모기지는 주로 고정금리와 변동금리를 결합한 하이브리드 구조로 구성됩니다. 처음 2~3년은 고정금리, 나머지는 변동금리를 적용하는 것이 죠. 변동금리는 지표금리(index rate)와 이자율 마진(보통 6.22%)의 합으로 구성됩니다. 주택 구입자는 고정금리가 적용되는 2~3년 동안만 이자를 지급하고 그 후에 주택을 팔아 이익을 볼 수 있다고 생각했고, 대출기관은 선납수수료 — 대출금을 일시에 상환할 때 적용하는 수수료를 의미하는데, 주로 비우량 모기지에만 적용됩니다 — 를 챙길 수 있어 연체율이 높아져도 괜찮다고 판단한 것이죠. 이렇게 비우량 모기지는 주택가격의 지속적인 상승을 전제로 설계되었습니다. 이때 지표금리는 금융 중계기관의 차입금리로 설정됩니다. 2003년부터는 비우량 모기지 시장의 '전주(錢主)'가 유럽의 은행이다 보니, 런던 시장의 리보(LIBOR) 금리가 적용되는 경우가 많았죠.

2000~2001년 나스닥 시장의 붕괴로 기준 금리를 거의 0까지 낮췄던 미국 연준은 2004년부터 금리를 인상하기 시작합니다. 미국이 금리를 높이면 다른 나라들도 덩달아 높여야 됩니다. 그러면 비우량 모기지는 금리가 꽤 높아지겠죠? 그래서 고정금리가 적용되는 기간이 끝나자 비우량 모기지로 주택을 구입한 사람들이 주택을 팔기 시작합니다. 매물이 쏟아지니까 주택가격은 고점을 찍고 하락합니다. 그 시점이 대략 2006년 봄입니다. 주택가격이 지속적으로 상승할 것이라는 전제가 허구였음이 드러난 것이죠. 가격이 하락하면 매물이 더 많이 쏟아져 나오고, 신규 주택 구입자는 줄어들게 마련입니다. 그러면 주택가격은 더욱 하락합니다. 곧이어 우량 모기지로 구입한 주택도 '매물 폭탄'의 영향을 피할 수 없게 됩니다.

주택가격의 하락은 주택금융시장에 결정적인 타격을 가합니다. 무엇보다도 모기지를 토대로 생성된 증권도 문제가 생기죠. 증권에 대한 수요가 급감합니다. 그럼 무슨 일이 생길까요? 증권을 샀던 기관이 자금을 회수하려고 합니다. 그러면 증권을 발행한 기관이 돈을 지급해야 하는데 그럴 돈이 없죠. 차환을 해야 합니다. 하지만 수요가 급감한 상황에서 증권의 차환이 쉽게 될까요? 이들이 차환에 어려움을 겪고 있다는 소문이 퍼지면서 자금을 회수하겠다는 투자자가 급증합니다. 뱅크런이 발생한 것과 다름없죠. 앞서 돈을 빌리지 못하면 기업은 망한다고 했죠? 비우량 모기지에서 시작된 위기가 우량 모기지로 확산되자 주택금융과 관련된 대형 금융기업들이 위기에 처합니다. 제일 먼저 모기지 대출기관들이 파산하고, 그다음에 이들의 모기지를 매입해서 MBS를 발행한 모기지회사[패니메이(Fannie Mae Company), 프레디맥(Freddie Mac)]들이 파산합니다. 이들은 정부가 책임지기로 약속한 기업인 까닭에, 곧바로 정부의 관리 아래 들어갑니다('국유화'). 그런데 문제는 CDO를 발행한 투자은행입니다. 2008년 봄부터 이들이 파산하면서 금융위기는 더 이상 걷잡을 수 없게 됩니다. 미국의 투자은행들 중에서 서열 5위인 베어스턴스(Bear Stearns)가 3월에 무너지고, 급기야 서열 4위인 리먼브라더스(Lehman Brothers)가 파산하면서 미국에서 시작된 금융위기는 글로벌 차원으로 확산됩니다.

금융위기의 '쓰나미'가 그림자 은행 시스템의 핵심인 은행을 위협할 즈음, 미국 연준은 양적완화(QE) 정책을 단행합니다. 중앙은행이 발권력을 이용해 은행이 보유한 MBS를 대량으로 매입한 것이죠. MBS는 근본적인 가치에 문제가 있었다기보다는 수요자가 없어서 가격이 폭락했던 것입니다. 그래서 중앙은행이 이를 매입하자 자금순환이 재개되고 금융기관들이 되찾습니다. 양적완화 정책이 그림자 은행 시스템에 막혀 있던 혈을 뚫은 셈이죠. 이상이 지난 금융위기의 대략적인 줄거리입니다.

그런데 여기에 가려져 있는 것이 하나 있습니다. 미국의 금융위기가 막 시작될 무렵, 유럽의 은행에서 먼저 위기가 발생합니다. 2007년 7월에 독일의 작은 은행 IKB와 8월에 프랑스의 메가 은행인 BNP파리바가 투자금을 돌려주지 못한다고 선언한 것입니다. 일종의 뱅크런이죠. 미국의 은행보다 유럽의 은행에서 먼저 문제가 발생했습니다. 왜 그럴까요?

유럽의 은행은 미국 시장에서 ABCP와 repo를 통해 자금을 많이 조달했는데, 유럽의 국채와 모기지 관련 증권을 담보로 설정했습니다. 미국의 증권거래위원회가 이를 repo의 담보로 사용할 수 있다고 규제를 완화했으니 여기까지는 별 문제가 없어요. 하지만 규제는 규제고, 투자자는 독자적으로 판단합니다. 국채라 해서 다 같을까요? 미국하고 그리스가 같습니까? 그리스 정부의 재정은 미국의 어지간한 법인기업보다 더 형편없는데, 누가 그리스 국채를 안전자산으로 인정합니까? 또 주택가격이 하락하니까 비우량 모기지를 토대로 한 증권도 안전하지 못하죠. 그래서 정부의 규제가 어떻게 되든, 시장은 유럽의 은행이 담보로 설정한 증권들을 안전자산으로 인정하지 않습니다. 즉, 유럽의 은행이 별로 안전하지도 않은 자산을 가지고 지나치게 많은 자금을 끌어왔다고 판단한 거예요. 그래서 이들이 발행한 ABCP의 차환을 꺼리고, repo헤어컷의 인상을 요구합니다. 유럽의 은행은 다급해졌죠.

차환을 거부당하면 현금(달러)으로 갚아야 합니다. 미국에서 차환을 거부당했다는 것은 이들이 미국에서 달러를 조달하기 어렵다는 것이겠죠? 그러면 본국에서 달러를 조달해야 합니다. 유럽에서 달러에 대한 수요가 높아지고, 달러에 대한 유로의 가치가 하락합니다. 유럽의 금융시장은 달러를 끌어오기 위해 어쩔 수 없이 금리를 높입니다. 그래서 리보 금리가 크게 상승하죠. 이는 비우량 모기지의 금리를 더욱 높입니다. 그럴수록 주택을 팔려는 사람이 늘어나고 집값은 폭락합니다. 그러니 연체율이 급등할 수밖에요.

미국에서 시작된 위기가 유럽으로 확산되자 당시 유럽의 정치가들은 글로벌 금융위기의 '주범'은 미국이고 유럽은 '희생자'라고 강변합니다. '순진한' 유럽의 은행들이 '알파벳 잡탕' 같은 증권에 멋모르고 투자했다가 된통 뒤집어썼다는 것이죠. 그런데 한 번 생각해 봅시다. 오랜 역사를 자랑하는 유럽의 은행이 그렇게 멍청할까요? 시골 촌부도 아니고 세계적인 은행이, 그것도 자국 국내총생산(GDP)에 버금가는 큰 자산을 운용하는 그들이, 이자를 조금 더 준다는 말만 믿고 잘 알지도 못하는 증권에 투자했다? 상식적으로 말이 안 되죠. 2007년 위기가 시작될 때 연준은 유럽중앙은행(European Central Bank: ECB)과 유럽의 은행에 대략 600억 달러를 빌려줍니다. 이는 유럽에 '보상'한 것이 아니고, 자국의 주택금융시장을 안정시키려면 유럽의 은행을 구하는 것이 필요했기 때문입니다.

4. 　　　　　　　　　　　결론: 금융 세계화의 새로운 형태

오늘의 세계경제는 수천, 수만 개의 초민족적법인기업(TNC)이 지배하고 있습니다. 이들을 정점으로 한 글로벌 생산·유통 네트워크가 전 세계의 생산력을 조직하고 있죠. 내수 소비재를 생산하는 일부를 제외하면 거의 모든 기업이 여기에 위계적으로 편입되어 있다 해도 과언이 아닙니다. 과거 무수히 많은 개인기업이 자유경쟁을 통해 시장질서를 형성하던 시대와는 경제시스템의 양상이 판이하게 다릅니다. 시장거래의 상당 부분이 네트워크 속으로 흡수되었죠. 국제무역도 그렇습니다. 과거에는 민족경제 차원에서 상품을 교역했다면, 이제는 초민족적 법인기업이 글로벌 차원에서 생산 네트워크를 형성하고 국제무역은 그 속에서 발생합니다. 일례로 애플이 해외에서 막대한 수익을 올려도, 미국은 무역적자가 발생하고 대신에 중국이 무역흑자를 기록합니다. 또 애플은 미국보다 중국에서 훨씬 더 많은 고용을 창출하죠. 이렇듯 기업과 민족경제의 연계가 점점 더 약화됩니다.

2차 세계대전 후 금융은 이러한 변화에 적응하는 과정에서 진화해 왔습니다. 과거에는 돈을 빌리고 빌려주는 주체가 대부분 개인이었지만, 이제는 법인입니다. 물론 저축/저금과 차입의 절대적 규모 면에서는 개인이 더 큰 부분을 차지합니다. 하지만 개인은 법인보다 그 수가 압도적으로 많죠. 한 명의 개인이 운용하는 현금 자산이 아무리 많아도 수억 원이지만, 법인은 수천억, 수조 원입니다. 개인의 저축/저금의 형태도 과거의 은행적금/예금에서 연금, 보험, 주식, MMMF 등으로 변모했죠. 그래서 연금기금, 보험회사, 투자신탁기금, MMMF 등 법인투자자(기관투자자)가 개인의 자산을 대신 관리합니다. 이들로부터 돈을 빌리는 주체도 정부나 법인기업이죠. 이렇게 법인이 금융 활동의 핵심 플레이어로 등장하다 보니 금융 시스템은 증권시장을 중심으로 변모합니다.

게다가 법인기업도 엄청난 현금 자산을 가지고 금융 투자를 단행합니다. 수십조 원에 달하는 돈을 그냥 놀려 둘 리가 없잖아요. 글로벌 기업들은 세계 곳곳에서 벌어들인 돈을 본사에 집중시키고, 그 돈을 운용해 금융 수익을 창출합니다. 그리고 이들이 반드시 자국의 금융시장에 투자해야 된다는 법도 없습니다. 애플이 세계 곳곳에서 벌어들인 돈을 모두 미국의 금융시장에 예치할까요? 굳이 그럴 이유가 없잖아요. 세율이 더 낮고 금리가 더 높은 곳에 예치하겠죠. 애플만 그럴까요? 아니죠.

1절에서 설명한 것처럼 과거의 국제금융은 국제무역과 쌍을 이룹니다. 무역흑자국이 해외에 투자하고, 적자국이 돈을 빌려 오는 것이죠. 물론 지금도 이 틀은 유지됩니다. 그러나 기존의 국제무역/금융의 상식으로는 지난 글로벌 금융위기를 설명할 수 없어요. 무역흑자로 번 돈을 미국에 빌려준 나라는 독일, 일본, 중국을 비롯한 신흥시장/신흥공업국, 산유국 등입니다. 전통적인 시각에서 보면 이들이 미국의 주택시장 버블을 야기한 주범이죠. 수출해서 돈을 벌었으면 그 돈으로 물건을 사야지, 왜 죄다 미국에 투자해서 주택시장의 버블을 야기했냐는 것입니다. 실제로 당시 연준 의장인 벤 버냉키(Ben Bernanke)를 비롯한 많은 사람들이 중국 등의 과잉 저축을 비난했습니다.

그러나 미국에서 발행된 증권의 가치가 폭락할 때 그 피해를 고스란히 입은 곳은 뜻밖에도 서유럽이었습니다. 당시 서유럽은 대체로 무역균형을 이루고 있었으니까 미국에 투자할 돈이 없죠. 그런데도 프랑스의 BNP파리바를 비롯한 유럽의 메가 은행이 휘청거렸습니다. 이들은 자국의 무역수지와 무관하게 미국의 시장에서 돈을 빌려 다시 투자한 거예요. 즉, 금융기관의 활동이 초민족화된 것입니다. 세계 곳곳에 자회사를 설립해 돈을 빌린 후에 수익성 있는 곳에 투자하는 것이죠. 그 전에도 세계적인 금융기관은 금리가 낮은 국가에서 돈을 빌려 해외에 투자하는 경우[캐리 트레이드(carry trade)]가 종종 있었습니다. 다만 큰 문제를 일으키지 않았기에 별로 중시하지 않았던 것이죠. 하지만 이제는 이를 금융 세계화의 새로운 형태로 간주할 만큼 중요성이 커졌습니다. 그러니 중국 등의 과잉 저축을 비난하는 것은 사실 헛다리를 짚은 겁니다. 훗날 버냉키도 자신의 과오를 인정해요.

이 같은 생산과 금융의 초민족화는 민족국가의 정책적 자율성을 크게 제약합니다. 자국 정부의 손이 닿지 않는 곳으로 자본이 이동하기 때문이죠. 특히 영국, 네덜란드, 아일랜드, 룩셈부르크 등 북서유럽의 주요 국가들이 '국제금융센터(IFC)'로 변모함에 따라 그러한 경향은 더욱 심화됩니다. 세계적인 기업들이 이곳에 법인을 등록함으로써 정부의 규제를 회피하는 것이죠. 국제금융센터는 케이맨제도(Cayman Islands)나 버진 아일랜드(Virgin Islands) 같은 '전통적인' 조세 도피처와 별반 차이가 없어요. 애플, 구글 등 세계적 기업들은 이곳에서 합법적으로 '탈세'합니다. 그래서 정부가 법인세를 인상해도, 금융규제를 다시 강화해도 ─ 사실 '무엇'을 '어떻게' 규제해야 되는지도 모르지만 ─, 그 효과를 기대하기 어렵습니다.

그럼에도 불구하고 정치는 여전히 민족국가의 틀에 갇혀 있습니다. 21세기에 접어들면서 새롭게 위세를 떨치고 있는 포퓰리즘 정치가 이러한 경향을 더욱 강화합니다. 정치의 지평을 글로벌 차원으로 확장시켜도 모자를 판에, 오히려 '적'과 '인민'의 이분법 속에서 해묵은 갈등과 방향성 잃은 분노를 증폭시키고 있죠. 그럴수록 초민족자본은 세계를 배회하면서 경제적으로 취약한 지역을 유린하고 있습니다. 이처럼 정치와 경제가 어긋나는 현실을 어떻게 극복할 수 있는지가 오늘 우리가 당면한 과제가 아닐까 생각합니다.

1. 유럽은 거대 겸업 은행이 있는데 왜 증권시장의 규모가 커지지 않았나요? 유럽과 미국은 금융 시스템에서 어떤 차이가 있는지 좀 더 설명해 주세요.

자본주의적 시장경제가 발전하면서 금융에 대한 수요가 다양해집니다. 저축과 저금, 장기투자와 단기투자, 안정적 투자와 고수익 투자, 돈을 굴리는 사람마다 서로 추구하는 바가 다 달라요. 돈이 필요한 사람도 그렇겠죠? 이렇게 다양한 수요를 충족시키는 과정에서 자연스럽게 금융기업들 사이에 분업 체계가 형성됩니다. 투자은행은 주로 정부와 법인기업을 상대로 한 업무를 전문화하고, 상업은행은 예금/대출업, 저축은행은 장기저축/장기대출, 증권회사는 증권의 유통업무 등을 특화시킵니다. 물론 한 금융기업이 이 업무를 모두 다 해도 상관없어요. 다만 효율성이 떨어지고 이익 갈등이 발생하니까 특정 분야에 집중한 것이죠. 그래서 딱히 겸업 은행이라는 말도 필요하지 않습니다. 그러다가 미국에서 1933년 '글래스-스티걸 은행법'을 통해 겸업 은행을 금지하면서, 은행과 투자은행/증권회사의 구별이 중요해진 것입니다. 당시 미국은 주식시장이 크게 발전했기 때문에 상업은행이 증권업을 병행하는 것이 큰 문제가 되었죠. 하지만 유럽은 그렇지 않아요. 유럽은 18세기부터 몇 차례 주식시장의 버블 붕괴로 경제가 커다란 타격을 입었습니다. 대표적인 것이 프랑스의 미시시피회사와 영국의 남해회사의 파산입니다. 은행과 달리 주식시장은 불특정 다수가 참여하기 때문에 관리가 매우 어렵습니다. 주가가 상승하면 이것이 거품인지 아닌지 판단하기 어렵고, 정부가 주가를 규제하는 것도 이상하죠. 그러다 보니 주식시장에는 항상 투기와 사기가 판을 칩니다. 게다가 19세기 중반까지만 해도 법인기업이 별로 발전하지 않았습니다. 식민사업, 은행, 철도·운하 건설 등 특정한 목적을 지닌 사업체만 한시적으로 '법인'으로 승인받기 때문이죠. 그래서 주식시장의 경제적 기능은 별로 크지 않았습니다. 반면에 주식시장이 붕괴되면 숱한 개인투자자가 파산할 뿐만 아니라, 심각한 경우에는 금융 시스템 전체가 마비됩니다. 은행에서 대출받아 주식에 투자하는 경우가 많기 때문에 주가의 폭락이 은행의 파산으로 이어지는 것이죠. 이처럼 주식시장은 — 적어도 19세기 중반까지는 — 경제적 이점이 크지 않은 반면 자칫 경제 전체를 위험에 빠뜨릴 위험이 있기 때문에 유럽 정부는 주식시장을 강력하게 통제합니다.

이와 달리 미국은 남북전쟁이 끝난 후 법인기업이 경제를 이끌어갑니다. 특히 1890년 이후 법인기업과 주식시장이 비약적으로 발전합니다. 2차 산업혁명은 '규모의 경제'를 전제로 하는 까닭에 개인기업이 주도할 수 없어요. 그래서 거대 법인기업과 주식시장이 반드시 필요합니다. 그러면 미국은 주식시장에 투기와 사기가 없었을까요? 그럴 리가요. 미국도 증권시장의 붕괴로 경제 전체가 휘청거린 적이 많아요. 대표적인 것이 1930년대 대불황의 서막을 알린 1929년 뉴욕 증시의 붕괴죠. 하지만 미국은 증권시장을 강하게 규제하지 않습니다. 증권을 발행하는 법인기업의 사업 정보를 정확히 공개하도록 요구할 뿐 증권거래 자체를 통제하지 않습니다. 왜 그럴까요? 주식시장이 큰 피해를 주지만 그 이상으로 경제에 기여하는 바가 매우 크기 때문입니다. 기업의 앞날이 창창하면 아무리 작은 기업이라도 투자자들이 적극적으로 밀어요. 그래서 오늘 세계를 이끌어 가는 구글, 애플, 페이스북, 아마존, 테슬라 등이 나타날 수 있죠. 어떤 제도건 장점이 있는 만큼 부작용도 있는데, 자유주의가 발전한 국가는 부작용보다 장점에 더 주목하는 경향이 있어요. 투자의 성공과 실패 모두 개인의 책임이라 생각하기 때문입니다.

다시 유럽으로 돌아갑시다. 유럽에서 2차 산업혁명이 19세기 말 독일을 중심으로 시작되고, 2차 세계대전 후 확산됩니다. 그러면 이를 주도할 대기업이 필요합니다. 그런데 유럽 정부는 주식시장을 여전히 강하게 통제합니다. 그래서 미국과 달리 은행을 통해 대기업을 육성합니다. 은행이 기업의 주식을 매입하거나, 아니면 막대한 자금을 장기로 대출하는 것이죠. 정부는 중앙은행을 장악하고 있어서 은행으로 유입된 자금의 흐름을 통제할 수 있습니다(다만 중앙은행이 정치적 독립성을 유지하는 독일/서독만 예외입니다). 그래서 정부 주도 아래 '전략산업'을 육성할 수 있어요. 신속한 경제재건과 산업화가 필요했던 일본이나 신흥공업국도 마찬가지예요. 반면에 주식시장을 통해서는 정부가 원하는 방향으로 산업을 육성하기 어렵습니다. 철강 산업을 육성하고 싶다고 투자자에게 철강기업 주식을 사라고 강요할 수는 없잖아요.

정리하면 미국은 주식시장을 통해서, 그 외 다른 국가들은 은행을 통해서 대기업이 성장합니다. 대기업 중심의 경제라는 점에서는 별 차이가 없지만, 그것을 뒷받침하는 금융 시스템이 다른 것이죠. 그리고 이러한 차이는 각각 장단점이 뚜렷합니다. 물론 경제가 좋을 때는 그 장단점이 별로 부각되지 않아요. 이래도 좋고, 저래도 좋기 때문이죠. 문제는 경제가 어려울 때입니다. 기업이 은행을 통해 고정자본을 확충하면 이 둘은 일종의 '운명공동체'가 됩니다. 기업이 망하면 은행도 같이 망하기 때문이죠. 실제로 1997~1998년에 한국에서는 경제위기와 금융위기(외환위기)가 동시에 나타났습니다. 그래서 '울며 겨자 먹기'식으로 은행은 기업의 실적과 다소 무관하게 돈을 빌려줘야 합니다. 기업은 명맥을 유지할 수 있고, 따라서 고용도 어느 정도 안정됩니다. 하지만 은행의 실적이 악화되죠. 또 신기술에 기초한 새로운 기업이 등장해도 이를 성장시킬 자금이 부족합니다. 신생산업의 성장을 억제한 채 노쇠한 기업이 명맥을 유지합니다. 유럽의 청년실업률이 상대적으로 높은 것도 이와 관련된다고 할 수 있죠.

영국을 제외하면 서유럽은 증권시장의 발전이 더디게 이루어집니다. 물론 21세기 들어서 예전보다 많이 성장했지만, 여전히 경제규모에 비해 전체 주식의 시가총액(market capitalization to GDP ratio)이 그리 크지 않습니다. 특히 1990년대부터 미국 경제가 ICT기술을 바탕으로 새로운 성장 동력을 갖춘 반면에, 유럽 경제는 그렇지 못했죠. 그 대신 유럽통합 같은 정치적 해법을 통해 경제침체를 돌파하려고 분투합니다. 앞서 설명했듯이 경제가 침체되면 은행은 수익성이 떨어져요. 유럽의 은행은 낮은 수익률을 만회하고자 덩치를 자꾸 키웁니다. 은행을 중심으로 경제가 성장했으니 그동안 은행의 덩치도 만만치 않게 커졌겠죠? 그렇지 않아도 비대했던 은행들이 화폐통합과 함께 진행된 금융통합 과정에서 엄청나게 커집니다. 자산규모가 자국

GDP에 버금가는 은행들이 수두룩해요. 한국과 비교해 보면 KB국민은행은 자산규모가 330조 원(2017년)으로 GDP의 17%에 불과합니다. 유럽의 메가 은행은 덩치만 컸지 수익률은 상대적으로 매우 낮습니다. 게다가 마땅히 투자할 곳도 없죠. 기껏해야 금리 하락으로 때 아닌 부동산 붐이 불었던 유로존 주변부에 투자하는 정도였습니다. 그래서 이들이 2003년부터 대서양을 건너 미국의 주택금융시장에 불나방처럼 뛰어든 것입니다.

2. 글로벌 금융위기와 유럽의 재정위기가 어떻게 연결되나요?

미국의 금융위기('서브프라임 위기')와 유럽의 재정위기는 서로 연결되어 있지만, 전자 때문에 후자가 발생했다고 단정하기는 어렵습니다. 비유하자면 2000년대에 미국과 유럽은 금융 시스템을 붕괴시킬 수 있는 폭약을 모두 내장하고 있었는데, 미국에서는 유럽의 메가 은행이, 유럽에서는 서브프라임 위기가 서로에 대해 기폭장치로서 기능했다고 볼 수 있어요.

흔히 유럽의 재정위기는 정부, 특히 'PIIGS(포르투갈, 이탈리아, 아일랜드, 그리스, 스페인)'로 비난받는 유로존 주변부의 정부가 재정을 방만하게 운영하다가 금융위기 때문에 은행을 구제하는 데 돈을 많이 써서 재정위기가 발생했다고 합니다. 정부의 '퍼주기 정책'도 문제지만, 미국발

금융위기가 재정을 고갈시켰다는 거예요. 그러면 다음과 같은 질문이 자연스럽게 나옵니다. 유로존은 화폐통합을 위한 전제조건으로 '성장·안정 협약'을 체결합니다. 한 해의 재정적자가 GDP의 3%를 초과하지 못하게 한 것이죠. 그런데 왜 주변부의 정부는 재정을 방만하게 운영했을까? 유로존 회원국의 재정 준칙을 감독할 의무가 있는 ECB는 왜 이를 수수방관했을까? 그리고 은행의 구제금융은 과연 정부의 재정을 파탄으로 몰아갈까?

먼저 유로존 주변부에서 재정위기가 발생한 이유를 살펴봅시다. 유로존이 통합되는 과정에서 정치적으로 독립된 ECB가 설립됩니다. ECB는 유로존 전체의 통화정책을 결정하죠. 통화정책은 금리의 조정을 통해 경제 전반을 관리하는 것입니다. ECB가 경제상황에 맞게 기준 금리를 결정하면 그에 따라 유로존의 시장금리 수준이 결정됩니다. 다소 테크니컬한 이야기인데, 통상 중앙은행은 주요 은행과 repo를 통해 기준 금리를 조정합니다. repo 금리가 곧 기준 금리가 되는 것이죠. ECB는 회원국의 중앙은행과 repo를 통해 기준 금리를 결정합니다. 그런데 문제는 유로존 회원국의 국채가 서로 제각각이라는 거예요. 독일, 네덜란드 등 중심부의 국채는 거의 미국 수준으로 신용등급이 높은 반면, 주변부의 국채는 그렇지 않아요. 특히 그리스 국채는 수익률이 20%를 넘나듭니다. 이런 상황에서는 ECB가 회원국의 중앙은행과 repo를 수행할 때 서로 다른 환매금리와 repo헤어컷을 적용할 수밖에 없습니다. 그러면 유로존 내부에서 기준 금리가 제각각일 테고, 돈이 한쪽으로 몰리게 됩니다. 이러한 상황에서는 화폐통합도, 통일된 통화정책도 매우 어렵습니다.

그래서 유로존 통합을 위해 ECB는 회원국의 국채 수익률을 인위적으로 수렴시킵니다. 그리스 국채의 수익률을 독일 수준으로 확 끌어내리는 거예요. 시장 메커니즘을 통하지 않고, 오직 정책을 통해서 그렇게 합니다. 시장의 준칙을 고수하겠다던 ECB가 시장을 완전히 무시한 것이죠. 그러니까 그리스는 경제상황이나 재정에 아무런 변화가 없는데 국채 수익률만 15~20%에서 3~4%로 확 낮아진 거예요. 예를 들어 그리스 정부의 부채가 100억 달러라고 가정합시다. 국채 수익률이 20%일 때 정부는 매년 20억 달러를 국채 이자로 지급해야 합니다. 그런데 화폐통합을 전후로 국채 수익률이 3%로 하락하니까 국채 이자로 지출되어야 할 돈이 3억 달러로 줄어듭니다. 특별히 아무 노력도 안 했는데, 17억 달러의 '공돈'이 생긴 것이죠. 그 돈으로 무엇을 했을까요?

그리스는 1975년 왕정/군부독재를 청산하고 민주화로 이행했습니다. 그러나 국민의 삶은 그렇게 나아지지 않았죠. 경제가 뒷받침해 주지 않은 것입니다. 1990년대까지 유럽경제는 일부 국가를 제외하면 활력을 거의 잃었습니다. 그래서 민주화되었어도 그리스 정부가 경제적으로 할 수 있는 것은 그렇게 많지 않아요. 고작 공공 부문의 고용을 늘리고 사회복지를 증대시키는 것이 전부인데, 이는 모두 정부부채의 증가로 귀결됩니다. 그래서 국채 수익률이 그렇게 높았던 것이죠. 그런데 이 같은 상황에서 갑자기 '공돈'이 생겼습니다. '합리적인' 정부라면 이 돈으로 기존의 빚을 갚고 구조조정을 단행할 거라 생각하지만, 저의 상식으로는 그렇게 할 민주정부는 세계 어디에도 없습니다. 선거에서 이기려고 없는 돈도 빚내서 퍼주는 것이 집권당의 생리인데, 어떤 정부가 공돈을 '허비'하겠습니까? 그래서 그리스 정부는 국채 금리의 하락으로 생긴 '공돈'을 가지고 공공 부문의 고용과 사회복지를 대폭 확충합니다. 또 화폐통합으로 독일과 그리스가 똑같은 유로를 사용합니다. 생산성이 낮은 그리스는 무역적자가 불가피하겠죠? 무역적자가 발생하면 해외 부채가 증가합니다. 화폐통합이 없었다면 그리스는 화폐를 평가절하해서 무역적자를 줄였겠지만, 이제 그럴 수 없어요. 그러니 대외부채가 증가할 수밖에요. 하지만 처음에는 ECB가 금리를 인위적으로 낮추었기 때문에 이것이 큰 문제가 되지 않았습니다.

그런데 2008년에 리먼브라더스가 파산하고 세계 금융시장이 패닉상태에 빠지면서 상황이 달라집니다. 이때부터 유로존 주변부의 국채 수익률이 '제자리'를 찾아가기 시작합니다. 아무리 정책으로 강하게 밀어붙여도 시장의 힘을 제압할 수는 없는 것이죠. 국채 수익률이 '정상화'되면 어떤 일이 벌어질까요? 그리스 정부가 만기가 다가오는 100억 달러의 부채를 차환한다고 가정합시다. 이번에는 금리가 채권가격에 반영된다고 가정할게요. 금리를 3% 적용하면 100억 달러 채권을 97억 달러에 팔 수 있습니다. 대략 103억 달러 규모의 국채를 발행해야 기존 국채를 차환할 수 있겠죠. 그런데 이제 국채 수익률이 5%로 상승합니다. 100억 달러를 갚으려면 국채를 106억 달러어치 발행해야 합니다(그래야 이자 5.3억 달러를 제하고 100.7억 달러를 조달할 수 있습니다). 그러면 정부부채가 6% 증가하죠? 이때부터 악순환이 발생합니다. 투자자는 국가부채가 더 증가한 만큼 정부재정이 더 악화될 것이라 판단하고, 더 높은 금리를 요구합니다. 똑같은 100억 달러를 갚으려면 돈을 더 많이 빌려야 되고, 그럴수록 그리스 정부에 대한 신뢰는 바닥을 모른 채 끝없이 추락합니다. 국채 수익률은 폭등하고, 부채는 눈덩이처럼 불어납니다.

사태가 이렇게 된 데에는 화폐통합을 강행했던 유로존 회원국과 ECB의 책임이 큽니다. 국채 수익률을 인위적으로 수렴시킨 것이 원죄인 셈이죠. 게다가 상황이 악화됨에도 불구하고 ECB는 2008년에 글로벌 금융위기가 미국의 문제니까 미국더러 책임지라고 수수방관했고, 심지어 기준 금리를 잠시 높이기도 합니다. 만일 그리스 정부에게 닥친 일이 유로존이 아닌 다른 국가에서 벌어졌으면 어떻게 되었을까요? 국채 수익률을 인위적으로 떨어뜨리는 경우가 처음부터 안 생겼겠지만, 일단 이 문제를 빼놓고 봅시다. 그리스의 국채 수익률은 정부재정에 특별히 새로운 문제가 생겨서 급등한 것이 아닙니다. 리먼브라더스 파산에 따른 세계금융시장의 갑작스런 변화 때문이죠. 이 경우에는 중앙은행이 수량완화(QE)를 통해서 국채를 매입했을 것입니다. 지난 코로나-19(Covid-19) 팬데믹이 시작되었을 때 많은 정부들이 그랬던 것처럼 말입니다. 그런데 유로존의 국가는 독자적인 통화정책을 실시할 수 없어요. ECB가 이 일을 떠맡아야 하는데, 한동안 손 놓고 구경만 했죠. 끝내는 ECB가 국채를 매입하면서 재정위기가 진정되지만, 그리스의 경제와 정치가 완전히 만신창이가 된 다음이죠. 안 한 것보다는 낫지만 너무 늦었습니다. 금융위기 못지않은 어두운 그림자가 유럽 전역을 뒤덮기 시작합니다. 바로 포퓰리즘이죠.

다음으로 은행의 구제금융에 관해 조금 더 살펴봅시다. 정부와 중앙은행이 위기에 처한 은행을 살리기 위해 수백, 수천 억 달러를 투입했다고 하면 흔히 사람들은 국민의 혈세로 민간기업을 살렸다고 생각합니다. 그리고 그만큼 정부재정이 악화되었다고 생각하죠. 그런데 사실은 그렇지 않습니다. 은행의 위기는 거의 대부분 유동성 위기입니다. 즉, '지금 당장' 현금이 부족하기

때문에 발생하는 것이죠. 예를 들어 은행이 주택을 담보로 돈을 빌려주었는데, 대출자가 돈을 제때 갚지 못했습니다. 이 때 예금자가 돈을 찾으러 오면 줄 돈이 없잖아요. "죄송하지만, 다음에 오세요"라고 말하면 그 다음날 모든 예금자가 한꺼번에 몰려옵니다. 뱅크런이 발생하는 것이죠. 은행은 돈을 줄 능력이 없나요? 주택담보대출 증서가 있잖아요. 다만 현금(유동성)이 없을 뿐입니다. 이 같은 위기를 '유동성 위기'라 합니다.

이럴 때 은행은 대출증서를 팔거나, 대출자의 주택을 처분하면 문제를 해결할 수 있습니다. 하지만 그러기까지 시간이 걸립니다. 예금주가 마냥 기다리지 않죠. 은행에게 필요한 것은 오직 시간입니다. 자신의 자산을 처분해서 현금을 확보할 때까지 버티면 되는 것이죠. 은행은 '신안 앞바다 보물선 탐사기업' 같은 데에는 돈을 빌려주지 않아요. 확실한 담보가 있을 때에만 빌려주죠. 그래서 자산을 처분할 시간만 있으면 유동성 위기는 어느 정도 해결됩니다.

바로 그 시간을 위해 정부와 중앙은행은 은행에게 높은 금리로 돈을 빌려주거나, 대출증서를 시장가격보다 낮게 사주는 것입니다. 은행은 손해를 약간 보지만 시간을 벌 수 있어요. 반대로 정부와 중앙은행은 돈을 벌죠. 이 돈은 국고로 환수됩니다. 그래서 정부가 은행의 구제금융에 큰돈을 썼다고 해서 정부재정에 큰 문제가 발생하는 것은 아닙니다. 미국의 연준은 지난 글

로벌 금융위기와 코로나-19 팬데믹 상황에서 수량완화를 통해 MBS, 회사채 등을 매입함으로써 금융위기를 해결했습니다. 시장 상황이 악화되니까 MBS, CDO 등의 거래가 중단되고, 가격이 폭락합니다. 유동성이 부족한 금융기업은 이를 처분하고 싶어도 처분하지 못해요. 그래서 중앙은행이 싸게 사주는 거예요. 시장이 진정되면 이 증권들은 제값을 받을 수 있습니다. 싸게 사서 비싸게 팔았으니 돈을 벌겠죠? 그래서 지난 글로벌 금융위기 때 연준은 수량완화 정책을 통해 돈을 많이 벌었어요. 그 돈은 일부를 주주에게 배당금으로 지급하고 나머지는 국고로 환수됩니다. 단 배당금은 법정 배당률(6%)을 초과할 수 없습니다.

읽을거리

윤종희. 2019a. 「금융 세계화의 비대칭적 구조와 금융적 종속: 한국과 미국을 중심으로」. 《경제와사회》, 122, 214~242쪽.

_____. 2019b. 「금융중계의 역사적 진화: 전통적 은행에서 '그림자은행'으로」. 《사회와 역사》, 124, 391~420쪽.

_____. 2019c. 「그림자은행 시스템의 출현과 발전」. 《경제와사회》, 124, 384~412쪽.

_____. 2020. 「21세기 금융 세계화의 유럽적 형태」. 《경제와사회》, 128, 172~199쪽.

Bayoumi, Tamim. 2017. *Unfinished Business: The Unexplored Causes of the Financial Crisis and the Lessons Yet to be Learned*. Yale University Press.

Gorton, Gary B. 2010. *Slapped by the Invisible Hand: The Panic of 2007*. Oxford University Press.

Mody, Ashoka. 2018. *Euro Tragedy: A Drama in Nine Acts*. Oxford University Press.

Obstfeld, Maurice. 2013. "Finance at Center Stage: Some Lessons of the Euro Crisis". CEPR Discussion Paper. No.9415. pp.1~71.

한국 자본주의의 변동: 발전주의에서 신자유주의로

김명수
(전남대학교 사회학과 교수)

오늘 강의에서는 '한국 자본주의의 변동: 발전주의에서 신자유주의'라는 제목으로 전체 강좌를 마무리하는 시간을 갖겠습니다. 이 강좌를 통해 여러분은 자본주의의 역사적 변동이라는 맥락 속에서 최근 현대사회가 겪었던 거대한 변화의 양상과 그 결과를 탐구해 왔습니다. 세계화와 금융화(financialization), 그리고 신자유주의로 대변되는 변화의 힘들이 만들어낸 효과와 그에 따른 사회적 위기의 양상을 논의했는데요. 오늘 강의에서는 한국 자본주의를 사례로 그 독특한 발전의 경로와 제도적 특성, 모순, 그리고 발전주의에서 신자유주의로 이르는 사회변동의 양상과 현재적 특성을 함께 살펴볼 생각입니다. 앞서 강의를 맡아주셨던 선생님들께서 세계 수준의 변동을 많이 다루셨기 때문에, 오늘 수업에서는 한국 사회 내부의 변동 요인들, 그중에서도 제도적·사회적 요소들에 좀 더 초점을 맞춰 논의를 진행해 보겠습니다.

1.   '발전': '신화'와 '환상'의 경계에서

20세기 중후반 세계를 들끓게 했던 화두가 발전이라는 변화의 전망이었습니다. 밤하늘의 북극성처럼 모두가 동경하는 이상이자 따라갈 길잡이가 되었던 것이 바로 발전이었습니다. 세계적 차원에서 발전을 향한 경주가 나타났다고 해도 과언이 아니에요. 여기서 핵심적인 문제는 '어떻게 하면 선진국과 같은 사회 발전을 이룩할 수 있는가?'라는 질문이었어요. 이러한 맥락에서 발전은 '현대사회'로의 의도된 전환이란 의미에서의 '현대화', 즉 정치적 차원에서는 민주주의, 문화적 차원에서 합리화된 문명사회, 경제적 차원에서 산업 자본주의로 대변되는 사회변동의 과정을 성공적으로 따라가는 것을 가리켰습니다.

그런데 유념할 것은 발전이라는 문제가 20세기 중후반에 형성된 특정한 시공간적 맥락 안에서만 이해될 수 있다는 사실입니다. 발전이라는 화두는 사실 2차 세계대전 이후 독립한 신생국들의 경제적·사회적 변화의 문제로 제시된 것이었어요. 남반구 국가를 착취하고 억압했던 과거의 제국들과 다르게 발전의 길로 이들을 이끄는 역할을 자임하고 나섰던 선도 국가들, 자신이 구상하는 헤게모니 질서 안으로 세계를 끌어들이려는 미국과 소련의 제3세계 전략을 배경으로 제기된 변화의 화두가 바로 발전이었습니다.

결국, 발전은 현대화된 사회, '발전'된 사회의 표본으로서 미국과 소련의 모델을 충실히 모방하고 따라가는 과정을 의미합니다. 더 엄격히 말하자면 사실 냉전이라는 것이 똑같은 힘을 가진 두 강대국 간의 경쟁이 아니었잖아요. 대부분은 미국이라는 훨씬 강한 힘과 영향력을 가진 사회가 모델이 되었습니다. 포드주의와 케인스주의(Keynesianism)를 기반으로 구현된, 전후 황금기 자본주의의 최선진국인 미국 사회에 형성된 제도적인 배치와 사회관계가 바로 발전된 사회의 표준이었던 것입니다. 발전이 사실상 '미국화'로 인식되는 경우가 많았습니다.

하지만 역설적인 것은 발전을 향한 제3세계 국가들의 보편적인 열망에도 불구하고 발전에 성공한 경우는 매우 드물다는 사실입니다. 미국이 전후에 직간접적으로 개입한 나라가 대략 서른 개쯤 됩니다. 그 가운데 미국이 생각했던 수준의 경제성장과 민주주의의 조합을 안정적으로 이룬 나라, 이른바 발전에 성공한 나라는 남한과 대만이라는 두 분단국가뿐입니다. 소련이 개입했던 나라들이 거둔 성적은 훨씬 더 낮은 편이에요. 그래도 발전 패러다임이 지배했던 1960~1970년대까지는 '발전'의 궤도에 잘 올라탄 것처럼 보이는 나라가 동아시아나 중남미 등지에 꽤 있었어요. 하지만 신자유주의 시대에 들어선 뒤에는 성장을 이어간 동아시아의 신흥공업국(한국·대만·홍콩·싱가포르)들과 궤도에서 이탈한 나머지 국가들 사이의 분기가 크게 나타납니다. 동아시아 국가들도 그 내부를 들여다보면 성장의 잠재력이 점차 줄어들고 그 혜택 역시 제대로 배분되지 않는 경향들이 나타나곤 했어요. 20세기 중후반에 세계인들이 꿈꿨던 발전된 미래라는 전망이 이제는 빛바랜 추억이 되었다고도 표현할 수 있겠습니다.

그럼에도 불구하고 한국이 예외적 성공 사례에 속한다는 사실은 부정할 수 없죠. 이로부터 이 예외적 성공의 원인을 국가가 행한 독특한 역할에서 찾는 통념들이 생겨납니다. 찰머스 존슨(Chalmers Johnson)이라는 미국인 학자가 일본의 후발 공업화 과정에서 국가 역할을 강조하기 위해서 'developmental state'라는 용어를 사용했는데요. 한국어로는 '발전국가' 또는 '개발국가'라고 번역되곤 합니다. 여기서의 핵심은 국가의 계획 합리성에 대한 강조에 있습니다. 한국과 같은 동아시아 국가들은 동질적이고 고도로 훈련된 경제 관료들로 구성된 계획 장치를 통해서 경제에 효율적으로 개입했다는 설명이죠. 경제기획원과 같은 선도 기구를 중심으로 자원 조달과 배분, 전략적 산업의 선정과 선별적 지원 등의 과정을 효율적으로 관리하면서 성장을 주도했다는 내용, 정부가 상위 파트너로서 기업을 규율하면서도 비공식 연결망이나 정책 협의, 인적 교류 등과 같은 호혜적이고 상호 의존적인 관계망을 통해 시너지를 만들어냈다는 주장입니다. 발전국가론자들은 이러한 정부-기업 관계를 '공-사 협력(public-private cooperation)'(존슨), '통치된 상호의존(governed interdependence)'[린다 바이스와 존 홉슨(Linda Weiss and John Hobson)], '배태된 자율성(embedded autonomy)'[피터 에반스(Peter B. Evans)] 등의 용어로 설명합니다. 앨리스 암스텐(Alice H. Amsden)이나 로버트 웨이드(Robert Wade) 같은 학자는 한국과 대만 사례에 대한 제도경제학적 연구를 각기 진행하기도 합니다.

제도의 수준으로 내려가 보죠. 발전국가론자들은 후발 공업화의 성공을 좌우하는 관건으로 기술 도입과 도입된 기술을 활용할 수 있는 학습 능력을 제기하면서 국가가 행한 기여는 미시, 그리고 거시 수준에서 효율적인 제도적 학습의 기제를 만들어낸 데 있다고 말합니다. 미시적 수준에서의 학습은 주로 엔지니어나 생산직 노동자들이 실습을 통해 기술을 습득하는 과정을 가리키는데요. 이러한 미시적 학습에 힘입어 성공적인 산업화가 가능했다는 말이 됩니다. 이를 떠받쳤던 것이 교육에 대한 거시적 국가 투자였다고 주장합니다. 이 밖에도 국가가 물가 조작이나 사기업에 대한 '당근'과 '채찍' 등을 통해 (시장을 완전히 부정하거나 다른 것으로 대체하는 방식이 아니라) 시장력을 성장 산업에 유리한 형태로 왜곡하는 방식으로 성공에 이바지했다고 지적합니다.

국가(관료제)의 자율성과 개입의 효율성이라는 두 논제를 중심으로 성공의 신화를 설명하는 일종의 '부조(浮彫)적 성공학'이라고 말할 수 있겠습니다. 부조는 주로 어떤 특정한 부분을 돌출시켜서 모양을 표현하는 조각 방법이죠. 경제성장에 이바지한 성공 요인들의 해명에 초점을 맞추면서 이 시스템의 구조적인 모순이나 그늘은 주변화시키거나 덜 강조하는 방식의 설명입니다. 정말 그러한가? 근거는 있는가? 강조된 요인들은 늘 효과적으로 작동했는가? 이와 같은 설명의 현실 적합성을 둘러싼 논쟁이 뒤따를 수밖에 없습니다.

그런데 사실 이러한 진위 판단보다 더 중요한 것은 당대의 역사적 맥락에서 후발 공업화의 성패를 좌우했던 관건이 무엇이었느냐는 질문입니다. 발전국가론은 경제성장을 주도할 수 있었던 관료들의 응집성, 착근된, 사회로부터 동떨어진 것이 아니라 사회와 의사소통하면서 과정을 이끌 수 있는 '배태된 자율성'을 성장의 전제조건으로 보고, 기술 도입과 활용 그리고 이와 관련된 제도적 학습 기제를 그 핵심 요소로 인식합니다. 그렇지만 발전국가론 이후 제출된 여러 역사 분석의 성과로 볼 때 이 같은 정식화는 사실 잘못된 판단입니다. 발전국가론자들은 '발전국가'로의 도약에 필요한 조건들이 갖춰진 때로 군부 쿠데타 이후의 1960년대를 가정하는데요. 개발 제도나 인적 역량의 측면에서 1950~1960년대 사이에 일정한 진전은 있었겠습니다만, 관료제의 응집성이라든지 배태된 자율성, 이 기준 면에서 1950년대와 1960년대가 과연 그렇게 질적으로 차별적이었는가? 그렇지 않다는 반론이 제기됩니다. 오히려 중요한 것은 국가의 정책 지향의 차이, 미국의 대한국 정책 변화를 계기로 국가의 지향성 자체가 '군사 안보'에서 '경제 발전을 통한 총체적 사회 안보'로 전환된 것이 결정적이었다는 분석이 나타납니다. 또한 1960년대 한국처럼 산업화에 필요한 자본 자체가 결핍된 조건에서 더욱 절박한 것은 기술 도입과 활용 능력이 아니라 오히려 자본 조달과 형성 문제입니다. 자본의 도입에서 생산, 수출로 이어지는 자본축적의 흐름을 어떻게 만드는지가 중대한 문제였습니다. '정책 지향성의 변화'와 '자본 기근의 해소'로 요약되는 이 두 요건이 어떻게 마련되었는가라는 질문에서 우리는 한국의 초기 산업화를 해명할 열쇠를 찾을 필요가 있습니다.

2. 한국 '발전'의 지정(경)학적 맥락

1) 로스토 노선의 경제–안보적 맥락

이 점에서 1960년대 미국의 대외 정책 변화, 특히 로스토 노선의 대두로 대변되는 정책 변화가 중요한 변곡점이 됩니다. 로스토는 매사추세츠공과대학(MIT) 국제학 연구소 출신의 개발경제학자인데요. 중요한 것은 이 사람이 단순한 학자가 아니라는 데 있어요. 케네디(Kennedy)-존슨(Johnson) 행정부의 대통령 특별보좌관을 역임한, 1960년대 미국의 대외 안보 정책을 설계한 핵심 정책 참모가 바로 로스토였어요. 케네디-존슨 정부는 1950년대 아이젠하워(Eisenhower) 정권의 대외 정책에 대한 비판을 통해서 미국의 저개발국 정책들을 새롭게 입안해 나갑니다. 군사 안보 중심의 대외투자가 미국이나 저개발국가 모두에 이익이 되지 않는다는 판단 아래, 제3세계의 경제적 자립을 지원하는 유상원조, 개발 차관의 형태로 이를 전환해야 한다고 보게 됩니다. 경제 건설이 미국의 동맹국들 스스로가 냉전이라는 군사적 대결의 비용을 조달할 수 있는 방법일 뿐만 아니라, 그들을 세계 자본주의 체계의 일원으로 편입시켜서 세계경제의 선순환과 선진국 경제의 번영을 낳는 기반이라는 인식이 그 안에 깔려 있습니다. 단순한 개발 지원을 넘어 심리전으로서의 냉전의 수행이라는 측면이 여기에 포함되어 있었어요. 미국의 지원에 힘입어 후진국들이 자본주의 발전에 성공한다는 것이 바로 사회주의적인 현대성 모형에 대한 미국적 모형의 우세를 뜻하게 됩니다. 경제 민족주의적 발전을 통해 저개발국 스스로가 공산주의에 대한 봉쇄에 일조하리라는 전망이 깔려 있었습니다.

이런 전환은 유럽 재건이 일단락되면서 원조의 방향이 제3세계로, 특히 1955년 반둥회의(Bandung Conference) 이후 비동맹 노선의 등장을 계기로 미국과 소련, 중국 사이의 경쟁이 사회경제적 지원을 통한 제3세계 포섭의 형태로 바뀌면서 이루어집니다. 로스토와 같은 미국인들의 시각에서 아시아가 특별히 중요한 곳으로 대두되는데요. 왜냐하면 당시 아시아는 중국 혁명, 남아시아와 중동 국가들이 주도한 비동맹 노선, 인도네시아나 베트남에서 나타난 게릴라 활동의 경우처럼 공산주의의 팽창이라는 위협이 정말 현실적으로, 또한 잠재적으로 부상하고 있던 지역이었기 때문이에요. 한국·대만·베트남 등의 분단국가는 이러한 공산주의 봉쇄의 최전선으로서 미국적 현대성의 성공을 보여줄 전시장, '냉전의 쇼윈도'처럼 부각됩니다. 이런 맥락에서 미국의 경제 원조가 동아시아 지역에 집중되기 시작합니다.

따라서 로스토가 제안한 경제발전이론은 현실과 무관한 개발경제 학설, 교과서상의 이론이 아니었습니다. 그것은 제3세계를 미국이 제시하는 현대성의 방향으로 탈바꿈해 나가는 실천적 제안서이자 매뉴얼이었습니다. 실제로 그가 쓴 책 제목이 『경제성장의 제 단계(The Stages of Economic Growth)』인데요. 그 책의 부제가 '비공산주의 선언(a non-communist manifesto)'이에요. 내 말을 따르면 공산주의가 아닌 자본주의적 발전의 길로 나아갈 수 있다는 제안과 처방을 담은 저작인 셈입니다.

그리하여 '경제 발전 5단계설'로 불리는 그의 이론은 근대화론의 가장 중요한 정전(canon)이 됩니다. 이 이론에서 전통사회는요, 이륙 준비 단계, 이륙 단계, 성숙 단계를 거쳐 고도 대량 소비 단계인 현대사회로 진화합니다. 여기에서 눈여겨볼 점이 몇 개 있습니다. 첫 번째는 당대의 현실에서 고도 대량 소비사회에 이른 사회는 오직 한 나라밖에 없었다는 점이에요. 미국 사회죠. 이런 시각에서 개발경제학을 비롯한 발전사회학, 발전이론 등은 사실상 미국이라는 현실적 모형을 닮아 가는 과정으로 현대화를 인식했습니다. 이 못지않게 중요한 것, 실질적인 전략의 차원에서 볼 때 더 중요했던 것은 경제 발전에 선행하는 필수 조건들로서 그가 강조했던 요소들입니다. 일단 로스토는요. 전통사회는 외부의 충격 없이는 좀처럼 현대화로 나아갈 수 없다고 생각했어요. 그런 까닭에 외부의 침입을 계기로 성장을 선으로 여기는 가치관과 민족국가가 형성되면서 성장을 위한 기반이 마련된다고 봤습니다. 외적 충격으로 태동되는 민족주의라는 대중적 감정을 경제 발전, 즉 자본주의적 성장의 힘으로 활용할 수 있는 정부의 역할을 강조하는데요. 이 점에서 그의 제3세계론은 제2차 세계대전과 냉전을 거치며 형성된 (20세기) 현대화 이론의 성과들이 압축된 최첨단의 판본이었다고 말할 수 있습니다.

우리가 아는 현대화 이론도 사실 순수한 의미의 학문적 작업은 아닙니다. 그 기원은 2차 세계대전 시기와 그 이후 냉전 사회과학으로까지 거슬러 올라가는데요. 파시즘에서 공산주의로 이어지는, 미국 학계에서 보통 '전체주의(totalitarianism)'로 부르는 문명사적 위협에 맞서 기독교-민주주의 진영을 수호하려는 반공 자유주의적 기획으로부터 유래했다고 볼 수 있습니다. 국무부와 중앙정보국(CIA), 국방부를 중심으로 미국 정부와 록펠러(Rockefeller Foundation), 포드(Ford Foundation) 등의 민간재단이 발주한 거대한 연구 프로젝트[가령 트로이 프로젝트(Project Troy) 등[1]]를 발판으로, 하버드로 대표되는 주

---

1   트로이 프로젝트는 1950년 미국 국무부의 발주로 하버드대학, 매사추세츠공과대학, 랜드연구소(RAND Corporation)의 물리학자, 역사학자, 심리학자 등이 수행한 심리전 연구용역입니다.

요 '냉전 대학'에 포진한 학자와 연구자들이 냉전을 수행하는 데 필요한 지식과 교육 프로그램을 만들어 냅니다. 칼 프리드리히(Carl J. Friedrich)나 알프레드 베버(Alfred Weber)와 같은 망명 독일인들이 이를 위한 사상적·이데올로기적 기반을 제공했고요. 행태주의 사회과학이나 현대화 이론, 우리에게 익숙한 탈코트 파슨스(Talcott Parsons)의 사회학도 냉전 사회과학을 배경으로 탄생합니다. 저개발사회에서 민족주의가 가진 강력한 힘을 공산 혁명이 아닌 자본주의적 현대화의 동력으로 전용하려 한다는 점에서, 로스토 역시 공산주의에 대항하는 사상전, 심리전으로서 발전 프로그램을 제안하고 있는 것입니다.

홍미로운 점은 본격적인 이륙에 꼭 필요한 요건으로 본 것이 성장을 주도할 수 있는 지도력으로서의 현대화 세력의 존재라는 사실입니다. 여기에서 주목해야 할 점은 당대에 미국이 저개발국의 현지 지배 엘리트로 지원한 세력이 대부분 군부였다는 사실이에요. 미국이란 나라는 국내 정치에서 민주주의와 의회주의를 숭상하는 나라죠. 하지만 제3세계에서 미국은 군부를 가장 현대화된 세력, 기술과 행정 역량을 갖춘 예측 가능한 집단으로 인식했던 반면, 급진 민주주의나 사회주의 성향을 바탕으로 대중적 지지를 얻은 세력들은 오히려 경계했습니다. 로스토가 입안한 정책들도 군부를 현대화의 파트너로 설정함으로써 개발 독재를 용인하는 경향이 있었습니다. 미국의 시각에서는 부패 청산이나 제도 개혁 등을 통해서 원조를 효율적으로 집행할 수 있는 기반을 마련하는 것이 필요했어요. 그러한 사회 개혁을 진행할 수 있는 정책적 역량을 군부에 기대했던 것입니다. 그러한 현대화 세력으로 설정된 집단이 한국에서는 박정희를 위시한 군부였습니다. 물론, 현대화의 파트너로 군부가 최종 선택된 데에는 토착적인 사회 엘리트 집단이 제대로 형

국무장관에게 보고된 결과보고서(1951.2)에는 미국의 소리(Voice of America) 방송에 대한 소련의 전파 방해를 최소화하는 방안을 비롯해 다양한 정치전에 대한 제안이 담겨 있습니다.

성되지 못한 점에도 이유가 있었습니다. 미군정과 한국전쟁을 거치며 단행된 토지개혁으로 전통적인 지주 엘리트가 몰락하면서 경제적으로는 지주에서 자본가로의 변신, 정치적으로는 토착 자유주의 세력의 성장이 충분히 이루어지지 못합니다. 이렇게 보면 4·19혁명 이후 민주당 정권이 보인 무능과 사회적 혼란 역시 토착 엘리트들이 가진 권력과 사회경제적 역량의 취약성을 반영하는 현상이라고 해석할 수 있습니다. 군부는 이러한 지도력의 공백 상황을 틈타서 권력을 탈취한 다음, 현대화의 추진 세력으로 자임하고 나선 것입니다. 썩 내키지는 않았으나 미국도 결국에는 현대화를 추진할 수 있는 현실적인 파트너로서 군부를 지원하게 됩니다.

2) 수출 제일주의는 독자적 '선택'이었는가?

1960년대 한국의 경제성장도 로스토 노선으로 대표되는 미국의 현대화 처방을 충실히 이행하는 과정이었습니다. 일각에서는 당대의 수출주도형 성장을 박정희 정권의 기념비적인 선택, 업적이라고 주장합니다만 이는 사실과 다릅니다. 쿠데타 이후 박정희 정권은 빈곤 탈출과 근대화를 바라는 사회적 열망 아래 야심 찬 계획을 발표하는데요. 사실, 제1차 경제개발 5개년계획은 내용 면에서 균형 성장과 수입대체 산업화전략, 내자 동원을 통한 개발자금의 조성을 특징으로 합니다. 계획 방향이 옳으냐, 그르냐를 떠나서 문제가 되었던 것은 당대에 실현되기 힘든 계획들로 채워졌다는 사실이었습니다. 군사 정권은 내자 동원을 위해서 금리 인상, 보험회사 통제, 증권시장 활성화, 통화 개혁 등의 조치를 단행하는데요. 다 실패하고 맙니다. 가장 중요한 것이 통화개혁이었습니다. 기존 환화를 원화로 바꾸고요. 그 과정에서 예금을 동결시킵니다. 동결된 예금을 산업개발공사를 설치해서 흡수한 뒤에 경제개발 자금으로 쓰겠다는 의도였습니다. 이것이 한편으로는 현실성이 없었기 때문에 미국이 강력하게 반대를 했고요. 다른 한편으로는 당시 한국 경제가 극심한 인플레이션과 경제침체 상황이었는데요. 그런 상황에서 단행된 개혁으로 생긴 혼란 때문에 결국 실패하고 맙니다.

결국, 제1차 경제개발 5개년계획이 발표된 해인 1962년 11월부터 벌써 그 수정 계획이 입안되기 시작해요. 1964년에는 보완 계획이 발표됩니다. 제철소와 기계단지 건설을 비롯한 수입대체 지향 자체가 중단되고요. 외자와 수출 진흥책, 사기업의 역할을 중심으로 한 계획 전환이 나타납니다. 이를 기점으로 본격적으로는 1967년의 제2차 경제개발 5개년계획을 중심으로 외자와 수출에 기댄 성장 노선으로의 전환이 일어납니다. 물론 그렇다고 해서 군사 정권이 미국의 요구를 전부 받아들인 것은 아니에요. 중소기업보다 대기업, 재벌 중심의 성장 전략을 고수했고요. 수입대체에 대한 지향성을 완전히 포기했다고 보기도 어렵습니다. 그러한 목표들은 일단 유보되었다가 1960년대 말에 되살아나고요. 1970년대에는 본격적인 중화학공업화로 이어지죠. 사실 '선택'이라는 말은 수출주도형 산업화가 아니라 오히려 중화학공업화에 더 적합한 표현입니다.

여기에서 우리는 박정희 정권이 지배한 1960~1970년대가 성장 전략이나 정책 면에서 단일한 시기가 아님에 유념해야 합니다. 제1차 경제개발 5개년계획이 등장했던 1960년대 초반과 수출주도형 전략이 본격화된 1960년대 후반, 중화학공업화가 진행된 1970년대라는 분절된 세 시간대가 존재했습니다. 수출주도형 성장 노선으로의 변화는 미국의 정책 압력이 강화되던 1963~1964년부터 차츰 진행되다, 1965년의 전환점을 거치며 본격적으로 일어나게 됩니다. 1965년은 로스토 노선을 중심으로 동아시아의 지정·지경학적 구도가 재편되는 시점이었는데요. 한일협정과 베트남전 파병, 이를 계기로 미국과 일본으로부터의 유입된 달러 차관과 청구권자금 등을 토대로 수출주도형 성장을 위한 외적 기반이 만들어집니다. 국내로 눈을 돌리면, 1965년 로스토의 방한을 전후로 미국인을 비롯한 외국인 경제 고문단이나 과학사절단, 투자단 등의 방문이 집중됩니다. 이들은 비단 경제개발계획과 경제정책의 입안·시행에서 중요한 역할을 했을 뿐만 아니라 산업투자와 기술개발에 관한 자문을 제공하기도 했습니다. 이런 과정을 거치며 만들어진 것이 바로 수출주도형 산업화 노선입니다. 이렇게 시작되어 1960년대 말까지 지속된 초기 산업화의 과정은 수출을 통한 점진적 시장 통합의 길, 로스토의 이론에 담긴 단계적인 발전전략을 비교적 충실히 따라가는 과정이었습니다.

3) 한국 경제 초기 '발전'의 기회 구조

한국의 초기 경제 발전에서 미국의 역할, 그리고 미국의 주도로 재편된 동아시아의 지정·지경학적 구조를 배제하기는 어렵습니다. 수출주도형 성장에 꼭 필요한 요소가 자본 기근의 해소와 수출상품의 판로인데요. 이러한 요건들은 대개 미국의 국제적 역할을 통해서 충족되었어요. 미국은 산업화에 필요한 자금을 직접 '차관'의 형태로 제공했을 뿐만 아니라 한일 협정을 통한 대일 청구권자금과 베트남 특수 ─ 보통 베트남 특수라고 하면 흔히 파병된 장병들이나 군수 사업과 관련된 인건비, 물자 판매대금 등을 떠올리기 쉬운데요. 이 못지않게 중요한 것은 파병에 대한 반대급부로 G7과 대만, 호주 등이 참여하는 대한국제경제협의체가 발족했고, 이것이 외채 도입을 위한 중요한 창구로 활용되었다는 사실입니다 ─ 등과 같은 자금의 조달에도 미국은 직간접으로 관여했습니다. 아울러 역 개방 정책을 통해서 한국과 같은 동맹국들이 자국 시장에 물건을 내다 팔 수 있는 여건들을 마련해 주었습니다. 1960년대 말 신국제분업의 등장으로 일본을 중심으로 한 동아시아의 역내 분업 구조가 재편되면서, 일본에서 도입한 생산재와 중간재를 이용해서 물건을 생산하고, 이를 다시 미국에 내다 파는 삼각 무역 구도 역시 형성되었습니다.

이뿐만이 아닙니다. 앞서도 잠깐 언급한 것처럼 경제개발계획이나 금융, 조세 제도와 같은 기본적인 경제 제도의 형성, 통화나 인플레이션 관리 등의

표 5-1
주요 재원별 해외자본 도입 추이(1951~1975)

(단위: 백만 달러, %, 백만 환, 백만 원)

연도	무상원조		외채				외국인 투자		대일 청구권 자금[1]			대충 자금[2]
			공공차관		상업차관							
	총액	GDP 비중	총액	GDP 비중	총액	GDP 비중	총액	GDP 비중	합계	무상	유상	
1951	106.4											
1952	161.3											
1953	194.2	14.9										7,959
1954	153.9	11.0										44,704
1955	236.7	16.9										150,537
1956	326.4	23.3										
1957	382.9	22.5										224,511
1958	321.2	16.9										245,801
1959	222.2	11.7										189,100
1960	245.1	12.3										167,627
1961	199.2	9.5										24,058
1962	232.3	10.1	1.8	0.1	2.6	0.1	3.6	0.2				28,726
1963	216.5	8.0	40.3	1.5	20.5	0.8	5.7	0.2				26,312
1964	149.3	5.1	14.8	0.5	13.2	0.5	0.7	0.0				28,020
1965	131.4	4.4	5.0	0.2	41.5	1.4	21.8	0.7				36,090
1966	115.4	3.2	63.0	1.8	110.0	3.1	15.6	0.4	84.6	39.9	44.7	38,415
1967	129.5	3.1	80.0	1.9	138.0	3.3	28.3	0.7	62.1	34.7	27.4	35,238
1968	131.2	2.5	112.0	2.2	252.0	4.8	25.6	0.5	45.8	28.0	17.8	30,655
1969	135.3	2.1	148.0	2.3	361.0	5.6	48.6	0.7	35.1	24.1	11.1	21,868
1970	106.6	1.3	147.0	1.8	283.0	3.5	75.9	0.9	34.9	26.0	8.9	17,696
1971	80.4	0.8	325.0	3.4	320.0	3.4	40.2	0.4	37.2	29.2	8.0	12,189
1972	34.9	0.3	438.0	4.1	299.0	2.8	122.0	1.1	64.7	29.8	34.9	4,399
1973	31.8	0.2	404.0	2.9	461.0	3.3	318.2	2.3	34.6	29.6	5.0	
1974	29.0	0.1	385.0	2.0	603.0	3.1	152.8	0.8	69.5	28.0	41.5	
1975	31.9	0.1	477.0	2.2	802.0	3.7	207.3	1.0	31.5	30.8	0.7	

주 1: 민간차관 형태로 제공된 3억 달러 제외. 대일 청구권 자금 중 무상 공여액 3억 달러와 유상자금 2억 달러는 좌변의 무상원조와 공공차관에 각각 포함됨.

주 2: 미국 대외원조 물자의 국내 판매를 통해 적립한 재정 자금. 해외로부터 직접 도입한 자금은 아니지만 원조에서 유발된 재원이기에 참고 차원에서 소개함(단위: 1953~1960년 100만 환, 1961~1972년 100만 원).

자료: 한국개발연구원, 『한국재정 40년사』(1991), 제I권, 제IV권; 한국경제 60년사 편찬위원회, 『한국경제60년사』(2010) 제I권; 재경회·예우회 편, 『한국의 재정 60년』(2011)에서 재구성.

거시경제 운용 모두 1960년대까지는 미국의 정책 자문과 지원, 한미 합동경제 협조위원회를 통한 조정을 거치면서 이루어졌습니다. 제2차 경제개발 5

개년계획이 수립된 1967년, 나아가 1960년대 전반(全般)에 이르기까지 경제 관료들에게는 개발 계획을 짜기 위한 기본적인 수리적 모형이나 총량 모형 자체를 만들 독자적 능력이 없었습니다. 사실 수출주도형 산업화 계획은 불균형 성장 전략, 즉 산업 부문 전체를 균등하게 발전시키기보다는 특정 산업을 먼저 발전시킨 뒤 나머지 부문들을 차후에 발전시키는 전략에 기초해서 짜였는데요. 거기서 중요한 부분을 대개 미국인 경제전문가나 교수들이 도맡아서 수행해 줬습니다. 한국인 관료들이 주된 역할을 맡게 된 때는 사실, 미국에서 공부하고 돌아온 전문가들로 구성된 한국개발연구원(KDI)이 주도적인 역할을 맡았던 제3차 경제개발 5개년계획부터입니다. 김만제 같은 사람들이 주도적인 역할을 했던 그때, 1971년 무렵이 바로 한국인들이 경제계획에서 주도적 역할을 맡게 된 시점입니다. 또한 이즈음에 이르러 미국의 도움으로 경제 통계가 정비됩니다. 국민소득 계정 자료를 본격적으로 이용할수 있게 되면서 총체적인 계획 모형을 짤 수 있는 기반이 생겨난 것이에요.

요컨대 한국 경제의 초기 성장에 필요한 구조적·제도적 요건의 대부분이 미국의 대한국 발전정책의 영향 아래에서 외부로부터 마련되었다고 말씀드릴 수 있습니다.

3.   수출주도형 성장: 축적 흐름과 그 조정

1) 수출주도형 성장의 축적 흐름

지금까지 설명한 내용은 경제성장의 주원인을 외적 요인이나 내적 요인 가운데 어느 하나로 돌릴 수 있다는 뜻으로 드린 말이 아닙니다. 제가 강조하려던 것은 수출주도형 성장으로 대표되는 한국 자본주의의 발전 경로가 지금껏 설명한 구조 역사적 맥락을 조건으로 형성되었다는 점입니다. 이러한 경로 형성의 특성으로 인해 성장 구조 안에 독특한 제도적 특징과 양상들이 뿌리내리게 되었음을 말하기 위함입니다. 이렇게 형성된 수출주도형 성장의 고유한 축적 흐름과 이와 관련된 제도적 관리 요소들을 설명하겠습니다.

수출주도형 성장의 축적 사이클은 공업화에 필요한 생산재 일반, 기계·장비·중간재·기술·원재료·연료 등을 해외에서 도입한 다음 국내에서 생산하고, 그것을 다시 해외에 팔면서 수익을 내는 흐름으로 진행됩니다. 생산물을 국내에서 소비하는 몫이 아주 작기에 해외 수요에 의존할 수밖에 없는 구조입니다. 수입해 온 생산재에 대한 결제는 주로 외자로 하는데요. 그렇기에 외채 조달 자체가 생산이 이루어지기 위한 선행 조건이 됩니다. 물론 생산 규모가 커지면 커질수록 외자만으로 자금을 충당할 수 없게 되겠죠. 내자의 동원 역시도 점차 중요한 과제로 부상합니다.

이러한 축적 사이클에서는 외자 도입이 중요하고요. 다른 한편으로는 수출의 중요성이 매우 클 수밖에 없습니다. 수출을 통해서 획득한 외환이 생산을 재개할 수 있는 조건인 채무 상환에 쓰일 기본적인 재원이 되기 때문입니다. 축적 구조의 이러한 특성으로부터 중요한 관리 요소 몇이 생겨납니다. 수출주도형 성장의 지속성은 이 요건들을 어떻게 창출할 수 있는가에 따라 좌우되게 됩니다.

첫 번째로, 외부 여건이 경제성장에 큰 영향을 미치는 이러한 구조에서는 '수입과 차입을 어떻게 관리할 것인가'가 중요한 문제가 됩니다. 공업화가 진행되면 될수록 생산재에 대한 수입 의존도가 수출 증대 속도보다 더 커질 수밖에 없는데요. 그렇게 생겨나는 무역적자를 어떻게 메울 것인가가 중요한 문제가 됩니다. 가장 이상적인 해결책은 수출을 늘리는 것이겠지만 쉽지 않은 일이죠. 실제로도 국제통화기금(IMF) 위기 이전까지 수출이 수입보다 컸던, 그래서 경상수지 흑자가 났던 시기는 3저 호황 때의 잠깐에 그쳤어요. 그렇다면 남는 방법은 해외에서 빚을 계속 들여오는 겁니다. 생산을 위한 투자 재원이자 적자 보전 수단으로서 외채에 대한 의존이 계속될 수밖에 없어요. 따라서 외채를 얼마나 효율적으로 도입하고 관리하고 사용할 것인가가 중대한 문제가 됩니다. 다른 각도로 보면 공업화를 위해서 생산재는 어쩔 수 없이 계속 들여와야 합니다. 하지만 필요성이 덜한, 생산과 성장에 긴요하지 않은 소비재의 수입은 국제수지 보전의 차원에서 가능한 한 억제해야 하겠죠. 이런 식으로 수입과 외채를 얼마나 효율적으로 관리할 것인가가 중요한 구조적 문제로 부상하게 됩니다.

두 번째로, 매우 당연한 말이겠지만, 해외 판매를 위한 수출경쟁력을 어떻게 창출할 것인가도 중요합니다. 외채 상환과 생산재 도입에 필요한 외환을 확보하기 위한 수단으로 수출이 꼭 필요하다 하더라도, 수출을 위한 국제경쟁력이 처음부터 주어져 있던 것은 아니었습니다. 결국, 수출은 지원되어야만 했어요. 뒤에 다시 말씀드리겠지만, 수출 보조금과 수출 기업에 유리한 형태로 제정된 환율 제도가 가장 대표적인 수출 지원 수단이었고요. 수출산업에 종사하는 일부 기업에는 법률과 금융, 세제상의 혜택이 집중되었습니다. 수출입국의 전략적 파트너로서 선별 육성된 집단이 바로 재벌기업입니다. 수출 경제와 전략산업에서 '규모의 경제'를 보장받음으로써 수출 혜택을 독점하는 경제의 주축으로 이들은 성장하게 됩니다. 기술개발·도입이나 전문 기술 인력의 공급과 같은 제도적 인프라 역시 수출산업 육성을 위한 거시 지원책으로 정부가 제공했습니다. 때로는 '출혈 수출'까지 감수해야만 할 정도로 부족했던 수출 경제력을 정부의 지원으로 메우면서 수출 경제가 성장했던 것입니다.

앞에서 내자에 대한 수요가 늘어날 수밖에 없다는 얘기를 드렸는데요. 내자를 생산적 목적, 즉 산업투자에 활용하기 위한 대내적인 기제를 어떻게 창출할 것인가를 세 번째로 꼽을 수 있습니다. 수출 경제가 잘 작동하면 할수록 고용도 늘어나고 소득도 늘겠죠. 노동자에게 돌아가는 소득 몫이 커질 수밖에 없습니다. 어떻게 임금을 소비가 아니라 저축으로 연결하느냐, 그렇게 해서 다시금 투자 재원을 활용할 수 있게끔 하는 조건들을 어떻게 마련할 것인가가 한국과 같은 공급 중심, 투자 중심의 성장에서는 매우 중요한 이슈로 부각됩니다. 노동자들의 '소득'이 '소비'로 이어지는 수요 측 순환을 중시할 경우, 경제의 주축이 내수와 소비재 산업 중심으로 짜이게 됩니다. 이렇게 되면 한편으로는, 공업화와 외채상환에 필요한 외환('달러')을 확보할 수 없는 문제가, 다른 한편으로는, 설비 투자에 필요한 내자(민간 저축)를 모을 수 없는 문제가 생깁니다. 산업화 초기였던 당대의 시점에서 본다면 이러한 성장 방식을 지탱할 만큼 충분한 내수시장 규모도, 구매력도 존재하지 않았습니다. 저축과 투자에 집중하는 공급 중심의 성장이 훨씬 더 현실적인 방법으로 인식되기 쉬운 상황이었던 것입니다.

네 번째 요소를 설명하기 전에 한 말씀 먼저 드리겠습니다. 수출주도형 성장을 수입대체의 대립물로만 인식해서는 안 된다는 점입니다. 이러한 성장 방식이 지속적으로 작동하기 위해서는 물론 수출의 역동성이 필요합니다. 하지만 과정이 진행되면 진행될수록 이것만으로는 성장이 지속되기 어려워져요. 앞에서 외채 문제를 말씀드리기도 했잖아요. 수입대체 과정이 진행되지 않으면 무역적자가 누적될 수밖에 없기에, 결국 일정 단계가 지난 후에는 초기의 노동집약적 경공업 중심의 수출을 넘어서 수입대체 과정을 심화해야 하는 문제가 제기됩니다. 그런데 이러한 경제 구조의 심화 과정에서는 개별 산업들의 발달만이 아니라, 서로 기술적으로 연결된 산업들 사이에 연관성과 시너지 효과를 고려해 발전전략을 짤 수 있는지가 중대한 문제가 됩니다. 암스덴처럼 제도 경제학에 기반한 발전국가론이 강조했던 내용이지만, 이러한 발전 단계에 들어서면 해외에서 도입한 기술을 소화하고 국산화함으로써 선진 국가들을 차츰 추격해 나가는 문제 역시 중요해집니다. 성장 구조 전체를 놓고 말씀드리자면 초기의 산업화는 주로 투입과 공급 중심의, 노동과 자본과 같은 생산요소의 투입을 통해 어느 정도 이윤을 낼 수 있는, '외연'적인 성장 방식이었습니다. 투입되는 생산요소의 크기를 그저 양적으로 늘림으로써 이윤을 얻는 방식이 아니라, 과거의 기술을 대체하는 새로운 설비나 신기술, 혁신제품의 도입을 통해 생산을 고도화하고 이윤을 늘리는 방식, 이른바 '내포'적인 성장의 방식으로 얼마나 효과적으로 전환할 수 있는가의 문제가 성장이 어느 정도 진전된 이후에는 제기되게 됩니다. 바로 이것이 수출주도형 성장에 내장된 구조적인 문제들이 폭발하지 않도록 예방할 중요한 조건이 됩니다. 생산의 '질적 고양'이 일어나야 한다고도 말씀드릴 수 있습니다. 이러한 전환이 실제로 일어나서 산업 연관성의 확보와 생산성 혁신, 대량생산이 가능하게 된다면 내수와 대중 소비에 기반한 수요 측면의 성장 역시 어느 정도는 가능하게 됩니다.

2) 수출주도형 성장은 어떻게 '조정'되었는가?

한국 국가는 이런 문제들을 어떻게 관리했을까요? 주로 대내적 차원과 대외적 차원으로 나눠서 살펴볼 수 있는데요. 먼저 대외적 측면을 말씀드리겠습니다. 차입에 의존한 경제, 외채에 의존한 경제가 잘 작동하려면 기본적으로 수입과 외환을 통제할 수 있는 제도들이 필요합니다. 한국은 경상수지 관리와 국내 산업 보호를 위해 선별적이면서도 체계적인 수입 억제 정책을 시행했습니다. 보통 수입 억제라고 하면 직접적인 보호무역 조치를 떠올리기 쉬운데요. 사실 '관세와 무역에 관한 일반협정(GATT)' 체제에서의 국제무역은 기본적으로 자유무역을 '지향'하는 형태를 띠어야 합니다. 보호무역정책을 전면적으로 취할 수는 없어요. 따라서 실제로 중요한 것은 '자유무역'이라는 외관상의 틀을 유지하면서도 수입 억제라는 목표를 달성하는 우회 수단들을 마련하는 것입니다. 이런 이유에서 높은 관세율과 산업적 필요에 따라 품목별로 수입 금지 또는 제한 품목을 정해 두는 수량 규제 정책, 그리고 간헐적인 행정 규제와 같은 간접적 수단들이 훨씬 더 많이 활용되었습니다.

수출주도형 성장에서 외환의 중요성은 더 말할 나위가 없습니다. 군사 정권은 모든 외환을 중앙은행에 집중한 뒤 계획 당국이 세운 발전전략에 따라 배분하는 '외환 집중 관리제'의 형태로 운용했고요. 외자 도입에 대한 심의나 허가에 관한 모든 권한도 경제기획원이 독점했습니다. 물론 당시에는 한국 기업의 신뢰성이 부족했기 때문에 정부의 상환 보증을 거쳐서만 빚을 낼 수 있는 형편이기도 했는데요. 이는 역설적으로 외채 도입 자체가 외환시장이라는 시장 메커니즘이 아니라 정부의 직접적인 관리 아래 있었고, 외환의 배분을 통해 정부가 기업들을 효과적으로 통제할 수 있는 그런 조건이 존재했음을 가리킵니다.

사실 기업들의 수출경쟁력도 제품 그 자체가 가진 상품 경쟁력보다는 국가의 정책적인 지원을 통해 창출되었습니다. 수출경쟁력의 확보를 위해서 널리 활용된 수단에는 두 가지가 있었는데요. 하나가 환율이었고, 다른 하나가 수출 보조금이었습니다. 단순하게 생각하면 한국산 제품들이 국제시장에서 싸게 팔리려면 저평가된 환율 체계가 필요합니다. 그렇지만 오히려 당대에는 환율을 높게 유지하는 정책이 주로 이어졌습니다. 고평가된 환율은 수출에 안 좋다고 생각하기 쉽죠. 실제로 그런 효과가 납니다. 하지만 다른 필요도 있었어요. 수입 가격이 높으면 수입된 제품들로 인해서 국내 물가가 올라가는 인플레이션 압박이 생겨나기 쉬워요. 또 한국과 같이 생산재와 외채를 밖에서 도입해서 산업생산을 하는 나라의 입장에서는 생산재 도입 비용이나 외채를 갚을 때 내는 금융비용을 줄일 필요도 있어요. 그런 목적에서 원화의 고평가가 유지되었습니다. 그런데 여기서 한 가지 문제가 생겨요. 원화의 가격을 현실 가치보다 높게 유지하다 보면 실제 환율과 명목 환율 사이에 괴리가 커지는데요. 이를 내버려 두면 경제위기로 이어지게 됩니다. 그래서 이를 조정하는 차원에서 원화의 가치를 실제 시장 가치와 부합하는 방향으로 단계적으로 인하(평가 절하)하는 조치들이 행해집니다.

다른 한편으로 수출에 미치는 환율의 영향, 고평가된 환율이 수출에 미치는 악영향을 상쇄하는 차원에서 광범한 수출 보조금이 지급되었어요. 조세 감면이나 우대 금융과 같은 특혜가 수출산업에 부여되었기 때문에 수출 기업들, 주로 재벌들은 공식 환율과 다른 특혜 환율을 통해서, 사실상 복수 환율 체제 아래에서 수출하는 것과 같은 효과 아래에서 산업 활동을 했습니다. 그런 까닭에 수출 기업인 재벌들은 외환과 금융 배분상의 엄청난 특혜와 각종 수출 보증금, 여기에 1971년의 8·3조치와 중화학공업화를 거치면서 더해진 추가적인 특혜에 힘입어 성장하게 됩니다. 오늘날과 같은 재벌 체제는 1970년대 초반에, 중화학공업화를 거치면서 완성되는데요. 시장 독점에서 오는 엄청난 이익과 정책적 지원을 바탕으로 생산성과 수익성이라는, 기업이라면 반드시 제약받을 수밖에 없는 시장 요인들과 큰 관계없이, 그런 요소들의 영향을 덜 받으면서 경제를 주도할 수 있는 기반이 이렇게 마련됩니다.

대내적으로는 국가에 의한 전방위적인 경제계획이 작동했죠. 경제기획 기능뿐만 아니라 예산편성권, 나아가 금융통화정책의 운용 모두 경제기획원에 집중되었습니다. 물론 유신이 일어난 뒤에는 경제기획원의 위상이 좀 떨어져요. 중화학공업단을 정점으로 상공부나 재무부가 이를 보조하면서 정책을 주도하는 양상이 펼쳐지죠. 이처럼 정부 부처 간 경쟁이 작동하기도 했습니다만, 국가의 계획 기능 자체가 시장을 압도했던 것만은 똑같았습니다. 중화학공업화를 거치면서는 특정 산업에 대한 정책적 지원, 다시 말해 산업정책이 전면화되죠. 앞에서 제가 로스토 노선을 말하며 설명한 것처럼, 사실 1960년대까지의 경제정책은 로스토의 처방이나 비교 우위론에 입각한 수출진흥 정책 등에 기초해서 이루어졌습니다. 하지만 1970년대에 이르면 정부가 정책 금융을 통해 특정 산업을 지원하는 형태로 경제정책이 크게 변형됩니다.

물론 앞에서 설명한 것처럼 산업의 연관성을 높이기 위해서는 중화학공업의 육성이 필요합니다. 그것이 구조적으로 필요한 일이기는 합니다만, 1970년대의 중화학공업화 정책은 당대 여건상 비합리적인 결정이라고밖에 판단할 수 없는 그런 정책이었습니다. 그렇기에 실제로 정부 안에서도 중화학공업을 어떤 방식으로 육성할 것인지를 둘러싼 논쟁이 존재했습니다. 경제기획원이 전자·조선과 같은 수입대체 목적의 노동집약적 산업을 중심으로 한 점진적인 육성 방침을 주장했던 반면에, 실제로 중화학공업화를 주도했던 박정희와 청와대 비서실의 김정렴, 그리고 오원철 등이 포진한 중화학공업 추진기획단과 상공부는 철강·기계·자동차·화학까지를 포괄하는 완성재 중심의 자본 집약적인 산업을 원했습니다. 이러한 선택은 산업 정책적 합리성보다는 안보 정책에 대한 고려에서 추동되었다고 보는 것이 일반적입니다. 철강·기계·자동차·화학, 이것들은 그야말로 군수산업이죠. 1960년대 말부터 고조되었던 동아시아 안보 위기 상황에 대응하는 차원에서, 남북 간 긴장에 대응하는 차원에서 중후 장대한 중화학공업들을 중심으로 한 급격한 산업화전략이 채택된 것입니다. 여러분이 오해하기 쉬운 것이 무엇이냐면 오늘날의 시점에서 보면 이들 산업이 한국 경제의 성장을 뒷받침하는 기간산업이고 중요한 수출산업입니다. 하지만 당대 시점에서는 전혀 그렇지 않았어요. 성공 가능성이 매우 희박한 산업에 대한 광범한 투자가 정치적이고 군사안보적인 고려에 따라 감행되었던 것입니다. 이러한 관점에서 1970년대의 산업 정책을 1960년대의 단순한 연장으로 보기는 어렵습니다. 앞에서 설명한 것처럼 1960년대까지는 수출산업을 중심으로 한 점진적이고 단계적인 산업 육성 정책이 유지되고 있었어요. 이렇게 보면 1970년대의 중화학공업화 정책은 매우 이질적인 양상으로 생각되어요. 물론, 중화학공업을 중심으로 한 수입대체 지향 자체는 제1차 경제개발 5개년계획에도 있었고 1960년대 말부터 점차 강조되지만, 중화학공업화로 대변되는 1970년대 초반의 전환은 분명 아주 극적입니다. 산업 정책적 차원의 합리성만으로는 설명하기 어려운 변화입니다. 실제로 이 산업들이 제대로 된 산업적 기반, 수출산업의 기반을 갖게 된 때는 1970년대가 아니라 1980년대 중후반 이후, 그리고 세계무역기구(WTO)에 가입한 이후인 1990년대 중반 이후에 각각 해당합니다. 당대의 관점에서 보면 완전히 실패한 산업 정책임을 부정하기 힘들어요.

어쨌든 당시 정부의 역할을 경제계획이나 산업 정책의 집행만으로 제한할 수는 없습니다. 고속도로나 항만, 공단 같은 산업 인프라를 구축하는 일도 했고요. 그리고 발전국가론에서는 현장을 중심으로 한 엔지니어 차원의 학습을 강조합니다만, 또 다른 학습의 경로, 기술 습득의 경로가 국가 중심으로 일어납니다. 해외 기술을 이전받아 국산화한 뒤 이를 민간에 헐값에 제공하는 역할을 주로 공공연구기관들이 수행합니다. 여기서 가장 중요했던 것이 한국과학기술연구원(KIST)이에요. KIST는 미국 정부의 제안을 바탕으로 미국의 바텔기념연구소(Battelle Memorial Institute)를 모델로 설립된 수탁형 종합연구기관입니다. 중장기 국가산업발전계획의 수립을 비롯해 기계, 금속·재료, 전기·전자, 화학·화공 등 산업기술 분야 전반에 걸쳐 기술 도입과 개발에 관한 위탁연구를 광범하게 진행하는데요. 특히, KIST가 중요한 역할을 했던 영역이 바로 철강과 전자산업입니다. 여러분이 잘 아는 포항종합제철[현 포스코(POSCO)]의 설립에는 대일 청구권 자금이라는 재원뿐만 아니라 제철소 건설에 필요한 기술 지원의 측면에서도 일본의 역할이 큰데요. 일본의 철강 3사로 구성된 일본 그룹(Japan Group)이 설비 건설과 인력 훈련, 초기 조업 및 기술지도 등을 지원했는데, 이 과정을 중개하는 기술 매개자의 역할을 KIST가 합니다. 이에 비해 전자산업의 초기 산업사는 미국의 직접투자와 적극적인 기술이전을 중심으로 전개되는데요. 여기에서도 중요한 창구가 된 것이 KIST였습니다.

　KIST를 모델로 설립된 산업별 전문 연구기관들이나 ─ KIST의 '분화'라고도 할 수 있겠죠 ─ 군수산업 지원을 위해 설립된 국방과학연구소 등의 역할도 중요합니다. 실제로 당대 연구개발 지출의 50~70%를 정부 출연기관이 차지할 정도였으니까요. 기술 도입과 국산화, 민간 이전에 있어서 공공연구기관들, KIST뿐만 아니라 선박연구소, 화학연구소, 핵연료개발공단, 기계금속시험연구소, 공업진흥청, 전자기술연구소 등과 같은 기관들의 활동을 바탕으로 핵심 산업들이 발전합니다. 물론, 산업에 따라 발전 양상은 조금씩 다르죠. 철강의 경우에는 일본의 기술·자본과 KIST, 포항종합제철이라는 공기업 간의 조합이 나타났잖아요. 공작기계 산업이나 석유화학 산업도 일본 기술이 그 시초가 됩니다. 공작기계의 경우에는 산업 특성상 다수의 전략적 종합/전문/소재 생산업체들이 생겨나고요. 일본이나 미국, 서유럽에서 도입된 기술들을 상용화하는 과정에서는 공업진흥청이 큰 역할을 합니다. 석유화학은 국영기업과 해외자본의 합작 형태로, 가령 여수단지는 한국 정부와 일본 미쓰이(三井, Mitsui)의 합작사인 호남석유화학(현 롯데케미칼), 울산단지는 미국 걸프(Gulf)와의 합작사인 대한석유공사(현 SK)를 통해 추진됩니다. 조선은 양상이 다른데요. 신규 조선소 건설은 현대중공업에 맡겨지는데, 처음에는 유럽으로부터 기술 도입을 타진하다 결국 가와사키중공업(川崎重工業, Kawasaki Heavy Industries)과의 기술제휴에 성공함으로써 사업을 진전시키게 됩니다. 이러한 차이에도 불구하고 해외 기술의 도입과 이전 업무를 주로 정부가 맡게 되면서 민간기업들의 연구개발 부담이 크게 줄어들게 됩니다.

관치 금융이란 말로 상징되는 금융 통제도 수출주도형 성장에 필수적인 조건이었습니다. 여기에서 핵심은 금융이 개발과 수출이라는 목표에 종속되도록 만드는 것이었어요. 정부는 외환뿐만이 아니라 공업화와 수출 지원에 필요한 자금 모두를 직접적으로 동원하고 배분하는 역할을 했죠. 국유화된 시중은행들은 단지 정책 금융의 배분 기관으로 전락했고, 정부는 은행에 쌓인 가계 저축을 국민투자기금 등으로 흡수한 뒤에 투자 자금으로 전용했습니다. 금융 억압을 바탕으로 한 정책 금융, 그것이 앞에서 말한 산업 정책의 전제조건이었어요. 산업투자에 쓸 자금도 모자란 판국에 대중의 삶에 필요한 신용이 제대로 공급될 리 만무하죠. 주식이나 회사채와 같이 정부가 통제하기 어려운 직접 금융시장의 발달 역시 억제했습니다. 이런 체계적인 금융 통제가 산업 정책의 선행 조건이었습니다.

마지막으로 중요했던 요소가 노동과 사회를 규율할 규범인데요. 수출경쟁력을 유지하기 위해서라면 임금을 성장에 부합하는 형태로 관리할 필요가 있었고요. 같은 맥락에서 노동자와 일반 대중들을 개발과 성장이라는 국가 목표에 순응하게 하는 임금 규범을 창출해야 하는 문제도 있었죠. 잘 아시는 것처럼 장시간 저임금 노동, 폭력을 동원한 노동통제, 이것들이 한국의 경제성장을 일군 미시적인 산업(현장) 레벨의 원동력이었던 것은 분명합니다. 다만 그렇다고 해서 임금 상승을 일방적으로 억누르기만 했던 것은 아니었습니다. 임금 상승 자체를 완전히 부정하는 것은 불가능하기 때문에 실제로는 그 상승 폭을 경제성장률 아래로 관리하는 것이 중요했어요. 이러한 제약 아래에서 늘어난 임금을 저축으로, 그리고 투자로 연결할 수 있는 흐름을 만드는 것이 당시 임금 정책의 초점이었습니다. 한편, 숙련노동이 필요한 일부 사업장에서는 연공형 임금제를 통해 좀 더 나은 임금과 노동 조건이 제공되기도 했습니다.

임금 상승분을 투자 자금으로 전용할 목적에서 강제 저축 수단들이 널리 활용되는 한편, 내핍·검약·근로 같은 윤리들을 내면화한 생산적인 주체들로 대중을 탈바꿈하기 위한 정치적 개입들이 광범하게 나타나기도 했습니다. 대표적인 예가 1968년 이후에 전개된 사회개발정책인데요. 사실 그동안 우리 학계는 사회개발정책을 사회복지의 암흑기에 있었던 일종의 전사(前事) 아니면 복지라는 중요한 목표가 발전주의나 생산주의에 예속된 증거 정도로만 이해해 왔는데요. 그렇지 않습니다. 1960~1970년대에 전개된 사회개발정책에는 내핍적인 생활 규범을 창출하기 위한 적극적인 사회개입이 포함되어 있었습니다. 수출주도형 성장이 본격화되는 1960년대 중반 이후 군사 정권은 이중적인 사회(도시)적 징후에 마주하게 됩니다. 그중 하나가 대중사회의 출현과 자본주의적 공업화로 생겨난 소비지출의 확대 현상이었는데요. 소비문화의 확산이 성장자원으로 쓰일 내자의 감소로 이어지는 것을 막아야 할 필요가 제기됩니다. 다른 하나는 과밀화된 도시(서울)에서 출현하는 도시문제를 촉매로 도시 하층민의 부상으로 요약되는 (도시) 정치적 위기가 출현할 가능성이었어요. 실업과 빈곤, 절량(絶糧), 열악한 주거 사정 등을 도화선으로 하층민의 봉기가 생겨날 수도 있다는 위기감이었죠. 1960년대 말에서 1970년대 초로 이어지는 정세 안에는 도시로부터 불어오는 위험 징후들, 가령 3선 개헌에 대한 반발과 1971년 대선·총선에서의 근소한 승리, 전태일의 분신, 광주대단지 사건 등이 표출되고 있었어요. 이러한 징후에 대한 대응으로서 사회개발정책에는 '내핍생활'에 기초한 가정생활 규범과 새로운 공간적 질서를 창출하려는 기획의 성격이 포함되어 있었어요. 한국 경제의 당면과제로 부상했던 물가안정과 자본동원이라는 거시적 성장조건을 '내핍생활'과 '생산적 주체'라는 미시적 가정경제 규범의 문제로 전유함으로써 해결하려는 갖가지 모색들이 등장합니다. 다른 한편으로는, 사회의 '안전'을 위협하는 하층민들을 도심부에서 쫓아냄으로써 '선량한' 시민들, 도시 중산층이죠. 그들이 살아가는 '명랑한' 생활공간을 창출하려는 공간실험들이 이어졌어요. 사회개발정책은 이러한 정치적 기획을 아우르는 넓고 느슨한 정책 프레임으로 작동했습니다. 자세한 논의는 '읽을거리'에 소개한 필자의 논문을 찾아보세요.

지금껏 설명한 다양한 제도적 수단이 수출주도형 성장의 관리를 위해 활용되었습니다. 하지만 그것들만으로는 외채와 수출에 대한 의존에서 오는 성장 구조의 고유한 모순을 해결할 수 없습니다. 이러한 성장 구조는 기본적으로 대외 여건 변화에 매우 취약할 수밖에 없어요. 군사 정권이 통제할 수 없는 영역이죠. 따라서 수출 경기가 좋지 않은 때에는 외채를 끌어다 투자해 놓은 산업들이 과잉투자로 부실화되는 결과가 나타나게 됩니다. 물론, 더 근본적인 문제는 대외 경제 여건 그 자체가 아니라, 외채에 의존한 산업화 경로와 정책 금융을 통해 특혜적으로 성장한 재벌 중심의 산업 체계에 있겠죠. 특히, 1970년대 말에는 무리한 중화학공업화가 몰고 온 과잉 중복 투자가 큰 문제가 됩니다. 이와 함께 개발 인플레이션이 구조적으로 유발되는 문제도 있었습니다. 물가 인상을 막기 위해 정부가 여러 가지 수단들을 활용하긴 해요. 하지만 성장 체제 안에 내장된 인플레이션 경향 자체를 억제할 수는 없습니다. 중화학공업을 비롯해 특정 산업에 대한 과잉 중복 투자, 석유 파동에 따른 물가 상승, 거기다가 성장을 촉진하기 위해 활용했던 재정적자나 통화 증발, 재정적자를 관리하기 위해 도입해 온 외채의 누적과 한국은행의 차입을 통한 문제 해결 방식, 이 모두가 실은 개발 인플레이션을 만들어내는 요인들이었습니다.

결국 수출주도형 성장에 내장된 이런 모순들은 자본의 수익성이 악화되는 경제의 저점마다 외채위기의 형태로 폭발합니다. 외채위기를 확인하기 위해서 이윤율 변동을 참조할 수 있는데요. 추계 방법이 다른 여러 분석이 있습니다만, 추세는 다 유사합니다. 1970~1971년, 1979~1980년, 1997~1998년, 2007~2009년에 총 네 차례의 경제위기가 있었습니다. 1970~1971년 위기와 1979~1980년 위기에는 외환시장이 개방되지 않은 고정환율 체제 아래에서 외채위기가 나타났던 반면, 외환거래가 자유화된 IMF 위기 때는 외환위기가 나타납니다. 2007~2009년에는 세계금융위기의 여파로 경제위기가 도래하는데요. 외환위기 이후 외환시장이나 자본시장의 충격을 완화하는 제도들이 그나마 갖춰진 다음이라서, 파급효과가 앞선 위기보다는 상대적으로 덜했습니다. 경제위기를 거칠 때마다 앞서 설명한 구조적 문제들이 출현했고, 이에 대응하는 차원에서 안정화 정책을 중심으로 한 경제의 재조정이 일어납니다. 물론, 1970~1971년 위기 때는 '사채 동결'을 통해 재벌의 금융비용을 낮춰주는 인위적인 시장 개입이 8·3조치라는 이름으로 나타났습니다. 하지만 중화학공업화에 따른 위기가 인플레이션과 과잉투자 문제를 야기한 1979~1980년 위기 때에는 성장주의적 관치 경제에 대한 반발로서 신자유주의적 성격을 가진 안정화 정책이 본격적으로 출현합니다.

4.   신자유주의로의 전환

신자유주의가 한국 사회를 지배한 시점을 보통 IMF 위기 이후로, 그리고 미국과 IMF를 중심으로 한 외부의 힘을 그 원동력으로 이해하는 시각이 일반적입니다만, 그렇다고 해서 신자유주의 정책의 효시를 그때로 볼 수 있는 것은 아닙니다. 신자유주의의 효시는 1979~1980년 위기에 대한 대응으로 나타난 경제 안정화 종합시책(1979년)에서 찾을 수 있습니다.

1979~1980년 위기는 중화학공업화의 부작용, 과잉 중복 투자와 과도한 금융지원에 따른 개발 인플레이션 등으로 촉발된 외채위기입니다. 발전설비와 건설중장비, 자동차, 전자기기 등에 대한 과잉투자와 제2차 석유 위기로 대표되는 해외 경기 침체가 맞물리면서 중화학공업 부문을 포함한 제조업 전반의 가동률 하락과 기업의 부실화가 나타나죠. 떨어지는 수익성과 반대로 자본재와 중간재의 수입 규모는 오히려 커지고, 또 유가 상승으로 워낙 높았던 인플레이션이 더욱 가속화되면서, 경상수지 적자가 늘고 (게다가 미국발 금리 인상이 겹치면서) 외채부담이 커지는 위기 국면이 도래합니다. 중화학공업에 대한 자원 집중 때문에 소외되었던 전통적 경공업 부문은 자금 부족과 불황에 빠집니다. 경공업 중심 도시인 부산과 마산에서는 이러한 상황적 맥락 위에서 부마항쟁(1979년)이 일어나기도 하죠.

결국, 중화학공업화가 만들어낸 이 위기에 대한 대응으로 등장한 한국 최초의 신자유주의적 개혁이 바로 경제기획원 주도로 만들어진 경제안정화 종합시책입니다. 사실 한국은 칠레와 더불어 이미 1970년대 말에 신자유주의 정책이 도입된 몇 안 되는 비서방 나라예요. 그것도 외부의 압력이 아니라 국내 경제 관료나 정치 엘리트들 스스로가 신자유주의를 받아들였던 보기 드문 사례에 해당합니다. 그 주역이 미국 유학을 통해서 신자유주의를 받아들였던 경제 관료들, 앞서 소개한 김만제, 김재익, 사공일, 강경식, 강만수, 김기환 같은 사람들이죠. 이들은 주로 경제기획원과 한국개발연구원 등을 중심으로 포진해 있었고요. 중화학공업화로 대표되는 성장주의 정책에 대한 우려를 이미 1970년대 후반부터 제기하고 있었습니다.

성장주의적인 투자 중심의 공급 정책이 아니라 안정화 정책을 통해서 경제위기를 극복해야 한다는 것이 그들의 기본적인 관점이에요. 이러한 생각들은 경제 안정화 종합시책, 그리고 그 이후에 전두환이 김재익을 참모로 등용한 뒤에 실행했던 일련의 안정화 정책들로 실현됩니다. 통화 긴축과 물가 안정, 임금 통제 등으로 대표되는 통화주의적 안정화 정책뿐만이 아니라, 금융 통제를 바탕으로 재벌에 특혜적인 정책 금리를 제공했던 금융 시스템의 개혁, 예를 들어 국유 은행의 민영화라든지, 특정 산업과 기업에 대한 우대금리를 폐지한다든지, 제2금융권을 육성해야 한다든지 하는 그런 개혁 조치들이 그때 진행되고요. 또한 수입 자유화를 시작으로, 정부가 공급 중심으로 경제를 주도하는 것이 아니라, 시장이, 시장 논리에 기초해서 수요 중심으로 경제질서를 재편하자는 주장들을 했어요. 과잉 설비가 집중되었던 중화학공업에 대한 투자 조정 계획을 입안하기도 합니다.

하지만 1980년대 초반의 시점에서는 상공부나 재무부 등의 부처나 재벌 등이 신자유주의 정책에 대해 강력히 저항했기 때문에 개혁 조치들은 곧 중단되고 맙니다. 무엇보다도 3저 호황을 계기로 그런 긴축 정책이 필요하지 않은 상황이 전개되면서 안정화 정책이 크게 축소되었어요. 정부 주도로 진행되었던 산업 구조조정 정책이 민간 자율의 산업합리화 정책으로 바뀌고 재벌 개혁도 퇴조합니다. 물론 1986년에 '공정거래법'이 제정되면서 지주회사 체제로의 개편이나 상호 출자 금지 조항 등이 법문화되지만, 재벌 체제의 핵심이라고 할 수 있는 총수 일가에 의한 순환출자의 고리 자체는 그대로 용인됩니다. 형식상으로는 재벌이 금융기관을 소유할 수 없다는 금산분리 규정이 있죠. 명목적으로는 이것이 유지되지만, 실제로는 투자신탁회사나 종합금융회사와 같은 제2금융권을 통해서 재벌의 금융진출이 강화되는 양상이 이때부터 생겨납니다. 관치 금융과 성장주의적 산업정책, 이를 토대로 성장한 재벌 체제에 대한 초기 신자유주의자들의 근본주의적인 이념적 반감에도 불구하고, 현실의 안정화 개혁은 정부 안팎의 저항과 부딪치면서 굴절하며 진행됩니다. 또 '민간'과 '자율'에 의한 정책 운용을 표방한다고 해도 과거의 관성이 하루아침에 사라지지는 않습니다. 산업 구조조정을 비롯한 1980년대 초반의 개혁 역시 정부의 주도성을 전제로 과거의 정치·경제적 이해관계로부터 절연되지 못한 채 진행된 것이 사실이었습니다. 김재익의 갑작스러운 사망 같은 돌발변수나 경제호황 등이 여기에 겹치면서 개혁의 추진력이 크게 떨어지고 맙니다.

중단되었던 개혁은 민주화를 거치며 나타난 사회경제적 불안정과 함께 새로운 통치성이 모색되면서 재개되는데요. '경제민주화 운동'이라고 들으셨던 개혁 정책들이 대표적인 예요. 그런데 중요한 것은 이것들이 하나의 단일한 경제 이론에 바탕을 둔 것이 아니라 다양한 이념들의 혼합물이라는 사실입니다. 조순 경제부총리로 대변되는 케인스주의나 문희갑·강만수·강경식과 같은 통화주의적 안정화론, 김종인 등과 같은 발터 오이켄(Walter Eucken)류의 사회적 시장경제론, 그런 것들이 혼재된 상황에서 나온 결과물이 바로 경제민주화 운동이었습니다. 이런 맥락에서 1988~1990년까지 금융·부동산 실명제를 시작으로, 금리·외환·자본시장에 대한 자유화, 그리고 금융개방으로 이어지는 금융 자유화 계획이 입안되는 한편, 앞서 소개한 정책 이념의 복잡성을 반영하는 측면에서 토지 공개념과 주택 200만 호 건설 계획, 인천공항과 KTX 건설과 같은 사회 인프라 확충 계획 등이 실행되었습니다.

정책 배경이 매우 이질적임에도 불구하고 이때의 정책 실천에는 공통점이 하나 있긴 했어요. 일정한 수준의 재벌 규제를 바탕으로 민주화와 개방경제 아래에서의 새로운 경제질서를 모색하려는 의도였습니다. 그 상징이 바로 '경제개발 5개년계획'의 폐지였어요. 하지만 3당 합당을 계기로 사회정치적 질서가 급격히 보수화된 형태로 안정화되면서 자유화 추세 안에서 변형이 나타납니다. 자유화의 흐름은 유지되지만, 그 양상이 WTO 출범과 경제협력개발기구(OECD) 가입, 선진화와 세계화 담론을 중심으로 한 흐름 속에서 재벌에 유리한 방향으로 재편됩니다. 사실 한국의 초창기 신자유주의 관료들은 발전주의 시대의 금융 통제뿐만이 아니라 재벌 체제에 대해서도 상당히 비판적이었습니다. 물론 후대에는 달라지죠. 1990년대의 금융 자유화는 정부 내부의 친재벌주의자와 신자유주의자, 그러니까 시장 중심의 신자유주의자 사이의 갈등 속에서 친재벌주의자들의 우세가 확립되어 가는 방향으로 진행되었습니다.

결국, OECD 가입 조건으로 3단계 금리 자유화 정책이 도입되면서 개방정책이 착착 실행에 옮겨집니다. 그런데 문제는 이 개방이 자본 이동을 규제하고 감독할 수 있는 제도적 여건이 조성되지 않은 상태에서 일어났다는 점이에요. 심지어 그러한 자유화의 물결은 제2금융권을 통해 해외 금융시장에 대한 재벌들의 접근권을 보장되는 방식으로 진행됩니다. 실제로 1990년대 초·중반에 한국 재벌들은 독자적으로 단기 외채를 빌려와서 철강, 조선, 자동차 등과 같이 이미 과잉화된 산업에 투자합니다. 반면, 개방경제 조건이나 글로벌 스탠다드에 맞춰 국내의 노사관계나 사회 시스템을 개혁하는 작업은 좌초합니다. 이러한 조건에서 1995년, 1996년부터 이미 과잉투자된 산업들에서는 수익성 위기가 출현하고요. 결국 그것이 1997년 동아시아 위기의 전파와 더불어, 환율이 오르고 외환보유고가 고갈되는 외환위기, 나아가 금융위기와 전면적인 경제위기로 확대됩니다.

신자유주의화를 향한 한국 사회 내부의 변화는 성장주의적 관료 집단과 재벌, 신자유주의 세력들이 서로 경쟁하는 가운데 중단과 재개, 변형을 반복하며 진행되었습니다. 물론 오늘은 자세하게 설명하지 않았지만, 이 변화의 배후에는 미국 재무부나 월스트리트로 대표되는 글로벌 신자유주의로부터의 자유화, 개방 압력이 존재했습니다. 발전주의적 성장전략을 펼 여지를 동맹국들에 제공했던 1960~1970년대 미국의 대외정책은 1980년을 기점으로 변화하기 시작합니다. 이미 1980년대 초반부터 미국은 수입 자유화와 관세율 인하를 요구해 왔어요. 세계 기축통화로서 달러가 지닌 압도적 우위를 바탕으로 형성된 미국 재무부와 IMF, 월스트리트의 삼각편대 ─ '달러-월스트리트 체제(The Dollar-Wall Street Regime)'라고 부릅니다 ─ 는 냉전이 종식된 이후에 훨씬 더 강화됩니다. 특히, 클린턴(Clinton) 정부의 출범을 기점으로 금융 세계화와 신흥시장(emerging market) 개방이 미국 대외정책의 최상위 의제로 등장하게 되죠. 이제 미국은 다자간 기구나 양자 협상을 통해 한국과 같은 신흥시장들에 대해 무역 및 금융 자유화 압력을 제기합니다. 1993년 한국 정부가 2년여에 걸친 미국과의 협상 끝에 3단계 금융 자유화 계획을 발표함으로써 그 과정이 본격화됩니다. 더구나 OECD 가입 조건을 이행하기 위해 개방 일정을 앞당겨요. IMF 위기는 이러한 변화를 사실상 완성하는 계기였어요. 한국의 외환위기는 구제금융을 조건으로 미국이 주도하는 글로벌 자본질서, 금융질서에 한국 자본주의를 편입시키려는 외부의 힘이 관철된 계기였습니다.

하지만 여기서 우리가 유의할 것은 IMF 위기를 거치며 일어난 신자유주의로의 전환이 비단 외부로부터의 압력에 의해서만 진행된 것이 아니라는 사실입니다. 한국의 외환위기는 또한, 미국과 IMF와의 협상을 이용해 유보되었던 신자유주의적 개혁을 실행하려는 국내 신자유주의 세력들의 기획이 실현된 계기이기도 합니다. 그러한 현실을 명확히 보여 주는 증거들을 바로 한국 정부와 IMF 사이에 체결된 IMF 협약과 의정서의 내용, 그리고 구제금융 협상의 실제 전개 과정에서 찾아볼 수 있어요.

한국이 1997년 말에 겪었던 외환, 외채의 문제는 IMF와의 두 차례 협상을 통한 긴급 자금 지원과 자본 회수 중단 요청, 해외 채권자와의 만기 연장 협상 등의 3단계를 거치면서 해결됩니다. 협상의 핵심이 무엇이었냐면 통화·재정 긴축으로 요약되는 거시경제정책 처방과 기업·금융·노동 개혁 등의 구조조정을 긴급 자금 지원과 만기 연장, 추가 가산금리 등을 조건으로 진행하는 것이었습니다. 그런데 이것들은 사실 이전까지 IMF가 해 왔던 표준적인 구제금융 프로그램을 훨씬 더 상회하는, 그 나라의 경제 구조와 제도까지 건드리는 아주 급진적인 개혁 프로그램이었어요. 글로벌 금융시장의 질서로 한국을 통합하려는 미국과 글로벌 금융자본의 의도는 이를 통해 온전히 관철되게 됩니다.

이러한 처방의 범위는 IMF의 전문 분야라 할 수 있는 재정정책, 통화정책이나 금융시장 개방을 넘어서는 것이었습니다. 주목할 것은 그러한 개혁 의제의 대부분이 사실 한국이 먼저 제안해서 삽입된 결과라는 점입니다. 합의문을 보면 그런 증거들이 자세하게 드러납니다. IMF와의 합의문에 담긴 한국은행 독립과 금융감독기관 설립과 같은 금융개혁안이나 기업 구조조정안, 예를 들어 결합 재무제표 작성이나 자기자본 대비 부채비율 축소, 상호 지급보증 축소 등과 같은 기업 개혁안, 정리해고제와 파견제도 등을 포함하는 노동개혁안 등이 모두 당대 신자유주의적 개혁 관료들의 주도로, 유보된 개혁조치를 실행하려는 의도에서 추가된 결과들이었습니다. 특히 미국 재무부와의 추가 협상 과정에서 특별 대사를 맡았던 김기환 자신이 독단적으로 끼워놓은 조치들이 대부분 'IMF 플러스'라고 불리는 2차 협상에 포함됩니다. 외국인 주식·채권 소유의 완전한 자유화, 인수합병의 허용, 무역 부분에 대한 조기 개방, 무엇보다도 정리해고제와 파견근로제로 대표되는 개혁안들을 제시하고 관철시킨 장본인이 바로 김기환 같은 사람들이었습니다.

결국, 미국과 IMF가 요구했던 고금리와 긴축, 금융 자유화뿐만 아니라, 재정경제부와 금융감독위원회에 포진해 있던 신자유주의적 개혁 관료들의 주도로 실행된 금융 부문 개혁과 기업 구조조정, 노동시장 유연화 등이 실물경제를 파국으로 이끌게 됩니다.

신자유주의적 구조조정의 핵심은 이른바 재무적·금융적 건전성이라는 철칙이었는데요. 특히, 부채비율 200%, 국제결제은행(BIS)의 자기자본 비율, 즉 위험 가중 자산에 견준 자기자본 비율을 8% 아래로 유지하라는 규율을 일방적으로 관철하는 과정이었습니다. 이 조건에 부합하지 않는 금융·비금융 기업들을 매각, 청산, 통·폐업, 정리하는 절차들이 이어집니다. 금융위기를 거치며 부실화된 은행들을 부도 처리하거나 투입된 공적 자원을 활용해 통폐합한 다음 해외자본에 매각해 정리한 뒤에, 채권자인 은행을 통해 지금 설명한 재무적·화폐적 논리를 기업에 강제하는 형태의 산업 구조조정이 뒤따라 일어납니다. 5대 재벌 사이에서는 '빅딜(big deal)'이란 이름의, 과잉 설비된 산업들을 사업 교환 방식으로 축소하는 상대적으로 자율적인 형태의 과잉투자 조정이 이루어집니다. 반면, 이보다 작은 재벌들 사이에서는 '워크아웃(work out)'을 통한 채권 은행 주도의 회생 또는 청산 절차가 진행되었습니다. 재무 건전성과 업종 전문화, 상호 지급 보증의 해소 등을 목표로 진행되었던 이 구조 개혁에 어떠한 방식으로 적응하느냐에 따라 재벌의 운명이 갈리기도 했어요. 능동적 적응을 통해서 세계적인 선도 기업으로 나아간 삼성과 LG가 있었던 반면에, 기존의 사업 관행을 고수하거나 소극적으로 저항하다가 그룹 해체나 계열 분리를 겪은 재벌도 있었어요. 전자의 대표가 대우고요, 후자가 현대예요.

이런 식으로 초국적 금융자본과 신자유주의적 경제 관료들의 주도로 한국 자본주의를 재무-금융적 논리에 부합하는 방식으로 재편하는 구조조정이 이루어졌습니다. 신자유주의적 금융 축적에 유리한 사회·경제적 관계들은 이 과정을 거치며 한국 사회에 깊이 뿌리내리게 됩니다.

5. 한국 경제와 글로벌 자본주의: 새로운 통합의 형태

1) 금융(세계)화의 비대칭성

신자유주의의 핵심을 '금융화'라고 할 때 '신자유주의화된 한국 사회가 과연 금융화되었는가?'라는 질문이 제기됩니다. 일부 연구자들은 실물 영역에서 '금융'으로의 이윤의 유출, 즉 산업자본에 대한 금융자본의 지배나 비금융법인의 금융 활동 증가, 산업 활동에 주력했던 비금융법인들이 점점 더 금융을 통해서 부를 축적하는 일을 금융화로 바라보면서, 한국 사회에서는 그런 현상들이 아직 크게 진전되지 않았다는 유보적인 시각을 보이기도 했습니다. 그렇지만 금융화라는 개념의 핵심은 금융자본의 지배나 금융으로의 이동이 아니라, 이윤율 하락을 매개로 자본주의 경제 전체가 금융적인 축적 방식을 중심으로 재편되는 변화에 있습니다. 경제적 행위자들 전체가 여기에 연루되는 변화를 말합니다. 비금융 기업들이 점점 더 금융적 부를 축적하려 몰두하는 것 역시 그러한 변화의 일면일 뿐이죠.

그렇기에 금융화에 대한 잘못된 이해를 바탕으로 2000년대 이후 한국 사회에서 나타났던 차별적인 경향들, 예를 들어 수출과 생산에 대한 의존이 커지고, 재벌 체제가 더욱 강화되고, 금융자산 비중의 증가는 더디고요. 유동화 상품의 성장 속도가 서구에 비해 늦고, 증권 투자 대신 부동산 투자에 몰두한다든지 하는 현상들을 금융화를 부정하는 사례로 단정하는 것은 적절하지 않습니다. 그것들은 미국 사회에서 나타난 금융화의 전형에 부합하지 않는, 따라서 한국은 금융화되지 않았다는 것을 보여 주는 증거가 아니라 오히려 위계화된 금융화의 질서, 금융 세계화의 구조 안에서 한국 자본주의가 차지하는 위치를 반영하는 현상입니다. 신자유주의적 금융화에 앞서 존재했던 역사·제도적 유산의 영향으로 인해 그 전개 양상이 달라진 결과라는 시각에서도 이해해 볼 필요가 있습니다.

이렇게 보면 글로벌 생산체계, 금융체계와 한국 자본주의가 어떠한 관계를 맺고 있는가가 중요해집니다. 외환위기를 거치며 금융시장이 완전히 개방되면서 한국의 금융시장은 글로벌시장과 완전히 통합되었습니다. 특히, 국내 기업에 대한 외국인의 지분 투자를 제한하는 외국인 주식 소유 한도 제도가 폐지되면서 외국자본이 정말 물밀듯이 들어와요. 여기서 중요한 것은 단순히 들어왔다가 아니라 어떤 형태로 들어왔냐는 것입니다. 외국자본은 주로 증권 시장, 그중에서도 수익성 높은 주식시장에서 은행과 기업들의 주식, 곧 소유권에 투자했습니다. 6대 시중은행의 외국인 지분율은 조금씩 변동이 있겠습니다만, 60~70%를 오르내리고 있고요. 주요 시중은행 가운데 외국인 지분율이 50% 이하인 곳은 딱 하나뿐이죠, 우리은행. 국내 굴지의 상장 기업들 가운데서도 외국인 지분율이 50%를 넘는 곳은 꽤 많습니다. 교과서와 달리 주식시장은 기업이 (장기) 생산 자금을 조달하는 창구로는 거의 쓰이지 않습니다. 따라서 유입된 자본에서 발생하는 수익은 대개 배당과 시세 차익, 다시 말해 금융 지대라는 형태로 주주들에게 되돌아가게 됩니다. 이런 식으로 생산자본의 소유권 이전과 금융 채널을 통한 자본의 유출이 진행됩니다.

신자유주의적 금융 세계화 이후 자본의 국제 이동이 활발해지면서 국제분업의 양상에도 큰 변화가 생겼습니다. 미국계 초국적 기업들을 중심으로 직접투자와 아웃소싱 등이 증가하면서 새로운 생산기지로서 신흥 경제의 위상이 커집니다. 미국과 같은 중심부 자본들은 이제 직접 생산을 통해서 시장을 장악하는 방식을 택하는 것이 아니라, 기술적 우위를 바탕으로 가장 핵심적인 투입물만을 생산하거나 지식 또는 특허 이용권의 판매를 통해 로열티를 받는 형태로, 반대로 상대적으로 덜 중요한 생산 과정들은 해외 자회사나 아웃소싱 업체로 이전하거나 다른 나라 자본으로부터 조달하는 방식으로 활동합니다. 물론, 이런 변화는 중심부와 신흥 경제 사이에 생산성이나 기술의 격차가 어느 정도 좁혀져서, 과거에는 생산하지 못했던 중간재나 완성품들을 신흥 경제가 생산하는 현상을 반영합니다만, 여전히 핵심 기술에 있어서는 거리가 있습니다.

한국 경제는 이렇게 재편된 글로벌 가치사슬 안에서 중요한 중간재 생산자, 일부 품목에 있어서는 완성품을 제조하는 역할을 맡고 있습니다. 삼성과 하이닉스가 만드는 반도체나 삼성·SK·LG가 만드는 배터리, 삼성·LG의 디스플레이 등의 중간재가 대표적인 사례입니다. 결국, 세계경제의 이러한 구조적 전환으로 인해서 전에 없던 경제적 관계가 중심부와 신흥 경제 사이에 형성된 것입니다. 중심부와 신흥 경제 사이에 존재했던 전통적인 경제적 관계는 이런 형태였죠. 상품 가치의 차이가 뚜렷한 두 상품, 가령 고부가가치를 가진 공산품 및 생산설비와 1차 산품 또는 저부가가치의 공산품 간 교역입니다. 결국, 이런 교역이 반복됨에 따라 중심부 경제는 오랫동안 개발도상국에 대해 무역흑자를 달성하고요. 그렇게 획득한 잉여 자금은 다시 신흥 경제에 외채로 제공합니다. 결국, 경제적 상호작용이 되풀이되면 될수록 신흥 경제는 외채와 무역적자의 누적이라는 구조적 문제를 안게 됩니다. 종속이론을 비롯한 많은 좌파 국제무역 이론이 바로 이 점을 비판했던 것입니다. 앞서 살펴본 1960~1970년대 한국의 경제위기도 이러한 관계의 연장에서 발생했던 것이었어요. 그런데 오늘날 중심부와 신흥 경제 사이에는 정반대의 결과가 나타나고 있어요. 외채와 무역적자의 누적이 아니라 외환보유고의 증대와 무역흑자의 누적이라는 일찍이 없던 현상이 출현한 것입니다.

2) 수출 의존성과 재벌 체제의 강화

결국 이러한 조건들에 힘입어 수출에 의존한 성장 구조는 금융화 이후에도 계속되게 됩니다. 그런데 한국 자본주의가 세계시장과 완전히 통합된 상황에서는 외적 축적 조건들을 관리하기 위해 이전까지 사용해 왔던 방식들 대부분이 쓸모없게 되고, 사실상 쓸 수조차 없게 됩니다. 실제로 한국 경제의 성장을 뒷받침했던 산업정책, 무역정책, 신용정책 등은 신자유주의적 전환의 과정에서 제기된 국내외의 압력으로 인해 끝내 종결됩니다. 물론 그렇다고 해서 자본 유치를 위한 인프라 투자나 감세, R&D에 대한 지원을 비롯한 기능별 지원책이 사라지진 않아요. 그러한 방식의 국가 지원은 여전히 이어지지만, 이를 발전주의 정책의 연속으로 보기는 어렵습니다. 그런 정책들을 논거로 내세우며 한국은 여전히 발전주의 국가라고 주장하는 분들이 더러 있기는 하지만, 사실 이 정도의 산업 지원은 어느 나라나 하는 것들입니다. 정도의 차이가 있을 뿐이죠.

개방경제의 조건에서 중요해진 것은 수출경쟁력에 있어서 가장 중요한 요건이면서 정부도 나름대로 개입할 수 있는 영역인 환율 관리를 위한 개입, 곧 환율정책입니다. 외환위기를 겪은 뒤 한국 정부는 금융위기를 막고 환율도 안정적으로 관리할 목적에서, 외환시장에서의 필요보다 훨씬 더 많은 양의 대외 준비 자산을 비축해 나갑니다. 수출도 잘 되고 외국인 투자도 많이 들어오고 금융기관들도 더 많은 돈을 해외에서 빌려 오는 상황, 그래서 과거보다 훨씬 많은 양의 외환이 들어오는 상황인데요. 그 외환을 그대로 방치하면 어떤 문제가 생길까요? 원화 가치가 올라가고 물가도 상승하겠죠. 그런 문제들을 방지하기 위한 국가 개입이 나타납니다.

한국 정부는 외국환평형기금채권, 보통 외평채라고 부르는 국채를 발행해서 외환을 흡수하는데요. 그러면 통화가 늘겠죠. 채권을 발행해서 외환을 흡수하니까요. 그렇게 늘어난 통화를 통화안정채권(통안채)으로 다시 흡수하면서 물가를 안정시키는 정책이 이어집니다. 그런 뒤에 흡수한 외국환을 다시 해외 금융시장에 투자하는 형태로 재환류시키면서 환율 인상을 억제하는 과정이 나타납니다. 수출을 통해서 벌어들일 외환을 미국 국채를 비롯한 주요 국가들의 국고채나 회사채에 외환보유고의 형태로 축적하는 방식으로, 수출 경제에 유리하게 환율 조건을 관리하는 것입니다. 결국, 외평채나 통안채나 다 국채입니다. 물론 통안채는 한국은행 채권이긴 합니다만, 그것도 넓게 보면 국가 부채에 속한 것이에요. 국가 부채를 늘리는 방향으로 수출주도형 성장에 필요한 축적 조건을 정부가 관리하고 있는 것입니다. 바꿔 말하면 수출 대기업의 성장에 필요한 경제적 비용이 국가 부채를 매개로 사회에 이전된다고 할 수 있습니다.

이런 측면에서 한국 자본주의의 오랜 특징이기도 했었던 수출주도형 성장 체제는 신자유주의화를 거치면서 오히려 더 강력한 형태로 거듭납니다. 실제로 국내총생산(GDP)에 견준 수출의 비중이 과거보다 늘어요. 수출 의존성이 더 커진 것이죠. 환율정책을 배경으로 한 원화 가치의 상대적 저평가뿐만 아니라 미국 경제의 신자유주의화로 부풀려진 신용과 부채가 조장한 미국의 소비 팽창, 중국과 동남아시아의 산업화로 생겨난 중간재 등에 대한 해외 수요 폭증 등에 힘입어 수출 경제가 더욱 활성화되는 양상이 2000년대 이후부터 줄곧 펼쳐졌습니다.

사실, 수출 경제의 이러한 활성화는 한국뿐만 아니라 동아시아 지역 대부분이 근래에 공통으로 겪었던 변화입니다. 전 지구적인 경제적 연결망 속에서 지역경제 전체가 글로벌 생산기지로 공고화된 것이에요. 물론, 이러한 변화에는 중심부 경제인 미국 시장이나 미국의 초국적 기업들과 맺게 된 새로운 관계뿐만 아니라, 일본이나 한국과 같은 선발 국가의 자본들이 펼친 생산의 세계화 전략도 중요하게 작용합니다. 중심부가 아닌 지역들을 하나로 통칭했던 여러 표현, 이를테면 개발도상국, 신흥 경제, 제3세계 등이 있지만, 이들을 하나로 묶는 공통성은 점점 더 희미해지고 있습니다. 수출과 생산에 기반한 경제성장은 (극소수 선진국 경제를 제외한다면) 사실상 동아시아 지역만이 누렸던 예외적 조건이라고 할 수 있습니다. 이것이 바로 오늘날 동아시아 지역이 글로벌 자본주의에 편입된 특수한 양상이에요.

수출주도형 성장 체제가 강화되면 수출 부문에서 주로 활동하는 재벌의 경제적 권력도 확대될 수밖에 없죠. 이 점에서 한국의 신자유주의화는 재벌 체제를 억제하지 않고, 오히려 강화하는 결과를 만들어냈어요. 조금 자세히 설명할게요. 금융 세계화가 불러온 새로운 위험에 직면한 한국 재벌들은 크게 두 가지 방식으로 대응하는데요. 우선, 그들은 주주 평가라는 새로운 기업 평가의 기준에, 그리고 주식시장에서의 적대적인 인수합병이나 경영권 공격 가능성과 같은 새로운 위험 환경에 노출되게 됩니다. 이에 대응해 한편으로는, 구조조정이나 부채 축소, 사내 유보금과 금융자산의 축적, 자사주 매입 등을 통해 주식 가치를 높게 유지하고 경영권을 방어하기 위해서 노력합니다. 자본시장 중심으로 재편된 경제질서에서는 높은 주식 가치가, 주식 차익과 배당을 늘려 주주가치를 실현하는 ('주주가치 경영') 수단일 뿐만 아니라 기업의 지위와 평판, 자금 조달력 등을 포함한 경제적 권력을 신장시킴으로써 더 크고 안정적인 이익 흐름을 만들어내는 방법으로 인지되기 때문이죠. 다른 한편으로 재벌들은 중국과 동남아 등지에 대한 직접투자를 늘리면서 생산의 세계화 과정에 적극적으로 편승해 나갑니다.

생산체계 면에서 한국의 재벌들이 어떻게 생산 방식을 재조직했는가를 들여다봅시다. 재벌들은 자신이 가진 자금 동원력과 빠르고 집중된 의사결정 능력 등을 바탕으로, 막대한 설비 투자와 공정 자동화, IT 기술에 기반한 모듈형 생산으로의 전환을 시도함으로써 자본 집약적 첨단 산업 분야의 '조립형' 생산 체제를 강화해 나갔습니다. '조립형 산업화'라는 말은 핫토리 타미오(服部民夫)나 정준호 선생 같은 분들이 사용하는 개념인데요. 한국 산업화의 특징을 조립형 산업화로 보는 시각입니다. 한국의 산업화는 완제품 생산에 필요한 자체적인 숙련이나 기술 기반이 없는 조건에서 시작되었죠. 그러다 보니까 수입한 부품과 소재, 기계를 이용해 물건을 생산·조립해 수출하는 방식으로 산업화가 진행되었다는 설명입니다. 여기서 초점은 한국 기업들의 경쟁력 자체가 작업장 레벨에서 만들어진 숙련에 의존한 제품 기술의 혁신이 아니라 오히려 규모의 경제에 있다는 데 있어요. 규모의 경제에 의존한 대량생산과 공정 기술의 축적, 공정 기술상의 혁신을 통한 중간 숙련의 대체, 장시간 노동과 단가 절감, 이런 것이 경쟁력의 원천이라는 생각입니다. 쉽게 말하면 설비 투자와 물량 공세, 가격 공세 등을 중심으로 한국 기업의 경쟁력이 확보되었다는 이야기입니다. 현재 한국 기업들이 강점을 보이는 첨단 산업에서도 이러한 특징은 계속 관찰됩니다. 다만 차이가 있다면 로봇이나 IT 기술을 바탕으로 한 거대한 설비 투자 능력 ─ 로봇 밀도를 기준으로 보면 한국은 세계 제조업 국가 가운데 가장 선두권에 속하는 나라입니다 ─, 자동화에 의한 고용 축소, 아웃소싱이나 비정규직화를 통한 노동 비용의 절감 기술, 이런 것들이 새로운 경쟁력의 원천이 된다는 점 정도일 겁니다.

결국, 지금 설명한 이 모든 과정이 한국 자본주의 전반에서 '고용 없는 성장'을 강화하는 결과를 만들어 냅니다. 한국 경제가 준수한 성장을 보이고 삼성이나 현대차, 포스코와 같은 기업들이 세계적인 선두 기업으로 도약했다 하더라도, 현재와 같은 재벌 중심의 수출주도형 성장 체제 아래에서는 그 수혜가 결코 사회 전체로 확대되지 않습니다. 재벌에게는 수출 혜택뿐만이 아니라 여러분이 일상에서 많이 듣는 '9만 전자', '10만 전자' 같은 말로 표현되는 금융 수익이 집중되지만, 거기에 포함되지 못하는 비수출산업이나 중소기업, 이와 관련된 이해 당사자들, 재벌사업장에서 일하더라도 비정형 노동을 하거나 취약한 고용 지위에 있는 노동자들에게는 그러한 수혜가 돌아가지 않습니다. 오히려 앞에서 국가 부채를 예로 들어 설명했던 것처럼 성장에 필요한 비용을 사회가 부담해야 하는 역설적인 결과가 나타납니다.

6. 신자유주의적 전환이 삶에 미친 효과: 사회 재생산의 위기와 사적 경쟁의 격화

1) 불안정 고용과 소득 불안

자본주의 재편의 영향은 사람들의 삶의 영역에 그대로 이어질 수밖에 없습니다. 예외가 아니라 일상이 되어버린 노동의 유연화와 구조조정의 물결, 수출주도형 성장과 재벌 중심의 조립형 생산체계가 강화되는 파장 속에서 진행되는 '고용 없는 성장'의 과정, 사실 이 모두는 고용의 안정성과 소득 기반 자체를 뒤흔드는 결과를 만들어 냅니다. 정부가 발표하는 비정규직 통제는 실제보다 과소평가되어 있습니다. 한국노동사회연구소에 계신 김유선 선생이 매년 '경제활동인구조사'의 부가 조사를 이용해서 정부 통계를 재조정한 뒤 임시직과 파견직, 시간제나 특수 고용 등을 다 포괄해서 비정규직 규모를 집계하고 있는데요. 그것을 보면 2000년 비정규직 규모가 59.34%인데요. 그만큼은 아니지만 2020년에도 여전히 41.4%가 비정규직일 정도로 불안정

노동인구의 비중은 큽니다. 물론 여기서 배제된 비정규직 노동자들, 형식적으로는 정규직의 형태입니다만 실질적으로는 비정규직에 가까운 노동자들도 꽤 있을 겁니다. 소득 측면에서 실질 임금의 변동을 보면 성장과 추락, 주기적인 마이너스 성장을 반복할 정도로 소득 불안이 팽배해 있어요. 한국 경제의 상징과도 같았던 높은 가계 저축률 역시 2000년대 이후에는 5~7%대로 떨어져 있는 상태입니다. 임금 노동자들의 삶을 떠받치는 고용 체제, 고용과 소득을 둘러싼 사회적 관계 안에 커다란 문제가 존재하고 있는 것입니다.

그렇다고 해서 예전 노동자들은 안정적으로 살았느냐? 그렇지 못했죠. 노동사회학에서 보통 분절 노동시장이라고 하죠. 노동시장 자체가 1차 시장과 2차 시장, 내부 시장과 외부시장으로 분절되어 있다는 말인데요. 숙련이나 조직 역량을 통해서 고용의 안정성과 노동 조건, 임금, 복지 등에서 우월한 지위를 누리는 1차(내부) 노동시장과 그렇지 못한 2차(외부) 노동시장 간의 분단이, 구조적 거리가 존재한다는 이론입니다. 한국의 경우는 이 내·외부 노동시장 간 분절 정도가 매우 큰 고용 체제가 특징적이었습니다.

흥미로운 사실은 그러한 분절이 제도화된 시점이 민주화 이후였다는 점이에요. 민주화와 함께 고양된 노동운동의 힘을 바탕으로 일부 사업장에만 존재했던 내부 노동시장이 다수의 기업으로 확대되고, 내부 노동시장 안에서는 임금 협상과 단체 교섭을 통해 연공 임금제의 확대가 일어나요. 내부 노동시장에 적용되는 규칙이나 관행들이 제도화되고, 고용 조건 또한 개선되는 변화가 그때 나타났습니다. 내부 노동시장 안에서는 단체 교섭을 매개로, 즉 노사 간 경쟁을 거치면서 이러한 변화들이 나타났던 반면, 외부 노동시장은 여전히 시장 메커니즘을 따라 기업의 이해가 관철되는 형태가 지속됩니다. 그 결과 한국의 분절 고용 체제는 노동시장 사이의 불균형이 매우 심한데다가 불안정성도 큰 형태로 짜이게 되어요. 연공형 임금의 혜택을 입는 대기업 정규 노동자와 그렇지 못한 노동자 사이의 임금 격차가 매우 컸고요. 형식적으로는 불법 파견이 금지되어 있긴 했지만 이를 제어하는 규제 장치는 거의 없었습니다. 내부 노동시장의 관행 역시 노사 협상을 통해 만들어졌던 것이었기에, 제도화 수준도 낮고 타협 역시 잠정적인 형태로 이루어졌습니다. 고용의 안정성이 견고하게 유지된 것도 아니에요. 보통 한국과 일본을 묶어 연공서열과 장기 고용에 입각한 고용 체계로 분류합니다만, 한국의 경우는 체계의 안정성이 일본보다 훨씬 약했어요. 장기 고용을 뒷받침하는 제도적 수단도 없었고, 기업들 역시 희망퇴직이나 명예퇴직이라는 이름의 감원을 필요에 따라서 자행하곤 했습니다.

민주화 이후 강화된 노동체제의 분절성은 신자유주의화를 거치면서 오히려 더 심화되어요. 기업 내부 노동시장이 약화되고 시장의 성격 역시 크게 변화하는 양상이 한편으로 나타납니다. 불안정 고용이 늘어나고 해고와 비정규직화가 많아지면 고용 안정성도 당연히 낮아지니까요. 성과연봉제의 확산으로 연공형 임금에 기반한 임금 체계 역시 위협받습니다. 그 결과 1차 노동시장에 속한 노동자들 사이에 경쟁이 커집니다. 다른 한 편에서는 외부 노동시장이 급팽창하는 결과가 나타납니다. 기업 내부 노동시장이 줄어들면서 생긴 공간을 외부 노동시장이 대체하는 결과가 나타난 것입니다. 그런 식으로 고용 체제 전반의 불안정성이 커지는 양상이 전개되었습니다.

물론, 그렇다고 해서 한국의 고용 체계가 신자유주의 이론이 지향하는 완전 경쟁 시장으로 변했다고 말할 수는 없습니다. 내부 노동시장에 속한 노동자들에게는 여전히 임금 체계의 연공성이 유지되고 있고요. 성과급도 과거 연공형 임금의 '변형'처럼 활용되는 경향이 있어요. 그들이 누렸던 고용 안정성이 완전히 해체된 것도 아닙니다. 사실 변화는 매우 이질적인 방향으로, 복합적으로 전개되었다고 보는 것이 맞을 겁니다. 그럼에도 불구하고 분절성이 이미 컸던 노동 체계 내부의 분절이 더욱 심화되고 경쟁도 커지는 변화가 일어난 것은 분명합니다.

정리하여 말씀드리죠. 한국 자본주의 전반의 신자유주의화라는 거시적인 구조 변동은 분절 고용 체계라는 매개항을 통해 고용과 소득 불안이라는 삶의 문제로 전환되고 있습니다. 상대적으로 더 접근이 더 어려워진 안정된 노동 지위와 생활 기회, 생애 전망을 둘러싼 격렬한 사회 경쟁과 갈등이 나타날 수밖에 없는 까닭이 여기에 있습니다.

2) 한국의 가계는 금융과 어떻게 연결되었는가?

임금을 대신하거나 보충할 수 있는 생활자원들도 물론 있습니다. 대표적인 것이 복지 서비스를 통해 제공되는 사회 임금이고요. 금융을 통해 제공되는 신용도 그렇습니다. 자산이나 사적 이전 같은 것들도 있겠죠. 신자유주의화로 커진 사회 불안에 대처하는 차원에서 복지 지출이 팽창한 것은 사실이지만, 안정된 생계를 보장할 정도의 안전망에는 크게 못 미친다는 것이 학계의 중론이에요. 요즘 유행하는 말로 '가족 찬스', '아빠 찬스', '엄마 찬스'에 기댈수 있는 사람은 결국 일부뿐이니, 이것이 사회적 대안이 될 수는 없습니다. 그럼 남는 것이 무엇이냐면 신용과 축적된 소득으로서 자산입니다. 그런데이것들은 주로 금융을 통해 공급·운용될 뿐만 아니라, 금융/자본(산)시장에서 가치가 변하는 것이에요. 이제 여기에서 부족해진 삶의 자원들을 금융화된 자본주의 아래에서 원활하게 확보할 수 있는지의 문제가 제기됩니다.

가계 금융화: 투자 측면

금융체계와 사적 주체들의 경제적 삶이 곧바로 연결되는 변화는 금융화로 촉발된 대표적인 변동 가운데 하나입니다. 금융자본주의의 수사나 담론들 또한 '금융의 민주화'나 '신용의 민주화'와 같은 장밋빛 미래를 내세우기도 합니다. 가계의 경제생활이 변화된 금융의 축적 회로에 직접 통합되는 현상을 학문적으로는 '가계 금융화(household financialization)'라고 부르는데요. 이것을 금융 연관의 심화, 즉 '대출과 금융자산 보유를 통해 가계가 금융체계와 점차 연결되는 현상'의 진전으로 측정할 수 있습니다. 여기서 파생적인 질문들이 생깁니다. 가계와 금융의 상호 통합이 존재하느냐? 통합이 있다면 어떤 요소를 중심으로, 가령 금융 투자를 중심으로 일어나느냐, 아니면 소비와 부채 측면에서 일어나느냐? 이로부터 유발되는 사회적 효과는 무엇이냐? 등의 물음입니다. 신자유주의 전환 이후 한국 사회에서 출현한 가계 금융화의 양상을 살펴봄으로써 금융과의 조우가 평범한 사람들의 재생산 조건에 미친 영향을 확인할 수 있습니다.

먼저 말씀드릴 것은 GDP 대비 개인 부분 금융자산과 부채 비중으로 보나, 가계 자산 대비 금융자산과 부채의 비율로 보나 가계 금융화 추세가 통계적으로 명확히 확인된다는 점입니다. 문제는 금융 투자 상품과 부채라는 두 요소 가운데 어떤 것이 변화를 주도했느냐입니다.

먼저, 투자 측면을 살펴보죠. 신자유주의의 진전을 말하면서 많이 이야기하곤 하는 '대중 투자 문화'의 확산, 금융 투자의 활성화가 어느 정도까지 진척되느냐를 검토하겠습니다. 주식과 출자금, 그리고 펀드를 합친 투자성 자산 보유의 활성화를 증권 보유 가구의 비중 변화를 통해서 확인할 수 있는데요. 〈그림 5-1〉은 외환위기 이후 시기 전체를 포괄하는 유일한 가구 단위 조사인 '한국노동패널(KLIPS)'을 바탕으로 증권 상품을 보유한 가구의 비중이 소득 수준에 따라 어떻게 달라지는지 나타냅니다. 여기서 가장 놀라운 것은 금융 투자의 대중화라는 통념과 달리 증권 보유율의 성장은 2005~2007년이라는 비교적 짧은 기간에 집중되었다는 점입니다. 이 예외적인 국면을 뺀다면 증권 보유 가구는 전 소득계층에서 오히려 완만한 하강세를 보이고 있어요. 다만 여기 포괄하지는 않았습니다만 코로나-19(Covid-19) 이후에 재활성되었을 가능성은 충분히 있습니다. 물론, 여기서 드러나는 예외적 성장이 금융 문화의 영향을 거의 받지 않는 1분위를 뺀 모든 계층에서 나타났기 때문에 확산 현상이 전혀 없었다고 말할 수는 없습니다. 하지만 그러한 예외적 성장 역시 소득에 비례하는 형태로 나타났습니다. 중상위 소득계층에 집중되었던 것이죠. 이를 토대로 '금융 투자 문화'는 그 유행 시기나 계층적 범위

그림 5-1
소득분위별 증권 상품 보유 가구의 비중 변화(1998~2015)

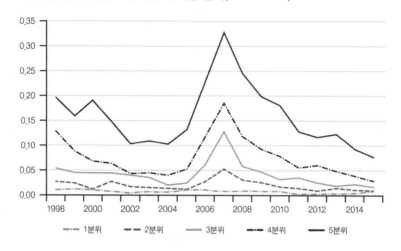

주: 주식, 채권 및 신탁자산으로 구성(적립식 펀드 포함).
자료: 한국노동패널 원 자료(2~19차)에서 재구성. 김명수, 「가계 금융화의 굴절과 금융 불평등: 한국 가계의 금융통합 양상에 관한 경험적 고찰」, ≪한국사회학≫, 54(1)(2020), 150쪽에서 인용.

를 볼 때 상당히 제한된 현상이었다고 평가할 수 있습니다.

금융 투자의 대체 요소로 주택 투자를 생각할 수도 있겠죠. 금융이 아니라 주택, 부동산 투자를 통해서 투자가 대중화되었다는 가정입니다. 한 번 검증해 보겠습니다. 금융 투자의 대체 요소로 주택 투자를 내세울 때 중요하게 고려하는 설명 고리가 증권화 현상입니다. 증권화를 통해서 실물 자산이었던 주택이 금융자산으로 변환되어 거래되느냐, 그러한 투자 붐이 존재했느냐는 질문인데요. 그런 사례는 2007~2009년 세계금융위기를 잉태한 서브프라임 모기지론(sub-prime mortgage loans)에 의해 전형적으로 드러납니다. 국내에서도 일부 연구자들이 이러한 현상의 진전을 이유로 들어 금융 투자의 한 형태로서의 주택 투자를 말하기도 했습니다.

이러한 논의의 적실성을 판단할 관건은 결국, 2000년대 이후 부동산 시장의 활황을 배경으로 나타났던 주택 자산 보유의 확대 현상을 어떻게 해석할

표 5-2

주택담보대출 시장 구성: 일반 시장과 유동화 시장

(단위: 조 원, %)

	2004	2006	2007	2008	2009	2010	2011	2012	2013	2014	2015
1차 시장	237.3	292.4	285.3	316.7	350.4	380.0	412.2	428.1	446.3	493.0	536.8
(일반 시장)	(98.8)	(97.9)	(97.2)	(96.7)	(96.4)	(96.0)	(95.5)	(94.4)	(96.4)	(96.4)	(90.3)
2차 시장	2.9	6.4	8.2	10.7	13.1	16.0	19.4	25.4	16.8	18.3	57.4
(유동화 시장)	(1.2)	(2.1)	(2.8)	(3.3)	(3.6)	(4.0)	(4.5)	(5.6)	(3.6)	(3.6)	(9.7)
대출 총액	240.2	298.8	293.5	327.4	363.5	396.0	431.6	453.5	463.1	511.4	594.2
	(100.0)	(100.0)	(100.0)	(100.0)	(100.0)	(100.0)	(100.0)	(100.0)	(100.0)	(100.0)	(100.0)

자료: 김명수, 「가계 금융화의 굴절과 금융 불평등: 한국 가계의 금융통합 양상에 관한 경험적 고찰」, 152쪽에서 인용.

것인지에 있습니다. 그것이 과연 '주택의 증권화'를 수반하는 현상이었는지, 부채 조달을 통한 주택 구매를 범계층적인 투자 행동으로 볼 수 있는지 아닌지가 주된 판단의 근거가 되는데요. 2000년대 이후 주택담보대출 시장의 구성(〈표 5-2〉)을 보면, 한국주택금융공사의 출범을 기점으로 형성된 유동화 대출 시장 ─ 증권화된 시장입니다 ─ 의 비중이 2014년까지도 대개 5%를 밑돌 정도로 성장이 더딥니다. 다시 말해, 2000년대 이후의 주택시장 붐을 이끈 것은 주택담보대출 채권의 유동화에 기초한 '주택의 금융화'가 아니라, 금융 중계를 통한 전통적인 주택금융의 활성화였던 것입니다. 더구나 주택금융의 이 개방을 자가 보유 촉진 목적의 장기 주택자금 지원이라고 보기도 어려워요. 한국 사회의 주택담보대출은 변동금리 위주의 단기 대출, 거치식 상품 구조, 낮은 담보 인정 비율 등이 특징인, 그리하여 그 주된 목적을 신용 회수와 금융 수익에 두는 지대 추구 수단으로 대개 운영되어 왔어요. 증권화의 지체 속에서 막혀 있던 주택금융이 열렸지만, 그러한 대출이 주로 투기적 목적에 부합하는 상품을 중심으로 운용되었다고 평가할 수 있습니다.

그렇다면 이렇게 열린 주택담보대출은 누구에게 돌아갔을까요? 차주(借主) 특성을 보여 주는 미시 시계열 자료가 없어서 정확히 알 수는 없습니다. 다만 유관 지표들을 이용해 간접 추론을 할 수는 있습니다. 주택담보대출에 힘입어 중하위 소득층 중 일부가 주택 소유자로 합류하는 변화가 있었던 것은 분명합니다. 그리고 그 안에는 새롭게 열린 부채접근권을 이용해서 팽창하는 주택시장에 편승하려는 투자의 대중화 현상이 어느 정도 나타난 것도 사실이에요. 그런데 유념할 것은 이러한 편승 효과보다 더 커다란 신용과 자본이득의 집중 현상이 있었다는 점입니다. 실제로 담보대출 대부분은 중상위 소득계층에 집중됩니다. 금융과 시장 행위자들 사이에 형성된 독특한 소득과 위험의 교환 메커니즘을 통해서 그들에게로 자본이득이 집중되는 결과가 나타났습니다. 금융기관들은 단기 고위험 대출상품을 판매함으로써 시스템에 내장된 금융 위험을 수요자들에게 떠넘기는 한편, 집값 상승으로 생기는 자본이득 일부를 금융 이자나 수수료의 형태로 나눠 갖습니다. 이렇게 보면 수요자들에게 대단히 불리해 보이죠. 하지만 그들 또한 팽창하는 주택시장에서 생길 단기자본 이익을 기대하며 그러한 위험을 기꺼이 떠안아요. 그 위험조차 실은 세입자나 미래의 소비자들에게로 떠넘길 수 있는 것이었어요. 이런 식으로 주택 대출의 폭발은 상위 계층으로의 부의 집중을 더 강화하는 결과를 만들어 냅니다.

〈그림 5-2〉에서 개별 소유자들이 얻은 부의 크기를 개략적으로나마 제시해 보았습니다. 이 그림은 '가계동향조사'를 기준으로 1998년 이래 가구별 월평균 실현, 즉 화폐화된 자본소득의 추이를 나타냅니다. 이를 보면 점유 형태에 따른 자산소득의 격차는 뚜렷하고 더욱 확대되어 왔어요. 조사의 특성상 다주택자가 빠지는 한계가 있는데요. 그들을 빼더라도 주거와 소유를 분리한 자가 보유 임차 거주자들 ― 자기 집이 있는데 거기 안 살고 세 들어 사는 사람들이죠 ― 과 일반 자가 소유자 및 전세 세입자 사이의 분단이 강화되는 양상이 보여요. 여기에 못 드는 월세 세입자들은 맨 아래에 있죠. 다주택자와 자가 보유 임차 거주자로의 소득 집중 현상이 맹렬하게 나타나고 있음을 보여 주는 증거입니다.

그림 5-2

점유 형태별 월평균 실현 자산소득 추이

(단위: 만 원)

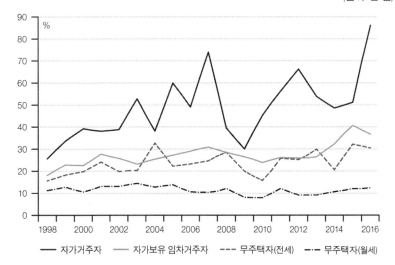

— 자가거주자　　— 자가보유 임차거주자　　--- 무주택자(전세)　　-·- 무주택자(월세)

주 1: 도시가계 대상(상하위 0.05% 극단값 배제), 주택 소유 정보가 반영된 1998년 이후 조사치만 수록.
주 2: 월세는 보증부월세와 사글세 포함.
주 3: 실현 자산소득: 임대소득 + 재산소득(이자, 배당, 기타재산소득) + 자산변동수입.
자료: 가계동향조사 마이크로데이터(1998~2016)에서 재구성. 김명수, 「가계 금융화의 굴절과 금융 불평등: 한
　　　국 가계의 금융통합 양상에 관한 경험적 고찰」, 158쪽에서 인용.

가계 금융화: 소비(부채) 측면

주택 투자를 중심으로 부분적으로 나타났던 투자의 확산보다 더 극적인 변
화가 소비 영역에서 일어납니다. 부채에 기반한 소비가 가계 소비를 구성하
는 중요한 요소로 부상한 것입니다. GDP에 견준 가계 최종 소비지출의 비
중은 1980년 61.5%에서 2017년에는 45.8% 수준으로 떨어지는데요. 가계
처분가능 소득 비중도 마찬가지로 1980년에 70%에서 2017년 55.7%로 떨어
집니다. 반면, 개인 부문 부채의 비중은 같은 기간 16.1%에서 97.5%로, 가
계 신용은 집계가 시작된 1994년 31.7%에서 2017년 83.38%로 급증합니다.
앞서 말씀드린 것처럼 실질 임금 성장이나 소비 여력 확대가 제대로 일어나
지 않았으니, 실제로는 가계 신용이 소비 수준을 지킨 것입니다. 소비를 매

그림 5-3

소득분위별 금융기관 부채 보유 가구 비중 추이

(단위: %)

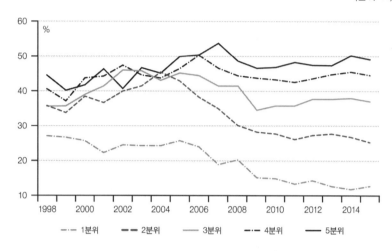

자료: 한국노동패널(KLIPS) 원 자료(2~19차)에서 재구성. 김명수, 「가계 금융화의 굴절과 금융 불평등: 한국 가계의 금융통합 양상에 관한 경험적 고찰」, 162쪽에서 인용.

개로 한 가계와 금융의 결합이 진전되었다고 볼 수 있습니다.

그렇다면 부채접근권은 넓게 보장되었는가? 한국노동패널 자료를 이용해 금융기관 부채 보유율, 즉 부채 보유 가구 비중의 변화를 살펴봤습니다. 〈그림 5-3〉을 보시면 2007년을 기점으로 반전이 나타납니다. 2007년 이전까지는 소폭의 하락이 있었던 1분위를 뺀 나머지 모든 계층에서 대체로 일관된 보유율 확대 추세가 나타났던 반면, 이후에는 전반적 퇴조 추세 속에서 분절이 뚜렷해지는 양상이 전개되고 있어요. 최상위와 차상위 계층의 부채접근권이 일정한 수준으로 유지되는데 비해서, 그 아래 계층에서는 대체로 하락하고 있습니다. 달리 말하면 2007~2009년 금융위기 이후 소득계층 간 신용 불균형이 확대되는 동시에, 하층민의 '상대적 배제'라는 속성이 훨씬 더 강렬하게 표현되고 있습니다. 그런데 여기에서 유의할 것이 하나 있어요. 하층민의 상대적 배제를 말한다고 해서 그 말이 하층민이 빚을 안 지고 산다는 뜻은 절대 아니에요. 여기서 살펴본 지표는 금융기관 부채의 보유율입니다. 오히려 이것이 뜻하는 바는 미등록 대부업이나 사금융과 같은 비공식 신용 수단에 기대 살아갈 수밖에 없는, 공식 금융에서 배제된 하층 가계들의 현실이에요.

그렇다면 신용 이용과 부채 조달에서 보이는 이 분절은 어디에서 기원한 것일까요? 부채에 의존한 소비가 일어나는 구조를 살펴보면 그 원인을 찾을 수 있습니다. 한국의 가계 대출 시장은 크게 은행과 비은행 금융기관, 비공식 부문으로 분절되어 있는데요. 이 중에 은행이 주로 주택담보대출을 비롯한 담보대출을 취급하는 데 비해서, 나머지가 신용대출을 관장합니다. 가계 대출 대부분이 담보대출이고 그중에서도 주택담보대출이 거의 50%가량을 차지하는 반면, 무담보 신용대출의 성장은 상대적으로 더딘 편입니다.

지금 말한 가계 대출과 판매 신용을 더하면 가계 신용이 되는데요. 전체 가계 신용에서 판매 신용이 차지하는 비중이 상대적으로 적기는 하지만, 그렇다고 해서 지나치면 안 될 중요한 변화가 그 안에서 일어납니다. 판매 업체가 직접 제공하는 할부 신용이 아니라, 이제는 여신금융업체를 통한 할부가 주를 이루고 있습니다. 현대자동차가 아니라 현대캐피탈을 통해서 할부 판매가 이루어진다는 말이죠. 주목할 것은 이 여신 전문 업체들이 자신이 가진 채권을 기반으로 자산담보부증권(Asset Backed Securities: ABS)을 발행한다는 사실입니다. 한국 사회에서 발행되는 ABS는 크게 금융기관들이 자신이 가진 대출 채권을 기반으로 발행하는 대출채권담보부증권, 신용카드 회사나 판매 회사의 매출 채권을 기반으로 유동화가 이루어지는 매출채권담보부증권, 그리고 회사채를 기초자산으로 해서 발행되는 회사채담보부증권[primary CBO(Collateralized Bond Obligation)] 등으로 이루어져 있습니다. 〈표 5-3〉의 ABS 발행 현황을 보면 가장 큰 비중을 차지하는 것이 주택담보부증권(Mortgage Backed Securities: MBS)입니다. MBS를 포함한 소비 관련 ABS의 비중이 16.2%(2017년 기준)로 빠르게 성장할 정도로, 소비생활 자체가 유동화 시장

표 5-3

자산담보부증권 신규 발행 현황(2008~2017)

(단위: 조 원, %)

		'08	'09	'10	'11	'12	'13	'14	'15	'16	'17
	ABS 발행액	20.5	35.8	28.0	32.4	47.5	51.3	41.5	83.0	60.7	57.6
대출 채권 담보	소계	8.6	16.5	14.4	14.4	26.1	27.9	19.2	61.7	38.8	37.0
	MBS	7.0	11.8	9.1	10.1	20.3	22.7	14.5	56.0	35.3	31.7
	NPL, SOC 및 기타	1.6	4.8	5.3	4.3	5.8	5.2	4.7	5.6	3.5	5.3
매출 채권 담보	소계	9.5	11.2	10.7	15.8	18.3	20.3	18.4	17.7	19.5	18.0
	신용카드 채권	2.7	1.7	0.8	3.3	1.3	0.7	2.9	1.9	2.3	4.6
	자동차 할부채권	4.9	3.2	3.2	2.5	1.7	3.8	3.4	4.3	6.7	3.0
	리스 채권	0.3	0.4	0.2			1.3	0.9	1.1	0.4	0.1
	단말기 할부대금			1.2	5.4	5.0	5.2	3.4	3.7	0.1	
	부동산담보부증권	0.7	2.8	1.2	1.4	2.4	0.6	1.5	2.0	1.4	1.8
	기타 판매대금	0.8	3.0	4.0	3.2	7.9	8.6	6.3	4.6	8.6	8.5
회사채담보부증권 (Primary CBO)		2.4	8.1	2.9	2.2	3.2	3.0	3.9	3.7	2.3	2.6
가계 소비 관련 ABS (MBS 포함)		8.7	8.4	9.4	14.4	15.9	19.7	16.9	15.6	18.2	16.2
(판매 신용 대비 비중)		(21.9)	(20.1)	(19.1)	(26.4)	(27.5)	(33.7)	(28.0)	(24.0)	(25.0)	(20.0)

주: 2008~2009년 학자금 대출 기반 ABS는 MBS에 포함. 음영은 가계 소비와 연관된 ABS.
자료: 한국은행 ECOS; 금융감독원 보도자료. 김명수, 「가계 금융화의 굴절과 금융 불평등: 한국 가계의 금융통
합 양상에 관한 경험적 고찰」, 165쪽에서 인용.

과 연결되어 있습니다. 눈여겨볼 것은 매출채권담보부증권의 성장이에요.
카드 대금, 자동차·핸드폰·가전제품 할부금, 통신비, 연료비 등과 같이 매달
이루어지는 소비생활의 증권화가 착실히 진전되었음을 가리킵니다. 이 비
중은 전체 판매 신용의 20~30%를 꾸준히 점할 정도로 뚜렷하게 자리 잡고
있습니다. 정례적이고 반복적인 소비생활의 영역이 증권화를 통해 금융의
축적 회로로 연결됨으로써 가계의 소득이 금융으로 직접 이전되고 있는 것
입니다.

그렇지만 전체 가계 신용을 놓고 보면 비유동화, 특히 주택담보대출의 역
할이 역시 중요합니다. 은행 대출 대부분이 담보력을 가진 중산층 가계에 집
중되기 때문에 담보를 잡힐 여력이 없는 하층 가계로서는 대출 조건이 나쁜
신용대출에 의존할 수밖에 없겠죠. 보유하고 있는 집 자체가 이용 가능한 대
출 시장의 분절을 만들어내는 분할선으로 기능하는 것입니다. 하층 가계의

시각에서 보면 보유하고 있는 집, 내가 노력해서 샀든 상속을 받았든 간에 그 집이 바로 은행권에서 좋은 대출 조건으로 빚을 낼 수 있는 마지막 보루인 셈입니다.

여기서 우리는 한국 사회에서 가계 금융화의 방향과 경로를 비트는 주된 굴절요인이 바로 주택 체계였다는 사실을 알 수 있습니다. 얼핏 보면 주택저당채권을 모태로 한 2차 금융시장의 저발달이 금융화를 부정하는 반례처럼 보여요. 그렇지만 사실 우리의 사례에서 발견되는 중요한 특징 가운데 하나는 부동산 시장에서의 단기자본 수익을 매개로 한 (다)주택 보유자와 금융의 전략적 제휴 관계예요. 주택 투자를 금융 시스템과 분리된 단순한 실물 투자로 보기 어려운 이유입니다. 주택 투자 역시 금융에서 출발해서 금융적 논리에 따라 움직이는 금융 축적 회로의 일부인 셈입니다. 주택의 증권화가 저조하다는 점을 이유로 들어, 금융자본의 흐름에 편승해서 자본 수익을 좇고, 그렇게 형성된 자본이득의 일부를 금융비용으로 제공함으로써 금융의 팽창에 이바지하는 가계 행동의 확대를 금융화의 반례라는 소극적인 의미로만 해석할 수는 없습니다. '전통'적인 주택금융의 형식을 통해 이루어지는 독특한 가계 금융화의 양상이라고 봐야 합니다. 다른 한편에서는 좀 전에 설명한 것처럼 주택 체계가 신용접근과 이용의 격차를 구조화하는 분절 요인으로서, 금융 신용에 대한 차등화된 포섭, 반대로 말하면 상대적 배제를 만드는 역할을 합니다. 보유주택 자체가 은행권 중심으로 구성된 우량 대출 시장에 대한 진입 문턱으로 기능하고 있습니다. 과거의 생활수준을 지키기 위해 부채에 기대는 사람들이 빠르게 늘어났지만, 신용의 확산은 상대적으로 더뎠고 (주택)담보대출 중심의 여신(與信) 관행 역시 바뀌지 않았습니다. 신용 확보 수단으로서의 주택이 생활양식의 방어를 위한 소비 재원을 넘어, 신용접근과 이용의 사회적 격차를 만들어내는 분절 요인, 그런 식으로 금융화라는 구조 변동에 대한 가계의 편승과 탈락을 가르는 조건으로 작동하고 있습니다.

신용대출 시장에 대한 논의를 조금 보충하겠습니다. 앞에서 설명했듯이 담보대출을 중심으로 운용되는 1차 신용시장에 접근하지 못하는 사람들은 신용대출 시장에 의존할 수밖에 없습니다. 그런데 신용대출 시장 안에도 상당한 금융 격차가 존재하고 있어요. 고신용·저금리 시장인 은행, 중신용·중금리 시장인 비은행 금융기관들(캐피탈·카드회사·신협·저축은행 등), 그리고 신용이 낮은 사람들이 주로 이용하는 저신용·고금리 시장인 대부업 사이의 뚜렷한 시장 분절이 존재합니다. 소득이 적고 신용이 나쁜 집단일수록 고금리 악성 대출에 내몰리는 겁니다.

결국, 저소득 저신용 계층들은 저축은행이나 대부업체가 공급하는 고금리 신용에 기대 생계를 유지할 수밖에 없습니다. 여기서 특이한 것은 1차 시장인 담보대출 시장이 주로 전통적인 대출 상품 구조를 유지하는 데 비해, 하층 가계를 상대로 한 대출 시장에는 새로운 금융혁신 기법들이 집중되고 있다는 점이에요. 이자율 차등화나 미끼 금리, 위탁 추심, 채권 유동화, 신용평가를 통한 규율 제도 등이 집중되는 곳이 바로 이 시장입니다. 달리 말해, 소비자신용의 형성을 조건으로 가계 소득을 금융비용으로 직접 수취하는 '금융적 수탈'의 주된 목표가 바로 여기가 됩니다. 이러한 방식으로 대부업이나 학자금 대출, 신용카드 대출 등과 같은 '빈곤 산업'에 의한 하층민의 금융 포섭이 심화되고 있습니다. 금융을 자산 증식의 통로로 활용할 수 있는 중산층 가계의 금융결합 경로와는 크게 대조적인 양상입니다. 이렇게 소비자신용을 매개로 진행되는 차등화된 금융통합의 과정은 하층 가계를 만성화된 채무의 속박으로 내몹니다. 물론, 근래에 서민 정책금융 수단이나 채무조정 제도 같은 것들이 생기기는 했어요. 이것들을 통해서 가계 대출의 연체율이 좀 줄어드는 변화가 있긴 합니다만, 소득에 대비한 대출의 비중은 오히려 점증하고 있어요. 복수의 채무를 가진 '다중채무자', 자산과 처분 가능 소득의 크기를 부채가 이미 넘어서 금융잠식 상태에 있는 데다가, 원리금 상환액도 처분가능 소득의 40%를 초과한 '위험 가구' 역시 증가 추세에 있습니다. 강제된 부채를 통해 삶을 지탱하는 가계가 증가일로에 있는 것입니다.

표 5-4

한국 가계의 채무 위험

(단위: %, 만 명, 조 원)

연도	부채/자산	가계대출/소득		가계대출 연체율[2]		한계(위험)가구[3]		다중채무자	
		전체	취약차주[1]	은행	비은행	가구 수	비중	차주 수	대출규모
2012	46.0	-	-	0.8(0.7)	-	132.5	12.3	339.7	315.8
2013	45.5	-	-	0.6(0.6)	3.2(2.4)	144.2	13.1	338.0	321.0
2014	44.7	174.6	205.8	0.5(0.4)	2.6(1.7)	156.4	14.3	346.9	340.9
2015	44.7	189.5	213.2	0.3(0.3)	1.8(1.0)	158.3	14.8	365.1	382.3
2016	46.2	204.8	233.4	0.3(0.2)	1.4(0.7)	181.5	16.7	383.6	432.0

주 1: 다중채무자이면서 저신용 또는 저소득 차주.
주 2: 괄호 안은 주택담보대출 연체율.
주 3: 금융부채가 금융자산보다 많고 원리금 상환액이 처분가능 소득의 40%를 초과한 가구, '한계가구'라는 용
   어가 주로 쓰이다가 최근 '(부실)위험 가구'라는 표현으로 대체 사용.
자료: 김명수, 「가계 금융화의 굴절과 금융 불평등: 한국 가계의 금융통합 양상에 관한 경험적 고찰」, 169쪽에
   서 인용.

　　이렇듯 한국 가계의 금융화는 서구, 특히 미국의 전형과 다르게 전통적인
경제활동 방식과의 결합 속에서 과거의 유제가 이어지는 가운데 일어났습니
다. 가계 금융화가 일어나지 않은 것이 아니라 착종되고 혼합된 성격의 가계
금융화가 일어난 것입니다. 문제는 그러한 복합적인 양상의 금융화 경로가
사회 재생산을 둘러싼 사적 경쟁을 더욱 격화하는 결과를 만들어낸다는 데
있습니다. 앞서 설명한 한국 자본주의 전반에서 나타났던 신자유주의 전환
의 특색들, 글로벌 금융시장에 대한 편입과 함께 본격화된 금융 불안정성과
자본 유출, 수출주도 성장과 재벌 체제의 강화로 심화된 '고용 없는 성장'의
경로와 경제의 이중화 경향, 또 지금 소개한 가계 금융화의 독특한 경로들이
서로 맞물리면서, 사회적 차원에서 안정적인 삶의 조직을 위협하는 재생산
의 한계점들이 명백하게 드러나고 있습니다. 여기서 다루지 못한 생태적 한
계까지 고려하면 문제의 심각성은 더욱 클 것으로 예상합니다.

이제껏 한국 사회가 겪은 구조 변동, '발전주의'에서 '신자유주의'로 이어지는 역사 제도적 변화의 양상과 그 특성을 살펴봤습니다. '발전주의'와 '신자유주의'라는 서로 대비되는 키워드를 통해 설명하기는 했지만, 우리가 거쳐온 '성장'과 '위기'의 경로, 구조와 제도, 사회관계의 조직과 재구성의 역사를 이 두 가지 거대 프레임으로 일관하기는 어렵습니다. 물론, 지난 70여 년의 궤적을 발전주의의 시대와 신자유주의적 전환 이후의 시대로 나누는 것은 가능합니다. 하지만 유의할 것은 앞서 설명한 것처럼 더 많은 시간의 단락들이 그 안에 존재한다는 사실이에요. 발전주의의 전성기라 할 수 있는 1960~1970년대 안에도 ① 수입대체를 지향하는 '무모'한 계획이 추진되었던 1960년대 초반과 ② 미국의 동아시아 정책 변화를 배경으로 수출주도형 성장전략이 본격화된 1960년대 중반 이후의 시기, ③ 중화학공업화와 재벌 체제, 유신체제의 삼위일체가 공고화된 1970년대라는 시간적 변이가 존재해요. 1980년대에서 1990년대 중후반까지는 경제의 '자유화'를 향한 압력과 실험, 이에 대한 저항이 교차하는 가운데 신자유주의로의 점진적인 전환이 일어나는 과도기였습니다. 신자유주의로의 완전한 전환은 글로벌 자본·금융시장으로의 통합이 완결된 외환위기 이후에 일어나죠. 신자유주의의 시대로 볼 수 있는 이 시기 안에서도 2007~2009년 세계금융위기를 기점으로 일정한 변이가 존재할 가능성이 큽니다. 개별 영역마다 변화의 양상이 달라서 일반화하기는 어렵지만 세계금융위기가 중요한 변곡점으로 작용했을 가능성은 충분합니다.

이렇게 구분한 소 시기들 사이에 상당한 편차가 발견되지만, 전체를 관통하는 구조적 특징이나 공통점 역시 뚜렷합니다. 그중 하나는 한국 자본주의가 미국이라는 중심부 국가가 주도하는 글로벌 자본주의에 대한 적극적인 통합을 조건으로 성장해 왔다는 점입니다. 세계시장에 대한 편입과 예외적 성장을 가능하게 했던 기회 구조에 올라탈 수 있었던 몇 안 되는 나라 중 하나가 바로 한국이었고, 그러한 조건은 발전주의 기획이 본격화된 1960년대

중반부터 신자유주의화와 금융 세계화가 진전된 오늘날에 이르기까지 지속되고 있습니다. 외향적 성장을 위한 전략적 수단으로 채택된 수출주도형 성장 체제와 그 주된 동력으로서의 재벌 체제 역시 경제 규모가 커짐에 따라 약해지기는커녕 오히려 강화되어 왔어요. 이는 비단 수출 의존도가 높고 재벌의 경제적 권력이 엄청나다는 것을 넘어, 한국 사회를 움직이는 중요한 경제 제도나 시장 규범, 사회관계가 여전히 재벌 중심의 수출주도형 성장을 뒷받침하는 방식으로 작동하고 있음을 의미해요. 거시경제와 산업, 자본시장을 관리하는 제도적 논리가 신자유주의 패러다임으로 바뀌기는 했지만, 신자유주의화된 한국 경제는 여전히 재벌 중심의 수출 경제를 통해, 심지어 그것을 지렛대로 삼아 글로벌 자본주의에 통합되어 있습니다. 그것이 바로 앞서 소개한 금융 세계화의 특수성, 위계화된 신자유주의적 금융 세계화의 구조 안에서 한국 자본주의가 차지하는 특별한 위치입니다.

문제는 이러한 성장의 형태가, 한편으로는 금융시장을 통한 중심부로의 자본 유출이 심화되고, 다른 한편으로는 재벌 중심의 수출 경제를 유지하는 비용이 사회 전체로 전가되는 상황 속에서 지속되고 있다는 점입니다. 그 여파로 생긴 경제의 이중화와 고용 없는 성장의 추세, 고용과 소득의 불안정화, 더구나 여기에 가계 금융화의 독특한 경향들이 덧붙여지면서 성장을 위해 사회가, 평범한 사람들이 치러야 할 비용과 희생은 더 커져 있습니다. 물론 지금 정도의 성장이 근근이 지속된다면, 이미 격렬하기는 하지만 재생산을 둘러싼 사회적 경쟁이 파국으로는 이어지지 않을 수도 있어요. 그런데 그동안 한국 자본주의의 예외적인 '성공'을 지탱해 주었던 외적 조건들이 가진 불확실성은 오히려 커지고 있는 것 같아요. 이미 만성화된 장기침체의 국면 속에서 가해지는 저성장, 심지어 기후 위기로 상징되는 탈성장의 압력이나 미-중 분쟁으로 대변되는 역내·외 자본주의 질서의 재편 가능성 등이 대표적인 예일 것입니다. 한국 자본주의의 지속가능성, 변혁가능성을 묻는 우리의 고민은 더 깊어질 수밖에 없을 것 같아요.

질의응답

1. 중화학공업화와 유신의 관계를 어떻게 봐야 할까요? 시기적으로 일치할 뿐만 아니라 나름대로 논리적인 관계가 있다면 이를 어떤 식으로 이해할 수 있을지 설명을 듣고 싶습니다.

군부가 유신을 단행하면서 명분으로 내세웠던 '위기'는 크게 세 가지로 정리할 수 있습니다. 첫째는 1970~1971년 경제위기와 석유 파동, 브레튼우즈(Bretton Woods) 체제로부터의 이탈 등으로 대표되는 경제적인 위기가 있습니다. 두 번째는 안보 위기입니다. 1960년대 말부터 베트남 전선에서 북베트남의 우세가 명확해지면서 미국은 출구를 고민하게 됩니다. 베트남뿐만 아니라 동아시아 전반에서 반체제 세력들의 힘이 강화되는 양상이 나타나요. 이러한 정세 속에서 미국은 역내 질서의 재편을 위한 전환을 시작합니다. 1969년 닉슨 대통령이 발표한 '닉슨 독트린(Nixon Doctrine)'을 기점으로 군사적 개입의 축소와 데탕트(détente), 국내에서는 주한미군 감축 등의 의제로 표현되는 역내 외교·안보 질서의 재구조화가 모색되는 상황이 있었어요. 국내에서는 남북 간 대립이 고조되는 양상이 나타났죠. 김신조 사건이라고

들어 보셨을까요? 청와대 근처까지 북한의 무장 공작원들이 침투했던 사건인데요. 이 사건이 대변하는 실제적인 안보 위기가 있었습니다. 박정희 정부가 쿠데타 직후부터 국가 목표로 강조했던 것이 두 가지인데, 하나가 '조국 근대화'로 상징되는 경제성장, 다른 하나가 '반공'과 '자주국방'입니다. 미국의 동아시아 정책이 비군사적 협상 노선으로 이동하고 주한미군의 철수 가능성까지 제기되는 상황 속에서 당면한 안보 위기를 자력으로 돌파해야 한다는 인식이 생깁니다. 미국에 의존하지 않는 국방력의 건설, 곧 '자주국방'의 실현이 국가뿐만 아니라 권력의 안보를 뒷받침하는 필수 조건으로 제기되던 상황이었습니다. 세 번째로 1968년부터 점차 고조되던 정치적 상황들이 문제가 되는데요. 통치에 비교적 우호적인 정치적 상황들이 이어진 1967년 재선 때까지의 사정과 달리, 1968년을 지나면서는 정치적 반발이 주로 도시 부문과 산업화 과정에서 소외된 집단들을 중심으로 펼쳐집니다. 이를 표현하는 '징후'적인 사건들이 1970년 전태일의 분신, 1971년 대선에서의 김대중 돌풍, 같은 해의 '광주 대단지 사건' 등입니다. 이러한 변화가 촉발한 정치적 위기 인식이 있었습니다.

박정희의 시각에서 보자면 그가 집권의 명분으로 내세운 것이 '조국 근대화'나 '자주국방'과 같은 의제였는데, 그것이 집권을 위한 정치적 수사였든 아니면 실제로 그걸 지향했든 간에, 그에 대한 총체적인 위기가 1970년대 초에 등장한 셈입니다. '자유민주주의'라는 외형으로는 지속하기 어렵다는 판단이 존재했던 것 같습니다. 그것이 압축적으로 유신과 중화학공업화로 드러나게 됩니다. 강의에서도 설명했지만, 8·3조치에서 유신, 중화학공업화로 이어지는 과정은 재벌을 적극적인 통치의 동반자로 끌어들이는 조정을 의미합니다. 중화학공업화를 위해서는 재벌의 협력이 필수적이거든요. 1970년대 초라는 전환점을 거치면서 유신과 중화학공업화, 재벌 체제는 서로서로 보완하고 강화하는 형태로 긴밀히 묶이게 됩니다. 반대로 말한다면 박정희 체제의 붕괴는 유신체제-중화학공업화-재벌체제의 조합으로 만들어진 정치 경제적 질서의 몰락을 의미합니다. 이런 의미에서 그러한 질서를 어떻게 '자유주의' 원리에 입각한 경제 제도와 질서, 또 이와 연관된 정치적 질서로 전환할 것인가의 문제가 1980년대 이후에는 중요한 시대적 과제로 등장합니다. 전환을 위한 실험과 모색들, 또 이로부터 촉발된 쟁투가 출현하게 됩니다.

2. 한국에서 신자유주의 전환을 말할 때 김재익이나 김종인, 한이헌, 이석채, 박세

일 등과 같은 경제 관료들 개인에 주목해서 설명하는 경향이 있잖아요. 국가나 사회 단위의 변동을 특정한 개인들에게 과도한 대표성을 부여하면서 설명하는 것이 적절한지 고민이 듭니다. 이 문제를 어떻게 돌파하면 좋을지 궁금합니다.

이 문제를 성찰하는 과정에서, 한국 사회에서 중요한 의사결정이 어떤 식으로 이루어졌는지 고민할 필요가 있습니다. 우리가 이상적으로 생각하는 민주주의 정치의 모델이란 것은 정책이나 의사결정 과정에 포함된 이해당사자들 사이의 경합이나 긴장 속에서 어떤 출구가 마련되는 경로로 볼 수 있습니다.

이러한 측면에서 경제적 의사결정에 영향을 미쳐온 행위자들이 과연 누구였는가라는 질문을 할 수 있어요. 가령, 발전주의적 정책 구도 아래에서 경제적 결정에 영향력을 행사한 주체들은 누구였는가? 그러한 주체들은 상대적으로 소수의 집단이었습니다. 집권세력인 통치집단과 경제전문가들인 관료들이 일단 있었습니다. 관료 집단 내부에 일정한 의견 대립이 존재했던 때도 있었죠. 예를 들어, 신자유주의적 전환의 과정 안에는 기존의 성장주의적 관료들과 다른 목소리를 개별적으로 내오던 관료들이 점차 집단화된 존재로 변모하는 변화가 존재하잖아요. 김재익이나 김기환, 강만수 같은 사람들도 1970년대에는 흩어져 있는 한 명의 정책 전문가였을 뿐이지만, 1970년대 후반을 거치며 흔히 말하는 '김재익 사단'으로 분류됩니다. 그들이 다른 관료 집단이나 세력들과의 경쟁 속에서 점차 정책을 주도하는 상황으로의 전환이 일어났던 것입니다. 1980년대를 넘어서면 재벌이 정부와 다른 이해관계와 입장을 가지면서 자신의 의도를 관철할 수 있는 세력으로 성장하는 과정도 나타납니다. 1980년대 중후반 이후에는 조직된 시민운동이 중산층의 이해관계를 대변하는 존재로 부상하는 전개도 나타났습니다.

1970년대에는 중요한 경제적 의사결정이 최고통치자와 그가 지향하는 성장주의 정책에 동조하는 관료 집단이 하나로 묶인 정책 레짐(regime)에 의해 이루어지는 구도가 존재했습니다. 물론, 재벌은 대개 일종의 하위 협력자로 여기에 포괄되었습니다. 그러다가 점차 그 안에 어떤 분할들이 생겨납니다. 관료 집단 내부에 균열이 생기고, 재벌도 독자적인 행위자로 부상합니다. 재벌이나 기업 내부에 분리가 생기는 때도 있습니다. 또 한편으로는 조직된 시민운동이나 노동운동이 정세에 따라 출현하는 상황도 있겠습니다. 이러한 식으로, 중요한 경제적 의사결정이나 사회변동의 과정에 영향을 미치는 정치 사회학적 맥락의 행위자들을 구분할 수 있겠습니다.

그런데 다른 한편에서 생각할 것은 가장 핵심적인 경제정책 영역들, 이를테면 재정, 금융, 조세, 경제법 등의 영역에서는 다른 양상이 존재한다는 사실이에요. 전문적인 지식과 정보, 이해가 필요한 영역에서는 사실상 소수가 주도하는 양상이 나타나기 쉬워요. 많은 이들이 여기에 이해관계를 두고 있고 또 때로는 일정한 목소리를 내기도 하지만, 일정한 수준 이상으로 접근하기 힘든 영역이 있습니다. 보통 신자유주의를 말할 때 전문가주의 또는 준칙주의에 입각한 결정을 특징으로 들기도 하잖아요. 정치를 통한 직접 결정이나 관료가 가진 정책 재량을 매개로 정치가 간접적으로 관여했던 결정의 방식들을 전문가주의가 대체함으로써 사회적 파급력을 지닌 중요한 경제적 결정들을 어떤 '규칙'에 의한 결정으로 축소하는 변화가 그것인데요. 우리가 나름대로는 경제 문제에 관심이 있더라도 중앙은행의 이자율 결정이나 통화량 결정에 대해, 금융위원회의 금융감독 업무에 대해서는 할 수 있는 말이 별로 없죠. 한국 사회에서 오랫동안 경제정책을 주도해 왔던 신자유주의적 경제 관료들은 그런 영역에 대한 독점적인 정보와 접근권을 바탕으로 자신들의 입장을 강화해 왔습니다.

이러한 인식의 연장에서 가장 핵심적인 경제 엘리트들이 어떤 거점들을 중심으로 어떻게 육성·충원되는지에 관심을 둘 필요가 있어요. 가령, 경제 제도나 정책의 '미국화'가 완성되기 이전 핵심 관료 엘리트는 일제 시기 고등고시 출신이거나 군 출신 인사로, 청와대 경제수석을 정점으로 재무부나 상공부에 주로 자리를 두었습니다. 미국식 제도나 정책이 이식되면서부터는 미국 국제개발처(USAID) 등의 지원으로 미국 유학을 다녀온 경제 관료나 전문가, 지식인들이 대두합니다. 경제기획원과 한국은행, 한국개발연구원, ('서강학파'가 위치했던) 서강대학교 경제학과 등이 당대 시장주의 성향의 경제학자, 교수들이 주로 포진한 곳이었습니다. 정부와 국책 연구기관, 학계를 중심으로 신자유주의적 지향을 가진 정책 넥서스가 점차 형성되고, 이 기관들 사이에 인적 이동과 교류 역시 빈번하게 나타납니다. 2000년대 이후에는 기획재정부와 금융감독원, 한국은행 등이 신자유주의적 전문 관료들이 포진한 새로운 '성소'가 됩니다. 정부 기관의 개편이 이따금 일어나기도 하지만, 가장 높은 전문성의 수위를 요구하는 정책 영역들, 가령 재정·통화·금융·조세 등에서는 특정한 정책 패러다임을 공유하는 소수 엘리트 집단이 오랜 시간에 걸쳐 많은 일을 홀로 결정하는 것도 가능합니다. 이런 영역에 대한 설명에서는 차별적인 전략이 필요합니다.

3. 로스토가 말한 마지막 경제발전 단계가 어느 정도 실현된 것으로 볼 수 있지 않을까요? 발전주의의 구도가 신자유주의로 대체되었다기보다는 더욱 확장되어 실현된 것은 아닐까요?

어떤 관점에서 보느냐에 따라 다른 답변이 가능합니다. 로스토가 제안했던 고도 대량 소비단계, 보통 포드주의로 이해되는 그런 변화가 실현되었는가를 기준으로 볼 수도 있고요. 아니면 당대 미국 사회가 지향했던 사회, 다수가 안락하고 풍요로운 삶을 누리는 그런 사회에 도달했는가를 기준으로 볼 수도 있습니다. 전자의 기준으로 본다면 한국 사회는 1980년대 말이나 1990년대 초반에 생산 측면에서 포드주의적인 성격을 지닌 그런 단계로 진입했어요. 상당히 진전된 형태의 소비주의가 중산층 이상의 계층을 중심으로 실현된 것이 사실입니다. 서비스 산업이나 소비재 산업, 대중문화산업 등의 규모나 이와 관련된 소비지출의 크기, 아파트를 중심으로 한 주거문화나 소비생활의 수준이라는 지표 측면에서 한국 사회가 소비주의 사회에 도달했다고 말씀드릴 수 있습니다.

그런데 다른 측면, 미국 사회에서도 자본주의의 '황금기'에 실현되었던 상대적으로 다수가 안정되고 풍요로운 삶을 가정과 근린에서 누림으로써 성장의 혜택이 다수에게 돌아가고 이를 통해서 사회 통합의 과정을 겪는 그런 변화가 진전되었는가에 관한 질문을 하면 다른 답변이 나옵니다. 한국 사회에서 소비를 통한 계층화라든지, 이로 인한 사회적 지위의 차등화 양상이 뚜렷하게 존재하는 것은 분명한 것 같습니다. 양적인 기준을 놓고 보면 소비주의의 문턱을 넘었지만, 성장의 수혜가 소비라는 제도를 통해 사회 전체로 확장되는 변화로 본다면 다른 이야기를 할 수 있겠습니다.

그런데 이 질문은 다른 방식의 해석도 가능합니다. 발전주의는 풍요와 부, 거기에서 오는 안락한 삶을 문명적인 삶을 향한 변화의 종착점으로, 우리가 누려야 할 삶의 지향점으로 두는 사회구성의 모형입니다. 여기서 핵심은 사회적 삶이 나아지는 변화인데요. 사회적 삶이 나아지려면 기본적으로 경제가 발전해야 하겠죠. 경제발전이 삶의 진보를 위한 조건으로 연동됩니다. 이에 비해 신자유주의는 다른 것을 지향합니다. 신자유주의는 사회적 삶이 나아지는 게 아니라 자본시장 논리로 보는 수익성과 투자 기대의 보호에 목표를 둡니다. 자본의 수익성이나 리스크 관리와 같은 목표 아래로 다른 요소들을 종속시키는 과정이라고 볼 수 있습니다. 이렇게 보면 발전주의와 신자유주의는 서로 다른 형태의 사회와 경제의 조직방식이 됩니다.

다만, 그렇다고 해서 발전주의와 신자유주의라는 차별적인 자본주의의 조직방식 사이의 교체가 일어나는 시공간의 조건에 따라 상당한 차이가 나타날 수 있음을 배제할 수는 없습니다. 한국 사회를 예로 들면, 로스토가 제시했던 포드주의적 전환을 어느 정도 경험한 사회인 동시에, 신흥 경제 가운데에서는 신자유주의 정책 또는 제도로의 전환이나 글로벌 생산·금융체계로의 편입이 상대적 관점에서 보면 비교적 '성공'한 것처럼 보이는 특수한 경우입니다. — '성공'이란 표현에 어폐는 분명히 있습니다 — 그런 측면에서 한국 사회는, 과거만큼은 아니지만 어쨌든 성장은 계속 일어나고, 신자유주의적인 경제 운용방식이나 사회조직 원리로 인해 혜택을 입는 사회집단이나 계급 역시 꾸준히, 그리고 적지 않은 수로 양산되는 그러한 사회입니다. 발전주의가 지향했던 보편적인 '발전'의 전망은 이미 사라졌고 (신자유주의화로 인한) 사회적 선택과 경쟁의 추세 역시 강화되어 있지만, 또 다른 한편으로는 재조직된 한국 자본주의가 제공하는 혜택을 향한 갈망과 기대 역시 강하게 표출되는 역설적인 상황이라 할 수 있습니다. 경제나 사회조직의 패러다임으로서가 아니라 이데올로기로서 '발전주의'나 '성장주의'가 유지될 수 있는 사회경제적 조건이 존재한다고도 말할 수 있습니다. 신자유주의화가 진행된 시간의 특이성이나 중심부 자본주의 또는 세계시장과 맺는 공간화된 관계의 특성으로부터 유래하는 한국 자본주의의 특수성과 관련된 현상으로 판단할 수도 있습니다. 하지만 그렇다고 해서 이러한 특색을 발전주의적인 경제적 구성이나 배치가 여전히 작동된다거나, 발전주의가 목표로 했던 풍요롭고 안락한 삶이 범사회적 차원에서 확대 실현되었다고 보기는 어렵습니다.

읽을거리

김명수. 2020a. 「가계 금융화의 굴절과 금융 불평등: 한국 가계의 금융통합 양상에 관한 경험적 고찰」. ≪한국사회학≫, 54(1), 139~179쪽.

_____. 2020b. 『내 집에 갇힌 사회: 생존과 투기 사이에서』. 파주: 창비.

_____. 2020c. 「박정희 정권의 사회개입과 유예된 현대」. ≪사회와 역사≫, 127, 129~183쪽.

김형아. 2005. 『유신과 중화학공업: 박정희의 양날의 선택』. 서울: 일조각.

윤종희. 2019. 「금융 세계화의 비대칭적 구조와 금융적 종속: 한국과 미국을 중심으로」. ≪경제와사회≫, 122, 214~242쪽.

이한구. 2010. 『한국재벌사』(개정판). 서울: 대명출판사.

박찬종. 2017. 「한국 신자유주의의 정치적 기원」. ≪사회와 역사≫, 117, 79~120쪽.

박태균. 2007. 『원형과 변용: 한국 경제개발계획의 기원』. 서울: 서울대학교출판부.

서익진. 2003. 「한국 산업화의 발전양식」. 이병천 편. 『개발독재와 박정희 시대: 우리 시대의 정치경제적 기원』. 파주: 창비.

정이환. 2013. 『한국 고용체제론』. 서울: 후마니타스.

지주형. 2011. 『한국 신자유주의의 기원과 형성』. 서울: 책세상.

핫토리 타미오(服部民夫). 2007. 『개발의 경제사회학: 한국의 경제발전과 사회변동』. 서울: 전통과현대.

엮은이

비판사회학회 비판사회학회는 한국 사회에 대한 비판적 연구와 실천적 변화를 위한 연구자들의 모임이다. 1984년 진보적 지향을 지닌 사회과학 연구자 모임인 '한국산업사회연구회(산사연)'로 창립했고, 1996년 '한국산업사회학회(산사학)'로, 2007년에는 '비판사회학회'로 개칭했다. 현재 전국 대학교의 사회학과 및 유관 학과, 관련 기관의 교수 및 연구자들이 참여하고 있다.

지은이 (수록순)

백승욱 중앙대학교 사회학과 교수. 세계체계분석, 마르크스주의, 중국의 사회변동 분야에 관심을 가지고 연구하고 있다. 비판사회학회 회장과 현대중국학회 부회장을 역임했다. 『생각하는 마르크스』(2017), 『중국 문화대혁명과 정치의 아포리아』(2012), 『자본주의 역사강의』(2006) 등의 저서가 있고, 『장기 20세기』(개정판, 2014), 『우리가 아는 세계의 종언』(2001) 등의 역서가 있다.

구본우 창원시정연구원 연구위원. 비판사회학회 편집위원을 맡고 있다. 미국 자본주의의 구조와 역사, 재산권과 회계제도의 정치경제학 분야를 연구해왔다. 저서로는 『칼 폴라니, 반경제의 경제학』(2012)이 있고, 주요 논문으로 「신자유주의 시대 미국 재산권 제도와 그 위기」(2021), 「미국 무역분쟁과 지구적 가치사슬-지적재산권 체제의 동요」(2020), 「가치평가 양식으로서의 사회적 회계」(2019) 등이 있다.

박찬종 충남대학교 사회학과 교수. 한국의 신자유주의 전환과 금융화를 연구하고 있다. 비판사회학회 운영위원장을 역임했다. 주요 연구논문으로 「한국 신자유주의의 사회적 기원」(2021), 「한국 신자유주의의 정치적 기원」(2018), 「한국 자본주의의 종속적 금융화」(2017) 등이 있다.

윤종희 경희대학교 후마니타스 칼리지 시민교과 교수. 역사과학의 관점에서 사회
제도의 진화를 연구하고 있다. 저서로『현대의 경계에서』(2015), 『2007~09
년 금융위기 논쟁』(공저, 2010), 『화폐·금융과 전쟁의 세계사』(공저, 2008),
『역사적 자본주의 분석과 생태론』(편역·공저, 2006), 『대중교육: 역사, 이
론, 쟁점』(공저, 2005) 등이 있고, 박사논문으로는 「현대 자유주의적 교육개
혁의 역사와 지식권의 제도화」(2010)가 있다.

김명수 전남대학교 사회학과 교수. 국가권력과 일상적 통치(성)의 구성, 계층화의 정
치, 후기 자본주의 변동과 금융 등의 주제를 중심으로 연구하고 있다. 비판사
회학회 연구 이사를 역임했고 현재는 운영(연구)위원으로 일하고 있다. 저서
로『내 집에 갇힌 사회』(2020)가 있다. 최근 발표한 대표 논문으로는 「발전주
의는 언제 일상이 되었는가?」(2021), 「박정희 정권의 사회 개입과 유예된 현
대」(2020), 「가계금융화의 굴절과 금융 불평등」(2020), 「자가소유권의 기능
전환과 중산층의 변화」(2019) 등이 있다.

한울아카데미 2385

비판사회학 강의 2
세계화와 사회변동

ⓒ 백승욱·구본우·박찬종·윤종희·김명수, 2022

엮은이 비판사회학회 ∣ **지은이** 백승욱·구본우·박찬종·윤종희·김명수
펴낸이 김종수 ∣ **펴낸곳** 한울엠플러스(주) ∣ **편집책임** 배소영

초판 1쇄 인쇄 2022년 7월 13일 ∣ **초판 1쇄 발행** 2022년 7월 20일

주소 10881 경기도 파주시 광인사길 153 한울시소빌딩 3층
전화 031-955-0655 ∣ **팩스** 031-955-0656 ∣ **홈페이지** www.hanulmplus.kr
등록번호 제406-2015-000143호

Printed in Korea
ISBN 978-89-460-7385-2 93330

※ 책값은 겉표지에 표시되어 있습니다.